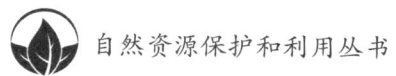自然资源保护和利用丛书

新时代"多规合一"国土空间规划理论与实践

自然资源部国土空间规划局 编

商务印书馆
The Commercial Press

图书在版编目（CIP）数据

新时代"多规合一"国土空间规划理论与实践/自然资源部国土空间规划局编.—北京：商务印书馆，2023
（"自然资源保护和利用"丛书）
ISBN 978-7-100-23093-3

Ⅰ.①新… Ⅱ.①自… Ⅲ.①国土规划—中国 Ⅳ.①F129.9

中国国家版本馆 CIP 数据核字（2023）第 186275 号

权利保留，侵权必究。

"自然资源保护和利用"丛书
新时代"多规合一"国土空间规划理论与实践
自然资源部国土空间规划局 编

商务印书馆出版
（北京王府井大街36号 邮政编码100710）
商务印书馆发行
北京冠中印刷厂印刷
ISBN 978-7-100-23093-3
审图号：GS（2023）2985号

2023年11月第1版　开本710×1000　1/16
2023年11月北京第1次印刷　印张 22 3/4
定价：178.00 元

《新时代"多规合一"国土空间规划理论与实践》

主　　编：张　兵、林　坚
副主编：孙雪东、门晓莹、李　枫、王　伟
编　　委：（按姓氏笔画排序）
　　　　　于海涛、马　亮、付佳明、田春华、叶　斌、刘亚歌、
　　　　　刘光昕、刘大海、孙施文、陈　景、李晓波、芦文珂、
　　　　　张晓玲、张尚武、罗　杰、林　华、苗　泽、杨　挺、
　　　　　杨　浚、周　娜、郭兆敏、高　远、唐小平、黄　玫、
　　　　　谢秀珍、翟国方、戴林琳

"自然资源与生态文明"译丛
"自然资源保护和利用"丛书
总序

（一）

新时代呼唤新理论，新理论引领新实践。中国当前正在进行着人类历史上最为宏大而独特的理论和实践创新。创新，植根于中华优秀传统文化，植根于中国改革开放以来的建设实践，也借鉴与吸收了世界文明的一切有益成果。

问题是时代的口号，"时代是出卷人，我们是答卷人"。习近平新时代中国特色社会主义思想正是为解决时代问题而生，是回答时代之问的科学理论。以此为引领，亿万中国人民驰而不息，久久为功，秉持"绿水青山就是金山银山"理念，努力建设"人与自然和谐共生"的现代化，集聚力量建设天蓝、地绿、水清的美丽中国，为共建清洁美丽世界贡献中国智慧和中国力量。

伟大时代孕育伟大思想，伟大思想引领伟大实践。习近平新时代中国特色社会主义思想开辟了马克思主义新境界，开辟了中国特色社会主义新境界，开辟了治国理政的新境界，开辟了管党治党的新境界。这一思想对马克思主义哲学、政治经济学、科学社会主义各个领域都提出了许多标志性、引领性的新观点，实现了对中国特色社会主义建设规律认识的新跃升，也为新时代自然资源治理提供了新理念、新方法、新手段。

明者因时而变，知者随事而制。在国际形势风云变幻、国内经济转型升级的背景下，习近平总书记对关系新时代经济发展的一系列重大理论和实践问题进行深邃思考和科学判断，形成了习近平经济思想。这一思想统筹人与自然、经济与社会、经济基础与上层建筑，兼顾效率与公平、局部与全局、当前与长远，为当前复杂条件下破解发展难题提供智慧之钥，也促成了新时代经济发展举世瞩目的辉煌成就。

生态兴则文明兴——"生态文明建设是关系中华民族永续发展的根本大计"。在新时代生态文明建设伟大实践中，形成了习近平生态文明思想。习近平生态文明思想是对马克思主义自然观、中华优秀传统文化和我国生态文明实践的升华。马克思主义自然观中对人与自然辩证关系的诠释为习近平生态文明思想构筑了坚实的理论基础，中华优秀传统文化中的生态思想为习近平生态文明思想提供了丰厚的理论滋养，改革开放以来所积累的生态文明建设实践经验为习近平生态文明思想奠定了实践基础。

自然资源是高质量发展的物质基础、空间载体和能量来源，是发展之基、稳定之本、民生之要、财富之源，是人类文明演进的载体。在实践过程中，自然资源治理全力践行习近平经济思想和习近平生态文明思想。实践是理论的源泉，通过实践得出真知：发展经济不能对资源和生态环境竭泽而渔，生态环境保护也不是舍弃经济发展而缘木求鱼。只有统筹资源开发与生态保护，才能促进人与自然和谐发展。

是为自然资源部推出"自然资源与生态文明"译丛、"自然资源保护和利用"丛书两套丛书的初衷之一。坚心守志，持之以恒。期待由见之变知之，由知之变行之，通过积极学习而大胆借鉴，通过实践总结而理论提升，建构中国自主的自然资源知识和理论体系。

（二）

如何处理现代化过程中的经济发展与生态保护关系，是人类至今仍然面临的难题。自《寂静的春天》（蕾切尔·卡森，1962）、《增长的极限》（德内拉·梅多斯，1972）、《我们共同的未来》（布伦特兰报告，格罗·哈莱姆·布伦特兰，1987）这些经典著作发表以来，资源环境治理的一个焦点就是破解保护和发展的难题。从世界现代化思想史来看，如何处理现代化过程中的经济发展与生态保护关系，是人类至今仍然面临的难题。"自然资源与生态文明"译丛中的许多文献，运用技术逻辑、行政逻辑和法理逻辑，从自然科学和社会科学不同视角，提出了众多富有见解的理论、方法、模型，试图破解这个难题，但始终没有得出明确的结论性认识。

全球性问题的解决需要全球性的智慧，面对共同挑战，任何人任何国家都无法独善其身。2019年4月习近平总书记指出，"面对生态环境挑战，人类是一荣俱荣、一损俱损的命运共同体，没有哪个国家能独善其身。唯有携手合作，我们才能有效应对气候变化、海洋污染、生物保护等全球性环境问题，实现联合国2030年可持续发展目标"。共建人与自然生命共同体，掌握国际社会应对资源环境挑战的经验，加强国际绿色合作，推动"绿色发展"，助力"绿色复苏"。

文明交流互鉴是推动人类文明进步和世界和平发展的重要动力。数千年来，中华文明海纳百川、博采众长、兼容并包，坚持合理借鉴人类文明一切优秀成果，在交流借鉴中不断发展完善，因而充满生机活力。中国共产党人始终努力推动我国在与世界不同文明交流互鉴中共同进步。1964年2月，毛主席在中央音乐学院学生的一封信上批示说"古为今用，洋为中用"。1992年2月，邓小平同志在南方谈话中指出，"必须大胆吸收和借鉴人类社会创造的一切文明成果"。2014年5月，习近平总书记在召开外国专家座谈会上强调，"中国要永远做一个学习大国，不论发展到什么水平都虚心向世界各国人民学习"。

"察势者明，趋势者智"。分析演变机理，探究发展规律，把握全球自然资源治理的态势、形势与趋势，着眼好全球生态文明建设的大势，自觉以回答中国之问、世界之问、人民之问、时代之问为学术己任，以彰显中国之路、中国之治、中国之理为思想追求，在研究解决事关党和国家全局性、根本性、关键性的重大问题上拿出真本事、取得好成果。

是为自然资源部推出"自然资源与生态文明"译丛、"自然资源保护和利用"丛书两套丛书的初衷之二。文明如水，润物无声。期待学蜜蜂采百花，问遍百家成行家,从全球视角思考责任担当,汇聚全球经验,破解全球性世纪难题,建设美丽自然、永续资源、和合国土。

(三)

2018年3月,中共中央印发《深化党和国家机构改革方案》,组建自然资源部。自然资源部的组建是一场系统性、整体性、重构性变革,涉及面之广、难度之大、问题之多,前所未有。几年来,自然资源系统围绕"两统一"核心职责,不负重托,不辱使命,开创了自然资源治理的新局面。

自然资源部组建以来,按照党中央、国务院决策部署,坚持人与自然和谐共生,践行绿水青山就是金山银山理念,坚持节约优先、保护优先、自然恢复为主的方针,统筹山水林田湖草沙冰一体化保护和系统治理,深化生态文明体制改革,夯实工作基础,优化开发保护格局,提升资源利用效率,自然资源管理工作全面加强。一是,坚决贯彻生态文明体制改革要求,建立健全自然资源管理制度体系。二是,加强重大基础性工作,有力支撑自然资源管理。三是,加大自然资源保护力度,国家安全的资源基础不断夯实。四是,加快构建国土空间规划体系和用途管制制度,推进国土空间开发保护格局不断优化。五是,加大生态保护修复力度,构筑国家生态安全屏障。六是,强化自然资源节约集约利用,促进发展方式绿色转型。七是,持续推进自然资源法治建设,自然资源综合监管效能逐步提升。

当前正值自然资源综合管理与生态治理实践的关键期,面临着前所未有的知识挑战。一方面,自然资源自身是一个复杂的系统,山水林田湖草沙等不同资源要素和生态要素之间的相互联系、彼此转化以及边界条件十分复杂,生态共同体运行的基本规律还需探索。自然资源既具系统性、关联性、实践性和社会性等特征,又有自然财富、生态财富、社会财富、经济财富等属性,也有系统治理过程中涉及资源种类多、学科领域广、系统庞大等特点。需要遵循法理、学理、道理和哲理的逻辑去思考,需要斟酌如何运用好法律、经济、行政等政策路径去实现,需要统筹考虑如何采用战略部署、规划引领、政策制定、标准规范的政策工具去落实。另一方面，自然资源综合治理对象的复杂性、系统性特点，对科研服务支撑决策提出了理论前瞻性、技术融合性、知识交融性的诉求。例如，自然资源节约集约利用的学理创新是什么？动态监测生态系统稳定性状况的方法有哪些？如何评估生态保护修复中的功能次序？等等不一而足，一系列重要领域的学理、制度、技术方法仍待突破与创新。最后，当下自然资源治理实践对自然资源与环境经济学、自然资源法学、自然地理学、城乡规划学、生态学与生态经济学、生态修复学等学科提出了理论创新的要求。

中国自然资源治理体系现代化应立足国家改革发展大局，紧扣"战略、战役、战术"问题导向，"立时代潮头、通古今之变，贯通中西之间、融会文理之璧"，在"知其然知其所以然，知其所以然的所以然"的学习研讨中明晰学理，在"究其因，思其果，寻其路"的问题查摆中总结经验，在"知识与技术的更新中，自然科学与社会科学的交融中"汲取智慧，在国际理论进展与实践经验的互鉴中促进提高。

是为自然资源部推出"自然资源与生态文明"译丛、"自然资源保护和利用"丛书这两套丛书的初衷之三。知难知重，砥砺前行。要以中国为观照、以时代为观照，立足中国实际，从学理、哲理、道理的逻辑线索中寻找解决方案，不断推进自然资源知识创新、理论创新、方法创新。

（四）

文明互鉴始于译介，实践蕴育理论升华。自然资源部决定出版"自然资源与生态文明"译丛、"自然资源保护和利用"丛书系列著作，办公厅和综合司统筹组织实施，中国自然资源经济研究院、自然资源部咨询研究中心、清华大学、自然资源部海洋信息中心、自然资源部测绘发展研究中心、商务印书馆、《海洋世界》杂志等单位承担完成"自然资源与生态文明"译丛编译工作或提供支撑。自然资源调查监测司、自然资源确权登记局、自然资源所有者权益司、国土空间规划局、国土空间用途管制司、国土空间生态修复司、海洋战略规划与经济司、海域海岛管理司、海洋预警监测司等司局组织完成"自然资源保护和利用"丛书编撰工作。

第一套丛书"自然资源与生态文明"译丛以"创新性、前沿性、经典性、基础性、学科性、可读性"为原则，聚焦国外自然资源治理前沿和基础领域，从各司局、各事业单位以及系统内外院士、专家推荐的书目中遴选出十本，从不同维度呈现了当前全球自然资源治理前沿的经纬和纵横。

具体包括：《自然资源与环境：经济、法律、政治和制度》，《环境与自然资源经济学：当代方法》（第五版），《自然资源管理的重新构想：运用系统生态学范式》，《空间规划中的生态理性：可持续土地利用决策的概念和工具》，《城市化的自然：基于近代以来欧洲城市历史的反思》，《城市生态学：跨学科系统方法视角》，《矿产资源经济（第一卷）：背景和热点问题》，《海洋和海岸带资源管理：原则与实践》，《生态系统服务中的对地观测》，《负排放技术和可靠封存：研究议程》。

第二套丛书"自然资源保护和利用"丛书基于自然资源部组建以来开展生态文明建设和自然资源管理工作的实践成果，聚焦自然资源领域重大基础性问题和难点焦点问题，经过多次论证和选题，最终选定七本（此次先出版五本）。在各相关研究单位的支撑下，启动了丛书撰写工作。

具体包括：自然资源确权登记局组织撰写的《自然资源和不动产统一确权登记理论与实践》，自然资源所有者权益司组织撰写的《全民所有自然资源资产所有者权益管理》，自然资源调查监测司组织撰写的《自然资源调查监测实践与探索》，国土空间规划局组织撰写的《新时代"多规合一"国土空间规划理论与实践》，国土空间用途管制司组织撰写的《国土空间用途管制理论与实践》。

"自然资源与生态文明"译丛和"自然资源保护和利用"丛书的出版，正值生态文明建设进程中自然资源领域改革与发展的关键期、攻坚期、窗口期，愿为自然资源管理工作者提供有益参照，愿为构建中国特色的资源环境学科建设添砖加瓦，愿为有志于投身自然资源科学的研究者贡献一份有价值的学习素材。

百里不同风，千里不同俗。任何一种制度都有其存在和发展的土壤，照搬照抄他国制度行不通，很可能画虎不成反类犬。与此同时，我们探索自然资源治理实践的过程，也并非一帆风顺，有过积极的成效，也有过惨痛的教训。因此，吸收借鉴别人的制度经验，必须坚持立足本国、辩证结合，也要从我们的实践中汲取好的经验，总结失败的教训。我们推荐大家来读"自然资源与生态文明"译丛和"自然资源保护和利用"丛书中的书目，也希望与业内外专家同仁们一道，勤思考，多实践，提境界，在全面建设社会主义现代化国家新征程中，建立和完善具有中国特色、符合国际通行规则的自然资源治理理论体系。

在两套丛书编译撰写过程中，我们深感生态文明学科涉及之广泛，自然资源之于生态文明之重要，自然科学与社会科学关系之密切。正如习近平总书记所指出的，"一个没有发达的自然科学的国家不可能走在世界前列，一个没有繁荣的哲学社会科学的国家也不可能走在世界前列"。两套丛书涉及诸多专业领域，要求我们既要掌握自然资源专业领域本领，又要熟悉社会科学的基础知识。译丛翻译专业词汇多、疑难语句多、习俗俚语多，背景知识复杂，丛书撰写则涉及领域多、专业要求强、参与单位广，给编译和撰写工作带来不小的挑战，丛书成果难免出现错漏，谨供读者们参考交流。

编写组

前　言

　　建立"多规合一"的国土空间规划体系并监督实施，是党中央、国务院作出的重大部署，也是国家治理体系和治理能力现代化的重要内容。《中共中央 国务院关于建立国土空间规划体系并监督实施的若干意见》（以下简称《若干意见》）明确要求"建立国土空间规划体系并监督实施，将主体功能区规划、土地利用规划、城乡规划等空间规划融合为统一的国土空间规划，实现'多规合一'"。2021年，全国《"十四五"规划和2035年远景目标纲要》提出，要全面落实"立足新发展阶段、贯彻新发展理念、构建新发展格局"的要求，"形成主体功能明显、优势互补、高质量发展的国土空间开发保护新格局""强化国土空间规划与用途管控"。

　　作为新时代生态文明制度建设的关键举措，从国家到地方，"多规合一"国土空间规划工作正在全面推进。正是基于上述背景，本书聚焦国土空间规划改革实践和理论思考，按照"认识国土空间规划改革—规划体系架构—基础性工作—编制审批体系—实施监督体系—法规政策和技术标准体系—'一张图'建设—人才队伍保障—实践创新探索—理论思考"的逻辑，分十章对"多规合一"国土空间规划改革实践与理论思考进行了阐析。

　　第一章"认识新时代国土空间规划改革"，回溯了我国空间规划体系的发展历程和"多规合一"的有关改革探索，系统总结了国外空间规划在面向可持续发展、空间的高度统一与统筹等方面的主要发展趋势，作为我国"多规合一"空间规划体系改革的参考。在此基础上，分析了高水平治理对国土空间规划改革的定位要求，提出了新时代国土空间规划改革的根本遵循，阐释了推进国土空间规划系统性、重构性改革的原则与关键。

第二章"国土空间规划体系的'四梁八柱'",阐述了国土空间规划体系的"五级三类四体系"架构以及体系建立的总体要求。

第三章"国土空间规划体系的基础性工作",阐述了建立统一的国土空间规划体系过程中所开展的一系列基础性工作,包括开展第三次全国国土调查与海岸线修测、厘清城市实体地域范围、明确用地用海分类分区标准、开展"双评价""双评估"等。

第四、五、六章针对国土空间规划的编制审批、实施监督、法规政策和技术标准体系展开分析。第四章"国土空间规划的编制审批体系",在整体推进"五级三类"规划体系的基础上,梳理分析了当前省级、市县级和乡镇级国土空间总体规划,统筹划定"三区三线",改进详细规划,探索相关专项规划等各级各类规划编制的任务要求和工作进展,明确了规划成果报批的规则和要求。第五章"国土空间规划的实施监督体系",梳理了相关制度要求和若干实践经验,包括强化主体责任、健全用途管制和规划许可制度、做实城市体检评估和规划实施监测、完善监督监管制度。第六章"国土空间规划的法规政策和技术标准体系",融合了我国国土空间规划法规政策体系和技术标准体系的内容,系统梳理了国家和地方国土空间规划立法的进展,总结了完善主体功能区制度、加强自然资源管理等相关政策体系的必要性,并围绕工作组织体系、统一技术标准、标准研究制定等方面,对统一国土空间规划技术标准的方式方法进行了讨论。

第七、八章从国土空间规划的支撑保障角度,分析了国土空间规划"一张图"建设和人才队伍建设。第七章"国土空间规划'一张图'建设",重点分析了国土空间规划"一张图"建设的思路和总体框架、国土空间基础信息平台、实施监督信息系统以及数据资源体系功能。第八章"国土空间规划的人才队伍保障",梳理了国土空间规划的专业队伍建设、行业管理要求以及相关学科建设的实践探索,并提出了未来的建设发展思路。

第九章"国土空间规划的实践创新探索",梳理了自然资源部组建以来,在国土空间规划改革中围绕建设开放国土、共享国土、美丽国土、韧性国土、善治国土、智慧国土开展的一系列创新与探索,并对实践案例进行了针对性的介绍和分析。

第十章"'多规合一'国土空间规划实践的理论思考",结合改革实践的创新探索,紧扣建立国土空间规划体系的根本遵循,围绕"坚持总体国家安全观,守住安全底线""坚持绿色发展,提高资源节约集约利用水平""坚持以人为本,营造宜居国土""坚持系统治理,统筹实现多目标平衡",进行理论思考和提炼总结。

2018年党和国家机构改革以来,各级自然资源部门坚持以习近平新时代中国特色社会主义思想为指引,以高度的政治自觉、行动自觉和一以贯之的战略定力,认真落实党中央"多规合一"改革决策部署,强化顶层设计,坚持问题导向、目标导向,统筹解决国土空间开发保护中的突出问题,实现了国土空间规划系统性、整体性、重构性改革,全面建立了国土空间规划体系。

"多规合一"国土空间规划体系的建立和发展,是各有关部门密切配合、地方党委政府高度重视、社会各界大力支持、规划行业系统团结进取的结果,凝结着所有规划人勠力同心、并肩奋斗的智慧和汗水。

在本书起草中,我们得到了北京大学林坚、南京大学翟国芳、同济大学孙施文、张尚武、中国政法大学林华、中国国土勘测规划研究院张晓玲、中国林业科学研究院唐小平、自然资源部第一海洋研究所刘大海、自然资源部信息中心李晓波、北京市规划和自然资源委员会杨浚、南京市规划和自然资源局叶斌、宁波市自然资源和规划局、武汉市自然资源和规划局等单位和专家学者的大力支持,商务印书馆编辑顾江也为本书的顺利出版倾注了心血,在此为大家的辛勤付出,谨致以衷心的感谢。

张 兵

目 录

第一章 认识新时代国土空间规划改革 ······1
第一节 国内外空间规划发展状况分析 ······1
第二节 国土空间规划改革定位与根本遵循 ······8
第三节 推进国土空间规划系统性、重构性改革 ······15

第二章 国土空间规划体系的"四梁八柱" ······22
第一节 "五级三类四体系"的总体框架 ······22
第二节 建立国土空间规划体系的总体要求 ······27

第三章 国土空间规划体系的基础性工作 ······30
第一节 夯实国土空间底图底数 ······30
第二节 明确用地用海分类分区标准 ······41
第三节 开展"双评价""双评估" ······49

第四章 国土空间规划的编制审批体系 ······58
第一节 整体统筹"五级三类"规划编制 ······58
第二节 开展各级国土空间总体规划编制 ······64
第三节 大力推进"三区三线"统筹划定 ······78
第四节 改进国土空间详细规划编制 ······89
第五节 探索国土空间相关专项规划编制 ······101

第六节　深化细化各类规划成果审批规则 ……………………… 109

第五章　国土空间规划的实施监督体系 ……………………………… 118

　　第一节　强化规划实施和监督的主体责任 ……………………… 118

　　第二节　完善用途管制和规划实施许可 ………………………… 126

　　第三节　做实规划体检评估和实施监测 ………………………… 134

　　第四节　健全国土空间规划监督监管制度 ……………………… 147

第六章　国土空间规划的法规政策和技术标准体系 ………………… 157

　　第一节　推进国土空间规划立法 ………………………………… 157

　　第二节　构建主体功能区的政策体系 …………………………… 161

　　第三节　落实自然资源管理相关政策 …………………………… 165

　　第四节　统一国土空间规划技术标准 …………………………… 179

第七章　国土空间规划"一张图"建设 ……………………………… 187

　　第一节　总体建设思路及框架 …………………………………… 187

　　第二节　国土空间基础信息平台 ………………………………… 190

　　第三节　国土空间规划"一张图"实施监督信息系统 ………… 193

　　第四节　国土空间规划"一张图"数据资源体系 ……………… 198

　　第五节　全国国土空间规划监测网络 …………………………… 201

第八章　国土空间规划的人才队伍保障 ……………………………… 203

　　第一节　加强专业队伍建设和行业管理 ………………………… 203

　　第二节　加强国土空间规划相关学科建设 ……………………… 214

第九章　国土空间规划的实践创新探索 ……………………………… 221

　　第一节　建设富有竞争力的开放国土 …………………………… 221

　　第二节　建设融合发展的共享国土 ……………………………… 229

　　第三节　建设优质高效的美丽国土 ……………………………… 250

　　第四节　建设绿色安全的韧性国土 ……………………………… 276

第五节　建设科学有序的善治国土……284

　　第六节　建设数字赋能的智慧国土……305

第十章　"多规合一"国土空间规划实践的理论思考……319

　　第一节　坚持总体国家安全观，守住安全底线……319

　　第二节　坚持绿色发展，提高资源节约集约利用水平……322

　　第三节　坚持以人为本，营造宜居国土……325

　　第四节　坚持系统治理，统筹实现多目标平衡……330

参考文献……335

第一章　认识新时代国土空间规划改革

第一节　国内外空间规划发展状况分析

一、"多规合一"前我国空间规划状况及问题

（一）"多规合一"前的空间规划

在"多规合一"改革前，我国的基本国情和制度特征决定了空间规划体系内部构成的多元化。据不完全统计，我国具有法定依据的各类规划已有超过80种，分为陆地规划和海洋规划两大类。从规划的特点和重点解决问题来看，我国的空间规划主要包括战略类规划、国土资源类规划、生态环境类规划、建设类规划、基础设施类规划等。这些规划纵横交织，横向由发展改革、国土资源、住房城乡建设、林业、环境保护、海洋等多个部门归口管理，纵向则涉及全国、区域、城市、乡镇、村（社区）等多个层级，但始终未能形成统一有序的空间规划体系。

各级各类空间规划在支撑城镇化快速发展、促进国土空间合理利用和有效保护等方面发挥了积极作用。其中，主体功能区规划、城乡规划、土地利用规划、海洋功能区划和生态功能区划等空间类规划在空间管制中分别承担了重要

的职能分工。例如城乡规划是"一书三证管建设"[①]、土地利用规划是"三线两界保资源"[②]、主体功能区规划是"政策区划管协调"、生态功能区划是"功能分区保本底"等（林坚、许超诣，2014）。上述规划尽管作用显著，但多规的长期并存也导致了一系列亟待解决的问题，主要包括：

（1）规划类型过多，内容交叠冲突。各类空间规划反映不同的主题，纵跨不同的层级，隶属不同的部门，有不同的编制和审批主体，依据不同的法律规定，具备不同的法律地位，彼此之间难以对接和协调（刘彦随、王介勇，2016）。此外，不同规划间职能交叉、内容冲突的问题突出，尤其反映在市县层面。

（2）审批流程复杂，部门缺乏统筹。各行政主管部门主导下的各级各类空间规划的运作存在机制性与结构性障碍，审批主体、审批程序、审查重点各不相同，导致在行政审查阶段协调衔接的过程较长。此外，不同法律法规、行政文件赋予了各类规划部门分配土地发展权的行政权力，导致部门间审批权限互相独立，缺乏统筹。

（3）规划权威性不足，地方规划朝令夕改。由于我国治理体系"权力上行"的体制特点，上级政府拥有相对更多的职权，导致其过多参与地方事务。上级规划是下级规划编制的依据，上级部门对下级规划有审批及监督实施的权力，但往往困于地方性事务的细节审查。上级规划的战略性、政策性不足，下级规划仿效上级规划，导致操作性、适应性不强。

（二）"多规合一"改革试点探索

为解决多规矛盾及其带来的行政效能受损、资源过度利用、生态系统破坏、环境污染严重等问题，从中央到地方自20世纪90年代开始便开展了一系列"两规合一""三规合一""多规合一"的探索试验。"多规合一"早期主要以地方自发性探索为主，随后国家层面提出建立空间规划体系，部署开展了省级空间

---

① "一书三证"指城乡规划中的建设项目选址意见书、建设用地规划许可证、建设工程规划许可证、乡村建设规划许可证。

② 土地利用规划"三线"指耕地、基本农田、建设用地规模；"两界"指基本农田边界、城乡建设用地边界。

规划和市县"多规合一"试点工作。

地方自发性探索主要集中在2008—2013年。2008年，伴随国家大部制改革，国内大城市如上海、武汉、深圳等地均依托机构改革，推进了相关探索工作。例如，上海市探索"两规合一"，主要成果是统一数据底板和信息平台，提出了"三条线"（即基本农田保护控制线、规划建设用地控制线和产业区块控制线）管控方案及相关配套政策，建立了城乡统一的规划体系。

2014年，国家发展和改革委员会等四部委联合印发《关于开展市县"多规合一"试点工作的通知》，确定了全国28个市县区作为试点[1]，开展经济社会发展规划、城乡规划、土地利用规划、生态环境保护规划的"多规合一"探索。实践中，往往以一种规划为核心、其他规划配合的方式进行：

（1）以城市总体规划或战略规划为核心的试点，在空间管控方面注重划定城市开发边界，在实施管理方面注重与近期建设计划的对接、与项目审批相衔接，达到简化行政流程的目的，如福建省厦门市等。

（2）以土地利用总体规划为核心的试点，编制国土空间综合规划，以"三线"和约束性指标为主要空间管控手段，工作组织中重视纵向规划衔接和传导，如山东省桓台县等。

（3）以社会经济发展规划或主体功能区规划为核心的试点，以"三区三线"[2]为主要管控手段，形成一本谋划总体布局、统领其他规划的新规划，如广西壮族自治区贺州市等。

在市县"多规合一"试点的基础上，中共中央办公厅、国务院办公厅于

---

[1] 国家发展和改革委员会、环境保护部负责的试点地区：大连市旅顺口区、哈尔滨市阿城区、黑龙江省同江市、江苏省淮安市、江苏省句容市、江苏省泰州市姜堰区、浙江省开化县、江西省于都县、河南省获嘉县、湖南省临湘市、广州市增城区、广西壮族自治区贺州市、四川省绵竹市、甘肃省玉门市、浙江省嘉兴市。国土资源部负责的试点地区：山东省桓台县、湖北省鄂州市、广东省佛山市南海区、重庆市江津区、四川省宜宾市南溪区、陕西省榆林市、浙江省嘉兴市；住房和城乡建设部负责的试点地区：浙江省德清县、安徽省寿县、福建省厦门市、广东省四会市、云南省大理市、陕西省富平县、甘肃省敦煌市、浙江省嘉兴市。所有试点中，浙江省嘉兴市为四部委联合试点。

[2] "三区"指生态空间、农业空间、城镇空间；"三线"指生态保护红线、永久基本农田、城镇开发边界。

2017年1月印发了《省级空间规划试点方案》，选择海南、宁夏、吉林、浙江、福建、江西、河南、广西、贵州开展省级空间规划试点，统筹各类空间性规划，编制统一的省级空间规划。总体来看，省级空间规划多以落实生态文明体制改革为出发点，在省级层面做好总体战略布局，推进"三区三线"落地，具体则需要依靠市县层面的空间规划进行落实。

针对"多规合一"，从学术界到实践界，从理念建构到试点探索，从地方自发试验、部门部署到国家统一安排试点，均取得一定的成效和共识，但也暴露了一些问题（林坚等，2021）：

（1）部门相对独立。"多规合一"要靠部门之间通力合作才能达成，但因牵头部委不同，导致工作侧重点差异较大。相关部门都强调以自身为主，导致既无法形成合力、实现"一张蓝图"的预期，也忽略了对海洋、林地、草原、湿地等专项规划的融合和指导约束作用。

（2）对主体功能区重视不足，各试点对主体功能区规划提出的政策与差异化绩效考核的具体落实普遍不足。

（3）对有关概念内涵和外延认识不清，类似"三区三线"的空间表达和范围界定没能形成共识。

二、国际上空间规划的主要经验与发展趋势

国际上，空间规划主要分为区域型空间规划和土地利用控制型规划两大类。其中，区域型空间规划是从全局性的"战略引领"和"宏观指导"着手，在相关经济活动空间规律的理论基础上，对区域的空间结构及其未来情景进行合理判断，确定符合实际的空间战略和空间框架（刘卫东、陆大道，2005）；土地利用控制型规划更侧重从土地的控制管理出发，在空间上落实相关保护和开发政策，形成土地利用体系。经过多年的发展，各国空间规划的主要经验与发展趋势呈现如下特点：

（一）可持续发展导向下的约束性规划

可持续发展理念已逐渐成为各国空间规划实践的基本遵循，并在约束性规

划方面进行了诸多探索和创新。例如，荷兰通过建立完善的空间规划评估体系强调了约束性规划的地位，在规划编制时通过评估规划的可行性、讨论规划对环境的影响，帮助公众和决策者作出正确的政策选择；规划执行后通过动态评估考察规划的结果绩效、反映实施中出现的问题，及时反馈给决策者进行必要的规划调整。法国积极响应联合国可持续发展倡议（陈红枫，2017），在宏观规划方面，从促进经济和社会持续发展的角度出发，寻求资源、产业、人口布局的相对平衡（喻锋、张丽君，2010）；在法律法规方面，明确提出了协调与可持续、城市多样化与社会融合、环境保护三项基本原则（Plugge et al.，2010）；在生态城市和生态街区建设方面，出台了相应的标准或指导框架；在建筑方面，制定了全国性的高环境质量评价体系（金岚，2020）。日本 2015 年编制的《日本国土形成规划》和德国 2005 年编制的《空间规划报告》，均强调国家和区域持续发展能力建设的重要性，从经济、社会和生态的可持续发展方面进行评价并提出了规划目标、路径和措施。

作为空间可持续发展的约束性前置条件，资源环境承载能力问题得到各国的广泛重视。各国在规划编制过程中，首先必须对自然灾害风险、资源环境承载能力以及其他经济社会发展条件进行分析评估，然后基于评估结果结合发展要求，拟定空间发展目标以及实施路径。

（二）空间高度统一与统筹的规划

各国通过促进区域统一协作、优化土地利用控制等方式，最终达到空间统筹、城乡统筹的目的。在区域协作上，各国提出了一系列措施推动创新性的空间协同规划。英国设立了具有战略性区域权威的大伦敦当局负责大伦敦地区的规划编制，日本成立了"七都县市首脑会议""首都圈港湾合作推进协议会"等协作平台解决区域专项事务，荷兰在兰斯塔德地区围绕绿心规划成立了区域性协调机构"绿心平台"，瑞士以州为单位组成了空间规划协作组织"苏黎世大都会区协会"。在土地利用控制上，日本严格按照《国土利用规划法》制定了《国土利用规划》，将国土划分为五大地域类型（城市地域、农业地域、森林地域、自然公园地域、自然环境保护地域）并规划地域类型调整等相关事项；五大地域依据法规，进行土地利用基本规划。美国采用以宏观调控为主的管制策略，以保护农用地为核心,根据土地生产潜力系统识别优质农田,明确保护的范围和顺序,将农地划分为基本农地、特种农地、州重要农地和地方重要农地(朱红、李涛,2020)。

尽管各国在国土尺度、政治制度等方面存在显著差异,但均为实现空间的高度统一与统筹,在不同层面形成了以空间规划为主体、经济社会等相协调的调控体制。空间规划需尊重不同等级政府对空间资源的配置要求,构建城乡协调发展的规划愿景,协调产业、土地、交通等不同行业和部门的要求。

(三)多元主体参与式规划

参与式规划是在规划编制、实施过程中与利益相关者沟通交流,共同寻求未来发展可能性的互动式合作,目的是实现规划过程中个人、团体、社区和各系统更好的整合[①]。例如,日本在全国与地方两个层面的空间规划中都体现了参与式规划的思想。"全国规划"由中央政府主导完成,由国土交通大臣制作提案,各都道府县可提出更改方案,公众参与评议;"广域地方规划"由中央政府、地方政府和公众代表成立的"广域地方规划协议会"编制完成,保证区域内各利益相关团体能够在平等的立场上进行协议。《纽约2050规划》(OneNYC 2050)是具有广泛公众参与的合作式规划,其八大策略的第一条即为"充满活力的民主,纽约市鼓励市民积极参与公民和民主生活"。社区居民可以参加社区论坛,接受调查问卷,对纽约市提出创造性的意见。

无论是宏观尺度还是微观尺度,空间规划的核心都是服务于人的规划。符合公众利益和需求的规划才能让公众满意,从而保证规划的顺利实施。各国实践证明,有效的、广泛的、全过程的公众参与会提高空间规划编制实施的科学性和有效性。

(四)科技赋能的智慧型规划

智慧型规划与治理已经迈入新的发展阶段,科技赋能逐渐成为空间规划领

[①] Smith, R. W. A Theoretical Basis for Participatory Planning. *Policy Sciences*, 1973, 4(3): 275-295.

域的研究热点与实践突破口。例如，在欧盟"凝聚政策"的"欧洲国土空间合作"目标框架下，欧洲多个国家与欧洲区域发展基金会共同资助了欧洲空间规划观测网（European Spatial Planning Observation Network，ESPON）计划，它提供并分析了欧盟国家国土空间利用变化的信息，揭示了区域发展的空间资本及潜力，推动了国土空间合作和可持续发展。新加坡智能规划通过整合数据架构，为建立全面的分析系统提供了基础条件，该数据架构主要包括规划与发展数据、社会人口统计数据、人口与车辆流动数据、传感器的数据和群众意见反馈，分析系统涉及数据数字化、整合数据、系统化、建模和模拟五大步骤。

（五）规划编制实施的全流程管理

为保证规划编制能够有效实施，制定包括法律保障、组织保障和财政保障等在内的全流程管理措施必不可少。例如，英国建立了规划督察制度，确保中央政府的上级规划能在地方政府的下级规划中得到有效实施，并把规划许可环节作为着力点和重要抓手；规划督察获得了议会立法层面的特别法律授权，同时相关法定文件也对独立裁决权予以明确；通过事前参与和事后救济制度，兼顾了地方政府、开发商及利益相关者的责任。意大利鼓励地方根据自身实际，创新规划编制、审批体系并定期评估；荷兰则注重规划目标的选择和引导，更加包容规划决策的不确定性，更加重视情境条件与结果绩效的动态适应性；韩国除了国土交通部、国土研究院、国土政策委员会和首都圈整备委员会等政府部门以外，大型公营企业也参与规划实施，负责国土资源开发和一些重大的全国性基础设施项目建设。

（六）依法编制和实施规划

空间规划的编制与实施离不开健全的法律体系保障。例如，荷兰宪法赋予了政府规划职能，政府有权根据规划决定是否发放建筑许可证，有权制止与规划相冲突的土地利用及相关开发行为（郝庆，2018）。英国的规划法规以国家法律为主，主要由立法系统和执法系统构成，立法系统包括城市规划法律系统和城市开发控制法律性文件制定系统，执法系统负责签发规划许可、控制地区的土地开发活动。日本法律体系以《宪法》为基础，包括《国土形成规划法》《国土利用规划法》等主干法，《城市规划法》《农业振兴地域整备法》等专项法，以及由各部门和地方政府制定的相关法规和标准，为规划的编制与实施提供法律支撑（董子卉、翟国方，2020）。

第二节 国土空间规划改革定位与根本遵循

一、面向高水平治理的国土空间规划改革定位

（一）"全面深化改革"对空间治理体制改革的要求

1. "全面深化改革"对政府职能转变的要求

党的十八届三中全会指出，全面深化改革的总目标是完善和发展中国特色社会主义制度，推进国家治理体系和治理能力现代化，而政府职能转变是其中的核心关键环节。2013年《中共中央关于全面深化改革若干重大问题的决定》首次将"政府职能转变"单列，强调政府的职责在于"保持宏观经济稳定，加强和优化公共服务，保障公平竞争，加强市场监管，维护市场秩序，推动可持续发展，促进共同富裕，弥补市场失灵"，应以"加强发展战略、规划、政策、标准等制定和实施，加强市场活动监管，加强各类公共服务提供"等为重点。其中，中央政府应着力加强宏观调控职责和能力，地方政府应主要围绕公共服务、市场监管、社会管理、环境保护等方面持续提升保障水平。

《中共中央关于全面深化改革若干重大问题的决定》确立了全面深化改革时期推进政府职能转变的旗帜纲领，具体包括以下要求：①要处理好政府、市场、社会的关系，在统筹经济社会发展、生态环境保护等各项事业中，明确"政府应该做什么、不应该做什么，哪些事应该由市场、社会、政府各自分担，哪些事应该由三者共同承担"[①]；②要建立"法治政府"，"政府职能转变到哪一

[①] 习近平：《在党的十八届二中全会第二次全体会议上的讲话》，2013年2月28日。

步，法治建设就要跟进到哪一步"①，应着力改革不适应实践发展要求的体制机制、法律法规，不断构建新的体制机制、法律法规，使各方面制度更加科学和完善；③要高度重视府际关系协调，理顺中央和地方政府的职能定位、事权和财权关系，从而"更好发挥中央和地方两个积极性"②；④围绕生态文明建设和环境保护持续发力，不断健全国家自然资源资产管理体制，不断完善自然资源监管体制，推进改革生态环境保护管理体制。

2. 面向生态文明建设的空间治理体制改革要求

党的十八大以来，中国特色社会主义进入新时代，党中央将生态文明建设纳入中国特色社会主义事业的总体布局，将空间规划改革纳入生态文明体制改革总体方案。2015年《生态文明体制改革总体方案》确立了到2020年构建起由自然资源资产产权制度、国土空间开发保护制度、空间规划体系、资源总量管理和全面节约制度等八项制度构成的生态文明制度体系。2015年《中共中央关于制定国民经济和社会发展第十三个五年规划的建议》明确提出"以主体功能区规划为基础统筹各类空间性规划，推进'多规合一'；以市县级行政区为单元，建立由空间规划、用途管制、领导干部自然资源资产离任审计、差异化绩效考核等构成的空间治理体系"。2019年《若干意见》明确提出："到2035年，全面提升国土空间治理体系和治理能力现代化水平。"在建设美丽中国、推进生态文明、形成绿色发展方式和生活方式等成为国家空间治理基本价值导向的当下，应使空间治理全方位体现出国家优化国土空间开发格局、促进经济社会可持续发展的战略意图和价值取向③。

为落实生态文明体制改革的空间治理任务要求，2018年，中共中央印发了《深化党和国家机构改革方案》，将国土资源部的职责，国家发展和改革委员会的组织编制主体功能区规划职责，住房和城乡建设部的城乡规划管理职责，水利部的水资源调查和确权登记管理职责，农业部的草原资源调查和确权登记管

---

① 习近平：《习近平关于全面深化改革论述摘编》，中央文献出版社，2014年。
② 习近平："关于《中共中央关于全面深化改革若干重大问题的决定》的说明"，《人民日报》，2013年11月16日。
③ "国家空间治理与空间规划"。https://mp.weixin.qq.com/s/iAKo3LfSXKP4rBGhbO0d6A。

理职责，国家林业局的森林、湿地等资源调查和确权登记管理职责，国家海洋局的职责，国家测绘地理信息局的职责整合，组建自然资源部。同时组建国家林业和草原局，加挂国家公园管理局牌子，由自然资源部管理。自然资源部的职责在于履行"两统一"，即：统一行使全民所有自然资源资产所有者职责，统一行使所有国土空间用途管制和生态保护修复职责。

（二）落实"两统一"职责的国土空间规划改革定位

国土空间规划的改革方向与自然资源部"两统一"职责一脉相承。统一行使全民所有自然资源资产所有者职责，要求自然资源部代表国家对全民所有自然资源资产进行管理，行使占用、使用、收益和处分的权利，统一标准，统筹资产配置、处置和收益管理，而全民所有自然资源资产的配置和处置应符合规划、用途管制等国家公共利益的需要；统一行使所有国土空间用途管制和生态保护修复职责，要求自然资源监管应以统一的空间规划体系为基础，以用途管制为手段，实现自然资源的可持续利用和生态环境的全域全要素保护，不同横向要素的统一管理是自然资源部职责的核心所在，本质上也就是要实现"多规合一"和统一的国土空间用途管制。

从顶层设计来说，"多规合一"是国土空间规划的改革方向，国土空间规划不仅包括技术层面的工作落实，更应进一步着眼于深化改革的目标，以提高政府空间治理的实效和水平作为衡量标尺。传统规划体系中各类空间规划的矛盾冲突仅是表象，在建设社会主义市场经济的过程中，通过转变政府职能、落实规划协同，在"统一"目标、"统一"平台的基础上实现"统一"行动，才是"多规合一"的应有之义。因此，国家"十四五"规划所强调的"形成主体功能明显、优势互补、高质量发展的国土空间开发保护新格局"和"强化国土空间规划与用途管控"，实质上是对自然资源和建设活动及其二者所依托的国土空间提出了全域全要素管控的改革深化要求，即纵向层级权责传导有力、横向要素统筹管控有效。在落实"两统一"职责的空间规划改革进程中，"战略引领""底线管控"和"全方位协同"等关键要素的地位将愈发明显（张兵、胡耀文，2017）。

新时代的国土空间规划以落实生态文明建设和高质量发展对空间治理所提出的新要求为导向，是坚持以人民为中心，实现高质量发展和高品质生活、建设美好家园的重要手段,在推进以人为核心的新型城镇化、有效应对"城市病"、建设美好人居环境等方面具有引领作用。国土空间规划正是通过国土空间资源的配置、管控,通过一系列战略引领、刚性管控和柔性引导,推动、促进、保障,甚至"倒逼"发展方式转变,探索形成一套适应于创新、协调、绿色、开放、共享等新发展理念的国土空间利用模式。

二、"多规合一"国土空间规划改革的根本遵循

生态文明建设是千年大计、根本大计。推进空间规划改革,建立"多规合一"的国土空间规划体系并监督实施,是党中央推进生态文明体制改革作出的重大战略决策,也是国家治理体系和治理能力现代化的重要内容。党的十八大以来,以习近平同志为核心的党中央以前所未有的力度抓生态文明建设。习近平生态文明思想是党领导人民推进生态文明建设取得的标志性、创新性、战略性重大理论成果,是新时代建设社会主义生态文明的强大思想武器,深刻回答了为什么建设生态文明、建设什么样的生态文明、怎样建设生态文明等重大理论和实践问题,把党对生态文明建设规律的认识提升到了一个新高度。推进国土空间规划改革,必须以习近平生态文明思想为根本遵循,牢固树立总体国家安全观,始终秉持"人与自然和谐共生"理念,贯彻落实"以人民为中心"的思想,充分尊重自然和城乡发展客观规律,着力促进资源节约集约和可持续利用,紧抓创新发展和智慧赋能的历史契机,推动全方位、高水平、多层次的国土空间治理现代化。

(一)牢固树立总体国家安全观

统筹发展和安全是我们党治国理政的重大原则,坚持总体国家安全观已纳入新时代坚持和发展中国特色社会主义的基本方略,并写入党章。国土安全与国民安全是总体国家安全观"五对关系"的组成部分,主要包括构建生态功能保障基线、环境质量安全底线、自然资源利用上线三大红线,为现代化发展提

供有力的粮食安全和水安全保障，促进黄河等流域发展安全等[①]。

守住国家安全、粮食安全、生态安全、气候安全、城乡安全以及各类涉及人的基本生存安全的底线，防患于未然，是国土空间规划的初心与使命。国土空间规划必须坚持国家总体安全观，"坚持底线思维，以国土空间规划为依据，把城镇、农业、生态空间和生态保护红线、永久基本农田保护红线、城镇开发边界作为调整经济结构、规划产业发展、推进城镇化不可逾越的红线"。生态安全是国家安全体系的重要基石，粮食安全是"国之大者"，具有政治、经济和军事等多重意义。因此，必须遵循最严格的耕地保护制度、生态环境保护制度和节约用地制度，坚持底线思维与系统思维，深化落实安全、韧性理念，优先明确农业生态和安全防灾等保护性空间，强化风险识别、风险应对和风险防控的政策设计，保障中华民族的国土安全和永续发展。

（二）贯彻"人与自然和谐共生"理念

"人与自然和谐共生"，体现了为中华民族长远计、为子孙后代谋的大局观，坚持生态优先、绿色低碳的发展观，人民至上、以人为本的价值观，统筹兼顾、整体谋划、综合施策的系统观，依法依规、从严从实、动真碰硬的治理观。推进生态文明建设，必须坚持人与自然和谐共生，坚持"绿水青山就是金山银山"，坚持良好生态环境是最普惠的民生福祉，坚持山水林田湖草是生命共同体，坚持用最严格的制度、最严密的法治保护生态环境，坚持共谋全球生态文明建设。

遵循"人与自然和谐共生"的生态文明思想，通过国土空间规划与用途管制的手段，改变工业文明时代以来对自然资源的无序、过度攫取，扭转人与自然的紧张关系。推进国土空间规划，需要做到遵循"山水林田湖草"生命共同体理论，透彻研究各类自然资源之间的联动关系和人与自然的共生本质，系统安排国土空间和自然资源利用方式；主动推进发展方式转型，实现"绿水青山就是金山银山"的转化；大力推行自然资源节约集约利用，实施资源总量管理和全面节约制度，促进形成善待善用资源的高质量发展局面。

[①] 新华网："习近平同志《论坚持人与自然和谐共生》主要篇目介绍"。https://www.dswxyjy.org.cn/n1/2022/0128/c423712-32342608.html。

（三）坚持"以人民为中心"的发展思想

"以人民为中心"是一种发展思想，也是一种执政理念，是在新时代条件下对"为人民服务"这一理念的高度彰显[①]。以人民为中心的发展思想，直接回答了发展"为了谁、依靠谁、成果由谁共享"这个根本问题；决定了在群众观点指导下的群众路线，即一切为了群众、一切依靠群众，从群众中来、到群众中去；决定了我们党领导人民全面建设小康社会、进行改革开放和社会主义现代化建设的根本目的，就是要通过发展社会生产力，不断提高人民生活水平，促进人的全面发展，最终实现全体人民共同富裕。党的十八大以来，以习近平同志为核心的党中央把人民置于经济社会发展的中心环节，将"以人民为中心"的发展思想贯穿于治国理政的全部活动之中。

为人民谋幸福、为民族谋复兴，这既是我们党领导现代化建设的出发点和落脚点，也是新发展理念的"根"和"魂"。因此，必须坚持从人的全面发展和满足人民日益增长的美好生活需要出发，统筹城乡、区域协调发展，促进现代化建设各个方面、各个环节相协调。要大力推动生态文明建设，建立健全绿色低碳循环发展的经济体系，推动经济社会发展全面绿色转型[②]。要在统筹人口分布、城乡发展、经济布局、国土利用、生态环境保护等各方面的基础上，对未来的生产空间、生活空间和生态空间（即"三生空间"）及其格局作出整体谋划和安排，引导并控制各类开发保护建设活动，以人民对美好生活的向往为出发点，以实现中华民族的永续发展为目标，形成"生产空间集约高效、生活空间宜居适度、生态空间山清水秀，安全和谐、富有竞争力和可持续发展的国土空间格局"。

[①] 郝全洪："坚持以人民为中心的发展思想"。http://theory.people.com.cn/n1/2018/0518/c40531-29998007.html。

[②] 中国宏观经济研究院课题组："以人民为中心贯彻新发展理念"。http://theory.people.com.cn/n1/2022/0110/c40531-32327377.html。

（四）推进共建共享的国土空间治理现代化

党的十八届三中全会将"完善和发展中国特色社会主义制度、推进国家治理体系和治理能力现代化"确立为全面深化改革的总目标。国家治理现代化包括国家治理体系现代化和国家治理能力现代化两个方面，前者指国家的制度安排，后者指制度的执行能力。推进国家治理体系和治理能力现代化，需适应现代化进程，将制度建设贯穿改革始终，不断提高党的执政水平、政府履职能力、处理各种复杂事务的能力，不断提高运用中国特色社会主义制度有效治理国家的能力[①]。

国土空间治理是"国家治理面向国土空间范围的部分"，其核心目标是实现"国土空间的有效、公平和可持续利用"和"各地区间相对均衡的发展"（孟鹏等，2019）。因此，构建全国统一、互相衔接、分级管理的"多规合一"国土空间规划体系已成为国土空间治理现代化建设的必然要求，也是破解各类困境和应对风险挑战的重要抓手。与此同时，伴随科学技术的飞速发展，智能技术赋能空间治理已成为国土空间规划的重要方向，实现国土空间治理的共建、共治和成果共享也已成为获得广泛共识的发展趋势。为此，必须通过创新赋能，更为全面、高效、便捷地认知和识别空间发展规律及其所面临的风险挑战，推进全要素全流程的国土空间规划编制、实施、监管。既审慎协调政府、市场、社会三大主体的责、权、利关系，又在国土空间规划与治理过程中落实并深化公众参与机制，注重利益分配的公正性、均衡性和发展的可持续性，为国家和全球治理贡献国土空间领域的智慧和方案，为新时代中国特色社会主义建设作出贡献（吴燕，2019）。

---

① 秦宣："推进国家治理现代化的方向和路径"。http://opinion.people.com.cn/n1/2016/0622/c1003-28467466.html。

第三节 推进国土空间规划系统性、重构性改革

一、坚持"统一底图、统一标准、统一规划、统一平台"

2019年7月，习近平总书记主持召开中央全面深化改革委员会第九次会议并发表重要讲话，强调"统筹划定落实生态保护红线、永久基本农田、城镇开发边界三条控制线，要以资源环境承载能力和国土空间开发适宜性评价为基础，科学有序统筹布局生态、农业、城镇等功能空间，按照统一底图、统一标准、统一规划、统一平台的要求，建立健全分类管控机制"。

2019年10月，中共中央办公厅、国务院办公厅印发《关于在国土空间规划中统筹划定落实三条控制线的指导意见》对四个"统一"予以进一步强调。要求坚持做到：

（1）统一底图。即以目前客观的土地、海域及海岛调查数据为基础，形成统一的工作底图底数。已形成第三次国土调查成果并经认定的，可直接作为工作底图底数。结合国土空间规划编制，完成三条控制线划定和落地，协调解决矛盾冲突，纳入全国统一、"多规合一"的国土空间基础信息平台，形成一张底图。

（2）统一标准。即按照"多规合一"要求，由自然资源部会同相关部门负责构建统一的国土空间规划技术标准体系，修订完善国土资源现状调查和国土空间规划用地分类标准，制定各级各类国土空间规划编制办法和技术规程。

（3）统一规划。即建立国土空间规划体系并监督实施，将主体功能区规划、土地利用规划、城乡规划等空间规划融合为统一的国土空间规划，实现"多规合一"。

（4）统一平台。即以自然资源调查监测数据为基础，采用国家统一的测绘基准和测绘系统，整合各类空间关联数据，建立全国统一的国土空间基础信息平台。

二、坚持系统重构的"取势、正道、优术"

国土是生态文明建设的空间载体,国土空间规划的制度建设过程是不断探索、逐步优化的系统重构过程。进入生态文明新时代,国土空间规划的系统重构应做到"连续、稳定、转换、创新","连续、稳定"要求汲取、融合在实践中被证明有效的制度工具和管理方法,"转换"要求以生态文明思想为根本遵循,切实转思想、转身体、转脚板,同时避免"穿新鞋走老路","创新"要求积极自我改革,在实践中不断探索新理念、新模式、新制度。为此,既要尊重城乡规划、土地利用规划、主体功能区规划等传统空间规划的知识体系、学科体系和职业技能体系,又要充分顺应新时代发展的要求而实现优化,着力体现生态文明新时代、高质量发展新阶段、高水平治理新要求,注重目标、问题和运行导向,其关键是围绕前瞻性、科学性、操作性的核心问题,从势、道、术三方面进行优化(庄少勤,2019)。具体而言,"取势"即取有利之势,顺势而为,把握新时代的脉搏和趋势;"正道"即掌握科学规律,把握正确原则,针对性地解决问题,有效建立与新时代匹配的国土空间规划体系;"优术"即优化具体的工作方法和工作机制,保障规划有效实施和运行,在新的规划实践中真正让城乡变得更美好。

(一)立足发展动力和需求进行"取势"

新时代的发展动力以深度信息化、新型市场化(或法治化)和新型全球化为代表,分别代表了生产力、生产关系和时空关系。其中,"深度信息化"包括数字化、网络化、智能化,代表科技原动力;市场化改革和法治化建设在经济转型发展时期对生产关系、社会关系和空间关系影响重大;新型全球化对贸易和地缘关系影响深远,将对国土空间格局和区域协调发展产生重大影响。新时代的发展需求也包含三个维度,一是主体全面人本化,即人类的发展超越对温饱生存的需求后,进入全面发展的新阶段,凸显"以人民为中心"的高质量发展;二是客体全面生态化,即回归尊重自然、顺应自然、保护自然,营造人和自然和谐共生、可持续发展的生态,强调环境质量改善和资源节约,以及生产、生活方式的生态化；三是群体的区域网络化，即在信息化、市场化和全球化的背景下向区域化、网络化发展，并在城市内部发展更多有活力的城市节点（庄少勤，2019）。

上述"六化"之"势"已呈现出新的时空生态特征、规律和趋势（庄少勤等，2020）。具体到国土空间规划中，主要体现在空间布局、结构、功能、品质、特色、权益等六个方面。一是布局的多中心、网络化，新的"集中—分散"动能使城镇群及城镇内部呈现"多中心、网络化"的分布式结构；二是结构的群落式、圈层化，交通和网络的可达性决定了空间群落结构，形成了同城效应的都市圈及城镇圈、社区生活圈等群落式圈层结构；三是功能的复合式、社区化，生产生活更加融合，虚实结合、功能复合的社区（社群）成为群体活动的基本时空单元；四是品质的体验性、场景化，这要求空间规划和设计围绕人的感知，注重场景营造，要使国土空间规划有"温度"、有关照；五是特色的地域性、个性化，需顺应规模生产与消费的个性化发展趋势，促进塑造空间地域的特色和魅力，激发空间活力；六是权益的自主性、权力化，应高度重视科技进步和社会发展中的"利益再分配"问题，警惕"马太效应""空间折叠"和新的时空安全问题（庄少勤等，2020）。

（二）遵循科学规律和正确原则开展"正道"

新时代国土空间规划承担着转变发展方式、"换道超车"的使命。因此，"多规合一"建立国土空间规划体系，既需要对原有的规划编制和实施管理进行改进和革新，同时也必须充分遵循经济规律、社会规律和自然规律，在坚持新时代生态文明建设六大原则的基础上，深刻理解和全面落实"五位一体"总体布局要求，从多个维度把握空间变量的优化：

（1）空间发展的规律逻辑。包含经济规律、社会规律和自然规律三个方面，这将有助于协调和充分发挥市场决定性作用和政府调控作用，体现"以人民为中心"，充分考虑人的全面发展需求，尊重自然、顺应自然、保护自然，使空间真正成为"生命共同体"。

（2）发展原则和供给逻辑。新时代生态文明建设六大原则体现了"五位一体"总体布局和新发展理念的深刻内涵，是新时代生态文明建设和空间治理的基本遵循。立足于此，应在国土空间规划中系统地提供人的全面发展的空间需求，对接人的日常感知，提升人们的安全感、归属感、获得感、成就感和幸福感，满足"人民对美好生活的向往"。

（3）空间治理的优化逻辑。包含以下维度：一是从物质驱动到"数字驱动"，使国土空间规划成为可感知、能学习、善治理、自适应的智慧型生态规划；二是从规模驱动到"生态（创新）驱动"，强化底线约束，以生态优先倒逼创新发展、绿色发展、韧性发展；三是从点轴驱动到"网络驱动"，多中心、网络化、圈层式、集约型的空间结构布局驱动空间多维发展；四是从生产（园区）驱动到"品质（社区）驱动"，通过社区营造和社区运营，落实"以人民为中心"的规划；五是从区块驱动到"流量驱动"，将全要素、全生命周期的空间"用态"管理纳入规划实施的管理常态；六是从行政（客户）驱动到"用户驱动"，更好发挥政府的公共平台作用，坚持"开门规划"，使规划过程成为"用户"们共建、共治、共担、共享的社会治理过程（庄少勤，2019）。

（三）聚焦空间治理运行制度实现"优术"

推动思维逻辑的优化。在生态文明新时代的背景下，规划思维不应该延续机械主义的工业化思维或工程思维，而应树立"用户思维""有机思维"和"设计思维"（庄少勤等，2020），要充分发挥人民群众的"群体智慧"，"依靠人民创造伟业"，要将空间当作有机生命体，注重多个区域、多个主体的开放与协调，着眼于解决问题，着眼于协调利害关系，着眼于对规划治理行为进行"全生命周期管理"（庄少勤，2015）。

强化运行方法的优化。一方面，不仅要改革现有的编制审批体系，还要重构实施监督体系、政策法规体系和技术支撑体系，强化规划的政策和制度属性，降低制度运行成本，构建高效的规划运行体系。另一方面，在具体实施中，要协调好市场"无形之手"和政府"有形之手"，平衡好社会"有情之手"和技术"无情之手"，兼顾市场机制的健全和法规政策的完善，兼顾共建共享的强化和技术的正向利用，最终推动国土空间规划在"道法自然"中实现不断完善和不断发展。

三、坚持"破解老难题、应对周期性新挑战"

回顾过去，我国传统的空间类规划长期存在一系列亟待解决的老难题。面向未来，我国面临百年未有之大变局，国土空间规划需要积极应对未来的更多不确定性问题。破解老难题、迎接新挑战是新时代国土空间规划改革的重要使命。

（一）破解老难题

我国既往的空间规划类型有别、内容不同，但工作的对象是一致的，都是国土空间。按照《全国主体功能区规划》的定义，国土空间是"国家主权与主权权利管辖下的地域空间，是国民生存的场所和环境，包括陆地、陆上水域、内水、领海、领空等"[①]。国土空间是一个国家主权权利管辖下的、包含人类生活生产活动和各种资源要素的、复杂的整体系统。过去规划类型过多、内容重叠冲突、审批流程复杂、部门缺乏统筹、规划权威性不足等一系列问题频发，导致区域分工不明晰而开发保护失序、要素统筹不足而管理失控。因此，必须形成全域、全要素、全过程治理的国土空间规划和管控体系，真正实现空间规划体系的重构和"多规合一"国土空间规划体系的建立。

（二）迎接新挑战

为了应对未来的不确定性，解决一系列影响高质量发展的结构性、周期性、体系性问题，国土空间规划需充分把握时代的"周期"特征，迎接未来可能遭遇的各种挑战：

（1）全球气候变化自然周期。按目前速度，预计到2030年，全球平均气温将升高1.5℃，内陆、沿海极端灾害天气发生概率加大，水资源、粮食、能源等安全也将经受巨大考验。联合国政府间气候变化专门委员会（IPCC）第六

[①] 原《全国海洋主体功能区规划》的规划范围为我国内水和领海、专属经济区和大陆架及其他管辖海域（不包括港澳台地区）。

次评估报告指出，在未来几十年里，所有地区的气候变化都将加剧，当全球升温2℃时，极端高温将更频繁地达到农业生产和人体健康的耐受临界值。联合国粮食及农业组织（FAO）2021年土地和水资源日的主题就是"土地、土壤和水资源危在旦夕"，其发布的《2021年世界粮食和农业领域土地及水资源状况》更是以"系统濒临极限"为标题，指出"全球62%的灌溉土地是退化或恶化的"。

（2）世界经济技术周期。新的数字化生态时代已经到来，特别是随着新能源、新一代数字技术、人工智能等科技革命和行业变革，将加速推动国土空间开发保护的方式变革，对全世界发展方式、生活方式将产生深远影响。

（3）国际地缘政治周期。当今国际政治格局正在发生深刻变化，世界进入动荡变革期，特别是新冠疫情冲击下，百年变局加速演进，外部环境更趋复杂严峻和不确定。逆全球化、区域化对产业链供应链体系带来重大调整。

（4）中国人口和消费周期。中国人口低速增长，很可能比原来预期的时间更早达到人口顶峰，人口结构将呈现老龄化、少子化等趋势，人口分布不均衡。新增城镇人口重点集聚在城市群和都市圈地区，中心城市对周边中小城市吸纳人口规模即将扩大。生活就业方式持续改变和消费多元化带来人的行为特点、居住方式、出行方式等的新变化，对空间品质提出更高要求。

（5）中国城镇化和土地利用周期。我国城镇化总体进入存量时代，外延扩张型发展逐步走向多中心、网络化、开放型、集约式发展；城市发展分化特征加剧，城市群、都市圈、中心城市逐步成为城镇空间形态主体，部分城市收缩态势进一步明显；城市基础设施老化现象逐步显现；后疫情时代社区作用被更加关注，对相关公共服务配置提出更高要求。

（6）中国政府财政压力周期。外部冲击影响宏观经济，人口红利逐渐消散，土地成本逐年高企，导致传统的土地财政运行模式难以为继，城市发展转向存量运营，财政支出从基建转向民生。

四、坚持规划"能用、管用、好用"

《若干意见》指出，"健全国土空间开发保护制度，体现战略性、提高科学性、强化权威性、加强协调性、注重操作性，实现国土空间开发保护更高质量、更有效率、更加公平、更可持续""确保规划能用、管用、好用"。

"多规合一"国土空间规划体系的确立，标志着空间规划从"蓝图"型规划向"治理"型规划的转变，这就要求规划必须"接地气"。要从实际出发分析问题、解决问题，要能落实阶段性发展战略，顺应时空发展趋势作规划。其中关键要求，一是"能用"，就是要适应新时代要求，适合于国情。有科学性、权威性，能适应具体的时期、地域和应用场景，有制度和理念共同结合的实施保障；二是"管用"，就是要能够解决空间治理和空间发展的问题。探索在国家基本制度和大政方针的基础上，根据不同空间的主体功能定位，实现人口、经济、资源环境的空间均衡以及各项工作精准落地的治理模式；三是"好用"，就是运行成本要低、效率要高。新时代的国土空间规划体系是以先进技术支撑的规划体系，要建立全国统一的国土空间规划的基础信息平台，为规划实施监督提供更科学、有效和先进的支撑（自然资源部国土空间规划局，2021a）。

第二章 国土空间规划体系的"四梁八柱"

第一节 "五级三类四体系"的总体框架

一、国土空间规划体系的总体框架

国土空间规划需要安排国土空间开发、保护、建设、利用、整治、修复等活动，其规划对象将是全域全要素的国土空间系统。对于国土空间系统的认知，不仅要解构为人类生存与城镇化等发展的物质空间载体和利用对象（林坚等，2016），也要理解其作为人与自然交互作用的有机统一体（曹小曙，2019）。人、国土空间、国土空间权益共同构成国土空间系统的核心要素，人对国土空间的开发保护利用方式是衔接三大要素的桥梁。因此，规划针对的国土空间系统，是一个由多层次区域、多类型自然和人文要素、人的生产生活行为、因人类利用活动而产生的空间权益以及相适配的运行机制所构成的开放复合系统。建立"多规合一"国土空间规划体系，始终要把握"人与自然和谐共生"理念，妥善处理"以人为本"的价值观和"总体国家安全观"之间的平衡关系，有效推进国土空间这一"国家主权与主权权利管辖下的地域空间"的治理体系和治理能力现代化建设。

按照《若干意见》的要求，"多规合一"的国土空间规划体系呈现为"五级三类四体系"的结构（图 2–1）。"三类"规划包括国土空间总体规划、详细规划和相关专项规划；"五级"规划涵括全国、省级、市级、县级、乡镇五级规划；"四体系"指国土空间规划的编制审批体系、实施监督体系、法规政策体系和技术标准体系。

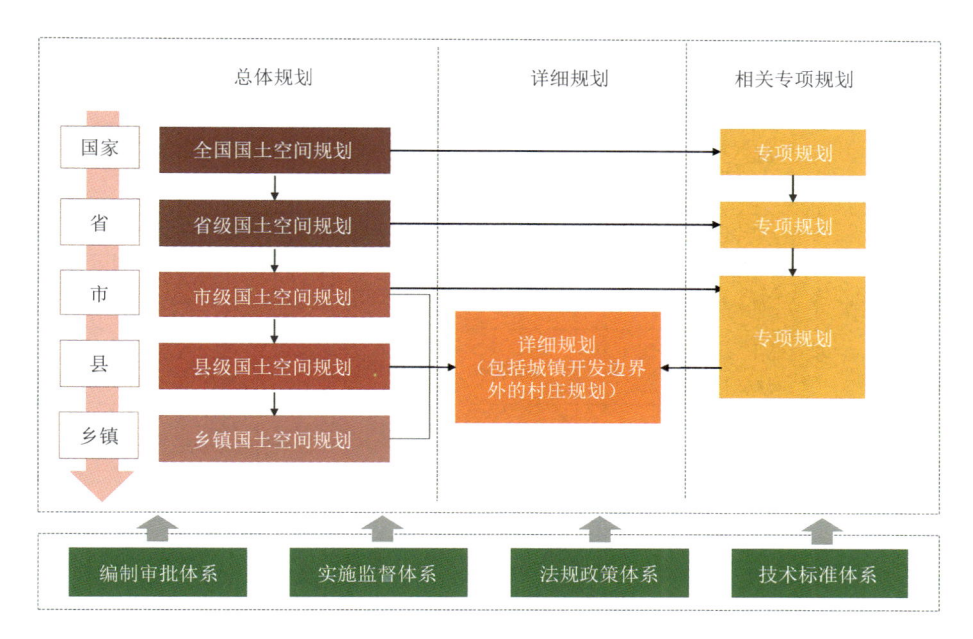

图 2–1　国土空间规划体系总体框架

资料来源：自然资源部国土空间规划局，2021a。

二、国土空间规划的"四体系"

（一）编制审批体系

国土空间规划的编制分为"五级三类"，对应我国行政管理体系的"国家级、省级、市级、县级、乡镇级"五个层级，以及"总体规划、详细规划、相关专项规划"三种类型。

按照"谁审批、谁监管"的原则，分级建立国土空间规划的审查备案制度

（表 2-1）。主要要求包括：①精简规划审批内容，大幅缩减审批时间；②减少需报国务院审批的城市数量，直辖市、计划单列市、省会城市及国务院指定城市的国土空间总体规划由国务院审批；③相关专项规划在编制和审查过程中应加强与有关国土空间规划的衔接及"一张图"的核对，批复后纳入同级国土空间基础信息平台，叠加到国土空间规划"一张图"上。

表 2-1　国土空间规划的编制审批规定

对应的规划			编制	审批
总体规划	全国国土空间规划		自然资源部会同相关部门	党中央、国务院
	省级国土空间规划		省级人民政府	同级人大常委会审议后报国务院
	市县乡镇级	国务院审批的城市国土空间总体规划	城市人民政府	同级人大常委会审议后，由省级人民政府报国务院
		其他市县和乡镇国土空间规划	本级人民政府	省级人民政府明确编制审批内容和程序要求
详细规划	城镇开发边界内		市县国土空间规划主管部门	市县人民政府
	城镇开发边界外的乡村地区：村庄规划		乡镇人民政府	市县人民政府
相关专项规划	海岸带、自然保护地等专项规划及跨行政区域或流域的国土空间规划		所在区域或上一级自然资源主管部门	同级政府
	以空间利用为主的某一领域专项规划		相关主管部门	按照相关规定审批

资料来源：自然资源部国土空间规划局，2021a。

（二）实施监督体系

国土空间规划的实施监督体系主要包括用途管制制度和规划实施监督机制。

在用途管制制度方面，以国土空间规划为依据，对所有国土空间分区分类实施用途管制。在城镇开发边界内的建设，实行"详细规划+规划许可"的管制方式；在城镇开发边界外的建设，按照主导用途分区，实行"详细规划+规划许可"和"约束指标+分区准入"的管制方式。对以国家公园为主体的自然保护地、重要海域和海岛、重要水源地、文物等实行特殊保护制度。

在规划实施监督机制方面，依托国土空间基础信息平台，建立健全国土空间规划动态监测评估预警和实施监管机制。上级自然资源主管部门要会同有关部门组织对下级国土空间规划中各类管控边界、约束性指标等管控要求的落实情况进行监督检查，将国土空间规划的执行情况纳入自然资源执法督察内容。健全资源环境承载能力监测预警长效机制，建立国土空间规划定期评估制度，结合国民经济社会发展实际和规划定期评估结果，对国土空间规划进行动态调整完善。

（三）法规政策体系

研究制定国土空间开发保护法，加快国土空间规划相关法律法规建设。梳理与国土空间规划相关的现行法律法规和部门规章，对"多规合一"改革涉及突破现行法律法规规定的内容和条款，按程序报批，取得授权后施行，并做好过渡时期的法律法规衔接。完善适应主体功能区要求的配套政策，保障国土空间规划有效实施。

（四）技术标准体系

按照"多规合一"要求，由自然资源部会同相关部门构建统一的国土空间规划技术标准体系，修订完善国土资源现状调查和国土空间规划用地用海分类标准，制定各级各类国土空间规划编制办法和技术规程。

三、国土空间总体规划

全国国土空间规划是对全国国土空间作出的全局安排，是全国国土空间保护、开发、利用、修复的政策和总纲，侧重战略性，由自然资源部会同相关部门组织编制，由党中央、国务院审定后印发。

省级国土空间规划是对全国国土空间规划的落实，指导市县国土空间规划编制，侧重协调性，由省级政府组织编制，经同级人大常委会审议后报国务院审批。

市县和乡镇级国土空间规划是本级政府对上级国土空间规划要求的细化落实，是对本行政区域开发保护作出的具体安排，侧重实施性。需报国务院审批城市的国土空间总体规划，由市政府组织编制，经同级人大常委会审议后，由省级政府报国务院审批；其他市县及乡镇级国土空间规划由省级政府根据当地实际，明确规划的编制、审批内容和程序要求。各地可因地制宜，将市县与乡镇级国土空间规划合并编制，也可以几个乡镇为单元编制乡镇级国土空间规划。

四、国土空间详细规划

国土空间详细规划是对具体地块用途和开发建设强度等作出的实施性安排，是开展国土空间开发保护活动、实施国土空间用途管制、核发城乡建设项目规划许可、进行各项建设等的法定依据。在市县及以下层级编制国土空间详细规划：①在城镇开发边界内的详细规划，由市县自然资源主管部门组织编制，报同级政府审批；②在城镇开发边界外的乡村地区，以一个或几个行政村为单元，由乡镇政府组织编制"多规合一"的实用性村庄规划，作为详细规划，报上一级政府审批。

五、国土空间相关专项规划

国土空间相关专项规划是指在特定区域（流域）、特定领域，为体现特定功能，对空间开发保护利用作出的专门安排，是涉及空间利用的专项规划。国土空间相关专项规划分为两类：①海岸带、自然保护地等专项规划及跨行政区域或流域的国土空间规划，由所在区域或上一级自然资源主管部门牵头组织编制，报同级政府审批；②涉及空间利用的某一领域专项规划，如交通、能源、水利、农业、信息、市政等基础设施，公共服务设施，军事设施，以及生态环境保护、文物保护、林业草原等专项规划，由相关主管部门组织编制。

第二节 建立国土空间规划体系的总体要求

一、战略性

新时代的国土空间规划应全面落实党中央、国务院重大决策部署，体现国家意志和国家发展规划的战略性，自上而下编制各级国土空间规划，对空间发展作出战略性、系统性安排，提出可实施的战略目标。落实国家安全战略、区域协调发展战略和主体功能区战略，明确空间发展目标，优化城镇化格局、农业生产格局、生态保护格局，确定空间发展策略，转变国土空间开发保护方式，提升国土空间开发保护质量和效率。

二、科学性

新时代的国土空间规划应着力提高规划编制实施全流程的科学性，具体而言：

（1）坚持生态优先、绿色发展，尊重自然规律、经济规律、社会规律和城乡发展规律，因地制宜开展规划编制工作。

（2）坚持节约优先、保护优先、自然恢复为主的方针，在资源环境承载能力和国土空间开发适宜性评价的基础上，科学有序统筹布局生态、农业、城镇等功能空间，划定耕地和永久基本农田、生态保护红线、城镇开发边界等空间管控边界以及各类海域保护线，强化底线约束，为可持续发展预留空间。

（3）坚持山水林田湖草生命共同体理念，加强生态环境分区管治，量水而行，保护生态屏障，构建生态廊道和生态网络，推进生态系统保护和修复，依法开展环境影响评价。

（4）坚持陆海统筹、区域协调、城乡融合，优化国土空间结构和布局，统筹地上地下空间的综合利用，着力完善交通、水利等基础设施和公共服务设施，延续历史文脉，加强风貌管控，突出地域特色。

（5）坚持上下结合、社会协同，完善公众参与制度，发挥不同领域专家的作用。运用城市设计、乡村营造、大数据等手段，改进规划方法，提高规划编制水平。

三、权威性

新时代的国土空间规划应不断强化和完善制度和机制建设，凸显规划的严肃性和权威性。应首先明确国土空间规划的法定性，规划一经批复，任何部门和个人不得随意修改、违规变更，防止出现换一届领导改一次规划。下级国土空间规划要服从上级国土空间规划，相关专项规划、详细规划要服从总体规划；坚持先规划、后实施，不得违反国土空间规划进行各类开发建设活动；坚持"多规合一"，不在国土空间规划体系之外另设其他空间规划。相关专项规划的有关技术标准应与国土空间规划衔接。应严格限制规划的调整和修改，因国家重大战略调整、重大项目建设或行政区划调整等确需修改规划的，须先经规划审批机关同意后，方可按法定程序进行修改。同时，严格查处违反规划行为，对国土空间规划编制和实施过程中的违规违纪违法行为，要严肃追究责任。

四、协调性

新时代的国土空间规划应充分发挥统筹协调作用，要把"多规合一"真正落到图上，在"一张图"上解决矛盾冲突。国土空间总体规划要统筹和平衡各相关专项领域的空间需求；详细规划要依据批准的国土空间总体规划进行编制和修改；相关专项规划要遵循国土空间总体规划，不得违背总体规划的强制性内容，其主要内容要纳入详细规划。

五、操作性

新时代的国土空间规划应高度重视编制方案和实施政策的可操作性。按照谁组织编制、谁负责实施的原则，明确各级各类国土空间规划编制和管理的要点。明确规划的约束性指标和刚性管控要求，同时提出指导性要求。制定实施规划的政策措施，提出下级国土空间总体规划和相关专项规划、详细规划的分解落实要求，健全规划实施传导机制，确保规划能用、管用、好用。

第三章　国土空间规划体系的基础性工作

第一节　夯实国土空间底图底数

统一底图底数是开展"多规合一"国土空间规划的基础性支撑。作为一次重大国情国力调查，第三次全国国土调查（以下简称"三调"[①]）工作在党中央的集中统一领导下得以顺利开展，为夯实国土空间规划的底图底数奠定了坚实基础。开展海岸线修测，是系统解决以往陆海边界不清、矛盾错综复杂和统一国土空间规划底图底数的关键之举，也是开展陆海统筹下国土空间规划的根本保障。

一、第三次全国国土调查

（一）工作背景：第三次全国国土调查的开展

统一底图底数是开展"多规合一"国土空间规划的关键工作，而"三调"工作则是统一底图底数工作的重要基础。作为一次重大国情国力调查，国务院

[①] "三调"原称为第三次全国土地调查。

"三调"领导小组多次强调"尽可能采用先进技术手段,减少可能出现的人为干扰,千方百计提高数据质量"。"三调"主要情况先后经国务院"三调"领导小组会议、国务院常务会议、中央政治局常委会会议、中央政治局会议审议并原则通过,同时提出了重大工作要求。2018年9月,国务院召开全国电视电话会议,全面开展"三调"工作。2019年3月,"三调"工作取得阶段性进展,基础数据采集和基础图件制作已经完成,全国范围的实地调查开始全面启动。2019年8月,全国2 873个县级调查单元的初始调查成果已全部完成,并上报国家开展国家级核查。2019年11月,"三调"工作取得重要进展,县级调查已经完成,数据成果进入全面核查阶段。2020年,"三调"工作全面完成。调查结果报党中央、国务院审议并原则同意后,2021年8月25日,国务院第三次全国国土调查领导小组办公室联合自然资源部、国家统计局印发了《第三次全国国土调查主要数据公报》,将"三调"的主要数据成果向社会共享。

全面及时准确掌握国土利用状况和资源家底,对落实最严格的耕地保护制度和最严格的节约用地制度,保障国家粮食安全,推进生态文明建设,科学规划、合理利用和有效保护自然资源,促进经济社会全面协调可持续发展具有重要意义。"三调"历时3年,全国共有21.9万调查人员参与,经过"国家内业预判、地方实地调查、国家内业核查、地方实地举证、国家'互联网+'在线核查和实地核查"等多轮次上下互动,汇集了2.95亿个调查图斑,以2019年12月31日为标准时点,全面查清了我国陆地国土利用现状等情况,建立了覆盖国家、省、地、县四级的国土调查数据库。

(二)第三次全国国土调查的工作目标和任务

1. 工作目标

《第三次全国国土调查实施方案》(以下简称《实施方案》)中指出,"三调"的主要目标是在第二次全国土地调查的成果基础上,全面细化和完善全国土地利用基础数据,掌握翔实准确的全国国土利用现状和自然资源变化情况,进一步完善国土调查、监测和统计制度,实现成果信息化管理与共享,满足生态文明建设、空间规划编制、供给侧结构性改革、宏观调控、自然资源管理体制改革和统一确权登记、国土空间用途管制、国土空间生态修复、空间治理能力现代化和国土空间规划体系建设等各项工作的需要。"三调"是我国进入中国特色社会主义新时代后开展的一次重大国情国力调查，也是党和国家机构改革后统一开展的自然资源基础调查，事关经济社会发展和生态文明建设全局，事关我国实现第一个百年奋斗目标、迈向第二个百年奋斗目标之际对一系列基础自然资源条件、国情和国力的基本判断，意义深远。

2. 工作任务

《实施方案》指出，"三调"要围绕土地利用现状调查、土地权属调查、专项用地调查与评价、同步推进相关自然资源专业调查、各级国土调查数据库建设、成果汇总等六个方面开展。具体包括以下任务：

（1）按照国家统一标准，在全国范围内利用遥感、测绘、地理信息、互联网等技术，统筹利用现有资料，以正射影像图为基础，实地调查土地的地类、面积和权属，全面掌握全国耕地、种植园、林地、草地、湿地、商业服务业、工矿、住宅、公共管理与公共服务、交通运输、水域及水利设施用地等地类分布及利用状况。

（2）细化耕地调查，全面掌握耕地数量、质量、分布和构成；开展低效闲置土地调查，全面摸清城镇及开发区范围内的土地利用状况。

（3）同步推进相关自然资源专业调查，整合相关自然资源专业信息。

（4）建立互联共享的覆盖国家、省、地、县四级的集影像、地类、范围、面积、权属和相关自然资源信息为一体的国土调查数据库，完善各级互联共享的网络化管理系统。

（5）健全国土及森林、草原、水、湿地等自然资源变化信息的调查、统计和全天候、全覆盖遥感监测与快速更新机制。

（三）第三次全国国土调查的工作组织和成果

1. 工作组织

为确保"三调"成果真实准确可靠，相关工作严格按照"国家统一制作底图、内业判读地类、地方实地调查、地类在线举证、国家核查验收、统一分发成果"的工作流程推进。2018年，国家相关部门统一组织采集了覆盖全国的分辨率优于1米的卫星遥感影像，制作正射影像图。全国"三调"办公室组织技术人员依据卫星遥感影像对全国所有地块逐一进行图斑内业判读，预判结果既作为地方调查的底图，也作为后期国家级核查的依据之一。县级"三调"办公室组织利用国家下发的正射影像图和内业预判信息，实地逐图斑调查图斑的边界、地类和权属等信息，并建设县级调查数据库。省级"三调"办公室和全国"三调"办公室先后组织利用卫星影像和实地举证照片，开展内业核查、"互联网+"在线核查和外业实地抽查。在县级国土调查数据库基础上，逐级建设了地（市）级国土调查数据库、省级国土调查数据库、国家级国土调查数据库和数据共享应用平台，满足了自然资源管理及社会各界对国土调查数据的应用需求。

2. 工作成果

"三调"全面获取了覆盖全国的国土利用现状信息，形成一整套国土调查成果资料，包括影像、图形、权属、文字报告等成果。同时将第九次全国森林资源连续清查、东北重点国有林区森林资源现状调查、第二次全国湿地资源调查、第三次全国水资源调查评价、第二次草地资源清查等最新的专业调查成果，以及城市开发边界、生态保护红线、全国各类自然保护区和国家公园界线等各类管理信息，以国土调查确定的图斑为单元，统筹整合纳入三调数据库，逐步建立三维国土空间上的相互联系，形成一张底版、一个平台和一套数据的自然资源统一管理综合监管平台。

"三调"数据库建设作为"三调"的重要任务之一，是国土调查数据成果汇总、应用和服务的基本保障。国土调查数据库建设遵循国家统一编制的数据库标准及建库规范，在县级国土调查数据库基础上，逐级建设了地（市）级、省级和国家级国土调查数据库，并基于四级国土调查数据库，利用大数据及云计算技术，建成了互联共享的覆盖国家、省、地、县四级集影像、地类、范围、面积和权属为一体的统一的国土调查数据库和共享应用平台，有效满足了自然资源管理、社会各界对国土调查数据的应用需求。

当前，"三调"数据作为国土空间规划编制的现状底数和底图基础，其中以农村土地利用现状调查成果和以城镇村庄内部土地利用现状调查成果形成国土空间规划的底图，以各类面积统计数据作为底数，以耕地、建设用地等的基期规模作为底板，搭建了《自然资源调查监测体系构建总体方案》（自然资发〔2020〕

15号）确定的"一张底板、一个平台和一套数据"的自然资源统一管理综合监管平台，形成了全域全覆盖的底图、底数与底板[①]。

2020年，自然资源部发布的《国土空间调查、规划、用途管制用地用海分类指南（试行）》充分考虑了与"三调"工作的衔接，同样名称的一级类尽量保持内涵一致；并在此基础上对部分分类进行了调整、补充和细分，在"三调"成果的基础上，转换为国土空间规划分类。

二、海岸线修测

（一）海岸线修测工作背景

海岸线是海洋与陆地的分界线。2019年自然资源部办公厅印发实施的《全国海岸线修测技术规程》规定，海岸线指多年大潮平均高潮位时的海陆分界痕迹线。海岸线是海洋资源的重要组成部分，具有重要的生态功能和资源价值，海岸线及其毗邻海域和陆域是沿海地区海洋开发利用最集中的区域。海岸线的具体位置决定了我国内水的面积和范围，从理论上讲，海岸线是明确的，但在具体的管理实践中，海岸线的具体位置又常常是不明确的，特别是受自然和人为因素的干扰，海岸侵蚀、河口冲淤、围垦、围海造地等因素导致岸线变迁。由于海岸线位置不明确和不稳定，使得涉海职能部门在职责范围内依据相关的法律法规开展管理工作时，在一些地区出现了管理范围上的交叉重叠和职责冲突，影响了涉海法律法规的有效实施和管理职能的到位。

海岸线修测是确定海陆分界线、加强海岸线资源保护利用管理的重要基础工作。海岸线修测对于统计大陆自然岸线保有率，制订海岸线整治修复规划和年度计划，推进海岸线的分类保护（严格保护、限制开发和优化利用）和整治修复工作，稳定自然岸线保有率都具有重要意义。通过开展海岸线修测，可以准确掌握海岸线的位置、长度、类型及开发利用现状等基本情况，对加强陆海

[①] 王亚华等："第三次全国国土调查成果在国土空间规划中的应用"，《中国土地》，2021年第10期。

统筹，编制国土空间规划，科学制定自然岸线保有率管控目标和实现海岸线资源精细化管理具有重要意义。

我国高度重视海岸线修测，原国家海洋局于 2005 年第一次部署了大陆海岸线修测工作。沿海各省（自治区、直辖市）海洋主管部门会同国土、测绘部门于 2007—2008 年先后完成了大陆海岸线的修测勘定工作，修测成果由省（自治区、直辖市）人民政府批准发布，修测成果使用已有十余年。随着沿海地区海洋经济快速发展，海岸带的开发利用程度不断提高，自然环境改变，部分海岸线形态已发生较大变化，其精度水平已难以满足精细化管理工作的需求。因此，2019 年自然资源部组织沿海各省（自治区、直辖市）开展了新一轮的海岸线修测工作，旨在全面查清 2008 年以来海岸线主要变化，准确掌握海岸线的位置、长度、类型及开发利用现状等基本情况，为加强陆海统筹，编制国土空间规划，科学制定自然岸线保有率管控目标和实现海岸线资源精细化管理提供决策支撑。截至目前各省（自治区、直辖市）已基本完成海岸线修测工作。

（二）海岸线修测原则与方法

海岸线修测需坚持两个原则。第一是坚持问题导向，抓紧解决岸线修测中的疑难问题。特别是解决好海岸线位置界定方面存在的复杂问题，确保修测工作顺利推进；第二是提高政治站位，着力提升岸线修测成果质量。必须严格落实"宁要数据的真实性，不要虚假的前后一致性"，始终围绕真实掌握海岸线现状的目的推进修测工作，把提高岸线修测成果质量聚焦在修测数据的真实性、准确性上。

海岸线修测一般以遥感解译和现场修测相结合的基本方法开展（表 3–1）。根据调查要求，对可到达的岸段，需全部通过现场测量（含无人机航空摄影测量）的方式，采集测量点坐标数据；对不易到达的岸段，可利用高精度遥感影像或无人机正射影像等手段，通过遥感解译的方式，提取测量点坐标数据。海岸线修测的一般流程包括资料收集、底图制作、遥感提取、现场调查、内业数据处理、调查成果制作等。

表 3–1　海岸线修测方法

一般流程	具体内容
资料收集	(1) 海域权属和土地权属等数据； (2) 海洋功能区划、土地利用总体规划、海洋生态保护红线等资料； (3) 地方政府公布的海岸线及有关文件资料； (4) 地方已开展的符合要求的海岸线修测成果数据； (5) 第三次国土调查的工作底图和相关调查成果； (6) 围填海历史遗留问题矢量数据； (7) 符合时间和分辨率要求的遥感影像等
底图制作	(1) 海岸线修测一般采用地形图、海图和高分辨率遥感影像数据作为工作底图，且工作底图比例尺应不小于海岸线修测比例尺； (2) 需要融合遥感影像、地形图、地籍图、海籍图等不同专题要素，在工作底图初步勾绘海岸线位置，并判识海岸线位置、类型等
遥感提取	(1) 确定解译的指标分类体系及解译标志； (2) 根据现场建立的判读标志等，采用人机交互或自动识别等方法对影像图进行解译，勾绘海岸线等，形成预解译图； (3) 制作海岸线矢量数据库
现场调查	(1) 对可到达的岸段，需全部通过现场勘查和实地调访的方式，初步判定海岸线位置、类型，确定海岸线测量点； (2) 对不易到达的岸段，一般采用遥感解译并结合实地调访的方式，初步判定海岸线位置、类型； (3) 对于自然岸线和生态恢复岸线，在调查中应重点掌握海岸自然形态、向陆一侧毗邻土地利用现状、整治修复情况、岸滩稳定性（包括稳定、侵蚀、淤涨三种）、公众开放程度等内容； (4) 对于人工岸线，重点掌握海岸工程建设情况（含海岸工程类型及占用岸线情况等）、海岸线利用类型、向陆一侧毗邻土地利用现状、向海一侧毗邻海域利用现状、岸滩稳定性、权属情况和公众开放程度等内容； (5) 对于河口岸线，重点掌握河口形态、端点位置、海岸工程建设情况等内容
内业数据处理	(1) 对外业勘查与测量数据进行内业整理编辑； (2) 数据编辑时，应保证线条光滑，无缝相接，不得有多余悬挂、自相交和重复信息，海岸线需连续完整，确保拓扑关系的正确性； (3) 数据编辑后，验证属性之间的相互关系； (4) 不同行政区之间的海岸线数据需进行接边处理
调查成果制作	(1) 基于基础地理数据和内外业调查分析成果，编制成果矢量数据集； (2) 根据现场观测记录和遥感影像提取的信息，填写海岸线修测数据汇总表、海岸线类型统计表、海岸线利用现状统计表； (3) 运用地理信息系统软件，绘制海岸线类型与分布、海岸线使用现状、海岸线与围填海历史遗留问题区域线等专题图，进行量算和统计分析； (4) 依据海岸线修测统计表以及专题图件，编写文本及海岸线修测报告

（三）海岸线修测工作成果

至 2021 年，全国海岸线修测工作（包括大陆海岸线、有居民海岛海岸线和人工岛海岸线）已基本完成。经自然资源部审查，各省（自治区、直辖市）人民政府相继批准了本地区海岸线修测成果，主要成果包括：

（1）大陆海岸线：海岸线位置、长度与类型，海岸线利用类型。
（2）有居民海岛海岸线：海岸线长度与类型，海岸线利用类型。
（3）人工岛海岸线：海岸线长度与类型，海岸线利用类型。

三、"城区"范围确定

（一）城区范围确定背景及意义

我国的城镇化已进入由高速度发展转向高质量发展的阶段，第七次人口普查统计数据显示，2020 年我国城镇化率已经达到 63.89%。科学准确识别城区，合理划分城乡，为全国层面统一城乡统计口径提供准确地理范围，是国土空间规划体系改革的重大基础性工作，也是实现我国新型城镇化战略的重要保障。

城区概念最早由国务院于 2008 年批复的国家统计局《统计上划分城乡的规定》提出，将其定义为在市辖区和不设区的市，区、市政府驻地的实际建设连接到的居民委员会和其他区域[①]。《国务院关于调整城市规模划分标准的通知》（国发〔2014〕51 号）中继续沿用 2008 年对城区的定义。在上述两份官方文件中，对城区定义中的"连接"均没有明确的定量标准，如何判断"连接"也因此成为学界讨论的焦点。自 2019 年 7 月起，自然资源部国土空间规划局组织开展相关标准研制。2020 年 4 月起，按照地域分布、发展状况、人口规模等条件，自然资源部选取 14 个省（直辖市）的 23 个试点城市组织开展了三轮试划工作，根据每一轮试划结果对方法及相关指标阈值进行调整完善。在此基础上，自然资源部于 2020 年 10 月进一步在全国 107 个原需经国务院审批总体规划的

---

① 国家统计局：《统计上划分城乡的规定》，2008 年。

城市开展了第四轮城区范围确定工作，对技术流程、标准及相关指标的科学性、合理性、操作性进行全面验证。2021年6月，自然资源部发布了《城区范围确定规程》。

《城区范围确定规程》是助推国土空间高质量发展的一项基础性工作，无论在学术还是实践层面，都具有创新性和突破性，对统一城区的概念认识、完善相关城乡统计工作具有重要意义，也为市县国土空间规划编制、实施监督等工作提供重要支撑。首先，科学识别城区范围是建立国土空间规划体系的一项重大基础性研究。新一轮的国土空间规划体系改革、新型城镇化建设对国土空间中的城市地理空间界定提出了新要求，需要在国家层面建立一套全国适用、科学统一的城市实体地域划分标准。其次，城市实体地域作为我国城市规模划分、城镇化监测的重要地理空间基础，其精准化识别是实现城市空间精细化治理必不可少的路径，对客观认识城市空间发展现状、完善城乡统计、实现新型城镇化发展目标具有重要意义，也有助于控制国土空间开发利用规模，节约集约利用土地，平衡生态空间、生产空间和生活空间。再次，城区范围已经为国土空间规划城市体检评估部分指标提供基底，服务于国土空间规划的编制、实施和监督。

（二）城区范围确定技术方法

《城区范围确定规程》明确，城市范围划定坚持客观真实、科学合理和定量准确的基本原则。在城区实体地域范围及其对应的城区范围的确定中，应以反映城市建成现状为前提，以真实可信的数据为基础；应采用科学的理论方法，避免使用主观性较强的指标或技术方法；应在明确行政隶属关系的基础上使用定量化的标准，明确结果中包含的城区最小统计单元的数量和空间范围。

城区划定需要明确城区范围和城区实体地域范围两个概念。根据《城区范围确定规程》，城区范围指在市辖区和不设区的市，区、市政府驻地的实际建设连接到的居民委员会和其他区域。而城区实体地域范围指城区实际建成的空间范围，是城市实际开发建设、市政公用设施和公共服务设施基本具备的空间地域范围。在城区划定过程中，主要包括四个步骤（图3-1）：

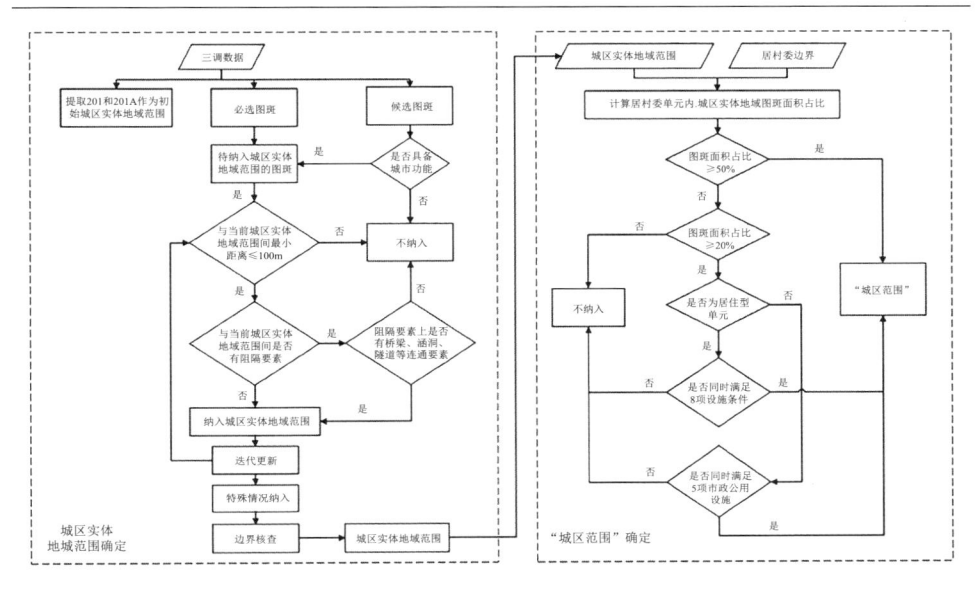

图 3-1 "城区范围确定"技术框架

资料来源：黄玫、张敏，2022。

（1）利用"三调"数据，筛选城市图斑数据，确定城区实体地域初始范围。首次确定城区初始范围时，以"三调"数据为基底，从中选取三调属性代码为201及201A的图斑数据所明确的空间范围作为城区初始范围。

（2）建立距离判断标准，基于边缘连接性及功能判断，通过迭代更新、边界核查等，确定城区实体地域范围。功能判断指将初始范围外的"三调"地类图斑分为必选图斑、候选图斑和不选图斑，必选图斑直接作为城区实体地域范围的待纳入图斑，候选图斑则结合城市实际情况，将具备城市功能（城市居住功能和承担城市休闲游憩、自然和历史文化保护等的城市相关必要功能）的图斑作为待纳入图斑。"连接"判断包括距离判断和阻隔判断，同时满足以下条件的待纳入图斑属于城区实体地域范围：①与当前城区实体地域范围间最短距离小于等于100m；②与当前城区实体地域范围之间无河流、铁路、高速路等阻隔要素，或有桥梁、涵洞、隧道等连通要素。迭代更新指重复进行上一步骤的"连接"判断，直至没有新的、符合条件的图斑纳入城区实体地域范围时，停止迭代。之后，合并国家级和省级开发区、工业园区，合并火车站、机场、码头等，合并必要功能区、必要相邻镇区，形成最终的城区实体地域范围。最后核查城区实体地域范围与生态保护红线、永久基本农田是否存在冲突，城区实体地域范围不宜超出城镇开发边界。

（3）根据市政公用设施和公共服务设施等数据，结合城区实体地域范围与城区最小统计单元的面积占比，筛选出与城区实体地域边界对应的城区最小统计单元。不具备市政公用设施和公共服务设施数据的城市，允许其结合四至边界清楚的城区最小统计单元行政管理现状，并逐个判定各单元城区属性，汇总形成相对合理的、集中连片的城区范围。具备市政公用设施和公共服务设施数据的城市，基于城区实体地域范围面积占比和基础设施条件综合判定的"城区范围确定"方法，将满足以下任一条件的最小统计单元纳入"城区范围"：①城区实体地域范围面积占比大于等于50%的最小统计单元；②城区实体地域范围面积占比在20%—50%的最小统计单元，分居住型、非居住型，符合市政公用设施和公共服务设施建设条件要求。

（4）进一步结合城市开发建设实际情况，对城区最小统计单元开展城市功能地域一致性相关校核，最终确定城区范围。

（三）城区范围确定成果要求

城区实体地域范围确定要求形成三个成果：①矢量数据，包括城区初始范围矢量数据、城区实体地域范围矢量数据，以及涉及城区实体地域范围边界的城区最小统计单元内部的所有矢量数据；②栅格数据，指城市行政区域遥感影像数据；③其他相关材料，包括举证材料、城区实体地域范围确定报告等。

城区范围确定要求形成三个成果：①矢量数据，包括城区范围矢量数据，在开展市政公用设施和公共服务设施建设情况调查时，如使用布局图，还需要提交相关矢量数据；②统计数据，包括涉及的城区最小统计单元的面积数据，市政公用设施和公共服务设施调查表、统计表；③其他相关材料，包括举证材料、城区范围确定报告等。

第二节 明确用地用海分类分区标准

一、统一国土空间调查、规划、用途管制用地用海分类标准

2020年11月，自然资源部印发《国土空间调查、规划、用途管制用地用海分类指南（试行）》（以下简称《分类指南》），明确了国土空间调查、规划、用途管制用地用海分类的总体框架及各类用途的名称、代码与含义。

（一）统一用地用海分类标准的背景及意义

2015年，《生态文明体制改革总体方案》提出，"市县空间规划要统一土地分类标准"。土地分类是指通过将土地划分为若干类型，并制定每一类型用地的使用规则，进而实施对国土空间资源的管控和对城乡规划建设的管理，是空间规划和用途管制的基本工具。"多规合一"改革前，相关部门制定的各类空间规划并没有形成统一的用地用海分类标准，且各分类标准的管理目标不同、标准内涵不一、名词术语不同，造成了"政出多门"和"多头共管"的局面。据不完全统计，用地用海分类涉及国土部门《耕地后备资源调查与评价技术规程》《土地利用现状分类》《第三次全国国土调查技术规程》，建设部门《城市用地分类与规划建设用地标准》《城市地下空间规划标准》《村庄规划用地分类指南》，林业部门《林地分类》《湿地分类》《林业资源分类与代码、森林类型》，海洋部门《海域使用分类》，发改部门《国民经济行业分类》，农业部门《草原资源与生态监测技术规程》等近30项标准规范，以及《水法》《城乡规划法》《土地管理法》等法律法规。城市与乡村、建设与非建设、陆地与海洋的用途分类和衔接之间存在诸多矛盾，空间性规划重叠冲突的问题突出。

2018年，《深化党和国家机构改革方案》明确提出由自然资源部统一行使全民所有自然资源资产所有者职责、统一行使所有国土空间用途管制和生态保护修复职责，具体包括统一调查和确权登记，建立空间规划体系并监督实施，

推进"多规合一"等。2019年,《若干意见》提出要建立"规划编制审批体系、实施监督体系、法规政策体系和技术标准体系"。2019年10月,《关于在国土空间规划中统筹划定落实三条控制线的指导意见》进一步提出"统一底图、统一标准、统一规划、统一平台"的要求。

作为实现"多规合一"的重要基础工作,围绕构建统一用地用海分类标准,自然资源部国土空间规划局于2018年7月组织开展《分类指南》的研究和编制工作,经过广泛征求相关部委、专家及部内相关司局的意见,反复试点提升、不断修改完善,最终形成覆盖全域全要素全过程的统一的用地用海分类。

《分类指南》是实施国家自然资源统一管理、建立国土空间开发保护制度的一项重要基础性标准,对自然资源部履行"两统一"和"多规合一"职责具有长远的历史意义。统一的用地用海分类对依法依规依标准组织实施国土空间用途管制具有重大意义。第一,有利于对国土空间的现状和未来进行管理。将陆域和海域现状和规划分类合二为一,既兼顾现在"用作什么",也兼顾未来可以"用于什么"。第二,有利于对国土空间实施全域全类型管理。围绕促进城乡融合发展,对城市和农村土地在地类上细分,实现城乡并列、同一口径,更多考虑农业农村发展,客观体现农村用地现状。第三,有利于对具有生产、生态、生活功能的用地实行更加精细的管理。

（二）统一用地用海分类标准的方法原则

《分类指南》科学划分了国土空间用地用海类型、明确各类型含义,统一国土调查、统计和规划分类标准,合理利用和保护自然资源而制定,适用于国土调查、监测、统计、评价、国土空间规划、用途管制、耕地保护、生态修复、土地审批、供应、整治、执法、登记及信息化管理等工作。《分类指南》指出,用地用海分类坚持陆海统筹、城乡统筹、地上地下空间统筹,体现生态优先、绿色发展理念,坚持同级内分类并列不交叉,坚持科学、简明、可操作。在具体使用过程中,不同环节的工作使用不同的分类层级,并遵守用地用海分类的一般规定（包括分类规则、使用原则）和细分规定（表3–2）。在用地用海分类的过程中,分类名称、代码以及各类名称对应的含义应符合《分类指南》的规定,地下空间用途分类及其含义也应符合《分类指南》的规定。

表 3–2 用地用海分类规定

内容	具体要求
分类规则	（1）依据国土空间的主要配置利用方式、经营特点和覆盖特征等因素，对国土空间用地用海类型进行归纳、划分，反映国土空间利用的基本功能，满足自然资源管理需要； （2）用地用海分类设置不重不漏。当用地用海具备多种用途时，应以其主要功能进行归类
使用原则	（1）用地用海二级类为国土调查、国土空间规划的主干分类； （2）国家国土调查以一级类和二级类为基础分类，三级类为专项调查和补充调查的分类； （3）国土空间总体规划原则上以一级类为主，可细分至二级类；国土空间详细规划和市县层级涉及空间利用的相关专项规划，原则上使用二级类和三级类。具体使用按照相关国土空间规划编制要求执行； （4）国土空间用途管制、用地用海审批、规划许可、出让合同和确权登记应依据有关法律法规，将国土空间规划确定的用途分类作为管理的重要依据； （5）在保障安全、避免功能冲突的前提下，鼓励节约集约利用国土空间资源，国土空间详细规划可在本指南分类基础上确定用地用海的混合利用以及地上、地下空间的复合利用； （6）为满足调查工作中年度考核管理的需要，用途改变过程中，未达到新用途验收或变更标准的，按原用途确认
细分规定	在使用中可根据实际需要，在现有分类基础上制定用地用海分类实施细则；涉及用地用海类型续分的，尚应符合下列规定： （1）指南用地用海分类未展开二级类的一级类、未展开三级类的二级类以及三级类，可进一步展开细分； （2）指南现有用地分类未设置复合用途，使用时可根据规划和管理实际需求，在本指南分类基础上增设土地混合使用的用地类型及其详细规定

资料来源：自然资源部：《国土空间调查、规划、用途管制用地用海分类指南（试行）》，2020 年。

（三）统一用地用海分类标准的内容成果

在统一用地用海分类以前，原有的《土地利用现状分类》分为 12 个一级类、73 个二级类；原有的《城市用地分类与规划建设用地标准》的城乡用地分类分为 2 个大类、9 个中类、14 个小类，城镇建设用地分为 8 个大类、35 个中类、42 个小类；原有的《海域使用分类》为 9 个一级类、31 个二级类。

遵循陆海统筹、城乡统筹、地上地下空间统筹的基本原则，在参考上述用地用海分类的基础上进行整合归并，依据国土空间配置利用方式、经营特点等，并充分考虑了与"三调"工作分类的衔接，对用地用海类型进行归纳、划分，采取三级分类体系，共设置了 24 种一级类、106 种二级类、39 种三级类（表 3–3）。

在分类设置上强化了对基本公共服务设施的保障和安全底线的保障，充分考虑了市场的适应性，满足了城乡差异化管理和精细化管理的需求，同时兼顾了调查监测、空间规划、用途管制、用地用海审批和执法监管的管理要求。此外，设立了地下空间分类体系（表3–4）。

表3–3 国土空间调查、规划、用途管制用地用海分类

一级类	二级类	三级类	一级类	二级类	三级类
耕地	水田		交通运输用地	铁路用地	
	水浇地			公路用地	
	旱地			机场用地	
园地	果园			港口码头用地	
	茶园			管道运输用地	
	橡胶园			城市轨道交通用地	
	其他园地			城镇道路用地	
林地	乔木林地			交通场站用地	对外交通场站用地
	竹林地				公共交通场站用地
	灌木林地				社会停车场用地
	其他林地			其他交通设施用地	
草地	天然牧草地		公用设施用地	供水用地	
	人工牧草地			排水用地	
	其他草地			供电用地	
湿地	森林沼泽			供燃气用地	
	灌丛沼泽			供热用地	
	沼泽草地			通信用地	
	其他沼泽地			邮政用地	
	沿海滩涂			广播电视设施用地	
	内陆滩涂			环卫用地	
	红树林地			消防用地	
农业设施建设用地	乡村道路用地	村道用地		干渠	
		村庄内部道路用地		水工设施用地	
	种植设施建设用地			其他公用设施用地	

第三章 国土空间规划体系的基础性工作

续表

一级类	二级类	三级类	一级类	二级类	三级类
农业设施建设用地	畜禽养殖设施建设用地		绿地与开敞空间用地	公园绿地	
	水产养殖设施建设用地			防护绿地	
居住用地	城镇住宅用地	一类城镇住宅用地		广场用地	
		二类城镇住宅用地	特殊用地	军事设施用地	
		三类城镇住宅用地		使领馆用地	
	城镇社区服务设施用地			宗教用地	
	农村宅基地	一类农村宅基地		文物古迹用地	
		二类农村宅基地		监教场所用地	
	农村社区服务设施用地			殡葬用地	
公共管理与公共服务用地	机关团体用地			其他特殊用地	
	科研用地		留白用地		
	文化用地	图书与展览用地	陆地水域	河流水面	
		文化活动用地		湖泊水面	
	教育用地	高等教育用地		水库水面	
		中等职业教育用地		坑塘水面	
		中小学用地		沟渠	
		幼儿园用地		冰川及常年积雪	
		其他教育用地	渔业用海	渔业基础设施用海	
	体育用地	体育场馆用地		增养殖海	
		体育训练用地		捕捞海域	
	医疗卫生用地	医院用地	工矿通信用海	工业用海	
		基层医疗卫生设施用地		盐田用海	
		公共卫生用地		固体矿产用海	

续表

一级类	二级类	三级类	一级类	二级类	三级类
公共管理与公共服务用地	社会福利用地	老年人社会福利用地		油气用海	
		儿童社会福利用地		可再生能源用海	
		残疾人社会福利用地		海底电缆管道用海	
		其他社会福利用地	交通运输用海	港口用海	
商业服务业用地	商业用地	零售商业用地		航运用海	
		批发市场用地		路桥隧道用海	
		餐饮用地	游憩用海	风景旅游用海	
		旅馆用地		文体休闲娱乐用海	
		公用设施营业网点用地	特殊用海	军事用海	
	商务金融用地			其他特殊用海	
	娱乐康体用地	娱乐用地		空闲地	
		康体用地		田坎	
	其他商业服务业用地		其他土地	田间道	
工矿用地	工业用地	一类工业用地		盐碱地	
		二类工业用地		沙地	
		三类工业用地		裸土地	
	采矿用地			裸岩石砾地	
	盐田		其他海域		
仓储用地	物流仓储用地	一类物流仓储用地			
		二类物流仓储用地			
		三类物流仓储用地			
	储备库用地				

资料来源：自然资源部：《国土空间调查、规划、用途管制用地用海分类指南（试行）》，2020年。

表 3–4 国土空间调查、规划、用途管制的地下空间分类体系

名称	含义
地下交通运输设施	指地下道路设施、地下轨道交通设施、地下公共人行通道、地下交通场站、地下停车设施等
地下人行通道	指地下人行通道及其配套设施
地下公用设施	指利用地下空间实现城市给水、供电、供气、供热、通信、排水、环卫等市政公用功能的设施，包括地下市政场站、地下市政管线、地下市政管廊和其他地下市政公用设施
地下市政管线	指地下电力管线、通信管线、燃气配气管线、再生水管线、给水配水管线、热力管线、燃气输气管线、给水输水管线、污水管线、雨水管线等
地下市政管廊	指用于统筹设置地下市政管线的空间和廊道，包括电缆隧道等专业管廊、综合管廊和其他市政管沟
地下人民防空设施	指地下通信指挥工程、医疗救护工程、防空专业队工程、人员掩蔽工程等设施
其他地下设施	指除以上之外的地下设施

资料来源：自然资源部：《国土空间调查、规划、用途管制用地用海分类指南（试行）》，2020 年。

二、制定海洋"两空间内部一红线"要点

按照中央关于建立国土空间规划体系、划定并严守生态保护红线的有关要求，在已有实践基础上，自然资源部于 2020 年 7 月研究制定了《在国土空间规划体系中落实海洋"两空间内部一红线"工作要点》，明确提出将海洋国土空间划分为"两空间内部一红线"，即海洋生态空间和海洋开发利用空间，在海洋生态空间内划定海洋生态保护红线，并在各级各类国土空间规划中落实。

（一）制定海洋"两空间内部一红线"的背景及意义

海洋空间是国土空间的重要组成部分，其既是目前资源开发、经济发展的重要载体，也是未来实现可持续发展的重要战略空间。由于海洋生态系统具有复杂性、流动性等自然特性，海洋空间管理具有区别于陆地空间管理的特殊性，海洋空间规划体系的内容涉及了海洋生态学、海洋经济学、海洋管理学等学科内容，海洋空间规划体系的构建要统筹考虑社会、经济、管理、生态等因素。

2016 年，原国家海洋局印发《国家海洋局关于全面建立实施海洋生态红线

制度的意见》，并配套发布《海洋生态红线划定技术指南》，标志着全国海洋生态红线划定工作的全面启动。该指南明确了海洋生态红线的划定要求，"在维持海洋生态功能基础上，明确海洋生态保护、海洋环境质量底线，同时考虑国家、地区经济与社会持续发展需要，为未来海洋产业和社会经济发展留有空间。"并且强调要"根据海洋生态系统的特点和保护要求，分区划定海洋生态红线区，制定差别化管控措施，实施针对性管理。"

虽然我国海洋空间规划实施较晚，但已有了许多有特色的海洋空间规划实践，包括海洋功能区划、海洋主体功能区规划及海洋生态红线划定等。近年来，人们对陆地和海洋系统相互依赖性的认识，推动了陆域规划与海域规划系统之间的整合。将海洋空间规划纳入统一的国土空间规划目标、管制要求、核心内容和空间基准体系，既是推进海洋治理能力和治理体系现代化的重要体现，也是助力海洋生态文明建设的重要举措。

（二）划分海洋"两空间内部一红线"的工作进展

机构改革后，编制"多规合一"的国土空间规划，划定并监督实施生态保护红线职责统一由自然资源部门履行。自然资源部研究提出将海洋国土空间划分为"两空间内部一红线"，是落实"多规合一"要求，着力解决海洋空间分区类型复杂、不易操作、难以有效管控等问题的重要举措。划分海洋"两空间内部一红线"重点开展了以下工作：

（1）组织开展相关试点工作。部署沿海 11 省（自治区、直辖市）自然资源主管部门，以及大连市、青岛市、宁波市、厦门市、深圳市、珠海市、舟山市自然资源主管部门，结合省级国土空间规划、市县级国土空间总体规划、海岸带综合保护与利用专项规划编制工作，围绕海洋"两空间"细化落实和生态保护红线精准落地探索实践，提出完善的意见建议。

（2）统筹划定海洋生态保护红线。按照生态保护红线评估调整的统一部署，坚持陆海统筹、应划尽划、划管结合、协调落实的原则，结合国土空间规划科学划定海洋生态保护红线。

（3）加强工作组织协同推进。要求试点地区自然资源主管部门成立工作专班，建立沟通协商机制，坚持陆海统筹原则，深化重大问题研究，协同推进相关工作。进一步完善海洋生态保护重要性评价和区域选划方法,作为海洋生态保护红线划定的重要依据。

第三节 开展"双评价""双评估"

一、尊重自然地理格局开展"双评价"

"双评价"指资源环境承载能力和国土空间开发适宜性评价,是统筹划定"三区三线"的重要基础。《若干意见》明确要求,在"双评价"的基础上,科学有序统筹布局生态、农业、城镇等功能空间,划定生态保护红线、永久基本农田、城镇开发边界等空间管控边界。其中,资源环境承载能力侧重规模约束,是从供给角度对资源环境约束性的评价;国土空间开发适宜性则侧重空间约束,是从供给与需求平衡角度寻求自然资源环境与国土空间开发保护格局相协调的途径。评价形成的成果包括承载的农业生产、城镇建设的最大合理规模以及生态保护、农业生产、城镇建设的适宜区与不适宜区。

（一）将尊重自然地理格局作为基础

自然地理格局是指自然地理要素及其组合在国土空间上的分布,包括地貌、水文、气候、生物等,这些要素相互作用、相互影响构成了自然环境并呈现有规律的整体分布,这种隐含着规律性的特征构成了自然地理格局的内涵。作为自然生态系统,自然地理格局具有动态演化性,大宗矿产、油气资源和可再生能源的形成、分布都受到地质构造作用影响。从自然地理结构来看,东部季风气候区、西北干旱与半干旱区及青藏高寒区,所形成的三大自然区与地势三大阶梯,共同构成了我国基本的自然地理格局。三大自然区和地势三大阶梯造成了自然系统对社会经济的承载能力极其不同,共同决定着我国国土空间开发与区域经济发展与布局的宏观框架（陆大道,2020）。同时,我国面临着严峻的国土空间压力,荒漠化、沙化、水土流失等现象较为严重。与20世纪50年代相比，人均国土生存空间被压缩到原来的五分之一，人多地少的基本国情以及资源刚性约束的态势将长期存在。

自然地理格局分析是国土空间规划的基础性工作，是开展"双评价"的基础。尊重自然地理格局，要求通过不同层级的"双评价"提升对生态功能系统的整体认识，特别是对资源环境领域存在的短板和风险有充分的认识。在"双评价"的基础上，充分研究生态功能的完整性、系统性和连通性，利于生态服务功能的发挥和生物多样性的保护；结合国土调查的用地要素，将自然环境的安全风险管理和生态功能保护，进行逐级落实；使用新技术手段，开展多学科交流合作，深入研究自然地理格局和生态系统演化，优化国土空间格局。

（二）多层级开展"双评价"工作

"双评价"作为国土空间规划的重要基础性工作得到稳步推进。主要工作包括：

（1）规范技术流程，推进地方完善。2020年1月，自然资源部办公厅印发《资源环境承载能力和国土空间开发适宜性评价指南（试行）》（自然资办函〔2020〕127号），规范了"双评价"的技术流程，明确了以水资源、土地资源、气候、生态、环境、灾害等因子为核心，针对生态保护、农业生产（种植、畜牧、渔业）、城镇建设三大核心功能开展本底评价。2021年12月，云南省自然资源厅发布了首个市县"双评价"指南[①]。随着技术流程的不断规范，我国多个企业和机构进行了"双评价"软件的研发和调试工作。

（2）坚持底线约束、问题导向、因地制宜、简便实用的评价原则。"双评价"要求坚持最严格的生态环境保护制度、耕地保护制度和节约用地制度，维护国家生态安全、粮食安全等国土安全；充分考虑陆海全域水、土地、气候、生态、环境、灾害等资源环境要素，定性定量相结合，客观评价区域资源禀赋与环境条件，识别国土空间开发利用现状中的问题和风险，有针对性地提出意

---

① 云南省自然资源厅：《关于印发〈云南省市县资源环境承载能力和国土空间开发适宜性评价技术指南（试行）〉〈云南省州（市）"双评价"成果审查要点（试行）〉的通知》，2021年。

见和建议;充分体现不同空间尺度和区域差异,合理确定评价内容、技术方法和结果等级,下位评价应充分衔接上位评价成果,并结合本地实际,开展有针对性的补充和深化评价;在保证科学性的基础上,抓住解决实际问题的本质和关键,选择代表性要素和指标,采用合理方法工具,结果表达简明扼要。具体工作流程包括工作准备、本底评价、结果校验、综合分析和成果应用(专栏3–1)。

专栏3–1　"双评价"工作方法[①]

编制县级以上国土空间规划,应先行开展"双评价",形成专题成果,随同级国土空间总体规划一并论证报批入库。县级国土空间总体规划可直接使用市级评价运算结果,强化分析,形成评价报告;也可针对性地开展补充评价(图3–2)。根据指南,"双评价"工作流程如下。

(1)工作准备。开展具体评价工作前,进行资料收集,充分利用各部分、各领域现有相关工作成果,结合实地调研和专家咨询等方式,系统梳理当地资源环境生态特征与突出问题,在此基础上确定评价内容、技术路线、核心指标及计算精度,并开展相关数据收集工作。评价统一采用2000国家大地坐标系(CGCS2000),高斯–克吕格投影,陆域部分采用1985国家高程基准,海域部分采用理论深度基准面高程基准。

(2)本底评价。将资源环境承载能力和国土空间开发适宜性作为有机整体,主要围绕水资源、土地资源、气候、生态、环境、灾害等要素,针对生态保护、农业生产(种植、畜牧、渔业)、城镇建设三大核心功能开展本底评价。

(3)综合分析。综合分析包括资源环境禀赋分析、现状问题和风险识别、潜力分析和情景分析。

(4)成果要求。评价成果包括报告、表格、图件、数据集等。报告应重点说明评价方法及过程、评价区域资源环境优势及短板、问题风险和潜力,对国土空间格局、主体功能定位、三条控制线、规划主要指标分解方

[①] 自然资源部:《资源环境承载能力和国土空间开发适宜性评价指南(试行)》,2020年。

案等提出建议。

（5）成果应用。当前阶段开展"双评价"工作具有一定的相对性，生态评价方面应基于科学评价确定保护底线，对农业生产、城镇建设评价结果具有多宜性的，应结合资源禀赋、环境条件、发展目标和治理要求进行综合权衡，并与上位评价成果衔接，作出合理判断。评价结果可支撑国土空间格局优化、支撑完善主体功能分区、支撑划定三条控制线、支撑规划指标确定和分解、支撑重大工程安排、支撑高质量发展的国土空间策略和支撑编制空间类专项规划。

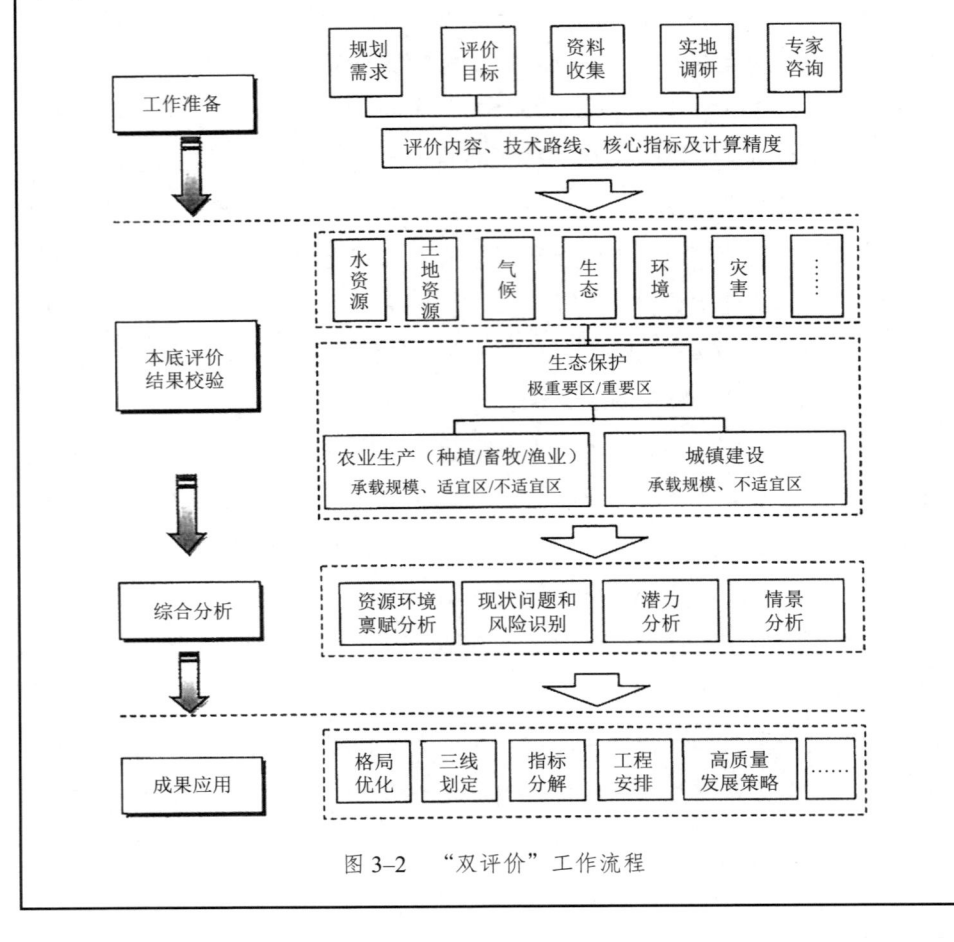

图 3-2 "双评价"工作流程

（3）各地在国土空间总体规划实践中积极开展并应用"双评价"成果。重庆、广东、宁夏、山东、江苏等地进行了先行先试探索。省级层面的"双评价"受到高度重视，由于"双评价"指南提出了较为明确的要求，其评价方法与因子也较为统一。市县层面评价更加突出地方特点，在省级评价的基础上进一步细化，从当地实际资源环境面对的核心问题出发，开展针对性的评价。例如，南京市"双评价"工作明确了"上下传导、底线制衡、正向支撑"的评价思路（专栏3-2）。杭州市还构建了本地化的评价体系，将"双评价"结果进行落地（专栏3-3）。

专栏3-2　南京市"双评价"工作[①]

　　南京市"双评价"工作明确了"上下传导、底线制衡、正向支撑"的评价思路，即纵向落实"省—市—区"自上而下的传导任务，并突出对生态保护极重要区、农业生产不适宜区和城镇建设不适宜区的约束作用，促进形成以生态优先、绿色发展为导向的高质量发展新路子；横向强化评价结果对空间规划体系、总体规划和专项规划等正向支撑的作用。在相关技术指南的指导下，南京市"双评价"结合地域特色和禀赋特征，明确南京市具有低山丘陵自然格局和大都市区发展区位双重特征，国土空间开发呈现多宜性特征，为编制南京市国土空间总体规划，优化国土空间开发保护格局，完善区域主体功能定位，划定三条控制线，实施国土空间生态修复和国土综合整治重大工程提供基础性依据。

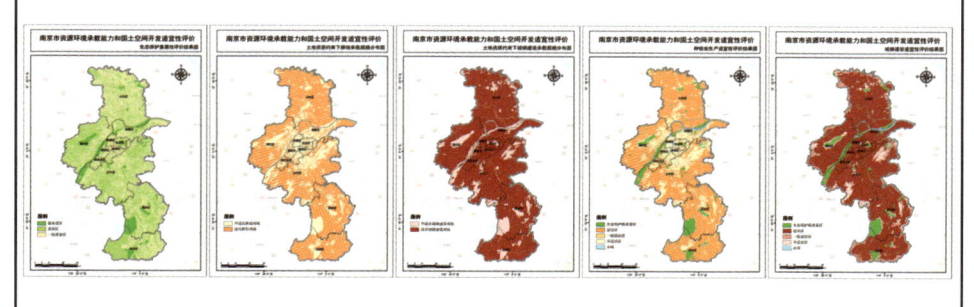

图3-3　南京市"双评价"部分成果图

[①] 南京市规划和自然资源局提供。

专栏 3–3　"双评价"在杭州规划编制和实施中的应用探索[①]

　　杭州"双评价"工作主要在《资源环境承载能力和国土空间开发适宜性评价技术指南（试行）》的技术路线基础上，收集现状资源、生态、环境、灾害、空间等资料，构建了统一的评价数据库、本地化的评价体系和合理的阈值分级标准，完成了对应的资源环境单要素评价、资源环境承载能力集成评价和国土空间开发适宜性的叠加修正评价工作，形成了生态保护、农业生产和城镇建设三个导向的评价结果。

　　（1）以"双评价"综合评价结果优化国土空间格局。最为核心的技术内容是"双评价"对开发边界划示的指引。"双评价"的结果是中西部为生态重要保护区，东部平原和中西部的山谷、河谷为高度重叠的农业适宜区和城镇适宜区，结果本身不能直接指导开发边界的划定工作。为此，在"双评价"基础上通过"要素加细"和"综合预判"叠加三类导向结果，得到生态、农业与城镇功能优势分区。"要素加细"是在"双评价"指标体系基础上，有针对性地进一步叠加未来重点开发空间等特征空间，深化相关评估结果。"综合预判"是通过明确三类导向的叠加标准，比较网格单元用于城镇建设、农业生产或生态保护等功能的适宜程度，明确每个网格单元的主体功能，形成"三类空间"布局雏形，支撑开发边界方案的拟定。

　　（2）以"双评价"单向评价引导专项规划研究。借助数据基础和单项评价，针对安全防灾、生态保护等各专项领域，开展资源环境禀赋分析、问题和风险识别等精准的空间分析工作，支撑灾后重建、生态保护修复等专项规划编制。

　　（3）支撑构建标准化、网格化数据库和协同平台。"双评价"工作确定了未来数据分析的边界坐标和固定网格单元，把多维数据附到固定地理空间单元上，并通过统一技术标准将数据标准化，为日后的网格化信息管理制度打好基础。在将"双评价"作为城市空间特征认知重要手段的基础

---

　　① 微信公众号"中国国土空间规划"："'双评价'在杭州规划编制和实施中的应用探索"。https://mp.weixin.qq.com/s/qvVBk-gCjyyDjf7-GpgKmg。

上，进一步将其与空间治理相联系，探索"双评价"成为资源监督、政策制定、统筹各方工具的路径。以"双评价"为平台，为协调规划与自然资源、环保、林业、农业等部门协调对某些空间利用方式的分歧提供公平、客观的依据。

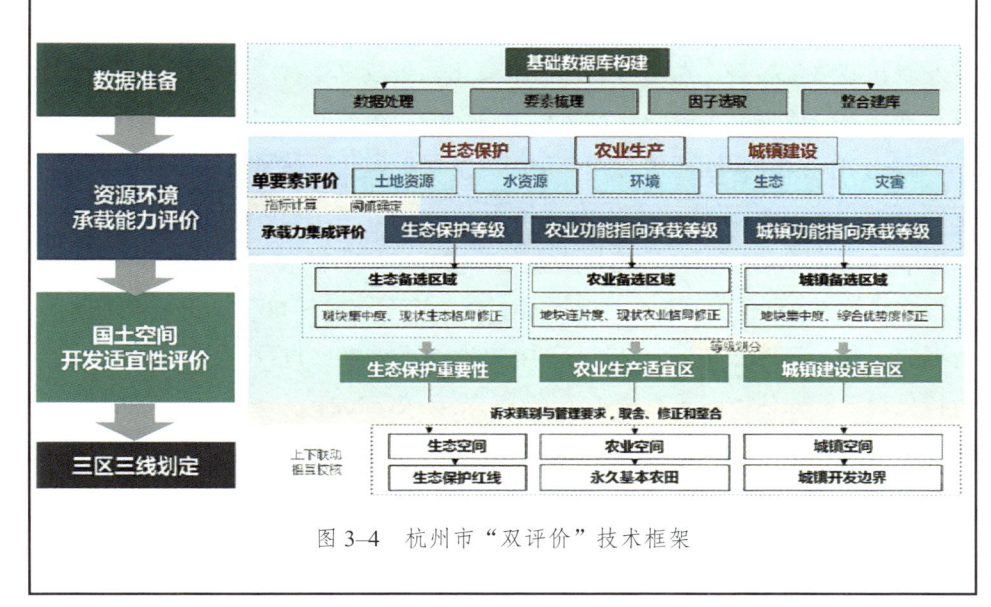

图 3-4 杭州市"双评价"技术框架

二、通过"双评估"辨识问题和风险

"双评估"工作是国土空间规划编制的重要基础和基本方法。在自然资源部印发的《关于全面开展国土空间规划工作的通知》及《市级国土空间总体规划编制指南（试行）》中，提出了规划编制中开展规划实施和灾害及风险评估的要求[①]。国土空间规划实施评估通过对现行各类空间规划的实施状况开展评估，有助于及时发现国土空间治理问题，有效传导国土空间规划重要战略目标，更好地开展国土空间规划编制和动态维护。按照《市级国土空间总体规划编制指

---

① 自然资源部办公厅：《自然资源部办公厅关于印发〈市级国土空间总体规划编制指南（试行）〉的通知》。http://gi.mnr.gov.cn/202009/t20200924_2561550.html。

南（试行）》要求：开展现行城市总体规划、土地利用总体规划、市级海洋功能区划等空间类规划及相关政策实施的评估，评估自然生态和历史文化保护、基础设施和公共服务设施、节约集约用地等规划实施情况。国土空间利用灾害及风险评估以风险评估和需求趋势分析为手段，识别国土空间利用的不确定性和不稳定性，规避重大威胁。结合自然地理本底特征和"双评价"结果，分析区域发展和城镇化趋势、人口与社会需求变化、科技进步和产业发展、气候变化等因素，系统梳理国土空间开发保护中存在的问题，开展灾害和风险评估。

  国土空间规划实施评估与国土空间开发保护现状评估紧密相联。《市县国土空间开发保护现状评估技术指南（试行）》规定了有关技术路线和指标体系（图3-5），现状评估以基本指标为核心，推荐指标为扩展。基本指标有28项，体现底线管控、结构效率、生活品质等目标。推荐指标有60项，分安全、创新、协调、绿色、开放和共享六个维度的指标体系。在实践过程中，各城市根据自身特色对现状评估方法各有完善（田颖、党安荣，2021）。例如，银川市国土空间开发保护现状评估与银川市政府部门、重点园区、下辖县市绩效考核之间相互联系，形成了现状评估指标（创新、协调、绿色、开放、共享、安全）加绩效考核指标（经济发展、综合治理、社会稳定、精神文明、民生保障）共同构成的联动传导型指标体系。武汉市国土空间规划按照"约束性—预期性—体征

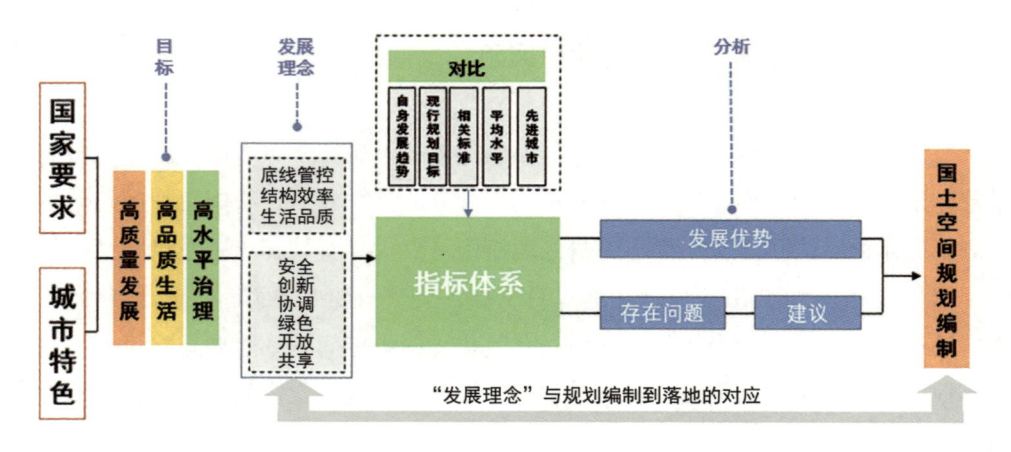

图3-5 国土空间开发保护现状评估技术路线

资料来源：田颖、党安荣，2021。

性"逻辑构建统一的"通用型"指标体系。"约束性"指标落实核心管控要素,从"三安全一集约"(粮食安全、生态安全、城市安全、集约节约)入手;"预期性"指标贯彻五大发展理念,从创新空间、区域协调、绿色发展、开放载体、设施共享五个方面进行评估;"体征性"指标实时监测城市的基本环境和基本功能。规划实施评估的框架一般应包括四个部分,即规划实现度评估、规划实施绩效评估、规划实施机制评估、规划的适应性评估。

在国土空间利用风险评估方面,《市级国土空间总体规划编制指南(试行)》指出,要"针对不确定性和不稳定性,分析区域发展和城镇化趋势、人口与社会需求变化、科技进步和产业发展、气候变化等因素,系统梳理国土空间开发保护中存在的问题,开展灾害和风险评估"。国土空间利用风险评估一般包括风险因素识别和风险影响评价两个部分,侧重以自然灾害的风险评估为主,同时需要增加经济、社会、制度环境等多角度的分析,评估各类因素共同作用下的国土空间开发模式风险,并提出应对风险的国土空间优化策略。风险评估以解决问题为导向,特别是针对重大的安全风险问题要形成明确的结论。

第四章 国土空间规划的编制审批体系

第一节 整体统筹"五级三类"规划编制

一、国家层面统一部署

明确规划编制任务。《自然资源部关于全面开展国土空间规划工作的通知》明确"抓紧启动编制全国、省级、市县和乡镇国土空间规划（规划期至2035年，展望至2050年），尽快形成规划成果。已批准的规划期至2020年后的省级国土规划、城镇体系规划、主体功能区规划、城市（镇）总体规划，以及原省级空间规划试点和市县'多规合一'试点等，要按照新的规划编制要求，将既有规划成果融入新编制的同级国土空间规划中"。

提供规划编制技术支撑。2020年以来，自然资源部陆续发布《省级国土空间规划编制指南（试行）》《市级国土空间总体规划编制指南（试行）》《国土空间调查、规划、用途管制用地用海分类指南（试行）》《资源环境承载能力和国土空间开发适宜性评价指南（试行）》等一系列编制技术文件，明确了主体功能分区（专栏4-1）和市级规划分区（专栏4-2），提出了省、市、县级国土空间总体规划的各类要素精准管控、全域综合整治、全生命周期管理的编制与审批要求，为各级各类国土空间规划的编制提供了技术支撑。自然资源部2022年出台的《关于加强国土空间规划监督管理的通知》《关于进一步做好村庄规划工作的意见》等文件，也对规划编制审批提出了要求。2021年6月，自然资源部办公厅印发《省级国土空间规划成果数据汇交要求（试行）》《市级国土空间总体规划制图规范（试行）》《市级国土空间总体规划数据库规范（试行）》，用以保障省、市级国土空间总体规划成果按要求报部审查备案。

加快推动《全国国土空间规划纲要（2021—2035年）》编制。作为我国首部"多规合一"的全国国土空间规划，《全国国土空间规划纲要（2021—2035年）》由自然资源部牵头组织，国家发展和改革委员会、财政部、生态环境部、住房和城乡建设部、农业农村部、交通运输部、水利部、国家林业和草原局等多个部门共同组建工作专班，发动上百位专家、数十家单位参与，已编制完成，并按程序报批。

> **专栏4-1　明确主体功能分区**[①]
>
> 　　主体功能区包括城市化发展区、农产品主产区和重点生态功能区，以及历史文化资源富集区、战略性矿产资源安全保障区、边境地区等重点区域名录，构成"3+N"体系（表4-1）。
>
> 表4-1　主体功能分区及含义
>
> | 主体功能分区 | 含义 |
> | --- | --- |
> | 城市化发展区 | 指经济社会发展基础较好，集聚人口和产业能力较强的区域。该类区域的功能定位是，推动高质量发展的主要动力源，带动区域经济社会发展的龙头，促进区域协调发展的重要支撑点，重点增强创新发展动力，提升区域综合竞争力，保障经济和人口承载能力 |
> | 农产品主产区 | 指农用地面积较多，农业发展条件较好，保障国家粮食和重要农产品供给的区域。该类区域的功能定位是，国家农业生产重点建设区和农产品供给安全保障的重要区域，现代化农业建设重点区，农产品加工、生态产业和县域特色经济示范区，农村居民安居乐业的美好家园，社会主义新农村建设的示范区 |

[①] 自然资源部：《省级国土空间规划编制指南（试行）》，2020年。

续表

主体功能分区	含义
重点生态功能区	指生态系统服务功能重要、生态脆弱区域为主的区域。该类区域的功能定位是，保障国家生态安全、维护生态系统服务功能、推进山水林田湖草系统治理、保持并提高生态产品供给能力的重要区域，推动生态文明示范区建设、践行"绿水青山就是金山银山"理念的主要区域
历史文化资源富集区名录	指历史文化名城、名镇、名村以及历史文化遗产、非物质文化遗产等集中分布区域，是保障国家历史文化安全的重要区域。该类区域的功能定位是，促进历史文化遗产保护与活化利用，突出地域文化特色
战略性矿产资源安全保障区名录	指为经济社会可持续发展提供战略性矿产资源保障的重要区域，主要包括全国和省级战略性矿产资源分布的国家规划矿区、能源资源基地、战略性矿产资源储备区等。该类区域的功能定位是，关系国家和区域经济社会发展的战略性矿产资源科学保护、合理开发利用和供给安全的重要区域，落实矿产资源节约与综合利用、实现矿产开发与环境保护协调发展的示范区域
边境地区名录	指关系国家边疆安全的重要边境县和团场，需要引导提高人口和产业集聚能力，增强边疆安全维护功能

专栏 4–2　制定市级国土空间规划分区[①]

2020 年 8 月，自然资源部发布《市级国土空间总体规划编制指南（试行）》，对国土空间规划分区分类作了相关规定：在统筹划定三条控制线（生态保护红线、永久基本农田、城镇开发边界），强化资源底线约束的基础上，要按照主体功能定位和空间治理要求，优化城市功能布局和空间结构，划分规划分区。其中，中心城区和沿海城市的海洋发展区应细化至二级规划分区。

在规划分区划定过程中，应符合一般规定（表 4–2）。

规划分区分为一级规划分区和二级规划分区（表 4–3）。一级规划分区包括 7 类：生态保护区、生态控制区、农田保护区，以及城镇发展区、乡村发展区、海洋发展区、矿产能源发展区。在城镇发展区、乡村发展区、海洋发展区分别细分为二级规划分区，各地可结合实际补充二级规划分区类型。

[①] 自然资源部：《市级国土空间总体规划编制指南（试行）》，2020 年。

表 4-2　国土空间规划的规划分区一般规定

内容	具体要求
主要原则	规划分区应落实上位国土空间规划要求，为本行政区域国土空间保护开发作出综合部署和总体安排，应充分考虑生态环境保护、经济布局、人口分布、国土利用等因素
	坚持陆海统筹、城乡统筹、地上地下空间统筹的原则，以国土空间的保护与保留、开发与利用两大功能属性作为规划分区的基本取向
基本规定	规划分区划定应科学、简明、可操作，遵循全域全覆盖、不交叉、不重叠，并应符合下列基本规定： （1）以主体功能定位为基础，体现规划意图，配套管控要求；不同主体功能定位，相应规划分区的比例不同，如重点生态功能区内生态保护区和生态控制区的比例较大，农产品主产区内乡村发展区、农田保护区和渔业用海区的比例较大，城市化发展区内城镇发展区和海洋发展区（不含渔业用海区）的比例较大； （2）当出现多重使用功能时，应突出主导功能，选择更有利于实现规划意图的规划分区类型； （3）如市域内存在本指南未列出的特殊政策管控要求，可在规划分区建议的基础上，叠加历史文化保护、灾害风险防控等管控区域，形成复合控制区

表 4-3　市级国土空间总体规划分区体系

一级规划分区	二级规划分区		含义
生态保护区			具有特殊重要生态功能或生态敏感脆弱、必须强制性严格保护的陆地和海洋自然区域，包括陆域生态保护红线、海洋生态保护红线集中划定的区域
生态控制区			生态保护红线外，需要予以保留原貌、强化生态保育和生态建设、限制开发建设的陆地和海洋自然区域
农田保护区			永久基本农田相对集中需严格保护的区域
城镇发展区	城镇集中建设区		城镇开发边界围合的范围，是城镇集中开发建设并可满足城镇生产、生活需要的区域
		居住生活区	以住宅建筑和居住配套设施为主要功能导向的区域
		综合服务区	以提供行政办公、文化、教育、医疗以及综合商业等服务为主要功能导向的区域
		商业商务区	以提供商业、商务办公等就业岗位为主要功能导向的区域
		工业发展区	以工业及其配套产业为主要功能导向的区域
		物流仓储区	以物流仓储及其配套产业为主要功能导向的区域

续表

一级规划分区	二级规划分区		含义
城镇发展区	城镇集中建设区	绿地休闲区	以公园绿地、广场用地、滨水开敞空间、防护绿地等为主要功能导向的区域
		交通枢纽区	以机场、港口、铁路客货运站等大型交通设施为主要功能导向的区域
		战略预留区	在城镇集中建设区中,为城镇重大战略性功能控制的留白区域
	城镇弹性发展区		为应对城镇发展的不确定性,在满足特定条件下方可进行城镇开发和集中建设的区域
	特别用途区		为完善城镇功能,提升人居环境品质,保持城镇开发边界的完整性,根据规划管理需划入开发边界内的重点地区,主要包括与城镇关联密切的生态涵养、休闲游憩、防护隔离、自然和历史文化保护等区域
乡村发展区			农田保护区外,为满足农林牧渔等农业发展以及农民集中生活和生产配套为主的区域
	村庄建设区		城镇开发边界外,规划重点发展的村庄用地区域
	一般农业区		以农业生产发展为主要利用功能导向划定的区域
	林业发展区		以规模化林业生产为主要利用功能导向划定的区域
	牧业发展区		以草原畜牧业发展为主要利用功能导向划定的区域
海洋发展区			允许集中开展开发利用活动的海域,以及允许适度开展开发利用活动的无居民海岛
	渔业用海区		以渔业基础设施建设、养殖和捕捞生产等渔业利用为主要功能导向的海域和无居民海岛
	交通运输用海区		以港口建设、路桥建设、航运等为主要功能导向的海域和无居民海岛
	工矿通信用海区		以临海工业利用、矿产能源开发和海底工程建设为主要功能导向的海域和无居民海岛
	游憩用海区		以开发利用旅游资源为主要功能导向的海域和无居民海岛
	特殊用海区		以污水达标排放、倾倒、军事等特殊利用为主要功能导向的海域和无居民海岛
	海洋预留区		规划期内为重大项目用海用岛预留的控制性后备发展区域
矿产能源发展区			为适应国家能源安全与矿业发展的重要陆域采矿区、战略性矿产储量区等区域

二、地方层面积极响应

多个省市出台了实施意见。截至 2021 年年底，已有青海、黑龙江、北京、云南、新疆、甘肃、广东等 25 个省级行政区出台了落实《若干意见》的实施意见，基本完成了各自省级层面国土空间规划体系顶层设计。2020 年，部分地州市出台了本级国土空间规划体系顶层设计文件，例如山东省聊城市，浙江省宁波市，云南省红河州、德宏州，四川省成都市、乐山市、遂宁市、巴中市，广西壮族自治区柳州市等。

因地制宜细化编制审批要求。大部分地方的国土空间规划编制审批主要依据国家和地方出台的有关政策文件。如浙江省在 2020 年国土空间规划工作要点中，提出制定国土空间规划编制审批办法；广东省在 2020 年国土空间规划工作要点中，提出研究起草省级国土空间规划编制目录清单及统筹管理制度，制定市县规划编制审查要点；四川省在 2020 年"规划攻坚年"实施行动方案中，提出构建国土空间规划审查报批制度，并已印发省级新区国土空间规划审查程序和审查重点文件。2020 年以来，湖北省出台全省国土空间规划编制与实施的若干措施，浙江省杭州市出台《关于对国土空间规划编制实行计划管理的通知》，云南省玉溪市出台《玉溪市国土空间规划管理办法（试行）》等。截至 2021 年底，在总体规划编制审批方面，全国已有多个省份出台市级、县级、乡镇级总体规划编制技术规程。在详细规划编制审批方面，江苏省出台《江苏省城镇开发边界内详细规划编制指南（试行）》，海南省出台《海南省村庄规划编制审批办法》，湖北省武汉市按照新要求修订《武汉市控制性详细规划管理暂行规定》。在专项规划编制审批方面，已有多个省份出台与国土空间专项规划编制审批有关的政策文件，例如吉林省、江西省、山东省等先后发布国土空间专项规划编制目录清单管理办法，其中安徽省还发布了省、市县国土空间专项规划编制目录清单。

第二节　开展各级国土空间总体规划编制

一、省级国土空间规划编制

（一）省级国土空间规划编制任务要求

省级国土空间规划是对全国国土空间规划纲要的落实和深化，是一定时期内省域国土空间保护、开发、利用、修复的政策和总纲，是编制省级相关专项规划、市县等下位国土空间规划的基本依据，在国土空间规划体系中发挥承上启下、统筹协调作用，具有战略性、协调性、综合性和约束性。

《省级国土空间规划编制指南（试行）》于 2020 年 1 月发布实施，明确了总体要求、基础准备、重点管控性内容（表 4-4）、指导性要求等七大板块，对推进省级国土空间规划编制工作开展和提高规划编制的针对性、科学性、可操作性具有重要意义。从内涵上看，省级国土空间规划涵盖了主体功能区、土地利用、城镇体系规划等内容，兼具了战略性与约束性，同时也是保护与发展、地方与中央、城市与城市、部门与部门之间的空间协调平台。

表 4-4　省级国土空间规划编制重点管控性内容

内容	重点要求
规划目标与战略	目标定位包括发展总体定位、开发保护目标、指标体系；空间战略指立足资源环境禀赋和经济社会发展需求，针对突出问题，制定国土空间开发保护战略
明确开发保护格局	涉及主体功能分区、网络化空间组织、统筹三条控制线
资源要素保护与利用	对于自然资源，按照山水林田湖草系统保护要求，统筹耕、林、草、湿、河湖、海、冰川、荒漠、矿产等各类自然资源的保护利用，确定自然资源利用上线和环境质量安全底线，提出水、土地、能源等重要自然资源供给总量、结构以及布局调整的重点和方向。对于历史文化和自然景观资源，深入挖掘历史文化资源，系统建立历史文化保护体系，全面评价自然景观资源，构建历史文化与自然景观网络，制定区域整体保护措施

续表

内容	重点要求
完善基础支撑体系	对于基础设施，落实国家重大项目，明确省级重点项目，按照区域一体化要求，构建与国土空间开发保护格局相适应的基础设施支撑体系。对于防灾减灾，考虑气候变化可能造成的环境风险，提出各类灾害的防治标准和规划要求。明确省级综合防灾减灾重大项目布局及时序安排
生态修复和国土综合整治	落实国家确定的生态修复和国土综合整治的重点区域、重大工程。针对省域生态功能退化等问题区域，将生态单元作为修复和整治范围。按照保障安全、突出生态功能、兼顾景观功能的优先次序，提出修复和整治目标、重点区域、重大工程
区域协调与规划传导	区域协调侧重省际协调与重点地区协调。市县规划传导注重分区传导、底线管控、控制指标、名录管理、政策要求。专项规划要求综合统筹相关专项规划的空间需求，协调各专项规划空间安排

资料来源：自然资源部：《省级国土空间规划编制指南（试行）》，2020年。

（二）省级国土空间规划编制进展

《若干意见》印发前，《北京城市总体规划（2016—2035年）》已经党中央、国务院批复，《上海市城市总体规划（2017—2035年）》已经国务院批复，并将作为两市国土空间总体规划；《重庆市国土空间总体规划（2020—2035年）》形成初步方案后，已送重庆市规划委员会审议；《天津市国土空间总体规划（2019—2035年）》目前正在编制中，其战略指引文件《天津市国土空间发展战略》，已于2020年1月3日公布实施。2021年2月9日，广东省自然资源厅公示《广东省国土空间规划（2020—2035年）》，成为全国首个公示省级国土空间规划的省份，之后各地省级国土空间规划陆续公示。截至2021年底，全国已有26个省级国土空间规划进行了公示。

二、市县国土空间总体规划编制

（一）市县国土空间总体规划任务要求

1. 市级国土空间总体规划

市级国土空间总体规划是城市为实现"两个一百年"奋斗目标制定的空间

发展蓝图和战略部署，是城市落实新发展理念，实施高效能空间治理，促进高质量发展和高品质生活的空间政策，是市域国土空间保护、开发、利用、修复和指导各类建设的行动纲领。市级国土空间总体规划要体现综合性、战略性、协调性、基础性和约束性，落实和深化上位规划要求，为编制下位国土空间总体规划、详细规划、相关专项规划和开展各类开发保护建设活动、实施国土空间用途管制提供基本依据。

《市级国土空间总体规划编制指南（试行）》于2020年9月正式发布，明确了市级国土空间总体规划是城市落实新发展理念、实施高效能空间治理、促进高质量发展和高品质生活的空间政策，确定了九个方面的主要编制内容，对进一步指导和规范各地市级国土空间总体规划编制工作具有重要意义。2021年3月29日，自然资源部办公厅印发《市级国土空间总体规划制图规范（试行）》和《市级国土空间总体规划数据库规范（试行）》，目的是深化落实市级国土空间总体规划编制要求，规范相应的规划制图表达和数据库成果管理。

市级国土空间总体规划一般包括市域和中心城区两个层次。中心城区指市级国土空间总体规划关注的重点地区，根据实际和本地规划管理需求等确定，一般包括城市建成区及规划扩展区域，如核心区、组团、市级重要产业园区等；一般不包括外围独立发展、零星散布的县城及镇的建成区。市域要统筹全域全要素规划管理，侧重国土空间开发保护的战略部署和总体格局；中心城区要细化土地使用和空间布局，侧重功能完善和结构优化；市域与中心城区要落实重要管控要素系统传导和衔接（表4–5）。

表4–5　市级国土空间总体规划主要编制内容

内容	重点要求
目标战略	落实主体功能定位，明确空间发展目标战略。强化总体规划的战略引领和底线管控作用，促进国土空间发展更加绿色安全、健康宜居、开放协调、富有活力并各具特色
空间格局	优化空间总体格局，细化明确重点乡镇主体功能定位，促进区域协调、城乡融合发展。落实国家和省的区域发展战略、主体功能区战略，以自然地理格局为基础，形成开放式、网络化、集约型、生态化的国土空间总体格局
底线约束	强化资源环境底线约束，推进生态优先、绿色发展。基于资源环境承载能力和国土安全要求，明确重要资源利用上限，划定各类控制线，作为开发建设不可逾越的红线

续表

内容	重点要求
结构优化	优化空间结构，提升连通性，促进节约集约、高质量发展。依据国土空间开发保护总体格局，注重城乡融合、产城融合，优化城市功能布局和空间结构，改善空间连通性和可达性，促进形成高质量发展的新增长点
功能提升	完善公共空间和公共服务功能，营造健康、舒适、便利的人居环境。结合不同尺度的城乡生活圈，优化居住和公共服务设施用地布局，完善开敞空间和慢行网络，提高人居环境品质
地方特色	保护自然与历史文化，塑造具有地域特色的城乡风貌。加强自然和历史文化资源的保护，运用城市设计方法，优化空间形态，突显本地特色优势
安全韧性	完善基础设施体系，增强城市安全韧性。统筹存量和增量、地上和地下、传统和新型基础设施系统布局，构建集约高效、智能绿色、安全可靠的现代化基础设施体系，提高城市综合承载能力，建设韧性城市
存量利用	推进国土整治修复与城市更新，提升空间综合价值。针对空间治理问题，分类开展整治、修复与更新，有序盘活存量，提高国土空间的品质和价值
实施保障	建立规划实施保障机制，确保"一张蓝图干到底"。保障规划有效实施，提出对下位规划和专项规划指引；衔接国民经济和社会发展五年规划，制定近期行动计划；提出规划政策机制等实施保障措施，以"一张图"为支撑，完善规划全生命周期管理

资料来源：自然资源部：《市级国土空间总体规划编制指南（试行）》，2020年。

2. 县级国土空间总体规划

县（区、市）级国土空间总体规划是指各区县在行政辖区范围内对国土空间保护、开发、利用、修复的总体安排和综合部署，是对市级国土空间总体规划的细化落实，与市级总体规划相比更加注重操作性，是编制县级专项规划、乡镇国土空间总体规划、详细规划以及实施全域国土空间治理和国土空间用途管制的重要依据。

各地出台县级国土空间规划编制导则或指南指导编制工作，例如，河北省自然资源厅印发《河北省市县国土空间总体规划编制导则（试行）》、河南省自然资源厅印发《河南省县级国土空间总体规划编制导则（试行）》。在湖南省自然资源厅印发的《湖南省县级国土空间总体规划编制指南（试行）》中，规定了总则、编制原则与组织、必需的基础工作、规划的主要内容（专栏4–3）、规划成果、审查要求及相关附录等主要内容；北京市规划和自然资源委员会基于分区规划的技术工作和经验成果总结印发《北京分区规划（国土空间规划）编制技术要求和管理规则汇编》，明确了分区规划的编制内容和技术要求（专栏4-4）。

> **专栏4-3** 《湖南省县级国土空间总体规划编制指南》对规划内容的要求[①]
>
> **1. 空间发展战略目标**
>
> 围绕国家和省、市域宏观长远发展战略要求，结合本地主体功能定位与上位规划指导要求，立足县域本底自然资源禀赋、社会经济发展水平、产业基础和发展趋势、历史人文特色，从时代视角、本体视角、时间视角、区域视角研究确定本县（市、区）的战略地位和性质定位。在落实国家、省重大战略决策部署及上位国土空间总体规划目标基础上，以县级经济社会发展战略为引领，从经济社会发展、底线管控、结构效率、生活品质等方面提出2025年、2035年分阶段规划目标。落实上级规划的管控要求和约束性指标，结合当地经济发展要求，明确国土空间保护开发约束性和预期性总体性指标。
>
> **2. 国土空间格局优化**
>
> 以区域内地形地貌基本特征为基础，以国土空间开发战略与目标为导向，结合主体功能区定位，统筹山水林田湖草等保护要素和城乡、产业、交通等发展类要素布局，合理构建生态屏障、生态廊道、交通网络、城镇体系，优化形成区域协调、城乡融合、人水和谐的国土空间总体格局。落实市级总体规划的有关要求，在县域范围统筹落实生态保护红线、永久基本农田、城镇开发边界。明确重要生态区域和生态廊道，确定生态保护与修复重点区域，合理预留基础设施廊道，构建生态保护格局。明确"三条控制线"空间范围和坐标界线。明确粮食生产功能区和重要农产品生产保护区，布局现代农业产业园，安排养殖设施、渔业设施、休闲渔业等设施用地，布局农业生产和农业种植、养殖配备的设施农用地。立足城乡融合发展，突出以城带乡、以工促农，健全网络设施布局、城乡融合发展的空

[①] 湖南省自然资源厅：《湖南省县级国土空间总体规划编制指南》，2020年。http://www.nanyue.gov.cn/zrzyj/xxgk/rdzt/qgtdghgy/20210112/i2273551.html。

间格局。细化用途分区,优化用地结构。

3. 资源保护开发利用

对耕地资源、自然保护地、水资源、湿地生态系统、森林资源、矿产资源、风景名胜区和建设用地节约集约提出保护与利用的基本目标、要求,明确保护范围线和空间布局,明确规模总量等指标,强化保护管理等措施要求。

4. 城乡融合发展格局

对区域协同发展、城镇体系规划、村庄分类与用地布局、产业布局及园区规划,围绕省、市发展导向,基于现状条件,提出分类要求、规模体系结构。

专栏4-4 北京探索区级国土空间规划编制[1][2]

1. 编制总体思路

"依圈层定任务"是保障本次分区规划科学编制的总前提。为保障全市"一盘棋",本轮分区规划在编制之初依空间结构首先开展了统筹分工,即结合圈层现状主要特点及未来应承担的主要角色明确了各区应在本次分区规划解决的核心任务。

对"空间治理关键指标的圈层差异化规划"是分区规划编制的核心内容。要求:分析研判国际先进城市发展规律,结合北京市"四个中心"的战略定位及功能疏解、减量提质、改善民生等改革要求,在北京总体规划基础上进一步细化并提出了深刻影响城市发展的若干关键指标(主要为规划常住人口规模总量、城乡建设用地规模总量、建筑规模总量、城乡建设

---

[1] 中国城市规划网:"北京市规划自然资源委印发《北京分区规划(国土空间规划)编制技术要求和管理规则汇编》". http://www.planning.org.cn/news/view?id=10721.

[2] 舒宁:"实施层面国土空间规划的'北京范式'". https://mp.weixin.qq.com/s/ei4nbLgRXlJg6l50F9dmgg.

用地职住比、城乡建设用地拆占比、人均城镇居住用地、人均城镇居住建筑规模、岗均就业用地面积、城镇村庄毛容积率)。

2. 编制技术要求

分区规划编制过程中研究制定的全市统一的各类成果要求和规范，包括总则、规划内容编制要点、规划成果规范和专项内容编制技术说明，统一了分区规划文本框架、图纸内容、指标体系等（图4–1）。

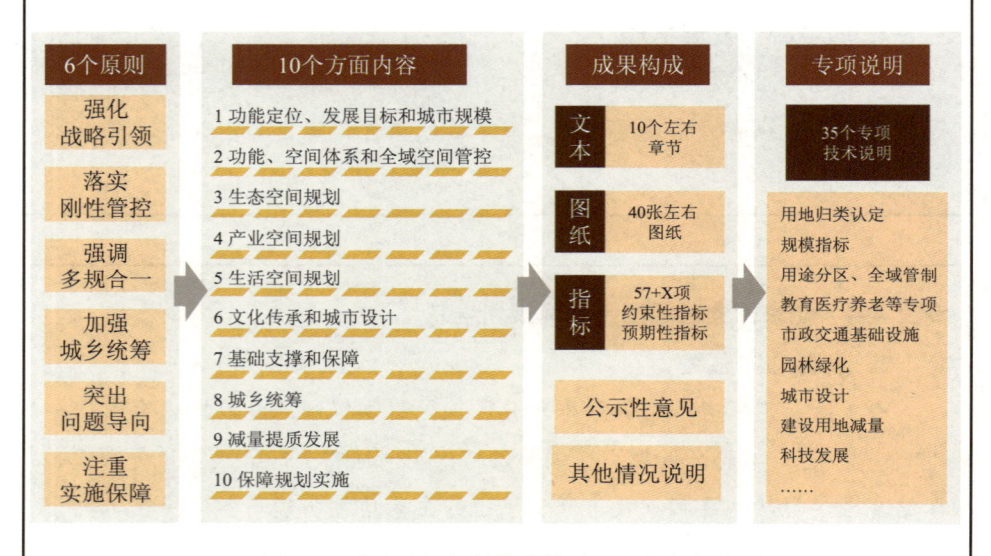

图 4–1　北京分区规划编制原则、内容和成果

资料来源：北京市规划自然资源委员会：《北京分区规划（国土空间规划）编制技术要求和管理规则汇编》，2020年。

创新关键政策，为刚性指标的落实提供了突破口。为切实落实各刚性指标，本次分区规划创新性地提出划定战略留白，有效解决了现状与愿景差异较大的问题。所谓战略留白即在规划城乡建设用地内选择位于规划战略要地周边、规划远期实施及未来使用方向尚不明确的部分地区（优先选择空地）暂划为留白区，保留规划用地边界，内部暂不给予规划用地性质和规划建筑规模（战略留白用地区内部如有现状建设，优先建议腾退换绿或暂按现状使用用途保留，不得扩建、改建）。创新划定"全域覆盖、刚弹结合、兼顾管理"的用途管制分区。划定规划单元、完善北京市国土空间规划体系，保障下一层次工作顺利开展。规划单元制度的确定使得北京市真正形成了由"省市级国土空间规划（北京总体规划）—县级国土空间规划（分区规划）—规划单元级国土空间规划（乡镇单元国土空间规划/乡镇单元全域覆盖的控制性详细规划+中心城区/新城范围街区全覆盖的控制性详细规划）—地块层面控制性详细规划及实施方案"组成的具有"北京特色"的两大层级（总体+实施）、四小层级的国土空间规划体系。

3. 数据库标准

强化分区规划管理、推动构建全域覆盖的国土空间规划"一张图"数据库标准，包括总则、数据库基本要求、数据库要素分类与编码、数据库结构定义和要素分层、数据库文件组织及命名规则，有效推进"多规合一"、加快分区规划成果转换（图4-2）。

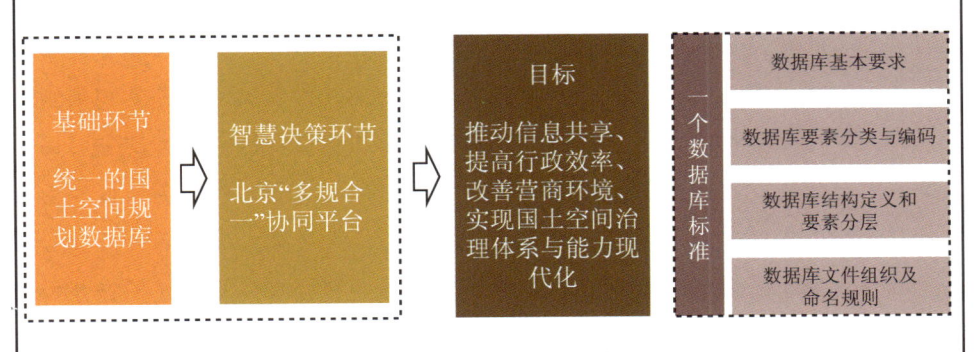

图4-2 数据库建设标准

资料来源：北京市规划自然资源委员会：《北京分区规划（国土空间规划）编制技术要求和管理规则汇编》，2020年。

（二）市县国土空间总体规划编制进展

在市级国土空间总体规划层面，广州市已率先开展市级国土空间规划先行先试，《广州市国土空间总体规划（2018—2035年）》已于2019年6月13日公示草案，目前已送广东省政府审查。截至2021年底，全国已有广州市、杭州市、西宁市、成都市、长沙市等 11 个省会城市公示市级国土空间总体规划，90% 以上市县级国土空间总体规划已形成初步方案。

在县级国土空间规划层面，2019 年以来，北京市人民政府正式批复了朝阳（专栏 4-5）、海淀等 13 个区及亦庄新城的分区规划（国土空间规划），上海市浦东新区国土空间总体规划公布，《平潭综合实验区国土空间总体规划（2018—2035 年）》已获福建省政府批复，新疆维吾尔自治区多个县级市、广西壮族自治区上思县、江西省进贤县、安徽省郎溪县等多个县公示中期方案或初步方案。

专栏 4-5　《朝阳分区规划（国土空间规划）（2017—2035 年）》[①]

朝阳区位于北京市中心城区，是城市空间结构"一核一主一副，两轴多点一区"中"一主"的重要组成部分，未来将建设成为国际一流的商务中心区、国际科技文化体育交流区、各类国际化社区的承载地、创新引领的首都文化窗口区、大尺度生态环境建设示范区和高水平城市化综合改革先行区。规划内容贯彻落实"四个中心"功能定位，以更好服务党和国家工作大局为全部要义，重点强化朝阳作为连接首都核心区与城市副中心的重要廊道作用，突出朝阳"文化、国际化、大尺度绿化"的特色，探索由聚集资源的扩张式发展模式向减量提质的内涵式发展模式的转变，解决自身城乡发展不平衡、南北发展不平衡、城市功能和城市品质发展不充分的复杂问题，着力发挥好促进首都功能优化提升、推动国际一流和谐宜居之都建设的关键作用（图 4-3）。

坚持城市空间布局优化。构建"两轴两带三区"的空间布局，要以长安街东延长线、中轴线北延长线为统领，完善城市空间和功能组织秩序；首都功能保障带要突出国际交往、文化引领和科技创新功能，绿色生态共享带要形成中心城区与城市副中心共建共享的休闲游憩绿带；要以疏解提升优化区、产居融合发展组团、绿色生态休闲区建设为重点，服务和保障

[①] 北京市规划和自然资源委员会：《朝阳分区规划（国土空间规划）（2017—2035 年）》，2019 年。

首都功能优化提升，促进主副联动发展、南北均衡发展、区域协同发展。

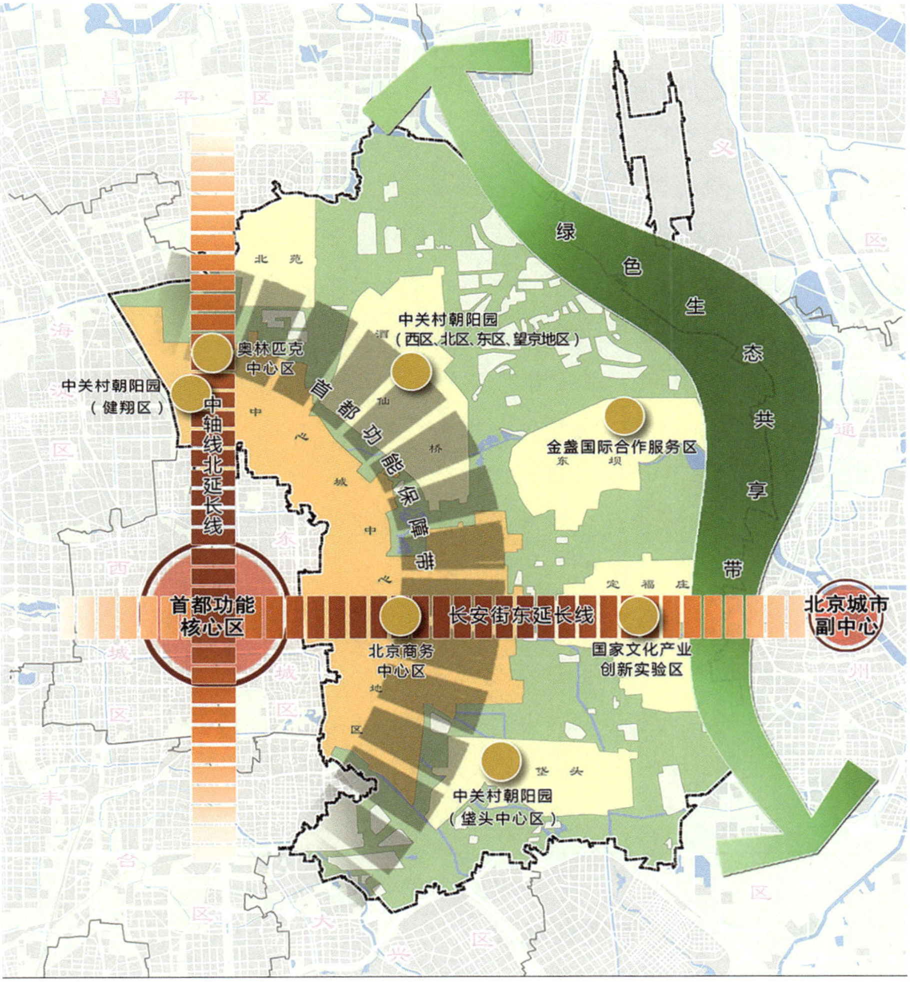

图 4-3　北京市朝阳区分区规划的空间结构规划

坚持疏控并举、疏解整治与优化提升并举。紧紧抓住疏解非首都功能这个"牛鼻子"，分类分区引导疏解腾退空间再利用，实现功能结构优化调整。探索内涵集约发展新路径，夯实功能账、资源账、统筹账、经济账，以城乡建设用地供减挂钩、金融财税政策创新等方式落实减量任务，通过试点先行、分类施策、市区统筹，推动国有建设用地减量和绿化带隔离地区集体建设用地减量。通过功能疏解和用地减量，大幅提高生态空间比例、调整城乡职住结构、补充三大设施短板，实现更高水平发展。

坚持"文化、国际化和大尺度绿化"建设。聚焦朝阳"以多元交往空间为载体的国际文化、以工业遗产为特色的创意文化、以运河文化为核心的历史文化"，深化国家公共文化服务体系示范区建设。优化使馆区等国事活动和国际交往场所，将中央商务区（CBD）打造为北京对外开放高地，依托奥林匹克中心区建设重大国际活动的核心承载区，高水平建设管理国际化社区和国际教育、医疗等公共设施，打造中外交融、舒适和谐的国际服务环境。按照"大尺度绿化看朝阳"要求，构建"两环六楔、五河十园"的绿色空间格局，建设以温榆河公园为代表的十处超大型公园和与城市副中心之间共建共享的休闲游憩绿带。

坚持超大城市治理体系构建。优先完善薄弱地区和薄弱环节的各类公共服务设施，提供匹配需求、优质均衡的教育、医疗、养老、文化、体育、生活性服务业等公共服务，建设体现国际一流水平的高水平服务设施，为创造宜居生活服务保障。坚持以人民为中心的发展理念，推进责任规划师制度，完善专家咨询和公众参与长效机制。深化"吹哨报道"改革，构建社会治理责任链。探索新型智慧城市建设，打造"城市大脑"，纵深治理"大城市病"。

三、乡镇国土空间总体规划编制

（一）乡镇国土空间总体规划任务要求

乡镇国土空间总体规划是五级国土空间总体规划的最底层规划，是总体规划中直接面向实施管理的蓝图。乡镇国土空间总体规划是对县级国土空间总体规划的细化落实，是对本行政区域国土空间保护开发利用作出的具体安排，是编制详细规划和实施国土空间用途管制的基本依据。

各地出台了乡镇国土空间规划编制指南或导则，指导编制工作，例如 2019 年，山东省率先发布了《乡镇级国土空间规划编制指南（试行）》，北京市出台了乡镇国土空间规划编制导则（试行）。2021 年 10 月，四川省自然资源厅公开征求《关于以片区为单元编制乡村国土空间规划的指导意见（征求意见稿）》意见，在全国首创提出以片区为单元编制镇乡级国土空间总体规划和村级国土空间规划。截至 2021 年底，已有 30 个省（直辖市）发布乡镇国土空间规划编制指南或技术导则，明确了编制组织程序、规划编制内容及成果要求等，对分类要求、编制内容安排和技术方法有因地制宜的创新探索。其中，浙江省乡镇级国土空间总体规划编制技术要点如专栏 4-6 所示。

专栏 4-6　浙江省乡镇国土空间总体规划编制技术要点[①]

《浙江省乡镇国土空间总体规划编制导则（试行）》提出，乡镇国土空间规划主要编制内容包括：基础工作、定位与目标、规划用途分区与控制线落实、国土空间用地结构与布局优化、国土空间规划用途分区管制要求、国土空间用地结构与布局优化、国土综合整治与修复、基础设施保障、单元规划与强制性内容、规划实施与行动等内容（表 4-6）。

表 4-6　浙江省乡镇国土空间总体规划编制内容

主要内容	具体要求
基础工作	形成规划基期现状用地、用海底数和底图；深化、细化乡镇（片区）现状特征和空间价值、效率以及国土安全风险与隐患的分析；明确上位总体规划的编制要求
定位与目标	规划定位；规划目标与指标落实；发展策略
规划用途分区与控制线落实	规划用途分区细化落实（生态保护区、农业农村发展区、城镇发展区、陆域其他保护利用区）；空间控制线划定落实（划定落实生态保护红线边界坐标；划定落实永久基本农田边界坐标；划定落实城镇开发边界坐标）
国土空间用地结构与布局优化	围绕规划管控目标、方向及上位规划下达的指标，制定规划期内乡镇（片区）主要用地地类结构调整方案，编制结构调整表

---

① 浙江省自然资源厅：《浙江省乡镇级国土空间总体规划编制技术要点（征求意见稿）》，2020 年。

续表

主要内容	具体要求
国土空间规划用途分区管制要求	在通用管制规则的基础上，结合当地实际，制定有特色的、细化和深化的管制规则
国土空间用地结构与布局优化	根据上位规划下达的各项规划控制指标，制定规划期内用地结构调整方案，编制用地结构调整表
国土综合整治与修复	生态空间综合整治与修复；农业空间综合整治与修复；城镇空间综合整治与修复；海洋空间综合整治与修复
基础设施保障	交通设施；市政基础设施；综合防灾救灾设施
单元规划与强制性内容	单元规划（城镇单元、乡村/郊野单元）；强制性内容（规划指标、控制性界线、重要内容）
规划实施与行动	规划分期实施；规划数据库建设；规划实施的保障措施

（二）乡镇国土空间总体规划编制进展

2019年，重庆市梁平区的竹山镇、屏锦镇，河南省濮阳市华龙区的岳村镇公示国土空间总体规划草案征求意见。此后，上海、北京等省（直辖市）已有多个乡镇国土空间总体规划得到批复或公示（北京首个获批准的乡镇规划见专栏4–7）。全国各地在乡镇国土空间规划编制实践中，逐渐形成了分类指导规划编制、落实管控要求、注重生态资源保护、统筹镇域空间、加强镇区和村庄建设管控的主要特点[①]。

专栏 4–7 北京市首个获批的乡镇规划：平谷区峪口镇国土空间总体规划（2019—2035 年）[②]

峪口镇位于平谷区西部，总面积约 64 平方千米，是农业科技创新核心功能承载区，是实现"高大尚"平谷发展共识中农业"高"科技主战场，

---

① 李雯骐、张立、王成伟："地域特征视角下的乡镇国土空间规划的编制要点探析——基于北京市、上海市、河北省、山东省乡镇导则的比较"。https://mp.weixin.qq.com/s/8cdREeItyLGSs4IAWqs7jw。

② 北京市规划和自然资源委员会：《平谷区峪口镇国土空间总体规划（2019—2035 年）》，2022 年。

是实现建设首都科技创新中心建设的重要区域。规划践行绿色发展理念，以生态为底线，以农业科技创新为主线，立足绿色发展与创新发展，高质量编制以农引领、极具农业科技创新特色的国土空间规划和集中建设区控制性详细规划，高标准打造三产融合发展的农业科技创新小城镇（图4-4）。

深化功能定位，促进农业科技创新功能定位的承载落地。此次规划紧扣首都"四个中心"建设，承接平谷区"三区一口岸"功能定位，打造宜产宜居宜业、富含文化底蕴的农业科技创新小镇。将先进理念和生态技术融入规划，在峪口镇中心区南部建设富有农业中关村特色的产业园区。创新性地以"点状供农用地"的方式，保留园区内现状集中连片、质量较好的部分耕地作为"试验田"使用，实现"农产融合"发展。结余的城乡建设用地指标作为机动指标用于"点状供建设用地"，优先保障农业辅助设施和配套设施落地，实现产业用地因地制宜、地尽其用、点状布局。

严守生态底线，构筑山水林田湖草生态安全格局。规划聚焦非建设用地管控，开展现状生态安全格局综合评价，充分衔接市区两级环境保护与生态文明专项规划，以生态承载能力反推城乡发展底线。规划梳理镇域生态空间布局中的斑块、廊道、基质，构建"一区、三廊、两片、多斑块"特色生态空间结构，并通过分区管控与分要素引导的方式，强化全域全要素国土生态空间精细化治理，全维度保障生态安全。

多策并举保障实施，探索农民享红利的合作共赢途径。通过构建"政府+高等院校和科研机构+企业"的"金三角"发展模式，促进峪口镇农业高端要素集聚，探索农业科技创新与成果转化的模式路径。在政策保障方面，积极探索集体经营性建设用地和农民利益分配机制，增加农民的获得感和幸福感。

坚持一张蓝图干到底。任何部门和个人不得随意修改、违规变更。平谷区要切实履行主体责任，以钉钉子精神抓好规划的组织实施，合理安排近远期建设实施时序，科学有序释放建设用地资源，严格控制规划实施成本，全面保障农业中关村建设，有序推进各类农业科技创新项目实施落地，为服务首都"四个中心"做好支撑，确保高质量实施峪口镇规划。

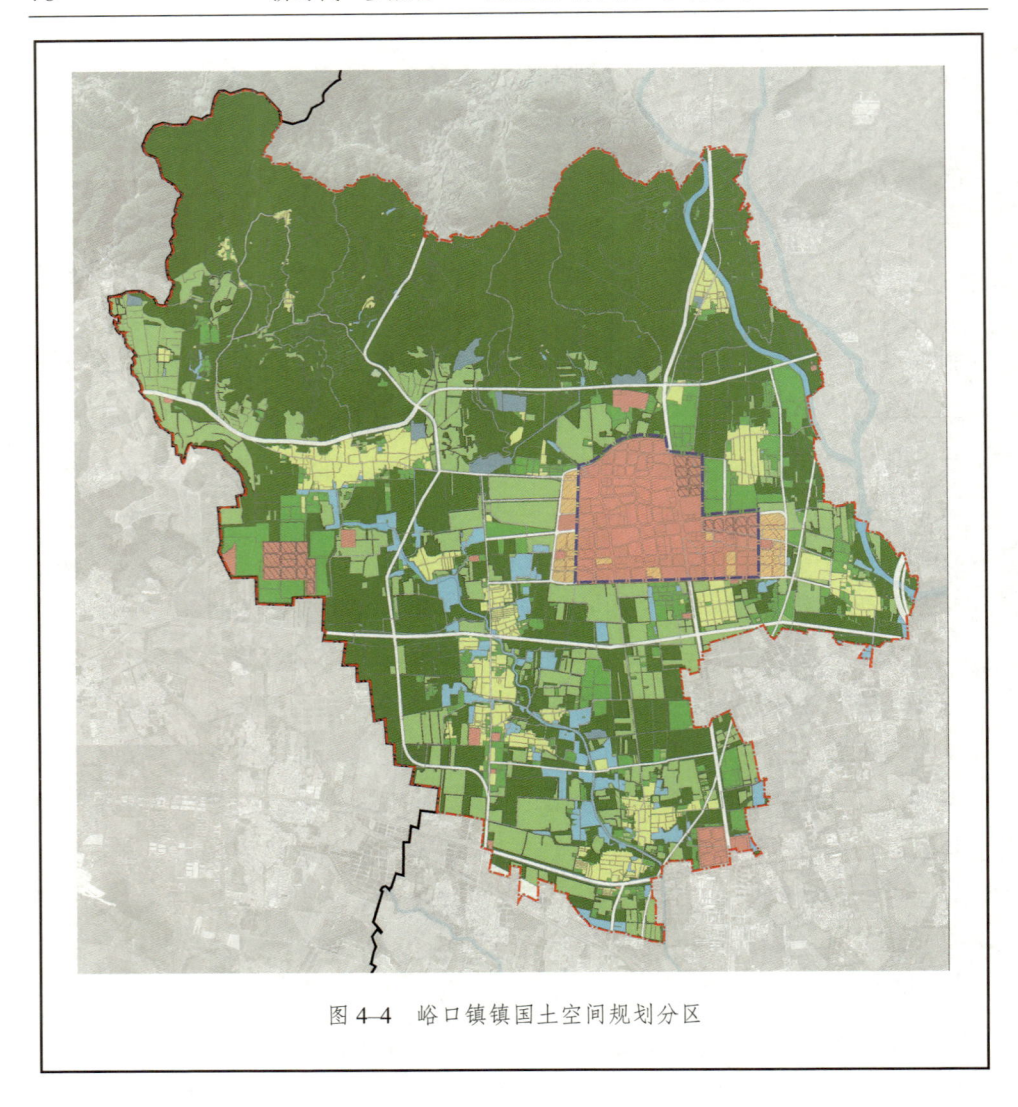

图 4-4　峪口镇镇国土空间规划分区

第三节　大力推进"三区三线"统筹划定

一、"三区三线"的内涵与统筹划定要求

习近平总书记在十三届人大二次会议时指出:"要坚持底线思维,以国土空

间规划为依据,把城镇、农业、生态空间和生态保护红线、永久基本农田保护红线、城镇开发边界作为调整经济结构、规划产业发展、推进城镇化不可逾越的红线,立足本地资源禀赋特点、体现本地优势和特色。"立足资源环境承载能力,发挥各地区比较优势,统筹划定"三区三线"是体现底线思维,统筹发展和安全,重建"全域全要素"秩序,优化国土空间格局的重要基础,是国土空间规划的核心内容。

《若干意见》提出,要"科学有序统筹布局生态、农业、城镇等功能空间,划定生态保护红线、永久基本农田、城镇开发边界等空间管控边界以及各类海域保护线,强化底线约束,为可持续发展预留空间"。2019—2021年,自然资源部全面部署开展生态保护红线划定工作。2021年6月,自然资源部国土空间规划局和耕地保护监督司印发《关于加快推进永久基本农田核实整改补足和城镇开发边界划定工作的函》,明确永久基本农田和城镇开发边界划定规则。2022年4月,在总结前期试点经验的基础上,自然资源部印发《关于在全国开展"三区三线"划定工作的函》,进一步明确了"三区三线"划定规则和相关工作要求。

划定"三区三线"应遵循以下总体要求:①坚持底线思维,以国土空间规划为依据,将"三区三线"作为调整经济结构、规划产业发展、推进城镇化不可逾越的红线。实施最严格的耕地保护制度、生态环境保护制度和节约用地制度,严格落实上级分解下达的耕地、永久基本农田等国土空间规划约束性指标,确保国家已经明确的2020年全国18.65亿亩耕地和15.46亿亩永久基本农田保护目标实至名归,规模不减少。完善耕地保护激励和约束机制,推动地方实事求是,稳妥有序恢复一部分耕地,切实履行耕地保护责任。②落实三条控制线划定的优先序。按照耕地和永久基本农田、生态保护红线、城镇开发边界的顺序,在国土空间规划中统筹划定落实三条控制线,做到现状耕地应保尽保、应划尽划,确保三条控制线不交叉不重叠不冲突。③强化区域统筹平衡。立足区域资源环境承载能力和禀赋特色,落实区域重大战略、区域协调发展战略和主体功能区战略,结合省市县国土空间总体规划编制,统筹优化农业、生态、城镇空间和基础设施、公共资源布局,合理确定各市县的耕地、永久基本农田、建设用地等约束性指标。④坚持国土空间的唯一性。将"十四五"期间涉及空间需求的各类规划纳入国土空间规划"一张图",协调空间矛盾冲突,实现"多规合一"。统筹交通、水利、能源等专项规划的用地需求,提高节约集约用地水平。⑤确保"数、线、图"一致。在2020年国土变更调查成果底版上开展"三区三线"划定,将划定成果纳入国土空间规划"一张图",做到"数、线、图"一致。同步完善国土空间基础信息平台功能,确保耕地、永久基本农田和生态保护红线等目标能落地、可考核、可追责。

二、农业空间优化与耕地保护、永久基本农田划定

(一)农业空间及其布局优化

农业空间是以农产品生产为主导功能的地域,包含了农业生产空间、农村生活空间,由于农业空间对自然空间高度依赖,因而也兼备生态-人工过渡功能。

开展农业空间布局,首先要以保护耕地为基本原则。耕地资源是国家粮食安全的基本保障,利用永久基本农田作为政策工具,落实"十分珍惜合理利用土地、切实保护耕地"的基本国策,实施最严格的耕地保护制度。对永久基本农田的保护要建立全面规划、合理利用、用养结合、严格保护的一整套立体管控措施办法。坚持农地农用,严格禁止建设占用永久基本农田,推动永久基本农田的农地质量管控,实行藏粮于地、藏粮于技的战略。其次要注意处理农业与农村的发展关系,尊重城乡发展的客观规律,处理好生产生活生态的联结和过渡,要注重乡村文化的传承。

农业空间系统布局一般包括两个方面。一是严格保护农业生产空间,防止耕地非农化、非粮化。客观分析耕地资源利用现状、后备耕地潜力和耕地质量等级。按照"数量不减少、质量不降低、生态有改善、布局有优化"的总体思路,结合各地农业发展基础条件,重点保护集中连片的优质耕地、草地,以粮食生产功能区和重要农产品生产保护区为重点,优化实施高标准农田布局。因地制宜分区指引推动农业规模化、产业化、绿色化发展,科学划定养殖业适养、限养、禁养区域。同时,明确具备整治潜力的区域以及耕地补充的区域。沿海城市要合理安排集约化海水养殖和现代化海洋牧场空间布局。二是优化农村生

活空间布局。统筹县域城镇建设和村庄发展关系，通盘考虑土地利用、产业发展、居民点建设、人居环境整治、生态保护、防灾减灾和历史文化传承，因地制宜、分类推进村庄布局规划。通过改善公共服务、环境基础设施，提升乡村人居环境品质，为乡村振兴创造条件，同时也要有序推进农村居民点适度集中，提高土地利用效率。

（二）耕地和永久基本农田保护红线的划定

坚持最严格的耕地保护制度，确保全国耕地实至名归，规模不减少。现状耕地应划尽划、应保尽保，优先确定耕地保护目标，将可以长期稳定利用耕地优先划入永久基本农田实行特殊保护，带位置确定耕地保护目标。耕地和永久基本农田一经划定，未经批准不得擅自调整。优先保护城市周边永久基本农田和优质耕地，严格实施耕地用途管制（专栏4–8）。

专栏4–8　耕地和永久基本农田划定工作要求

1. 现状耕地应划尽划应保尽保

（1）纳入耕地保护目标的必须是现状耕地，以2020年国土变更调查成果为基础（城镇、村庄不打开统计）。2021年恢复的耕地经认定可纳入耕地保护目标。

（2）下列现状耕地可以不纳入耕地保护目标，但要说明理由并提供举证材料：①截至2021年底，在自然资源部监管系统备案，已依法批准且落实占补平衡即将建设的；②根据2014—2020年已下达退耕还林还草计划和要求，在"三调"耕地上实施退耕还林还草，但尚未成林、成草的；③截至2021年底，在自然资源部监管系统备案的农业设施建设占用的；④自然保护地核心保护区内的；⑤饮用水水源一级保护区内的；⑥河湖范围内根据淹没频次经认定需退出的。

（3）在不妨碍行洪安全和供水安全的前提下，对河湖范围内不同情形耕地，依法依规分类处理。第一，"二调"为耕地、"三调"仍然为耕地的，原则上应纳入耕地保护目标。第二，对于以下情形，不纳入耕地保护目标：①位于主河槽内的耕地；②洪水频繁上滩的耕地（南方地区可按 5 年一遇洪水位以下，北方地区可按 3 年一遇洪水位以下）；③长江平垸行洪"双退"圩垸内的耕地；④水库征地线以下的耕地。

（4）纳入耕地保护目标的带位置逐级分解下达。规划实施期间，符合占用规则的可以占用，按程序报批，并按有关规定实现"占补平衡"或"进出平衡"。

2. 优先划定永久基本农田

（1）永久基本农田原则上应在纳入耕地保护目标的可长期稳定利用耕地上划定。优先将以下可长期稳定利用耕地划入永久基本农田：①经国务院农业农村主管部门或县级以上地方人民政府批准确定的粮、棉、油、糖等重要农产品生产基地内的耕地；②有良好的水利与水土保持设施的耕地，正在实施改造计划以及可以改造的中、低产田和已建成的高标准农田；③蔬菜生产基地；④农业科研、教学试验田；⑤土地综合整治新增加的耕地；⑥黑土区耕地；⑦国务院规定应当划为永久基本农田的其他耕地。

（2）原永久基本农田范围内的可长期稳定利用耕地布局保持总体稳定。属于以下情形的原永久基本农田范围内的可长期稳定利用耕地，在说明理由并提供举证材料后，可调出原永久基本农田：①以土壤污染详查结果为依据，土壤环境质量类别划分成果中划定为严格管控类的耕地，且无法恢复治理的；②近期拟实施的省级及以上能源、交通、水利等重点建设项目选址确实难以避让，且已明确具体选址和规模，用地已统筹纳入国土空间规划"一张图"拟占用的（举证材料需明确项目名称、规模、批准文件并附项目矢量数据）；③经依法批准的原土地利用总体规划和城市总体规划明确的建设用地范围，经一致性处理后纳入国土空间规划"一张图"的；④《全国矿产资源规划（2021—2025 年）》确定战略性矿产中的铀、铬、铜、镍、锂、钴、锆、钾盐、（中）重稀土矿开采确实难以避让，且已依法设采矿权露天采矿的。

（3）分类确定各省份永久基本农田划定规模。考虑各省份可长期稳定利用耕地与原永久基本农田保护目标的差异，区分以下三种类型：①类型一，对于可长期稳定利用耕地低于原永久基本农田保护目标的省份，划入永久基本农田的可长期稳定利用耕地不得低于现状可长期稳定利用耕地的90%；②类型二，对于可长期稳定利用耕地高于原永久基本农田保护目标但不超过原保护目标10%的省份，允许低于原保护目标，但划入永久基本农田的可长期稳定利用耕地不得低于现状可长期稳定利用耕地的90%；③类型三，对于可长期稳定利用耕地高于原永久基本农田保护目标且超过原保护目标10%的省份，在原永久基本农田保护目标的基础上，根据国家需要适当增加保护任务，但原则上不超过现状可长期稳定利用耕地的90%。

（4）难以或不宜长期稳定利用的耕地一般不划入永久基本农田，但位于原永久基本农田范围内，且难以退耕的口粮田等特殊情况，经充分调查举证，允许继续保留（以村为单位，举证本村范围内是否首先将可长期稳定利用耕地全部划为永久基本农田，如有可长期稳定利用耕地未划入而难以或不宜长期稳定利用耕地划入的，举证不通过）。

（5）划定的永久基本农田，规划实施期间，符合占用规则的，可以占用并进行补划，按程序报批。

三、生态空间优化与生态保护红线划定

（一）生态空间及其布局优化

生态空间是指具有自然生态属性，以提供生态服务或生态产品为主体功能的区域，包括森林、草原、湿地、河流、湖泊、滩涂、岸线、海洋、荒地、荒漠、戈壁、冰川、高山冻原、无居民海岛等。生态空间是国土空间的自然本底，是保障区域生态安全、提升居民生活质量的基础。

开展生态空间布局，要建立对生态空间系统的整体认识。首先，各类生态空间要素是一个有机的生命共同体，有着内在的生命体运行规律。其次，生态空间是多层次的，与人居环境形成共生关系。一方面，生态空间是人类生存的

基础，尊重自然、生态优先是国土空间开发保护基本原则。另一方面，生态空间也是构成人居环境的重要内容，与生产空间和生活空间构成图底关系，是承载城市游憩活动的主要空间和场所。

生态空间系统布局包括三个方面。一是，按照生态功能的重要性，合理划定生态功能的规划分区。基于自然地理条件，对生态要素本底特征和生态系统规律进行科学识别和认识，对重要生态和极敏感地区进行识别，明确生态保护红线对于生态环境保障的基础地位，科学划定生态保护红线及相应的生态控制区。二是，构建多层次、多要素、网络化的生态空间布局。按照生态空间系统的完整性，建立生态屏障、生态斑块、生态廊道构成的生态网络空间，以保护生态敏感区为重点，增强生态系统的连通性和生态要素之间的协调性，保护生态安全和生物多样性。三是，协调生态空间与农业空间、城镇空间的整体关系。既要减少农业、城镇开发活动对生态敏感地区的干扰，将农村农业地区作为自然与人工环境的过渡，以生态要素限定城市扩张形态。同时，将生态空间与人类游憩活动的开敞空间有机结合，形成整体的图底关系，为保障人居环境的生态安全、提升建成环境生态品质、提高居民生活质量创造条件。

（二）生态保护红线的划定

生态保护红线，是指在生态空间范围内具有特殊重要生态功能、必须强制性严格保护的区域，是保障和维护国家生态安全的底线和生命线，通常包括具有重要水源涵养、生物多样性维护、水土保持、防风固沙、海岸防护等功能的生态功能极重要区域，以及水土流失、沙漠化、石漠化、海岸侵蚀等生态极脆弱区域。其他经评估目前虽然不能确定但具有潜在重要生态价值的区域，以及评估调整后的自然保护地划入生态保护红线（图4-5）。

2019年7月以来，自然资源部会同生态环境部、国家林草局对已经国务院批准的15个省（自治区、直辖市）生态保护红线进行评估调整，开展其他16省（自治区、直辖市）生态保护红线划定工作。坚持问题导向、实事求是、应划尽划，不预设面积比例，先后制定印发十余份文件，出台近百条规则，突出耕地优先顺序，统筹发展和安全，分类处理生态保护红线与永久基本农田、镇村、矿业权、人工商品林、重大建设项目等的矛盾冲突，统筹推进自然保护地整合优化与生态保护红线划定。

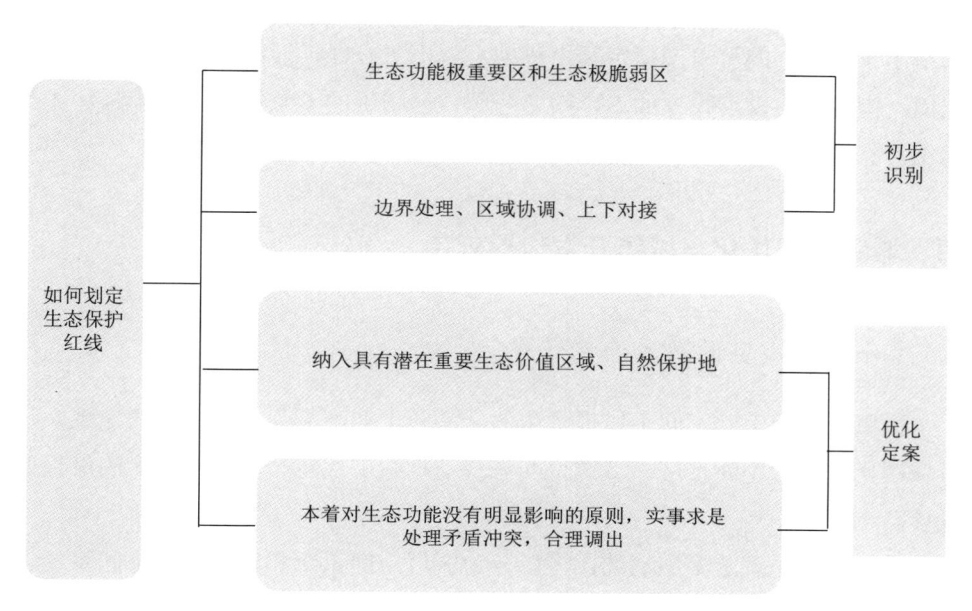

图 4–5　划定生态保护红线流程

资料来源：自然资源部国土空间规划局，2021a。

2021年6月，31省（自治区、直辖市）生态保护红线划定方案上报国务院。全国生态保护红线主要由三方面构成：一是整合优化后的自然保护地；二是自然保护地外的生态功能极重要、生态极脆弱区域；三是具有潜在重要生态价值的战略留白区。集中分布于青藏高原、天山山脉、内蒙古高原、大小兴安岭、秦岭、南岭以及黄河流域、长江流域、海岸带等国家重要生态安全屏障和生物多样性保护优先区域；涵盖了大部分天然林、草地、湿地等典型的陆地自然生态系统以及红树林、珊瑚礁、海草床等典型的海洋自然生态系统，进一步夯实了国家生态安全格局。

2022年4月，国家层面进一步要求：①2021年6月已上报国务院的生态保护红线方案总体保持稳定，原则上不再调整，因国家重大项目等确需调整的，要依据已有规则举证说明；按照已定规则，生态保护红线内允许开展的有限人为活动，不视为占用生态保护红线；②在确保对生态功能不造成明显影响的前提下，可将自然保护地核心保护区外连片图斑不小于 5 亩（山地、丘陵地区可按不小于 3 亩）的可长期稳定利用耕地，调出生态保护红线，改划为永久基本农田；国务院已批准设立的 5 个国家公园、已明确的 6 个梯田自然公园和 4 个鸟类自然保护区内的可长期稳定利用耕地，不再调出生态保护红线。

四、城镇空间优化与城镇开发边界划定

（一）城镇空间及其布局优化

城镇空间是国土空间中以提供服务产品和工业产品为主导功能的地域，随着城镇化进程的不断推进，城镇空间系统是承载现代生产和生活功能的最重要载体。

城镇空间系统是多层次的，可以分为区域空间系统和城镇内部空间系统。在区域尺度开展城镇空间系统布局，主要是处理好城镇之间的发展关系，优化城镇体系布局，包括规模等级结构、职能分工结构和空间分布结构。在国家尺度，加强城市群和都市圈发育，落实主体功能区战略，保障国土空间安全，优化人口分布和生产力布局，促进国土开发的均衡。在区域尺度，加强城镇空间系统的一体化发展，协调产业功能布局、交通基础设施、生活生态系统，促进多中心、网络化、组团式、集约型城镇空间体系的形成。

城镇内部空间系统布局，主要任务是处理好城镇空间内部生活、生产、交通、游憩等几大城镇基本功能的空间组织关系。生活功能是城镇的首要功能，服务对象是人的生活，不仅满足居民生活居住需求，也要创造宜居的生活环境、人文环境。生产功能是支撑城市经济发展的基础，包括工业和服务业布局。交通功能是城镇各类功能的联接要素，既要服务好生产，也要服务好生活。游憩功能往往以开敞空间为载体，既是城市生活功能的重要组成，也是自然环境的构成要素。

（二）城镇开发边界的划定

城镇开发边界是一定时期内因城镇发展需要，可以集中进行城镇开发建设、完善城镇功能、提升空间品质的区域边界，涉及城市、建制镇以及各类开发区等，兼有控制城市无序蔓延、倒逼城市转型发展、优化城镇布局形态和功能结构、主动塑造美丽国土空间的综合作用。城镇开发边界包括城镇集中建设区、城镇弹性发展区和特别用途区（图4-6）。

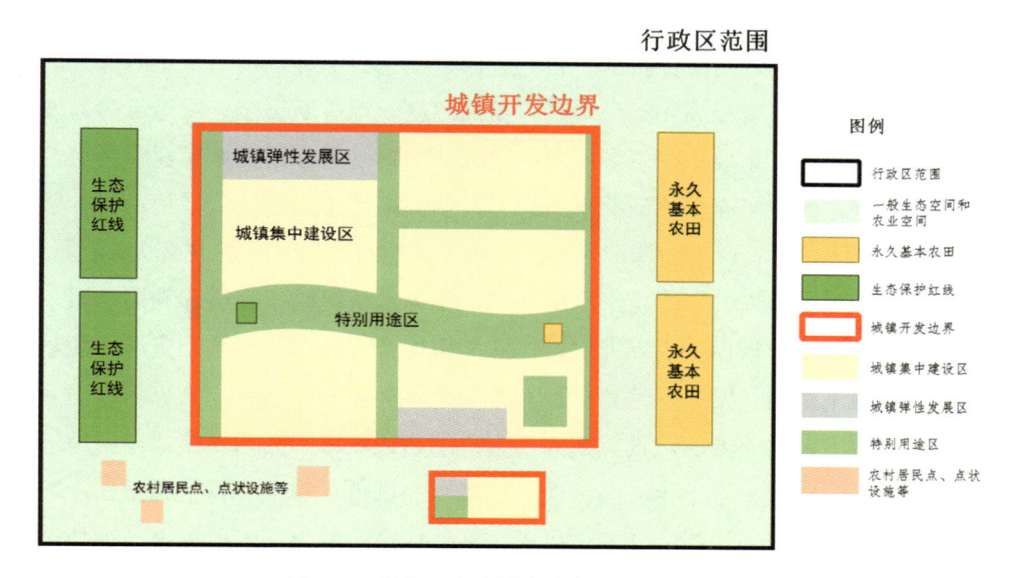

图4-6 城镇开发边界内外各区域空间关系

资料来源：自然资源部：《市级国土空间总体规划编制指南（试行）》，2020年。

在国家层面，自然资源部制定了城镇开发边界划定指南，并将其纳入《市级国土空间总体规划编制指南（试行）》附录中，明确了城镇开发边界基本概念及说明，提出了划定技术流程和划定原则（专栏4-2）。2021年7月5日，自然资源部信息中心发布了"城镇开发边界划定成果数据库质量检查软件"，进一步规范划定技术规程，推动划定工作开展。地方上，广西、山东、云南等多个省份发布了城镇开发边界划定指南或指导意见，各城市开展了相应的试划工作。

2022年4月，国家进一步明确城镇开发边界划定规则：划定城镇开发边界，要充分尊重自然地理格局，统筹发展和安全，统筹农业、生态、城镇空间布局；坚持反向约束与正向约束相结合，避让资源环境底线、灾害风险、历史文化保护等限制性因素，守好底线；设置扩展系数，严控新增建设用地，推动城镇紧凑发展和节约集约用地。一方面，强化反向约束：①守住自然生态安全边界，不得侵占和破坏山水林田湖草沙海的自然空间格局，避让重要山体山脉、沙漠、戈壁、河流湖泊、湿地、天然林草场、海岸线等；②落实耕地保护目标任务和生态保护红线划定方案，避让连片优质耕地和已有政策法规明确禁止或限制人为活动的国家公园、自然保护区、自然公园、生态公益林、饮用水水源保护区等；③避让地质灾害极高和高风险区、蓄滞洪区、地震断裂带、洪涝风险易发区、采煤塌陷区、重要矿产资源压覆区及油井密集区等不适宜城镇建设区域，确实无法避让的应当充分论证并说明理由，明确减缓不良影响的措施；④加强历史文化遗产保护，避让大遗址保护区和地下文物埋藏区；⑤贯彻"以水定城、以水定地、以水定人、以水定产"的原则，根据水资源约束底线和利用上限，控制新增建设用地规模，引导人口、产业和用地合理布局；⑥基于资源环境承载能力和国土空间开发适宜性评价，充分考虑各类限制性因素，测算新增城乡建设用地潜力。另一方面，设置正向约束：①超大城市、人均城镇建设用地远超国家标准的城市、近十年城区常住人口减少的城市，城镇开发边界面积一般为现状城镇建设用地规模的1.1倍以内，其他城市一般为1.3倍以内，如超过控制线要有足够合理性；②可在城镇开发边界内保留一定的农业和生态空间，发挥城市周边重要生态功能空间和连片优质耕地对城市"摊大饼"式扩张的阻隔作用，促进形成多中心、组团式的空间布局；③充分利用河流、山川以及铁路、高速公路、机场、高压走廊等自然地理和地物边界，形态尽可能完整，便于识别、便于管理；④在城镇开发边界内，城镇集中建设区的新增建设用地规模不得超过上级下达的新增城镇建设用地规模。可在城镇集中建设区外划定弹性发展区，应对城镇发展的不确定性。

第四节　改进国土空间详细规划编制

详细规划是实施国土空间用途管制和核发建设用地规划许可证、建设工程规划许可证、乡村建设规划许可证等城乡项目规划许可以及实施城乡开发建设、整治更新、保护修复活动的法定依据，是优化城乡空间结构、完善功能配置、激发发展活力的实施性政策工具。

自然资源部于2023年3月印发《自然资源部关于加强国土空间详细规划工作的通知》（自然资发〔2023〕43号，以下简称《通知》），进一步强调详细规划的法定作用，切实加强详细规划对总体规划的传导落实，将上位总体规划战略目标、底线管控、功能布局、空间结构、资源利用等方面的要求分解落实到各规划单元，作为深化实施层面详细规划的基础。要求提高详细规划的针对性和可实施性，按照《国土空间规划城市体检评估规程》，深化规划单元及社区层面的体检评估。要求强化详细规划编制管理的技术支撑，按照《国土空间规划城市设计指南》开展城市设计，加快规划编制和实施管理的数字化转型，依托国土空间基础信息平台和国土空间规划"一张图"系统，按照统一的规划技术标准和数据标准，有序实施详细规划编制、审批、实施、监督全程在线数字化管理。《通知》是持续深化"多规合一"改革、落实新时代新要求、促进城乡高质量发展的关键性安排，是解决当前经济社会转型实际需求的指导性文件。

文件明确了详细规划与既有规划继承与发展的关系，包括城镇开发边界内详细规划、城镇开发边界外村庄规划及风景名胜区详细规划等类型，也给各地详细规划的探索实践指明了方向，给予一定探索空间。本节将重点阐述较为成熟的城镇开发边界内详细规划、城镇开发边界外村庄规划两种类型。

一、城镇开发边界内详细规划的编制

（一）城镇开发边界内详细规划任务要求

根据《中华人民共和国城乡规划法》以及《中共中央　国务院关于建立国土

空间规划体系并监督实施的若干意见》，城镇开发边界内详细规划主要为城镇控制性详细规划。

控制性详细规划是城市、县人民政府规划主管部门根据城市国土空间总体规划、乡镇国土空间规划的要求，用以控制建设用地性质、使用强度和空间环境的规划。控制性详细规划主要以对地块的用地使用控制和环境容量控制、建筑建造控制和城市设计引导、市政工程设施和公共服务设施的配套，以及交通活动控制和环境保护规定为主要内容，并针对不同地块、不同建设项目和不同开发过程，应用指标量化、条文规定、图则标定等方式对各控制要素进行定性、定量、定位和定界的控制和引导。

结合改革的实践探索，各地出台控制性详细规划规定。上海市明确了控制性详细规划管控体系（专栏4–9）。2021年7月，海南省自然资源和规划厅印发《海南省城镇开发边界内控制性详细规划编制技术规定》（专栏 4–10）及其数据库标准两份文件，这是在国土空间规划体系构建背景下，地方首个出台的城镇开发边界内控制性详细规划编制技术规定及数据库标准。同年8月，浙江省自然资源厅印发《关于推进控制性详细规划数据整合、汇交和强化"一张图"管理工作的通知》，在全国最先提出将控制性详细规划数据纳入"一张图"并通过评定，是报批市县国土空间总体规划的前提条件。同年12月，江苏省自然资源厅印发《关于加强详细规划管理的通知》，发布《江苏省城镇开发边界内详细规划编制指南（试行）》《江苏省城镇开发边界内详细规划数据库标准（试行）》，这是全国首个发布的城镇开发边界内详细规划编制技术指南。

> **专栏4–9　上海控制性详细规划管控体系**[①]
>
> 　　上海面向城乡融合发展的大都市区治理需求，进行城乡统筹的全域详细规划管控体系探索，形成了一套"城乡统筹、分级分类、设计贯穿、深度有别"的控规体系。具体而言，在全域范围内构建"两类三级"的控规体系，两类指区分城市单元与乡村单元（郊野单元）进行规划管控，三级

[①] 上海市规划和自然资源局：《上海市控制性详细规划成果规范（2020试行版）》，2020年。

指形成"总体规划—单元规划—详细规划"三个纵向传导层级。在城镇单元以分级分类体系推动城市设计全覆盖,将公共活动中心区、重要滨水区与风景区、交通枢纽地区、历史风貌地区和其他地区(分为居住区、产业区块、存量地区)按管控的重要性分为三级,其中一级地区须编制普适图则和附加图则,二级地区须编制普适图则、可选编制附加图则,三级地区仅须编制普适图则。在乡村单元建立起全域覆盖的网格化单元管理模式,以行政村或基本管理单元为框架,编制镇村合一的郊野单元乡村规划,统筹国土综合整治和统一用途管制两项工作(表4–7)。

表4–7　上海市控制性详细规划中的城市设计分级分类引导表

分类/分级		一级地区	二级地区	三级地区
公共活动中心区		中央活动区、城市副中心范围内根据控规划示出的核心区域	中央活动区、城市副中心范围内根据控规划示的区域,地区中心	社区中心
重要滨水与风景区		黄浦江两岸、苏州河滨河的腹地地区、佘山国家旅游度假区、淀山湖风景区、国际旅游度假等根据控规划示出的核心区域	黄浦江两岸、苏州河滨河的腹地地区、佘山国家旅游度假区、淀山湖风景区、国际旅游度假区等根据控规划示出的区域	重要景观河道两侧、市级和区级公共绿地及周边地区
交通枢纽地区		对外交通枢纽地区根据控规划示出的核心区域	对外交通枢纽地区根据控规划示的其他区域三线以及以上轨交换乘枢纽周边地区(二线轨交换乘枢纽周边地区可视情况纳入二级地区)	其他轨交站点周边地区
历史风貌地区		历史文化风貌区、风貌保护街坊、风貌保护道路(街巷)和风貌保护河道的两侧街坊	历史文化风貌区和风貌保护街坊以外的文物保护单位、优秀历史建筑的保护范围和建设控制范围所涉及的街坊	—
其他地区	居住区	—	根据控规划示出的区域	居住区
	产业区块	—		产业社区 产业基地
	存量地区	—		建成地区

《上海市控制性详细规划成果规范（2020试行版）》主要围绕三个方面进行了规范成果的修订：一是深化城市设计五类三级的编制要求，明确不同级别和类型地区城市设计的管控要素和成果深度，尤其在历史风貌地区落实了保护理念和要求。二是关注规划要求向实施传导，体现实施需求，突出图则在打通规划、管理和实施方面的核心地位。三是简化优化控规成果，归并成果形式，强化文本的严肃性、精简文本内容。

按编制范围，该成果规范将控规分为整单元控规和街坊控规。整单元控规规划范围涉及多个街坊的，当规划内容需要对功能结构、道路交通、公共服务设施等开展系统性研究的，其成果应参照整单元控规的编制要求；规划内容以落实深化上位规划要求为主、不涉及系统性研究的，其成果应参照街坊控规的编制要求。

深化分级管理要求，按控规级别，依据全市城镇建设用地区域重要性及其空间形态对城市空间的影响程度，将控规分为三个层级，并进一步细化了各层级在成果深度和管控力度上的差异化分类引导要求（表4-8）。

表4-8　上海市控制性详细规划中的城市设计分类重点研究内容和推荐强制性控制要素

类型	空间目标	原则	推荐的强制性控制要素
公共活动中心区	塑造标志性的城市空间和活力宜人的公共空间	标志性的空间形象	建筑高度分割线及对应高度、建筑塔楼控制范围、标志性建筑位置
		连续活力的街道界面	建筑控制线、贴线率、重要界面、底层功能
		舒适宜人的公共空间	地块内部广场和绿化范围和规模、公共通道和各层连通道
		紧凑集约的地下空间开发	地下空间层数和功能、大型基础设施范围
历史风貌地区	保护整体风貌格局和历史建筑风貌，促进历史建筑活化利用，提升风貌地区整体品质	强化整体肌理保护	风貌甄别深度：划示肌理保护范围，以及肌理保护范围内的重点保护风貌界面、主要弄巷等。提出肌理保护范围内保护和建设应满足的管控要求和原则； 实施方案深度：划示肌理保护范围，以及肌理保护范围内的重点保护风貌界面、主要弄巷等。提出肌理保护范围内保护和建设应满足的管控要求和具体指标
		分类保护的建筑更新方式	风貌甄别深度：明确历史建筑身份； 实施方案深度：明确历史建筑的更新方式（规划保留、拆除复建与拆除新建）

续表

类型			空间目标	原则	推荐的强制性控制要素
重要滨水区与风景区			塑造协调有序的天际轮廓线，尺度宜人、活力开放的滨水空间	协调有序的天际轮廓线	建筑高度分割线及对应高度、建筑塔楼控制范围、标志性建筑位置、建筑朝向
				开放亲水的公共空间	滨水公共空间的尺度、地块内部广场和绿化范围和规模、垂直于水系的公共通道
				连续舒适的慢行网络	公共通道、各层连通道
交通枢纽地区			塑造高效便捷、功能复合、活力宜人的交通空间	高效畅通的交通流线	机动车流线、非机动车流线、人行流线、公共通道和各层连通道
				互联互通的立体空间	公共垂直交通、地下空间层数和功能、各层标高
其他地区	居住区		塑造协调有序的空间基底和活力宜人的社区空间	整体协调的住区风貌	建筑高度分割线及对应高度
				舒适宜人的社区空间	公共通道、广场绿地
				活力开放的街道界面	建筑控制线、贴线率、重要界面
	产业区块		塑造协调有序的空间基底、开放共享活力的交流互动空间	空间廊道和标志性节点	建筑高度分割线及对应高度
				开放共享的交流空间	公共通道、地块内部广场和绿化范围和规模、建筑控制线、贴线率、重要界面
	存量地区	城市更新地块	激发都市活力，提升城市品质和功能，改善人居环境，增强城市魅力	协调建筑与周边环境及相关利益人的关系	建筑高度分割线及对应高度、地块内公共空间、建筑形态
		建成地区		为建设层面的微更新行动提出系统性要求	功能提升、绿化广场、慢行网络等方面的系统性要求
	其他		根据自身特质，选择城市设计重点系统和核心要素		

专栏 4-10　海南省城市开发边界内控制性详细规划编制技术规定[①]

《海南省城镇开发边界内控制性详细规划编制技术规定》提出，控制性详细规划包含单元规划和地块规划。

组织控制性详细规划编制的单位应统筹考虑行政区划、自然地理格局、道路交通、空间结构、设施服务半径、用地功能联系等因素，以及控制区域的功能属性、产城融合、新旧城区、近远期要求等要素，合理确定开发边界内建设用地布局，将其划分成若干个规划控制单元，作为落实上位规划传导内容、衔接具体地块实施安排的基本单位。

单元规划应在研究支撑内容的基础上明确发展目标和性质定位、控制单元范围及主导功能、人口规模、用地布局、建设用地规模及居住用地规模、总建筑面积及居住建筑面积以及公共服务设施、公用设施、交通设施、应急安全设施、道路路网密度、绿地与开敞空间、建筑高度等规划布局和控制要求（表4-9）。

表4-9　单元规划用地管控内容

序号	用地性质		用地分类等级	限制内容	引导内容
1	居住用地		确定至二级类	控制单元总用地面积、总建筑面积、建筑高度和地块绿地率	用地边界
2	核心服务用地	公共管理与公共服务用地	确定至二级类	用地性质、用地边界	容积率、可兼容建设的内容
		特殊用地、绿地与开敞空间用地	确定至二级类		
		规划需要控制的生活性商业服务业设施用地（重点指农贸市场）	确定至三级类	用地性质、用地边界	容积率、可兼容建设的内容

[①] 海南省自然资源和规划厅：《海南省城镇开发边界内控制性详细规划编制技术规定（试行）》，2021年。

续表

序号	用地性质	用地分类等级	限制内容	引导内容
3	公用设施用地（加油加气充换电站用地参照公用设施用地管理）	确定至二级类	用地性质、用地边界	容积率、可兼容建设的内容
4	核心道路交通设施用地	城市轨道交通用地	确定至二级类（有三级类应当确定至三级类）	—
		快速路用地、城市干路用地		
		对外交通场站用地、公共交通场站用地	用地性质、用地边界	容积率、可兼容建设的内容
		社会停车场用地		停车泊位规模和可兼容建设的内容
5	其他发展用地	确定至一级类或二级类	控制单元用地规模和总建筑面积、建筑高度	用地性质

（二）城镇开发边界内详细规划编制进展

各地加快启动城镇开发边界内的详细规划编制工作，涌现了一批初期实践成果，如2020年8月北京市公布的《首都功能核心区控制性详细规划》，2021年初河北省公布的《河北雄安新区启动区控制性详细规划》《河北雄安新区起步区控制性详细规划》等。

二、村庄规划的编制

（一）村庄规划编制任务

村庄规划是指城镇开发边界外乡村地区的详细规划，是整合原村庄规划、村庄建设规划、村土地利用规划等形成的"多规合一"法定规划，是乡村地区开展国土空间开发保护活动、实施国土空间用途管制、核发乡村建设项目规划许可、进行各项建设等的依据。村庄规划范围为村域全部国土空间，可以一个或几个行政村为单元编制。

  2019年以来，自然资源部办公厅先后发布《关于加强村庄规划促进乡村振兴的通知》(自然资办发〔2019〕35号)和《关于进一步做好村庄规划工作的意见》(自然资办发〔2020〕57号)，指导各地有序推进"多规合一"实用性村庄规划编制。有关村庄规划编制的主要要求包括[①]：①统筹村庄发展目标，研究制定村庄发展和国土空间开发保护目标，落实各项控制性指标；②统筹生态保护修复，落实生态保护红线，明确生态空间，提出生态整治和修复安排；③统筹耕地和永久基本农田保护，落实永久基本农田和永久基本农田储备区划定成果，统筹安排好农、林、牧、副、渔等农业发展空间和农田水利配套设施布局；④统筹历史文化传承与保护，划定乡村历史文化保护线，提出历史文化景观整体保护措施，加强各类建设的风貌规划和引导；⑤统筹基础设施和基本公共服务设施布局，在县域、乡镇域范围内统筹考虑村庄发展布局以及基础设施和公共服务设施用地布局，因地制宜提出村域基础设施和公共服务设施的选址、规模、标准等要求；⑥统筹产业发展空间，合理安排农村产业用地布局，明确产业用地的用途、强度等要求，保障新产业新业态发展用地；⑦统筹农村住房布局，合理确定宅基地规模，划定宅基地建设范围，因地制宜提出住宅的规划设计要求；⑧统筹村庄安全和防灾减灾，划定灾害影响范围和安全防护范围，提出综合防灾减灾的目标以及预防和应对各类灾害危害的措施；⑨明确近期急需推进的生态修复整治、农田整理、补充耕地、产业发展、基础设施和公共服务设施建设、人居环境整治、历史文化保护等项目，明确资金规模和筹措方式、建设主体和方式等。规划成果要吸引人、看得懂、记得住，能落地、好监督，鼓励采用"前图后则"(即规划图表+管制规则)的成果表达形式。

  截至目前，北京、天津、广东、河北、江苏、福建、湖南等26个省市相继印发了村庄规划技术导则和编制指南(北京村庄规划导则见专栏4–11)[②]，明

---

  ① "自然资源部国土空间规划局解读《关于加强村庄规划促进乡村振兴的通知》"。https://mp.weixin.qq.com/s/pTgXbg4NFGXQ_Jmll7HUxw。

  ② 安童童："深入剖析全国各省市村庄规划编制导则探寻村庄规划发展新趋势"。https://mp.weixin.qq.com/s?__biz=Mzg2Nzc1NTc4MQ==&mid=2247515720&idx=1&sn=5d7900a69e9afe544079fd3cdc7c6f1a&source=41#wechat_redirect。

确了村庄规划重点内容。广东省于 2021 年 11 月推出《广东省村庄规划实用手册》，供各地基层村庄规划管理人员、村"两委"、村民等了解使用，更好地支撑乡村振兴战略深入实施。上海市发布首个《上海市乡村社区生活圈规划导则（试行）》，成为全国首个关于乡村地区社区生活圈的规划导则。

专栏 4-11　北京市村庄规划导则

村庄规划简本的内容应包括村庄发展现状分析、对已有规划的实施评估，结合村庄具体情况，在以下内容中可各有侧重：

①村庄农房危房改造，要明确地块位置、建筑层数、建筑高度等，符合建筑安全规定；②村庄防灾减灾和安全防护措施。受地质灾害影响村庄，在实施局部或整村搬迁前，应结合本村具体的地质情况和灾害特点，制定具体的防灾减灾措施。受高压线、污水厂和垃圾场影响的村庄，在实施局部或整村搬迁前，应提出具体的安全防护措施；③村庄基础设施改造。包括河道、坑塘沟渠的清理、垃圾清运、清洁能源实施等；④村庄公共空间优化；⑤村庄生态环境保护。生态涵养迁建型村庄，在迁建前，应提出村庄生态环境保护措施；⑥村庄发展时序。城镇化村庄和迁建村庄，应明确村庄安置与拆迁的时序，处理好村庄搬迁前后的发展衔接问题；⑦其他村庄发展迫切需要解决的问题。

（二）村庄规划编制进展

在全国层面，2018—2021 年的中央一号文件分别提出"注重规划先行""编制多规合一的实用性村庄规划""做好村庄规划工作""加快推进村庄规划工作"，体现了村庄规划作为乡村振兴基础性工作的地位。2022 年，中央一号文件《中共中央　国务院关于做好 2022 年全面推进乡村振兴重点工作的意见》提出"统筹城镇和村庄布局，科学确定村庄分类，加快推进有条件有需求的村庄编制村庄规划，严格规范村庄撤并"，再次强调村庄规划工作的重要性。

在地方层面，各地多以村域为基本空间单元开展规划编制，也有采用多个村成片编制，以及在乡镇层面或者区县层面来整体编制的方式，逐步探索出富有特色、因地制宜的编制路径。村域层面上的规划基本采取了基于国土空间地类划分的村域"一张图"规划的方法，这为积极对接和贯彻落实县、乡镇国土空间总体规划编制工作奠定了重要基础，也为空间布局层面上实现多规合一以及分类指导村庄建设活动等工作，提供了可能性。在规划编制的理念、技术方法和发展思路上，都体现出了因地制宜、"实用性"的要求。从规划内容来看，大多地方实践不仅在空间布局上涉及了山水林田湖草沙和村庄建设的全地类全要素统筹布局，而且在环境整治、项目和设施建设投入，以及发展策划和社会治理等方面也都有所安排，较为充分地体现了乡村振兴战略要求，为整合多元主体的投入提供了重要依据。例如，湖北省孝感市孝南区全域村庄规划探索了村庄集并安置的新方法，结合插空式和扩增式两种方法，在不破坏村庄原有肌理的基础上，满足当前建设用地发展的诉求，具有较高的实施性和可复制性（图4-7）。江苏省宜兴市在镇村布局规划中基于乡村调研建库，通过"基础-

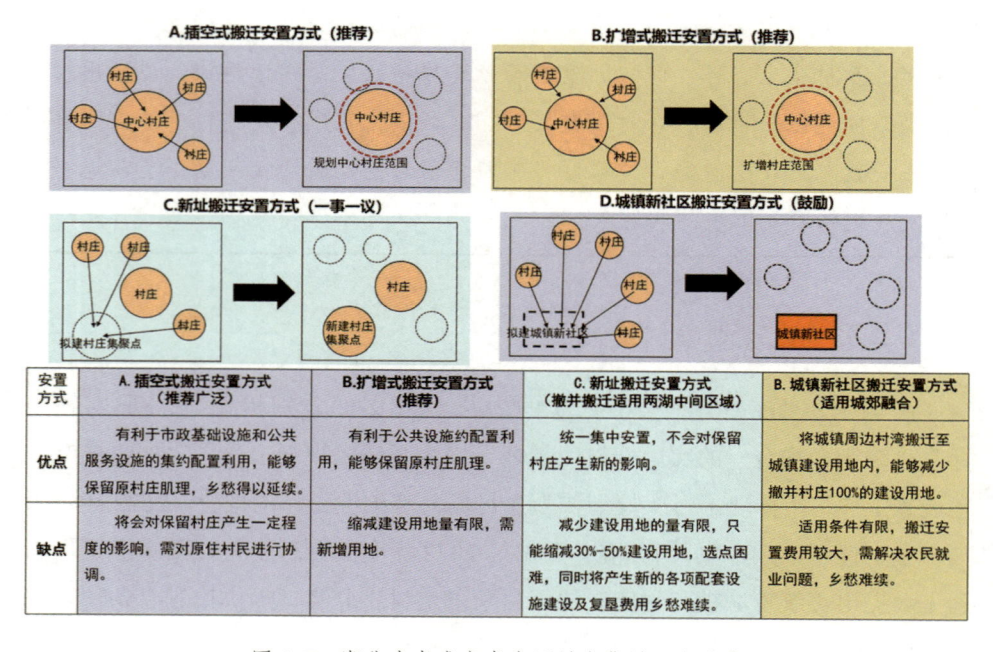

安置方式	A.插空式搬迁安置方式（推荐广泛）	B.扩增式搬迁安置方式（推荐）	C.新址搬迁安置方式（撤并搬迁适用两湖中间区域）	D.城镇新社区搬迁安置方式（适用城郊融合）
优点	有利于市政基础设施和公共服务设施的集约配置利用，能够保留原村庄肌理，乡愁得以延续。	有利于公共设施约配置利，能够保留原村庄肌理。	统一集中安置，不会对保留村庄产生新的影响。	将村庄周边湾搬迁至城镇建设用地内，能够减少撤并村庄100%的建设用地。
缺点	将会对保留村庄产生一定程度的影响，需对原住村民进行协调。	缩减建设用地量有限，需新增用地。	减少建设用地的量有限，只能缩减30%-50%建设用地，选点困难，同时将产生新的各项配套设施建设及复垦费用乡愁难续。	适用条件有限，搬迁安置费用较大，需解决农民就业问题，乡愁难续。

图4-7 湖北省孝感市孝南区村庄集并研究方式

资料来源：自然资源部国土空间规划局，"2021年全国国土空间规划实践优秀案例"，2022年。

潜力"评估辅助村庄分类决策,以"面向生态高敏感地区,探索限制性要素空间管控要求""面向特色发展,因地制宜引导乡村旅游""面向实施管理,明确镇村布局规划实施路径""面向各级管理主体,形成'法定文本 + 综合报告 + 乡镇分册'成果形式"明确规划重点内容,构建从编制到实施的完整清晰构架,形成引导全域发展的乡村空间格局。湖南省花垣县双龙镇十八洞村村庄规划以全面的乡村精准规划范式、细致的规划内容安排和实施推进模式,为全国各地村庄规划提供了良好的实践范本(专栏4–12)。

专栏4–12　湖南省花垣县双龙镇十八洞村村庄规划[①]

　　湖南省花垣县双龙镇十八洞村村庄规划以乡村振兴为目标,以精准思维为指引,通过价值"链"、技术"流"、文化"脉"、机制"线"四层内在逻辑,构建"全要素整合、全领域覆盖、全过程统筹、全周期管理"的乡村精准规划范式,在产业发展、生态保护、人才培养、组织建设方面进行探索(图4–8)。主要做法为:

　　(1)搭建共同缔造平台,引导村民全程介入。规划过程中采用"多方参与,共同缔造"的理念,构建"多厅合作,多组分工"的联合规划模式,引入"共同缔造工作坊"模式,搭建以村民为核心,规划师为主干,驻村工作队、地方政府、企业、社会组织和乡村外客等其他主体共同参与的互动平台,充分发挥集体智慧,凝聚价值共识,促进十八洞村规划决策共谋的"全过程组织"及"全方位统筹"。

　　(2)挖掘地域传统质素,植入整体规划环节。在空间结构上,将苗族文化、地域文化与现代文化认知高度融合,具化成一只"蝴蝶"形象,幻化成蝶形、蝶翼、蝶脉、蝶心,打造"一廊联两翼,六寨齐一心"的空间结构,既传递了苗族文化的核心内涵,又宣扬了"精准扶贫"的文化及时代精神;在旅游规划方面,融合村寨空间格局和历史景观特色,规划设计精准扶贫教育线、民俗风情体验线与山水风光游览线三条发展脉络,夯实

[①] 自然资源部国土空间规划局:"2021年全国国土空间规划实践优秀案例",2022年。

十八洞村主题文化定位；设计村标，树立村庄形象，创造文化标识。村庄空间结构、产业规划、村寨设计等环节植入文化内涵，新村部、精准扶贫广场、感恩坪、寨门、景观小品等设计引入文化基因，突出了村庄个性，提升了文化品位。

（3）四线落实空间管控，三区强化归类指引。2018年，十八洞村率先在湖南省编制了"多规合一"的实用性村庄规划。统一技术标准，吸纳各类规划空间管制要素，梳理基本农田、生态保护红线等多项多种类数据之间的矛盾，优先划定空间管控"四线"，包括生态保护红线、永久基本农田控制线、建设边界线和传统村落核心保护范围；通过"三区"分类梳理相关规划，依次叠入产业发展、村庄建设、基础设施、公共服务等各类空间要素。制定产业准入负面清单，优先保障村民建房和新增公共服务设施需求，预留5%的用地指标，根据未来建设需求统筹落地。开展各类专题研究，科学设置多项约束性指标和预期性指标，同时制定具体实施计划。

（4）创新驻村规划制度，分期分类实施规划。创新性建立湖南省首个驻村规划师制度，成立驻村规划师团队和驻村工作坊，坚持"陪伴式"规划，构建从前期调研、编制到后期实施、管控的全过程统筹机制，发挥驻村规划师在村民、政府、企业等参与主体间的协调作用。通过成文法与习惯法相结合的方式加强约束力。

规划编制完成后，驻村规划师持续服务于十八洞村建设发展，规划内容正逐步落实。十八洞村logo已广泛应用，成为区域共享品牌；十八洞村大门、新村级活动中心、精准扶贫首倡地会址重点项目陆续投入使用。全村近300栋房屋已全面完成建筑风貌提升，绿化、美化、靓化工程齐头并进。乡村旅游如火如荼，已成功举办农耕文化节、赶秋节、青少年研学等活动，2020年日均接待游客数量已达800余人，旺季更是达到4 000余人。村人均收入由2013年1 668元增长到了2020年18 396元，村集体经济突破100万元。经回访调查显示，村民满意度在90%以上，集体荣誉感显著提高。

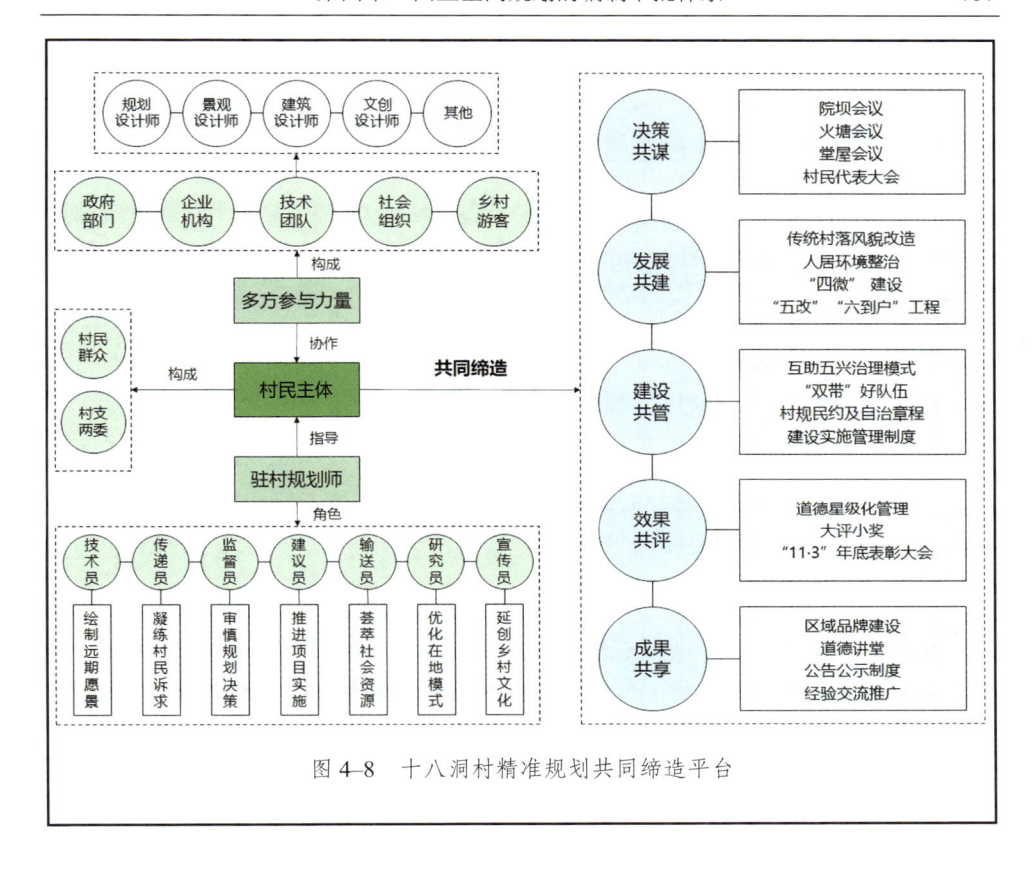

图 4-8 十八洞村精准规划共同缔造平台

第五节 探索国土空间相关专项规划编制

一、开展各类相关专项规划编制

相关专项规划是指涉及国土空间利用的专项规划,既包含海岸带、自然保护地等专项规划及跨行政区域或流域的国土空间规划,又包含涉及空间利用的某一领域如交通、能源、水利、农业、信息和市政等基础设施、公共服务设施、军事设施,以及生态环境保护、文物保护、林业草原等专项规划。专项规划是指导特定领域发展、布局重大工程项目、合理配置公共资源、引导社会资本投向、制定相关政策的重要依据。

（一）出台专项规划编制导则和技术指南

多个专项规划编制导则、技术指南陆续颁布。2021年6月，自然资源部批准发布《社区生活圈规划技术指南》。同年9月，自然资源部公示《都市圈国土空间规划编制规程》（报批稿），作为2020年度自然资源标准制修订工作计划中的9项国土空间规划标准之一。2020年9月，自然资源部办公厅印发《关于开展省级国土空间生态修复规划编制工作的通知（自然资办发〔2020〕45号）》，要求省级自然资源主管部门要把国土空间生态修复规划编制作为重点工作抓紧抓实。2021年7月，自然资源部办公厅印发《关于开展省级海岸带综合保护与利用规划编制工作的通知》，要求各地遵循坚持生态优先、落实陆海统筹、注重继承优化、体现精细化管控的编制要求，依据《省级海岸带综合保护与利用规划编制指南（试行）》开展海岸带规划编制。在国土空间专项规划技术规程方面，国家林业草原局于2020年批准发布了《国家公园总体规划技术规程》；2021年2月，四川印发《四川省市级国土空间生态修复规划编制指南（试行）》；2022年2月，湖南省自然资源厅发布《湖南省国土空间专项规划编制审批通则（试行）》（专栏4-13）。

> **专栏4-13 湖南省国土空间专项规划编制审批通则（试行）**[1][2]
>
> 《湖南省国土空间专项规划编制审批通则（试行）》明确，统一底图底数，国土空间专项规划统一采用第三次全国国土调查与2020年度国土变更调查数据成果为底图底数，统一采用2000国家大地坐标系和1985国家高程基准作为空间定位基础，形成坐标一致、边界吻合、上下贯通的工作底图和底数；突出空间属性，国土空间专项规划应立足国

---

[1] 自然资源部：《湖南发布省级国土空间专项规划编制审批通则》。https://mp.weixin.qq.com/s/rjP6z60w4Yl7MdBgcIhPxw。

[2] 湖南省自然资源厅："全国领先！省级国土空间专项规划编制审批有技术标准了"。http://zrzyt.hunan.gov.cn/zrzyt/xxgk/gzdt/zhxw_1/202201/t20220128_22474063.html。

家和省重大战略决策部署，以国民经济和社会发展战略为引领，落实省级国土空间总体规划要求，聚焦涉及空间布局与用途管控的关键内容，确定和细化本领域（区域）需要落地的点、线、面状规划要素的空间布局，科学合理地统筹配置资源要素，保障本领域（区域）规划期内空间需求。

该通则要求，完善衔接机制。专项规划要落实总体规划中相应专项内容、约束性指标和刚性管控要求，协调衔接同级相关专项规划中空间布局、空间管控等要求；强化市县级同类型专项规划的传导要求，最终传导至详细规划，实现专项规划的有效传导与衔接。同时，加强成果核对，依托国土空间规划"一张图"实施监督系统，对专项规划成果矢量数据（库）与国土空间总体规划进行比对审核，提高规划成果核对效率。

多地印发专项规划管理办法和规划目录清单。2019年，吉林省率先出台国土空间专项规划编制目录清单管理办法，广东省中山市发布《中山市国土空间规划及专项研究项目管理办法（征求意见稿）》。2020年以来，江西、山东等三省印发国土空间专项规划编制目录清单管理暂行办法。安徽省国土空间规划委员会办公室发布《关于开展国土空间专项规划编制工作的通知》及省国土空间专项规划目录清单、市县国土空间专项规划建议目录清单，是全国首个发布国土空间专项规划目录清单的省份。

（二）开展国土空间专项规划编制探索

在国家层面，组织编制长江经济带（长江流域）、海岸带等国土空间专项规划，指导相关省市联合编制成渝地区双城经济圈、长三角生态绿色一体化发展示范区等国土空间专项规划。在省级层面，吉林省已于2019年10月公布《吉林省辽河流域国土空间规划（2018—2035年）》，这是全国第一部流域性国土空间专项规划。广东省出台《广东省国土空间生态修复规划（2020—2035年）编制工作方案，对生态修复规划的具体内容做出明确要求。江苏省交通专项规划开展和国土空间总体规划的衔接协调研究（专栏4-14）。在市县层面，市县自然资源主管部门结合市县总体规划编制，会同相关部门开展交通、能源、水利、历史文化保护、生态环境等相关专项规划审查编制。

2020年以来，成都市公园城市绿地系统规划、南昌市域综合交通规划等市级国土空间专项规划公示；四川省宜宾三江新区国土空间规划、浙江省四大都市区之一金义都市区国土空间规划获批；长三角生态绿色一体化发展示范区国土空间总体规划、上海自贸区临港新片区国土空间总体规划，以及内蒙古阿拉善高新区国土空间总体规划、长春国家农业高新区国土空间总体规划等特定区域专项规划公示；海南三亚市五个区国土空间乡村振兴专项规划等公示。此外，《全国重要生态系统保护和修复重大工程总体规划（2021—2035年）颁布。一些国家公园总体规划、北京市浅山区保护规划以及天津、徐州、太原、临清等城市历史文化保护类专项规划等进行了公示。

> **专栏4-14　江苏省交通专项规划与国土空间总体规划衔接协调研究**[①]
>
> 建立分级分类、与国土空间规划紧密衔接的"1+N"交通规划体系，其中，"1"是指综合交通规划，体现战略性、体系性、协调性，与同级国土空间总体规划同步编制；"N"是若干分项规划，落实、细化国土空间总体规划、综合交通规划的要求。综合交通规划和分项规划的实施落实，要与国土空间详细规划的用地安排等内容做好协调衔接。
>
> 不同层级的综合交通规划承担不同的职能。省级综合交通规划承上启下、注重协调，是与省级国土空间规划相对应的交通体系规划，响应省域空间战略要求。市、县综合交通规划强化统筹平衡、指导实施，建议与国土空间规划同步编制。分项规划要深化系统、细化布局，按照谁编制、谁组织实施的相关要求来开展规划的编制工作（图4-9）。

---

① 自然资源部国土空间规划局，2021a。

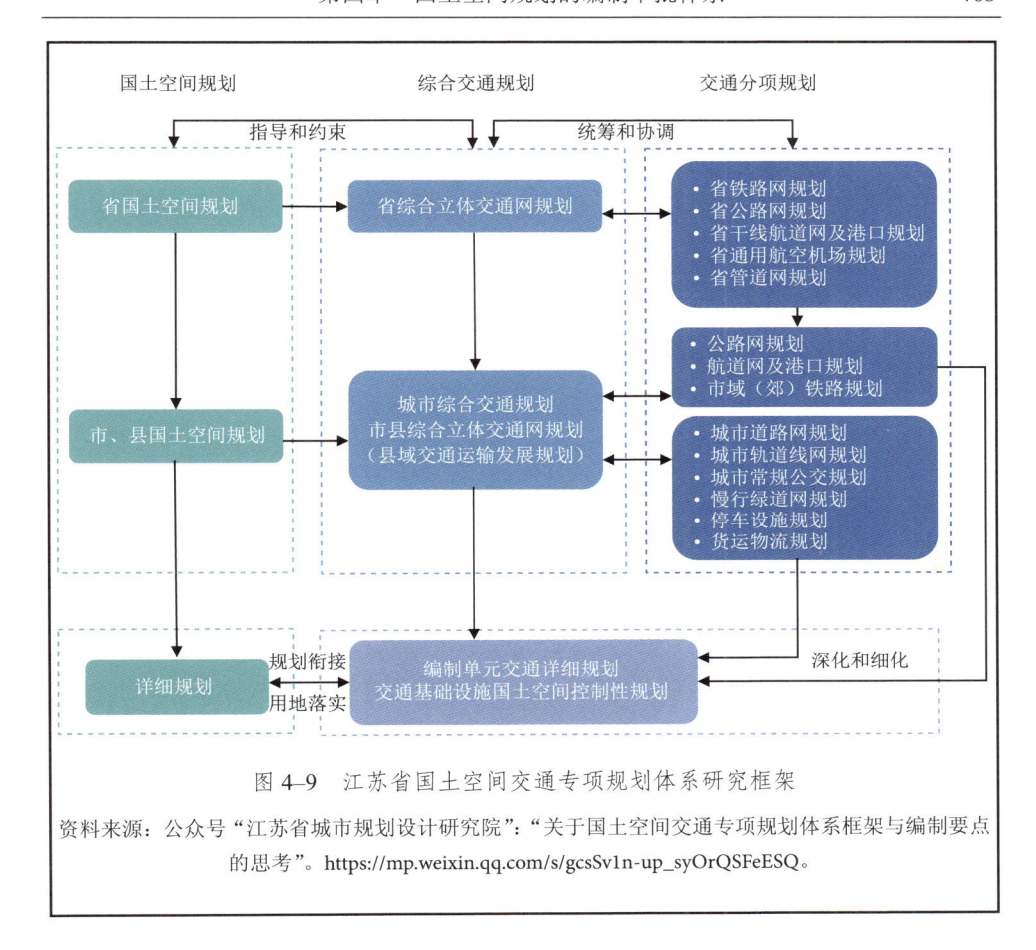

图 4-9　江苏省国土空间交通专项规划体系研究框架

资料来源：公众号"江苏省城市规划设计研究院"："关于国土空间交通专项规划体系框架与编制要点的思考"。https://mp.weixin.qq.com/s/gcsSv1n-up_syOrQSFeESQ。

二、组织编制流域国土空间规划

流域是一个复合生态系统，具有综合属性，包含河流内全部生态要素及其沿岸农业、工业和其他各类生产系统，在水系串联下，流域内的物质实体空间因水运便捷、生态环境演化相关联而形成较完整的"生态圈"，经济社会空间层面的联系亦相对紧密。在全力推进生态文明建设的背景下，我国愈加重视对长江、黄河等重要流域的保护与开发，流域规划逐渐成为流域高水平治理的重要抓手之一。《若干意见》要求"跨行政区域或流域的国土空间规划，由所在区域或上一级自然资源主管部门牵头组织编制"。具有跨行政地域空间属性的流域国土空间专项规划，是国土空间规划体系的重要组成部分。尤其是长江、黄河等承载着重大国家战略的流域，须在全国国土空间总体规划的框架下做好流域规划与治理工作，科学地谋划流域生态保护与高质量发展（王启轩、任婕，2021）。

我国七大水系中的长江、黄河、淮河、辽河已开展流域国土空间规划编制。其中，《吉林省辽河流域国土空间规划》已于2019年10月印发，是我国第一部流域国土空间专项规划。河南省主要依据《国务院关于淮河生态经济带发展规划的批复》《河南省贯彻落实淮河生态经济带发展规划实施方案》，编制淮河流域国土空间规划。2021年10月，中共中央、国务院印发《黄河流域生态保护和高质量发展规划纲要》。河南省已启动《河南省黄河流域国土空间开发保护战略和制度研究报告》《河南省黄河干流国土空间概念性规划》及黄河流域国土空间规划编制工作，青海、河南、山东等沿黄省份均开展黄河流域国土空间专项规划编制工作。

长江经济带是我国国土空间开发保护最重要的东西轴线。《长江经济带发展规划纲要》提出"生态优先、流域互动、集约发展"的发展思路，要"共抓大保护、不搞大开发"。《长江保护法》提出，建立以国家发展规划为统领，以空间规划为基础，以专项规划、区域规划为支撑的长江流域规划体系，充分发挥规划对推进长江流域生态环境保护和绿色发展的引领、指导和约束作用。自然资源部牵头组织编制的《长江经济带（长江流域）国土空间规划（2021—2035年）》，是涉及长江经济带国土空间保护、开发、整治、修复等各类空间活动的总纲，作为长江经济带11省市编制国土空间规划的重要依据，对相关专项规划具有指导约束作用，是"多规合一"后我国第一个宏观性空间规划。长江经济带所涉省份也响应中央要求，组织制定相关建议。

三、推进都市圈国土空间规划编制

《国家新型城镇化规划（2014—2020年）》《关于培育发展现代化都市圈的指导意见》《中共中央关于制定国民经济和社会发展第十四个五年规划和二〇三五年远景目标的建议》等文件分别提出"培育形成通勤高效、一体发展的都市圈""形成若干具有全球影响力的都市圈""建设现代化都市圈"的发展要求。

随着《长江三角洲区域一体化发展规划纲要》、成渝地区双城经济圈建设、南京都市圈发展规划等系列文件的出台，我国都市圈建设步伐不断加快。推动都市圈高质量发展，首先应做好规划协同对接工作，编制跨区域的都市圈国土空间规划是首要任务。

都市圈国土空间规划作为国土空间规划体系中跨省（区、市）或跨市县层面的区域性规划，发挥着承上启下、统筹协调的作用。对上全面贯彻落实国家要求，落实并深化全国国土空间规划纲要、省级国土空间规划；对下充分尊重各地发展实际，为市县国土空间总体规划、相关专项规划等编制或修改提供依据，一方面可对正在编制的下位规划进行指导或约束，另一方面可对已经编制完成的下位规划进行整合或优化。都市圈国土空间规划的战略引领性决定了需要同时兼顾发展规划，在具体工作中衔接国家和区域发展规划。

自然资源部组织有关单位在总结各都市圈规划实践经验基础上，于2021年9月修订出台《都市圈国土空间规划编制规程》（报批稿），明确了编制流程等规定（专栏4-15），包括都市圈的空间识别标准、规划编制的技术要求与成果规范、编制管理程序要求等，形成统一规范，有序指导地方实践。

专栏4-15　都市圈国土空间规划编制流程[①]

都市圈是以辐射带动功能强的城市或具有重大战略意义的城市为核心，以一小时交通圈为基本范围，包括与核心城市有着紧密的产业、商务、公共服务、游憩等功能联系的各级各类城镇的跨行政区地域空间单元。都市圈国土空间规划理念以共治为引领、以生态为底线、以人民为中心、以共享为目标，遵循"强调联动协商、搭建开放平台、聚焦底线协同、体现因地制宜"的规划原则。规划编制工作包括：

（1）编制组织。跨省都市圈国土空间规划除党中央、国务院另有要求外，由所在省级人民政府联合开展组织编制工作。省内都市圈国土空间规划由省级人民政府或其指定的自然资源主管部门组织编制；或经省政府同

[①] 自然资源部："《都市圈国土空间规划编制规程》行业标准报批稿公示"。http://gi.mnr.gov.cn/202109/t20210910_2680097.html。

意后，由相关各市人民政府联合开展组织编制；或经省政府同意后，由核心城市人民政府牵头组织，会同其他各市人民政府共同编制。

（2）准备工作。涉及：①制定工作方案明确工作组织、责任分工、工作内容、进度安排等，确定规划编制的技术路线、主要任务、专题设置、成果框架等，有序指导规划编制工作开展。②夯实数据基础。以最新的全国国土调查成果数据和年度国土变更调查数据为基础，形成统一的工作底数。③梳理重大战略按照主体功能区战略、区域重大战略、区域协调发展战略、乡村振兴战略、可持续发展战略、新型城镇化战略等国家战略部署和全球化视角的城市发展规律，以及省级党委政府有关发展要求，梳理相关重大战略对都市圈及所在区域的具体要求，作为编制规划的重要依据。④开展全面调研。组织调研都市圈的相关城市和跨界地区，厘清区域发展现状，明确跨界地区生态环境、基础建设、公共服务等需要重点统筹的内容。注重对政府部门、企业及居民的深度访谈，对重点地区的现场踏勘。⑤开展现状评价和未来风险评估。在利用好相关地区双评价、双评估成果的基础上，通过传统技术与新技术的叠加，提炼形成对现状的深度认知与未来风险的评估，判断都市圈发育情况。

（3）专题研究。按照区域发展差异性，针对全局性的重大议题和协调矛盾突出的关键问题开展专题研究，可优先关注目标愿景、区域人口与城镇化发展、城镇体系布局、生态修复与土地整治、综合交通、区域基础设施、公共服务设施、生产力布局、自然与文化遗产、国土空间安全、绿色低碳、机制保障等方面。

（4）方案编制。在现状分析和专题研究成果的基础上，衔接国家、省级发展规划、国土空间规划及相关市县国土空间总体规划，明确都市圈发展的目标愿景，确定相应的规：划指标体系和目标值，对空间底线管控、专项空间协同、分层次空间协同和分区统筹协调等方面做出统筹安排，形成规划方案。

第六节 深化细化各类规划成果审批规则

如前文所述,《若干意见》对各类国土空间规划编制和审批主体进行了明确规定（表 2–1）。按照相应要求，自然资源部和地方对各级各类规划审批要求进行了深化细化。

一、国土空间总体规划审批要求

（一）报国务院审批的省级和城市国土空间总体规划

《自然资源部关于全面开展国土空间规划工作的通知》明确了按照"管什么就批什么"的原则，对省级国土空间规划侧重控制性审查，重点审查目标定位、底线约束、控制性指标、相邻关系等，并对规划程序和报批成果形式做合规性审查。省级国土空间规划由省级人民政府组织编制，报经同级人大常委会审议通过后，上报国务院审批。

省级国土空间规划的审查要点包括：①落实国家重大发展战略、区域重大战略、区域协调发展战略、主体功能区战略、国家"十四五"规划、国家新型城镇化规划、全国国土空间规划纲要确定的空间战略情况并与相关区域规划做好衔接；规划目标、核心指标符合全国国土空间规划纲要相关控制要求；明确国家级和省级主体功能分区和重点区域名录；②国土空间开发保护格局的可行性，生态保护红线、永久基本农田、城镇开发边界、历史文化保护要求、战略性水资源安全保障范围、灾害综合风险控制线等空间管控边界的落实情况；③对以人为核心城镇化和乡村振兴空间安排、各级城乡生活圈构建、城市更新和乡村建设行动、农村产业融合发展、城乡风貌管控等提出的指导要求；④以水而定、量水而行的落实情况，以及水资源的约束和管控要求；⑤区域交通水利能源通讯环卫等基础设施（含风电、光伏等新能源发电项目）网络规模、布局时序安排符合相关上位规划及用地标准的情况；⑥省际之间在生态保护、环境治理、应对气候变化、产业发展、基础设施、公共服务、矿产资源开发等方面的协调对接，以及省域内重点区域、流域协调发展的引导与管控情况；⑦对市县国土空间总体规划和相关专项规划的指导约束要求；⑧推动规划实施的配套政策机制等保障措施。

国务院审批的市级国土空间总体规划审查要点，除对省级国土空间规划审查要点的深化细化外，还包括：①市域国土空间规划分区和用途管制规则；②重大交通枢纽、重要线性工程网络、城市安全与综合防灾体系、地下空间、邻避设施等设施布局，城镇政策性住房和教育、卫生、养老、文化体育等城乡公共服务设施布局原则和标准；③城镇开发边界内，城市结构性绿地、水体等开敞空间的控制范围和均衡分布要求，各类历史文化遗存的保护范围和要求，通风廊道的格局和控制要求；城镇开发强度分区及容积率、密度等控制指标，高度、风貌等空间形态控制要求；④中心城区城市功能布局和用地结构等。

同时提出"简化报批流程，取消规划大纲报批环节。压缩审查时间，省级国土空间规划和国务院审批的市级国土空间总体规划，自审批机关交办之日起，一般应在90天内完成审查工作，上报国务院审批。各省（自治区、直辖市）也要简化审批流程和时限。"

（二）其他市县及乡镇国土空间总体规划

《自然资源部关于全面开展国土空间规划工作的通知》明确"其他市、县、乡镇级国土空间规划的审查要点，由各省（自治区、直辖市）根据本地实际，参照上述审查要点制定"。

各省（自治区）根据各地情况对县级及以下国土空间总体规划的编制和审批主体作出规定，如《关于建立全省国土空间规划体系并监督实施的意见》（江苏省等）、《关于建立国土空间规划体系并监督实施的若干措施》（广东省等）。在县级层面，一般都以县政府为编制主体，经同级人大常委会审议后，逐级上报省政府审批。但也有例外，安徽省规定"县（市）国土空间总体规划由县（市）政府组织编制，经县（市）人大常委会审议后报设区的市政府审批"。贵州省的县级总体规划审批分为两种情况，一种是省政府审批，另一种是市（州）政府审批。浙江省自然资源厅《关于印发国土空间规划机关内部"一件事"事项办事指南及办事流程图的通知》，对市、县、乡镇三级国土空间规划审查流程做了详细简明的流程图（图 4–10）。山东省明确了有关县级国土空间总体规划的审批规则（专栏 4–16）。

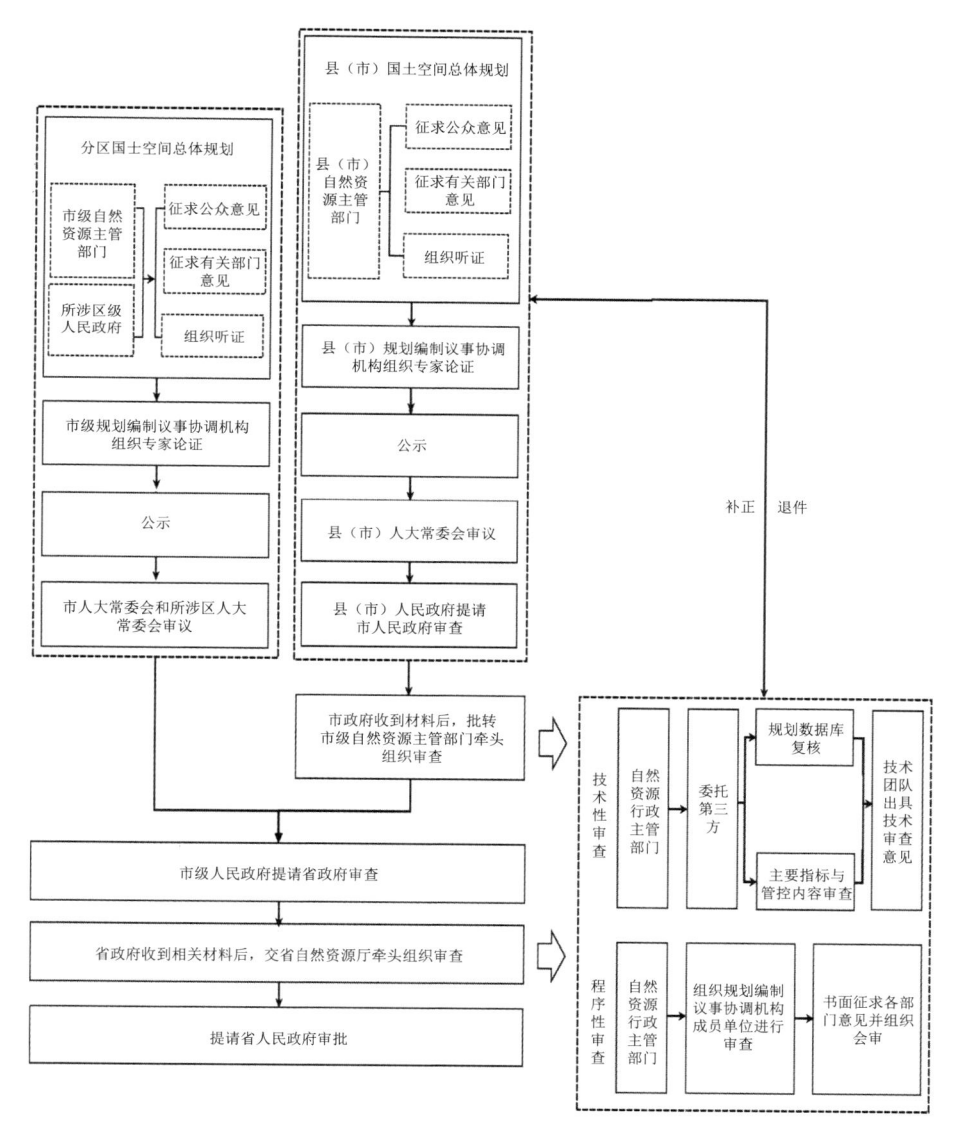

图 4–10　浙江省县级国土空间总体规划的审查流程

资料来源：浙江省自然资源厅：《国土空间规划机关内部"一件事"事项办事指南及办事流程图》，2021 年。

> **专栏 4–16　山东省县级国土空间总体规划审查报批工作规则**
>
> 　　设区的市、县（市）政府是本级总体规划的组织编制主体。设区的市、县（市）自然资源主管部门承担本级总体规划编制和报批等具体工作。发展改革、工业和信息化、生态环境、住房城乡建设、交通运输、水利、农业农村、文化和旅游等部门按照各自职责，加强配合协作，共同做好本级总体规划编制审查工作。
>
> 　　县（市）总体规划成果编制完成后，由设区的市自然资源主管部门进行技术初审。设区的市自然资源主管部门应当将本级和所辖县（市）总体规划一并报省自然资源厅进行技术审查。
>
> 　　自然资源厅组织有关专家和有关部门人员组成审查组，负责对总体规划进行技术审查。专家从省国土空间规划委员会专家组中选取，有关部门人员为省规委会成员单位业务负责同志。
>
> 　　技术审查应当重点审查总体规划的国土空间开发保护目标、各项控制性指标、生态系统格局、城镇空间结构、乡村空间布局、空间集约利用、规划实施保障措施、对下级规划的指导约束等内容，确保符合上级规划要求。技术审查的要点内容由省自然资源厅按照国家、省有关技术规程和政策文件制定。
>
> 　　设区的市、县（市）自然资源主管部门应通过政务网站、当地主要新闻媒体等形式，将总体规划成果征求社会公众意见，期限不少于 30 日。
>
> 　　设区的市、县（市）自然资源主管部门应对专家论证意见、技术审查意见、公众意见研究论证，修改完善总体规划，由本级政府按规定提请同级人大常委会审议。审议后的总体规划，由设区的市自然资源主管部门报省自然资源厅审核。

　　在市县级国土空间规划的审查要点上，各省（自治区、直辖市）均强调市县国土空间规划是对上位国土空间规划要求的细化落实，侧重实施性、兼具协调性。共同特征包括"三条控制线"的划定、明确市县域国土空间保护开发修复格局、统筹基础设施布局和廊道控制要求、优化中心城区结构布局、保护历史文化、促进乡村振兴等方面。也有部分省份对市县级国土空间规划提出了具有特色的差异化要求，如湖南省、江苏省提及统筹各级各类开发园区发展；广东省、陕西省等提出探索规划"留白"制度，为未来发展预留弹性空间，助推安全韧性城市建设；广东省要求特大城市、超大城市提出城市群、都市圈等区域协调重点地区的建设要求等。

二、国土空间详细规划审批要求

（一）城镇开发边界内的详细规划

按照《若干意见》的要求，在城镇开发边界内的详细规划，由市县自然资源主管部门组织编制，报同级政府审批。本着规划编制与规划管理事权相对应的原则，调整建立与管理事权相对应的规划编制技术体系。为加强和改进详细规划（特别是控制性详细规划）的审批管理，部分地区进行了积极探索。例如，广东省自然资源厅于2021年印发《关于加强和改进控制性详细规划管理若干指导意见（暂行）》（专栏4–17）。

专栏4–17　广东省国土空间详细规划成果审批要求[①]

健全规划委员会和公众参与制度。优化市县城乡规划（国土空间规划）委员会人员构成和议事制度。有条件的市县，可在城乡规划（国土空间规划）委员会下设控规专业委员会，负责控规修改草案的审议，经审议通过的修改草案可直接报审批机构审批。设区的市可设区城乡规划（国土空间规划）分委员会，为区人民政府规划决策提供议事咨询意见。提高城乡规划（国土空间规划）委员会或控规专业委员会审议控规的频次和效率，原则上每月至少召开1次会议。加强控规草案公示的针对性和有效性，精准地向利害关系人告知规划内容。

[①] 广东省自然资源厅：《广东省自然资源厅印发《关于加强和改进控制性详细规划管理若干指导意见（暂行）》的通知》，2021年。

> 优化控规审批流程。各地级以上市可将市辖区范围内重点地区以外的地块开发细则（地块图则）的审批权依法依规委托至区人民政府。各地可将工业园区、物流园区控规的审批权依法依规委托至功能区管理机构。控规的局部调整，经市县自然资源主管部门审查同意后，报原审批机关或其委托机关审批。控规的技术修正，可由市县自然资源主管部门审批。

（二）城镇开发边界外的村庄规划

村庄规划由乡镇政府组织编制，报上一级政府审批。规划批准之日起20个工作日内，规划成果应通过"上墙、上网"等多种方式公开，30个工作日内，规划成果逐级汇交至省级自然资源主管部门，叠加到国土空间规划"一张图"上。村庄规划一经批准，必须严格执行。乡村建设等各类空间开发建设活动，必须按照法定村庄规划实施乡村建设规划许可管理。确需占用农用地的，应统筹农用地转用审批和规划许可，减少申请环节，优化办理流程。确需修改规划的，严格按程序报原规划审批机关批准。

例如，海南省的村庄规划编制审批试行办法做出如下要求：①充分体现村民主体地位。乡镇人民政府负责本行政区域内村庄规划的组织编制，报上一级人民政府审批，村民委员会组织动员村民积极参与村庄规划工作，村庄规划报批前需经过村民会议或村民代表会议审议通过，经批准的村庄规划纳入村规民约；②进一步增强规划弹性。村庄规划编制可预留不超过5%的建设用地机动指标，用于农村村民住宅、乡村公共设施、公益事业建设和产业发展；对一时难以明确具体用途的建设用地，可作为留白用地，暂不明确规划用地性质；有全域土地综合整治需求的村庄将整治任务纳入村庄规划；③明确规划修改程序。按照修改内容分为村庄规划修改和村庄规划优化，涉及修改村庄规划强制性内容的，乡镇人民政府提出修改申请，经同意后方可编制修改方案，并依照原审批程序依法报批，并重新公布和汇交。乡镇人民政府可以对除涉及村庄规划强制性内容以外的村庄用地布局、村庄开发边界等村庄规划内容进行优化。

三、国土空间相关专项规划审批要求

《若干意见》明确相关专项规划在编制和审查过程中应加强与有关国土空间规划的衔接及"一张图"的核对，批复后纳入同级国土空间基础信息平台，叠加到国土空间规划"一张图"上。在《都市圈国土空间规划编制规程（征求意见稿）》中，明确了规划编制审批管理程序（专栏4–18）。湖南省《省级国土空间专项规划编制审批通则（试行）》，作为全国首个关于省级国土空间专项规划编制审批的技术标准，提出"加强成果核对"要求，依托国土空间规划"一张图"实施监督信息系统，对专项规划成果矢量数据（库）与国土空间总体规划进行比对审核，提高规划成果核对效率。

专栏4–18　都市圈国土空间规划审批程序[①]

《都市圈国土空间规划编制规程》（征求意见稿）对规划编制审批管理作出如下规定（图4–11）：

（1）方案论证

都市圈国土空间规划由组织编制主体开展规划成果的专家论证，在关键节点征求相关部门意见。规划论证及意见反馈情况应在编制说明中形成专章。对于存在重大分歧的意见建议，要经过充分论证后形成决策方案。

（2）公众参与

贯彻落实"人民城市人民建，人民城市为人民"理念，坚持开门编规划，建立全流程、多渠道的公众参与机制。规划成果报批前，应以通俗易懂的方式征求社会各方意见。充分利用各类媒体和信息平台，采取贴近群众的各种社会沟通工具和方式，保障各阶段公众参与的广泛性、代表性和实效性。

[①] 自然资源部：《都市圈国土空间规划编制规程（征求意见稿）》，2021年。

```
工作组织  ----  确定组织编制主体、编制主体和组织方式
   ↓
准备工作  ----  制定工作方案、夯实数据基础、梳理重大战略、
                开展全面调研、形成现状评价
   ↓
专题研究  ----  针对全局性的重大议题开展专题研究
   ↓
方案编制  ----  明确都市圈发展的目标愿景，对多系统要素
                和不同空间层次做出统筹安排，形成都市圈规划方案
   ↓
方案论证  ----  开展规划成果的专家论证，在关键节点征求
                相关部门意见
   ↓
公众参与  ----  建立全流程、多渠道的公众参与机制
   ↓
审查认定  ----  涉及国家层面调整的上报国务院审批;其他都市
                圈规划按程序报批或由相关省(市)人民政府
                联合认定发布
   ↓
规划公告  ----  规划获批后一个月内向社会公告
```

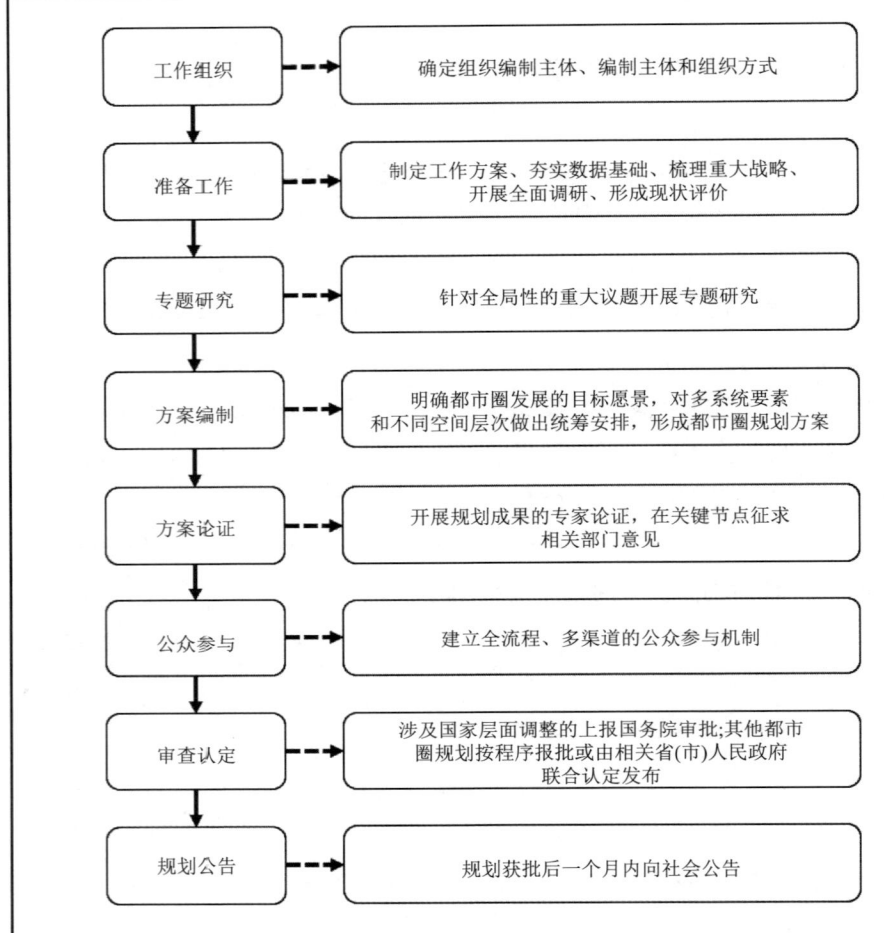

图4–11　都市圈国土空间规划编制管理程序

（3）审查认定

都市圈规划如果涉及生态保护红线、永久基本农田保护任务调整或国家资源分配、国家重大项目等，应上报国务院审批。跨省都市圈规划由相关省（市）人民政府联合认定发布，在认定发布前应报自然资源部审查。省内都市圈规划成果论证完善后按程序报批，也可经省政府同意，由各市人民政府联合认定发布。

> （4）规划公告
>
> 规划获批后，应在一个月内向社会公告。涉及向社会公开的图件，应符合国家地图管理有关规定并依法履行地图审核程序。

实行专项规划编制目录清单管理。统一专项规划组织管理，统筹平衡各专项空间需求，制定专项规划编制目录清单，明确规划编制主体和审查要点，统一规划期限、基础数据、标准要求等。由自然资源主管部门会同相关部门制定编制目录清单，报同级人民政府批准实施。吉林省、江西省、山东省、安徽省等地先后发布国土空间专项规划编制目录清单管理办法。

第五章 国土空间规划的实施监督体系

第一节 强化规划实施和监督的主体责任

规划实施是确保国土空间规划强制性内容有效落地的关键环节,要按照"谁编制、谁实施""谁审批、谁监管"的原则,建立地方各级党委和政府各部门的权责清单、流程和标准,与各行政相对人共同扛起严格执行规划的责任,切实解决规划实施监督过程中的职权交叉、权责边界不清等问题,确保规划实施过程可控、不甩项、不走样。《若干意见》对强化规划权威提出了明确要求,为维护规划的严肃性和权威性、实现"一张蓝图绘到底"奠定了坚实基础。

一、压实实施主体责任

(一)强化党政同责

强化地方党委和政府特别是党政主要负责人责任是确保规划有效实施的根本保障。《若干意见》提出:"地方各级党委和政府要充分认识建立国土空间规划体系的重大意义,主要负责人亲自抓,落实政府组织编制和实施国土空间规划的主体责任,明确责任分工,落实工作经费,加强队伍建设,加强监督考核,做好宣传教育。"地方各级党委和政府要严格落实规划管理属地主体责任,坚决防止出现换一届党委和政府改一次规划,并将规划实施提上重要的议事日程,主要领导要亲自研究、亲自部署、亲自推动,以钉钉子精神抓好规划的组织实施,做到守土有责、守土尽责。将国土空间规划执行情况纳入领导干部自然资源资产离任审计,作为党政领导干部综合考核评价的重要参考,着力强化地方各级党委和政府主要负责人的责任。《纲要》提出:"健全耕地保护责任目标考核机制,中央与省级党委和政府签订耕地保护目标责任书,地方各级党委和政府逐级签订,压实耕地保护主体责任。对耕地保护责任目标完成情况定期考核,实行耕地保护党政同责,终身追责。"将耕地和永久基本农田保护目标,作为规划期内必须守住的保护红线任务。

(二)压实部门责任

《若干意见》提出"组织、人事、审计等部门要研究将国土空间规划执行情况纳入领导干部自然资源资产离任审计,作为党政领导干部综合考核评价的重要参考。纪检监察机关要加强监督。发展改革、财政、金融、税务、自然资源、生态环境、住房城乡建设、农业农村等部门要研究制定完善主体功能区的配套政策。自然资源主管部门要会同相关部门加快推进国土空间规划立法工作。组织部门在对地方党委和政府主要负责人的教育培训中要注重提高其规划意识。教育部门要研究加强国土空间规划相关学科建设。"各地区各部门要加大对本行业本领域涉及国土空间规划实施监督的指导、协调和管理,制定配套政策措施和部门职责分工,明确时间表和路线图,形成合力。自然资源主管部门要强化统筹协调工作,切实负起规划管理部门主体责任,会同有关部门不断完善国土空间规划实施监督体系,将规划实施情况纳入国土空间规划城市体检评估的重要内容,执行重大事项请示报告、重大决策集体研究决定制度,带头维护规划的严肃性和权威性。

(三)落实实施责任

各类开发保护建设活动应当符合国土空间规划,严格按照依法取得的规划许可进行建设。规划编制单位应当依据法律、法规、规章、国家和地方的规范标准和管理规定进行编制，并对提交的规划编制成果承担相应的技术责任；不得挂靠租借、超越资质等级许可的范围编制规划，不得为未经政府处置的违法用地违法建设、影响上位规划实施及重大基础设施落地的开发建设项目编制规划方案和提供技术论证。规划编制单位应当按照规定的资质等级和业务范围承担规划设计任务，并依据法律、法规、规章、国家和地方的相关规范和标准进行编制。施工单位不得承接未依法取得规划许可的建设项目，并严格按照符合相关标准的施工图设计文件施工。建设单位应当向自然资源主管部门申请建设工程规划许可证，并在规定期限内取得建筑工程施工许可证，需要延续的应当在规定期限内提出申请；经依法批准建设的临时建设工程及设施，应当按期无条件拆除；建设工程竣工后，应当及时向有关主管部门申请竣工联合验收。规划许可确定的建设工程使用用途不得擅自改变，确需改变的应当符合国土空间用途管制有关规定。自然资源主管部门和各相关部门应当加强对行政相对人责任的监督监管，对违反相关法律法规行为的要严肃查处，并建立违法违规行为信息库制度，将有关信息纳入国家信用共享平台和国家企业信用信息公示系统[①]。

二、明确实施监管分工

规划实施监管制度是建立健全国土空间规划实施监督体系的根本保障，对于维护规划的严肃性和权威性、确保国土空间规划的有效实施具有重要意义。

（一）建立闭环监管体系

建立健全"全程监督—发现问题—查处纠正—制定措施"的覆盖各环节的规划实施闭环监管体系。坚决防止规划跟着项目走、跟着实施单位利益走、跟着地方经济发展冲动走，严防突破规划管控底线。加强对规划实施的监督考核，任何部门和个人不得随意修改或违规变更规划。坚持对国土空间规划实施情况开展"一年一体检、五年一评估"，对国土空间近期规划执行情况开展评估和监

[①] 相关规定可参考《北京市城乡规划条例》《自然资源部办公厅关于加强国土空间规划监督管理的通知》（自然资办发〔2020〕27号）、《国土空间规划法（征求意见稿）》等。

督，评估和监督结果由各级政府向同级人民代表大会常务委员会报告，并接受同级政协民主监督。

（二）强化属地监管责任

地方各级党委和政府要加强对下级党委和政府规划实施的监督管理，工作中遇到重大问题，要及时向上级党委和政府请示报告。地方各级政府应当加强对规划实施的监督管理，并定期向本级人民代表大会常务委员会或者乡镇人民代表大会报告规划实施情况，规划实施中的重大建设项目应当依法提请本级人民代表大会常务委员会审议，并主动接受同级政协和社会公众的监督。各级人民代表大会常务委员会或者乡镇人民代表大会根据需要，可以对本级人民政府规划实施工作作出相应的决议、决定。

（三）落实主管部门责任

国家自然资源督察机构应根据授权，重点加强对国土空间规划编制、审批、实施和修改的督察。自然资源主管部门要落实主管部门的主体责任，强化统筹协调工作，依托国土空间基础信息平台，建立健全规划的动态监测评估预警和实施监管机制，健全完善规划实施的全过程留痕制度；严肃查处违规插手干预规划实施监督的单位或个人，涉嫌违法违纪的按有关规定移交纪检监察机关调查处理，涉嫌犯罪的移送司法机关；重点结合国土空间规划城市体检评估，将规划实施情况纳入自然资源督察内容和对各级政府及有关部门相关考核内容，加强考核结果运用，推动地方各级党委和政府主动履行规划的主体责任和有关部门主动履行规划的专项责任；加强对下级自然资源部主管部门规划实施的监督检查，坚决抵制领导干部违规插手干预规划实施事务，坚决抵制领导干部亲属子女和身边工作人员干预规划实施，坚决抵制利益商人围猎搞权钱交易；以主动发现问题和解决问题为导向，通过案例评查、第三方评估、行业领域社情民意投诉反馈机制和信息系统自动比对相结合的方式，重点对规划实施制度和具体实施情况进行督导检查，并加强问题分析研究，及时打好政策、制度和标准"补丁"。

（四）形成部门监督合力

组织、人事、审计等部门要将规划执行情况纳入地方各级政府主要负责人离任审计的一项重要内容，作为党政领导干部综合考核评价的重要参考，切实加强对地方各级政府主要负责人落实规划责任的监督考核。纪检监察机关要加强规划实施的监督，将其纳入纪检监察的一项重要内容，并严肃执纪问责和追究责任。组织部门在对地方党委和政府主要负责人的教育培训中要注重提高其规划意识。逐步构建规划监督与自然资源执法督察、检察、审计等工作联动机制：①加强规划监督和规划督察协作。2021年6月29日，《自然资源部办公厅关于建立国土空间规划监督与国土空间规划督察协作机制的通知》（自然资办函〔2021〕1197号），在重大专项工作协作、重大问题核查协作、日常交流互动等方面，探索建立国土空间规划监督协作机制。②加强规划监督和自然资源执法协作。2022年1月28日，《自然资源部办公厅关于开展2022年卫片执法工作的通知》（自然资办发〔2022〕3号），以卫片执法工作为抓手构建跨部门执法工作平台，推动落实自然资源执法共同责任机制，形成工作合力，首次提出将城市更新、历史文化保护相关领域中未批先建及违规编制、修改、批准和实施国土空间规划等行为作为卫片执法重点监测领域之一。③加强规划监督和检察协作。2022年4月6日，自然资源部与最高人民检察院联合印发《关于建立行政检察与自然资源行政执法衔接工作机制的意见》（高检发办字〔2022〕52号）提出"最高人民检察院在履职中发现涉及土地、矿产资源、国土空间规划和测绘地理信息的违法线索，应及时移交自然资源部调查处理。自然资源部在执法过程中发现行政非诉执行监督案件线索，应当及时将相关线索和文书移送最高人民检察院依法处理。"建立行政检察与自然资源行政执法衔接工作机制，通过检察监督推动依法行政、严格执法。

三、发挥国土空间规划委员会作用

(一)积极推行设立国土空间规划委员会

国土空间规划委员会的前身是城市规划委员会。城市规划委员会是由欧美等发达国家以分权思想为基础结合实际管理工作建立的制度,其实质是由政府让渡出一部分行政权力,以规划委员会集体决策的方式促进社会各界的参与,取代过去行政首脑个人决策的方式,从而增强规划决策与管理的科学性和民主性(石春晖、赵星烁等,2017)。20 世纪 80 年代,为了应对市场经济给传统城市管理与决策体制带来的挑战,处于改革开放前沿的部分地区和城市,如中山、深圳、上海,率先开始城市规划委员会的实践探索。随后,全国有多个城市相继设立城市规划委员会,并逐步以地方性立法或行政规范性文件的方式明确其地位与职能(高捷,童明等,2020)。1998 年,深圳借落实《城市规划法》之机,以《香港城市规划条例》为原型,制订《深圳市城市规划条例》,把城市规划委员会确定为常设机构,并吸纳社会人士加入,赋予深圳规划委员会对法定图则的终审权,确立了城市规划委员会的法定地位,使城市规划决策和管理逐步走向民主化(袁奇峰等,2019)。2004 年,广东省通过了我国第一部规范控制性详细规划的地方性法规——《广东省控制性详细规划条例》,将城市规划委员会制度推广到广东全省范围。第一届广州城市规划委员会于 2006 年成立,标志着规划管理进入"政府主导、专家论证、公众参与"的新阶段。在国土空间规划体系改革之前,我国有至少 13 个省份建立了省级城市规划委员会,占 31 个省级行政单元的 42%;75 个地级市建立了规划委员会,占 288 个地级市的 26%,其中 24 个为省会城市。此外,部分县(县级市、区)也建立了规划委员会[①]。

2018 年,各级自然资源主管部门逐步完成机构人员融合,各地积极响应将

[①] 石春辉、赵星烁、宋峰:"基于规划委员会制度建设的城市设计实施路径探索",《规划师》,2017 年第 8 期。

原省、市、县级城市（乡）规划委员会重组为国土空间规划委员会，颁布国土空间规划委员会章程。在省级层面，湖南、吉林、山东、江苏、安徽等省份提出成立省级国土空间规划委员会。2021年8月，湖南省成立国土空间规划委员会，省委书记任该委员会主任，省长任第一副主任，省委、省政府统一指导、协调、监督全省国土空间规划工作，负责审议审查、协调全省国土空间规划体系的建立和监督实施重大事项，确保国土空间规划改革没有杂音、不"翻烧饼"，一张蓝图绘到底。2021年9月，湖南省审议通过了《湖南省国土空间规划委员会工作规则》。在市、县层面，目前已有将近五十个市县级国土空间规划委员会成立。2021年7月，中山市成立国土空间规划委员会并发布工作章程。广州市结合原有的规划委员会制度，围绕国土空间规划先行先试工作，初步构建了编、审、管、督一体化机制，在提升审批效率的同时，在总体规划层面推行第三方评估制度，在详细规划层面实施工程规划许可第三方技术审查制度等举措[①]。此外，多个城市在国土空间规划条例和国土空间规划管理办法中，明确了市、县（市）人民政府可以根据国土空间规划工作需要设立国土空间规划委员会，建立国土空间规划委员会审议制度、属地管理和分级审批制度，如浙江宁波市、云南玉溪市等。

从城市规划委员会到城乡规划委员会，再到如今的国土空间规划委员会。各级政府规划议事协调机构的变迁，反映了我国空间规划从以往重城轻乡到注重城乡协调发展，再到如今的注重人与自然和谐共生的生态文明观。多地成立国土空间规划委员会后，充分发挥对国土空间规划编制实施管理重要问题的统筹协调作用，审议规划事务将比之前更全面，提升规划行政决策的科学性，有助于处理好开发与保护关系。

（二）提升国土空间规划委员会的权威性

《若干意见》明确提出，规划编制要体现科学性，要"坚持上下结合、社会协同，完善公众参与制度，发挥不同领域专家的作用"。2020年5月，《自然

---

① 彭高峰："强化国土空间规划权威，严格编管督一体化管理"。https://www.sohu.com/a/410186066_120206891。

资源部办公厅关于加强国土空间规划监督管理的通知》出台，明确提出，不仅是让国土空间规划的规矩立起来，更重要的是让国土空间规划的管理严起来。建立"编""审"分离机制的相关要求，实质上是将编、审、管、督分离，是一项涉及规划职权配置的重大措施，有利于建立相互监督、相互制约的工作机制，增强规划工作的科学性、严肃性。

从各地国土空间规划委员会的实践经验看，各级国土空间规划委员会已明确作为本级政府议事协调机构，负责审议国土空间规划重要事务的定位总则。在机构设置上，一般由本级政府主要领导担任主任，分管领导担任副主任，各职能部门主管领导和下一级政府主管领导担任委员，自然资源主管部门一把手担任秘书长。除了政府委员之外，专家委员和公众代表委员且人数一般要求过半。此外，各地根据地方实际确定全体委员会和专业委员会成员。在工作职责方面，省级与市级各有侧重，例如海南省强调审议省级国土空间规划体系的重要制度、政策；审议省及市县国土空间总体规划；审查国务院指定城市的国土空间总体规划；审议依法需报省政府同意的海岸带、自然保护地专项规划及跨行政区域或流域的国土空间规划；协调省域国土空间规划、跨市县行政区域国土空间规划编制和实施中的重大矛盾和问题等主要职责[1]。中山市强调审议城市发展战略规划、国土空间规划、分区规划、近期建设规划草案；审议历史文化名城、名镇、名村、历史文化街区、文物保护单位、历史建筑保护规划草案及相关的调整和修改申请；审议历史文化名城、名镇、名村、历史文化街区、历史建筑的地方性法规、政府规章和规范性文件；审议在规划报建阶段，对城市景观有重大影响建筑物、构筑物的设计草案；审议建筑设计方面的地方性技术规则、规定草案等主要职能。在议事程序层面，各地规定了议题条件、会议召开与参会人员要求、实行票决制和决议确认方式等主要程序规则，为规划委员会有序开展审议事务、积极参与议事协调提供了技术支撑[2]。

---

[1]《海南省人民政府办公厅关于成立海南省国土空间规划委员会的通知》（琼府办函〔2022〕100号）、《海南省人民政府关于印发海南省国土空间规划委员会章程的通知》（琼府〔2022〕14号）。

[2] 中山市人民政府办公室：《中山市国土空间规划委员会（历史文化名城保护委员会）章程》。http://www.zs.gov.cn/zslyj/attachment/0/400/400469/1982682.pdf。

随着国土空间规划改革的深入推进,多位学者呼吁重视规划委员会的作用,维护其独立性和权威性。国土空间规划委员会应成为落实刚性管控的监督机构、弹性管控的决策机构和利益相关方博弈的裁决机构。具有半官方性质的规划委员会制度的一个重要特色,是可以把地方知识带进决策过程,在规划编制、审批、调整中把"公众参与"作为决策程序必须经过的一环,连接政府与社会,形成政府与社会的共识,并在利益相关方的博弈中作为冲突裁决机构,同时保持一定的制度弹性(袁奇峰等,2019)。

第二节　完善用途管制和规划实施许可

新时期"国土空间用途管制"是提升国家治理体系和治理能力现代化水平的一种重大公共政策,涉及社会、经济、生态、法律等众多研究领域。可将其定义为"为实现国土空间的科学开发、合理利用、持续保护与优化配置,通过法规政策及空间规划的强制力,所实施的一系列制度及其运行机制的总和",体现出全域管制、统一管制、约束性管制、全流程管制和差异化管制的基本特征(邓红蒂,2019)。

一、加强全要素用途转用管理

(一)实施全域全要素用途转用管理制度

一是要统筹全域国土空间。在生态文明建设背景下,要将土地用途管制制度扩大到所有国土空间,从耕地保护走向山水田林湖草海综合整治,从对农用地转用管理走向对各类国土空间、各类建设边界的管控(邓红蒂,2020)。二是推动规划计划指标全要素覆盖。2020年,自然资源部对土地利用计划管理进行改革探索(专栏5-1),推动"要素随着项目走"和"增存挂钩"。从落实自然资源部"两统一"职责看,应考虑拓展规划指标和年度计划管控范畴,建立全域全要素规划指标、计划管理制度,先是补充完善国土空间规划指标,为各类自然要素设定规划管控指标（可视重要程度区分指标属性），进而丰富年度计划指标，将"土地利用年度计划"升级为"自然资源保护与利用年度计划"，明确年度自然要素转用规模，为全要素用途转用奠定基础。三是推动全要素转用审批。以耕地和永久基本农田转用审批为基础和经验，整合林地占用、草地占用、水域湿地占用等审核审批制度，统一各类自然资源用途转用审核审批的规则，提高行政审批效率（钟明洋，2020）。

专栏 5-1　土地利用计划管理的改革探索[①]

自然资源部组建后，土地利用年度计划管理进入新一轮改革探索阶段。自然资源部《关于 2020 年土地利用计划管理的通知》（自然资发〔2020〕91 号）提出"以真实有效的项目落地作为配置计划的依据"，明确"要素跟着项目走""统筹新增和存量"以及"分类保障""支持脱贫攻坚"等目标（表 5-1）。

表 5-1　2020 年土地利用计划管理指标配置方式

类别	组成		具体管理
纳入重点保障的项目用地（批准用地时直接配置计划指标）	纳入国家重大项目清单的项目用地		涉及农转用： （1）国家批准农转用，用地审批时直接配置计划指标； （2）地方批准农转用，按照法律法规规定先行审批用地，预支计划指标，批准后报备
	纳入省级人民政府重大项目清单的单独选址的能源、交通、水利、军事设施、产业项目用地		
未纳入重点保障的项目用地（配置计划指标与处置存量土地挂钩）	存量处置	2017 年底前批准的批而未供土地	按处置完成量的 50% 核算计划指标
		2018 年以来批准的批而未供土地	按处置完成量的 30% 核算计划指标
		纳入本年度处置任务的闲置土地	按处置完成量的 50% 核算计划指标

---

① 根据《关于 2020 年土地利用计划管理的通知》归纳总结。

续表

类别	组成		具体管理
未纳入重点保障的项目用地 （配置计划指标与处置存量土地挂钩）	激励计划	大督查奖励	对部分执行好、效果佳的市县，奖励当年额外用地计划指标
		脱贫攻坚计划	对贫困县分配600亩专用计划指标，深度贫困地区可预支
		增存挂钩奖励	根据2019年处置批而未供和闲置土地情况决定奖励或核减

（二）构建多维多层级用途转用管理制度

多维主要指用途转用管理在扩充到全域全要素后，可从建设空间与非建设空间之间、非建设空间内部、建设空间内部等多个维度加强制度体系建设。多层级主要指规划层级和审批层级。从规划层级看，省、市级国土空间规划，要确定城镇、农业、生态三大类空间相应的管制规则及准入清单，明确区域各类核心要素之间的差异化用途管制规则，以及三类空间之间的用途转换规则和审批流程；市、县级规划，要明确用途（功能）分区相应的管制规则及准入清单，明确分区内各类核心要素之间的差异化用途管制规则，以及用途分区之间的用途转换规则和审批流程；乡镇国土空间规划及详细规划，要对"用途分类"转用制定规则、明确审批流程，还应对相近用途的混合使用明确规则。

（三）坚持刚性弹性相结合的用途转用管理原则

一是处理好刚性和弹性的关系。生态空间与农业空间应当保持相对稳定，确需相互转换的，应当依法履行国土空间修改维护程序。对永久基本农田、自然资源岸线、生态保护红线内区域，落实刚性管控要求，原则上禁止改变用途；对其他的一般性农用地、生态空间等，允许根据市场经济发展需求进行合理调整，但必须明确总量上线和承载力要求，防止允许弹性调节的区域成为管制失控的突破口。同时探索以"盘活存量"取代"占补平衡"的调节方式。近年来占补平衡压力不断增大，且"占优补劣""占多补少"等问题时有发生，建议适当减少"占补平衡"的调节方式,对于年度占用保护性资源减少的可适当给予奖励,鼓励以"盘活存量"的方式拓展新发展空间(李彦平、刘大海,2019)。二是需要处理好继承和创新的关系,在继续实施行之有效的政策工具的同时,结合"放管服"改革要求,协调好不同生态要素的管制标准,构建松紧适度、协调一致的转用标准体系,明确不同政府部门之间以及不同层级政府之间的分工,加快建立上下联动、左右协调的生态空间用途管控体系(黄征学等,2019)。

(四)强化数量质量并重的用途转用管理理念

一是数量管控首当其冲。国家在用途转用管理中,根据各级国土空间规划确定的耕地保有量、永久基本农田保护面积、建设用地、林地、湿地、草地等控制指标,结合国家和区域发展战略、城镇化方针以及地区发展需求,按照高质量发展的要求,将新增规划建设用地征占用生态和农业空间总量细化为年度征占用规模控制指标,从国家到市县层层下达。因此在对资源要素转用管理中,对转用数量的控制是自然发生且首当其冲的,对于耕地等高敏感资源虽然有"占补平衡"的制约,但"补"往往具有生产、生态功能的滞后性,且"占优补劣""占多补少"时有发生,所以严控转用数量首当其冲。二是系统加强质量控制。质量控制分为两个层面:一方面是在转用审批时综合考虑以往使用效率。由于市场的不确定性、管理粗放等原因,存在大量虽通过用地报批计划但难以最终形成供地的情况,即用地批而未供。近年来,国家和很多省市相继出台了很多有关土地利用效率的控制指标,比如亩均投资强度、亩均税收贡献、亩均经济产出等。在高质量发展的要求下,仍应坚持这些指标,引导各地区节约集约用地(程茂吉,2020)。另一方面是严格把关"占补平衡"中补充资源的质量。在确保数量不减少的基础上,推动质量不下降乃至有提升,同时为避免补充地块生态功能的滞后性,对于有重要生态价值的林地、草地等,可参考耕地保护,建立后备资源库。

二、完善各项规划许可制度

（一）落实城镇开发边界内外有别的规划许可方式

《若干意见》提出在城镇开发边界内的建设，实行"详细规划+规划许可"的管制方式；在城镇开发边界外的建设，按照主导用途分区，实行"详细规划+规划许可"和"约束指标+分区准入"的管制方式。鉴于"五级三类"规划对国土空间用途管制所起的作用各不相同，需要结合各级各类规划的定位及其刚性管控内容，以核心指标管控为主线，分级分类建立用途审批许可制度。

以北京为例，一方面，在城镇开发边界内为主的区域，结合控制性详细规划编制，在实行"详细规划+规划许可"方式的基础上，研究起草了《北京市建设用地功能混合使用管理办法（试行）》，按照"统筹引导、分区分类、动态管理"的总体思路，落实首都城市战略定位，构建城市新发展格局，强化用地功能混合的差异化引导，实现城市功能系统化、精细化、动态化的全生命周期管理。另一方面，在城镇开发边界外为主的区域，依据划定的国土空间规划分区和相应的用途管制，实行"详细规划+规划许可"和"约束指标+分区准入"的管制，强化主导用途引导、耕地保护、生态安全和指标管控。此外，结合 2020 年国务院发布的《关于授权和委托用地审批权的决定》（国发〔2020〕4号），制定出台的分区规划实施管理办法和工作细则明确提出，应当加强生态保护红线、永久基本农田、生态控制线、城镇开发边界等刚性管控边界的实施监管。

（二）推进规划用地"多审合一""多证合一"

自然资源部制定出台《关于以"多规合一"为基础推进规划用地"多审合一、多证合一"改革的通知》，提出如下举措：

1. 合并规划选址和用地预审

将建设项目选址意见书、建设项目用地预审意见合并，自然资源主管部门统一核发建设项目用地预审与选址意见书，不再单独核发建设项目选址意见书、建设项目用地预审意见。涉及新增建设用地，用地预审权限在自然资源部的，建设单位向地方自然资源主管部门提出用地预审与选址申请，由地方自然资源主管部门受理；经省级自然资源主管部门报自然资源部通过用地预审后，地方自然资源主管部门向建设单位核发建设项目用地预审与选址意见书。用地预审权限在省级以下自然资源主管部门的，由省级自然资源主管部门确定建设项目用地预审与选址意见书办理的层级和权限。使用已经依法批准的建设用地进行建设的项目，不再办理用地预审；需要办理规划选址的，由地方自然资源主管部门对规划选址情况进行审查，核发建设项目用地预审与选址意见书。建设项目用地预审与选址意见书有效期为三年，自批准之日起计算。[①]

2. 合并建设用地规划许可和用地批准

将建设用地规划许可证、建设用地批准书合并，自然资源主管部门统一核发新的建设用地规划许可证，不再单独核发建设用地批准书。以划拨方式取得国有土地使用权的，建设单位向所在地的市、县自然资源主管部门提出建设用地规划许可申请，经有建设用地批准权的人民政府批准后，市、县自然资源主管部门向建设单位同步核发建设用地规划许可证、国有土地划拨决定书；以出让方式取得国有土地使用权的，市、县自然资源主管部门依据规划条件编制土地出让方案，经依法批准后组织土地供应，将规划条件纳入国有建设用地使用权出让合同。建设单位在签订国有建设用地使用权出让合同后，市、县自然资源主管部门向建设单位核发建设用地规划许可证。

3. 推进多测整合、多验合一

以统一规范标准、强化成果共享为重点，将建设用地审批、城乡规划许可、规划核实、竣工验收和不动产登记等多项测绘业务整合，归口成果管理，推进"多测合并、联合测绘、成果共享"。不得重复审核和要求建设单位或者个人多次提交对同一标的物的测绘成果；确有需要的，可以进行核实更新和补充测绘。在建设项目竣工验收阶段，将自然资源主管部门负责的规划核实、土地核验、不动产测绘等合并为一个验收事项。

---

① 自然资源部：《关于以"多规合一"为基础推进规划用地"多审合一、多证合一"改革的通知》（自然资规〔2019〕2号）。

4. 简化报件审批材料

各地要依据"多审合一、多证合一"改革要求，核发新版证书。对现有建设用地审批和城乡规划许可的办事指南、申请表单和申报材料清单进行清理，进一步简化和规范申报材料。除法定的批准文件和证书以外，地方自行设立的各类通知书、审查意见等一律取消。加快信息化建设，可以通过政府内部信息共享获得的有关文件、证书等材料，不得要求行政相对人提交；对行政相对人前期已提供且无变化的材料，不得要求重复提交。支持各地探索以互联网、手机APP等方式，为行政相对人提供在线办理、进度查询和文书下载打印等服务。

（三）强化建设工程规划许可证和乡村建设规划许可证管理

1. 建设工程规划许可证管理

《城乡规划法》第四十条规定，"在城市、镇规划区内进行建筑物、构筑物、道路、管线和其他工程建设的，建设单位或者个人应当向城市、县人民政府城乡规划主管部门或者省、自治区、直辖市人民政府确定的镇人民政府申请办理建设工程规划许可证。""申请办理建设工程规划许可证，应当提交使用土地的有关证明文件、建设工程设计方案等材料。需要建设单位编制修建性详细规划的建设项目，还应当提交修建性详细规划。对符合控制性详细规划和规划条件的，由城市、县人民政府城乡规划主管部门或者省、自治区、直辖市人民政府确定的镇人民政府核发建设工程规划许可证。""城市、县人民政府城乡规划主管部门或者省、自治区、直辖市人民政府确定的镇人民政府应当依法将经审定的修建性详细规划、建设工程设计方案的总平面图予以公布。"该法第六十四条还规定，"未取得建设工程规划许可证或者未按照建设工程规划许可证的规定进行建设的，由县级以上地方人民政府城乡规划主管部门责令停止建设；尚可采取改正措施消除对规划实施的影响的，限期改正，处建设工程造价百分之五以上百分之十以下的罚款；无法采取改正措施消除影响的，限期拆除，不能拆除的，没收实物或者违法收入，可以并处建设工程造价百分之十以下的罚款。"

建设工程规划许可证所包括的附图和附件，按照建筑物、构筑物、道路、管线以及个人建房等不同要求，由发证单位根据法律、法规规定和实际情况制定。附图和附件是建设工程规划许可证的配套证件，具有同等法律效力。

2. 乡村建设规划许可证管理

《城乡规划法》第四十一条规定："在乡、村庄规划区内进行乡镇企业、乡村公共设施和公益事业建设的，建设单位或者个人应当向乡、镇人民政府提出申请，由乡、镇人民政府报城市、县人民政府城乡规划主管部门核发乡村建设规划许可证。"该法第六十五条规定："在乡、村庄规划区内未依法取得乡村建设规划许可证或者未按照乡村建设规划许可证的规定进行建设的，由乡、镇人民政府责令停止建设、限期改正；逾期不改正的，可以拆除。"

建设单位或者个人在乡、村庄规划区内进行乡镇企业、乡村公共设施和公益事业等建设活动，应当向所在地乡、镇人民政府提出申请，由乡、镇人民政府进行审核后，报城市、县人民政府自然资源主管部门核定发放乡村建设规划许可证。乡、镇人民政府审核的主要内容是确认建设项目的性质、规模、位置和范围是否符合相关的乡规划和村庄规划；自然资源主管部门核定的主要内容是有关建设活动是否符合交通、环保、防灾、减灾、文物保护等方面的要求。

三、探索建立城市设计制度

城市设计是贯穿各级各类国土空间规划的重要手段。各地对于城市设计的工作定位进行了多方摸索，北京市在城市设计制度建立方面迈出具有重要探索意义的一步。

为全面落实《北京城市总体规划（2016年—2035年）》，2019年，北京修订了城乡规划条例。《北京市城乡规划条例》第二十六条规定："市规划自然资源主管部门统筹指导本市城市设计实施，区人民政府负责本行政区域内城市设计的实施管理。"第二十七条规定："本市建立贯穿城市规划、建设和管理全过程的城市设计管理体系。城市设计的编制层级包括市、区总体城市设计，街区城市设计，地块城市设计及专项城市设计。重点地区应当编制地块城市设计，对建筑形态、公共空间、生态景观、文化传承及其他要素提出控制要求；其他地区按照城市设计通则管控。组织编制城市设计应当通过论证会、听证会、座谈会等多种形式，广泛征求专家和公众意见。审批前应当依法通过固定场所或者公共媒体进行公示，公示时间不得少于30日。各层级城市设计经批准后纳入相应层级的城乡规划。城市设计具体管理办法由市规划自然资源主管部门制定。"第三十一条规定："市规划自然资源主管部门应当会同相关部门建立向社会开放的"多规合一"协同平台，依据控制性详细规划或者村庄规划，制定建设项目的规划综合实施方案，并予以公布。规划综合实施方案应当包含建设工程设计要求、土地权属、规划指标、城市设计要求、市政及交通条件、供地方式、建设时序等内容"。据此，城市设计制度通过地方法规形式得以确立。

第三节 做实规划体检评估和实施监测

动态监测评估预警和实施监管机制是加强国土空间规划实施监督和确保规划有效实施的关键手段。2017年2月，习近平总书记视察北京市城市规划建设工作时指出，城市规划在城市发展中起着重要引领作用，要坚决维护总体规划的权威性，健全规划的实时监测、定期评估、动态维护制度，建立城市体检评估机制。《若干意见》明确提出："依托国土空间基础信息平台，建立健全国土空间规划动态监测预警和实施监管机制。"《自然资源部办公厅关于加强国土空间规划监督管理的通知》明确提出："加强规划实施监测评估预警，按照'一年一体检、五年一评估'要求开展城市体检评估并提出改进规划管理意见，市县自然资源主管部门要适时向社会公开城市体检评估报告，省级自然资源主管部门要严格履行监督检查责任。"总体上看，应当从国土空间规划城市体检评估制度和动态监测制度两个方面重点发力，为有效实施规划监督提供有力支撑。

一、落实国土空间规划城市体检评估制度

城市体检评估是国土空间规划的重要基础工作，是规划实施监督体系的重要组成部分，是对规划进行动态修改完善的前置环节和重要依据，是实行国土空间规划全周期管理的必然要求，是城市政府有效治理城市的政策工具。总体上看，建立健全城市体检评估制度，对于实行国土空间规划全周期管理、促进城市高质量发展、全面提升国土空间治理体系和治理能力现代化水平具有重要意义。

（一）国土空间规划城市体检评估制度建立与完善

2017年2月，习近平总书记视察北京市城市规划建设工作时指出，城市规划在城市发展中起着重要引领作用；同时也强调，城市规划建设做得好不好，最终要用人民群众满意度来衡量；要求坚决维护总体规划的权威性，健全规划实时监测、定期评估、动态维护制度，建立城市体检评估机制。2017年9月，在《中共中央 国务院关于对〈北京城市总体规划（2016年—2035年）〉的批复》中，对"坚决维护规划的严肃性和权威性"部分明确要求，"建立城市体检评估机制，完善规划公开制度，加强规划实施的监督考核问责"。由此，北京市在全国率先探索建立"一年一体检、五年一评估"的定期城市体检评估机制（专栏5-2）。

专栏5-2 北京市城市体检评估的实践

按照首都规划建设委员会的要求，2018年以来，自然资源部指导北京市率先组织开展了城市体检评估工作，并已完成三年年度体检和首次阶段性评估。北京探索构建了"监测—诊断—预警—维护"的城市体检闭环工作体系：通过实时运行的体检数据收集和监测平台及时反映总规实施情况；考察是否存在偏离城市功能定位、突破发展底线、违背指标目标方向等问题；对年度总规实施情况进行综合总结、趋势判断和问题预警；形成对策建议并反馈指导下一年实施工作，体检结果与下一年度实施计划挂钩，促进滚动实施。

在工作组织上，北京城市体检评估采用自评估与第三方评估结合的模式，以评估主体的多元化、社会化，推动实现体检全过程的客观公正、公开透明。自评估工作由市规划自然资源委和市统计局共同牵头开展，各部门、各区政府根据要求开展自评。促进"主动自检"，着力推动树立"体检是向上反馈问题和诉求通道"的理念，提升各自评估主体的积极性。开展自评估的同时，遴选和委托多家第三方技术团队开展专题评估工作。强化公众参与，通过全市居民满意度调查和部分街道、社区深入调研，点面结合收集公众意见，使体检报告反映各方共识。

在工作内容上，一是确立"一张表、一张图、一清单、一调查、一平台"体检核心内容。实现指标体系全面量化观测、各空间圈层发展全面检视、实施任务清单全面梳理、居民满意度全面调查、多源数据全面校核。二是设置体检必选专项与可选专项，聚焦总规改革创新、重大变化要素、政府工作主线。必选专项主要聚焦总规改革创新和重大变化要素，将北京新总规提出的长期改革创新方向，包括强化底线约束、减量发展转型、功能疏解重组、加强城市治理等，作为今后每年体检重点关注、持续跟踪的主题。同时，聚焦对城市发展产生重大影响的规划管控要素，深入分析人口与就业、建设用地与建筑规模、两线三区等方面的变化动态。可选专项与年度政府工作重点紧密结合，汇总政府工作报告和相关政策文件，依据其中的重点行动、专项政策、大事件、投资建设取向等，梳理总规实施脉络。

在技术方法上，一是建设城市空间基础信息平台和城市数据监测系统，形成多来源、多尺度、多时相、多规融合的，能够全面反映总体规划实施和城市管理运行现状的数据资源体系，为定量、客观、科学开展城市体检评估奠定基础。基础信息平台汇总集成了规划实施数据、建设管理数据、地理信息数据、城市运行大数据。数据监测系统综合收集到的基础数据，对城市各领域管理和运行现状进行动态监测和实时运算更新。二是强调多种技术手段的综合运用、多维度多层次的分析视角以及重思辨重验证的科学思维。采用的技术方法包括定量与定性结合、主观评价与客观评价结合、问题与机理并重、全要素交叉分析、纵向历史比较与横向城市比较结合、建构市-区-街乡-区域"三级一协同"体检层次等。

在成果应用上，体检工作充分对接总规实施和政府施政的关键环节，成为有效实施总规的抓手。体检成果支撑政府决策和实际工作，是政府治理城市的重要工具。一是体检报告暴露的具体问题，例如进展缓慢的指标，市里要求相应主责部门作为专项工作推进。二是针对体检反映出的一些涉及面广、难度大、需要大力改革创新的任务，北京市建立了市领导协调机制，加快推进实施。

在保障机制上，一是加强机构保障、落实责任主体。成立城市体检评估专项工作组，由市领导负责，加强统筹协调。建立部门专项责任制、区级责任制、央地联动制，明确责任主体。二是明确审议程序、强化考核督导。年度体检报告由市委、市政府审定，报市人大常委会备案，同时向首都规划建设委员会全会进行报告，相关成果也将上报党中央、国务院。体检评估结果将逐步纳入各部门、各区及领导干部绩效考核，并将与北京市审计监督工作相衔接。

从2018年度体检结果来看，北京市总体规划实施102项重点工作任务进展顺利，97项年度体检监测指标中95项按照总体规划确定的目标取得了较好进展。其中万人发明专利拥有量、全社会劳动生产率、$PM_{2.5}$年均浓度、重要江河湖泊水功能区水质达标率、清洁能源供热比例等15项指标提前实现了2020年规划目标。减量提质发展取得切实成效，城乡建设用地规模、平原地区开发强度等7个指标已扭转增量发展趋势，在人口、建设用地"双减"的同时，劳动生产率和土地利用效益实现"双升"。城市居民宜居满意度总体得分较上年进一步提高，特别是在雾霾治理、雨污水排放、环境卫生等方面的满意度提高幅度较大，市民群众的蓝天获得感、绿色获得感明显增强。

2018年党和国家机构改革决定，将城乡规划管理职责划入自然资源部。2019年5月，《若干意见》进一步提出"建立国土空间规划定期评估制度""依托国土空间基础信息平台，建立健全国土空间规划动态监测评估预警和实施监管机制"。作为国土空间规划实施管理的配套举措，自然资源部组织开展的城市体检评估工作正式全面推开。按照首都规划建设委员会要求，自然资源部指导北京市规划和自然资源部门完成了2018、2019年度的北京城市体检报告。2019年，自然资源部组织北京、上海、重庆、长春、哈尔滨、青岛、武汉、广州、深圳、银川等10个城市开展了两轮体检评估先行先试工作。2020年，自然资源部在现行国务院审批总体规划城市部署开展了城市体检评估工作，并形成了相关报告成果。2021年6月，通过多轮试点不断总结经验，自然资源部与北京等先行先试城市进一步加强合作，制定发布了《国土空间规划城市体检评估规程》（以下简称《体检评估规程》）行业标准（专栏5-3），并印发了《自然资源部办公厅关于认真抓好〈国土空间规划城市体检评估规程〉贯彻落实工作的通知》（自然资办发〔2021〕55号），部署全国市县开展2020年度体检评估。

专栏5-3 《国土空间规划城市体检评估规程》主要内容

自然资源部发布行业标准《国土空间规划城市体检评估规程（TD/T 1063-2021）》（以下简称《规程》），自2021年6月18日起实施。《规程》要求各城市围绕战略定位、底线管控、规模结构、空间布局、支撑体系、实施保障等六个方面的评估内容（各城市可根据具体情况进行调整），采取全局数据与典型案例结合、纵向比较与横向比较结合、客观评估与主观评价结合等分析方法，对各项指标现状年与基期年、目标年或未来预期进行比照，分析规划实施率等进展情况。同时结合政府重点工作实施情况、自然资源保护和开发利用、相关政策执行和实施效果、外部发展环境及对规划实施影响等，开展成效、问题、原因及对策分析。

具体要求：①在战略定位方面，要分析实施国家和区域重大战略、落实城市发展目标、强化城市主要职能、优化调整城市功能等方面的成效及问题；②在底线管控方面，要分析耕地和永久基本农田、生态保护红线、城镇开发边界、地质洪涝灾害、文化遗产保护等底线管控，以及全域约束性自然资源保护（包含山水林田湖草沙海全要素）目标落实等方面的成效及问题；③在规模结构方面，要分析优化人口、就业、用地和建筑的规模、结构和布局，提升土地使用效益，推进城市更新等工作的成效及问题；④在空间布局方面，要分析区域协同、城乡统筹、产城融合、分区发展、重点和薄弱地区建设等空间优化调整方面的成效及问题；⑤在支撑体系方面，要分析生态环境改善、住房保障、公共服务、综合交通、市政基础设施、城市安全韧性、城市空间品质等方面的成效及问题；⑥在实施保障方面，要分析实施总体规划所开展的行动计划、执法督察、政策机制保障、信息化平台建设，以及落实总体规划的详细规划、相关专项规划及下层次县级或乡镇级总体规划的编制、实施等方面的成效及问题。

此外，《规程》对年度体检和五年评估分别提出了内容和成果要求。年度体检报告应基于六个方面的内容分析，聚焦年度规划实施中的关键变量和核心任务，总结当年城市运行和规划实施中存在的问题和难点，并从年度实施计划、规划应对措施、配套政策机制等方面有针对性地提出建议；五年评估报告应全面对照国土空间总体规划和上级政府对国土空间总体规划的批复要求，以六个方面的规划实施情况为重点，开展阶段性的全面评估和总结，对国土空间规划各项目标和指标落实情况、强制性内容执行情况、各项政策机制的建立和对规划实施的影响等方面进行系统深入分析，结合规划面临的新形势和新要求，对未来发展趋势做出判断，并对规划的动态维护及下一个五年规划实施措施、政策机制等方面提出建议。

在定期城市体检评估工作的基础上，自然资源部以注重群众实际感受和强化安全风险评估预警为导向，组织北京、上海、重庆、南京、武汉、广州、成都、西安、大连、青岛、厦门、深圳等开展了城市"实时体检评估"试点，重点突出与人民生产生活息息相关的动态指标评价，运用信息化手段提高体检评估效率，强调数据的实时获取和结果的动态展现。专栏5–4反映了武汉市城市"实时体检评估"试点探索。

专栏5–4　武汉市构建规划实施动图，开展"实时体检评估"[①]

武汉市采用数字化思维和信息化技术，建立了"数据—指标—模型—应用"的技术框架。建立现状、规划和实施之间的数字化路径，实时接入规划管理审批业务数据，开展指标实时计算，实现及时发现、预警城市问题的目标。具体而言，一是汇集数据，打通数据关联，实现多源数据融合；二是开展空间计算，实时感知规划实施和城市运行状态；三是建立监测预

---

① 武汉市自然资源和规划局提供。

警机制，实施动态监测、精准预判和提前预警。

1. 构建"现状底图、规划蓝图、实施动图"数据治理体系

以地理时空数据为基础，武汉市开展了全域、全要素、全周期的数据治理，实现国土空间规划与实施监督的全环节数据串联与融合（图5-1）。

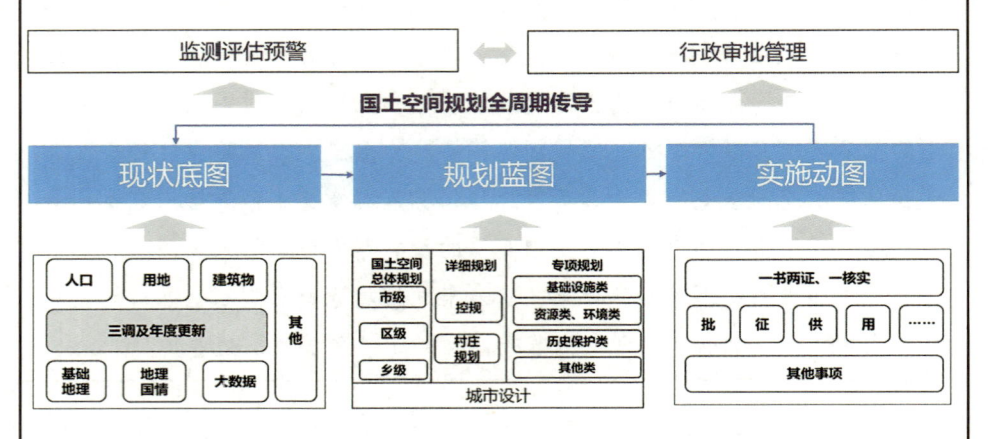

图5-1 国土空间规划全生命周期传导

"现状底图"以三调及年度变更调查数据为基底，融合人口、社会、经济、公共设施、交通运行等多领域数据，作为规划编制的底图和城市体检评估的起点（图5-2）。

"规划蓝图"融合了全市各级各类法定规划，形成战略引领、有效传导、同级唯一、管控清晰的数据体系，作为用途管制和实施监督的法定依据（图5-3）。

"实施动图"串联了全市自然资源领域的规划策划、计划准备、产权许可、建设生产、监督核实、登记变更等6个阶段43个环节89个审批事项，建立了规则统一、有序关联、实时更新的规划实施数据库，并与现状底图、规划蓝图衔接贯通，形成规划实施全周期的"生命树"，作为国土空间规划实施监督和城市运行状态的实时数据流（图5-4）。

第五章 国土空间规划的实施监督体系

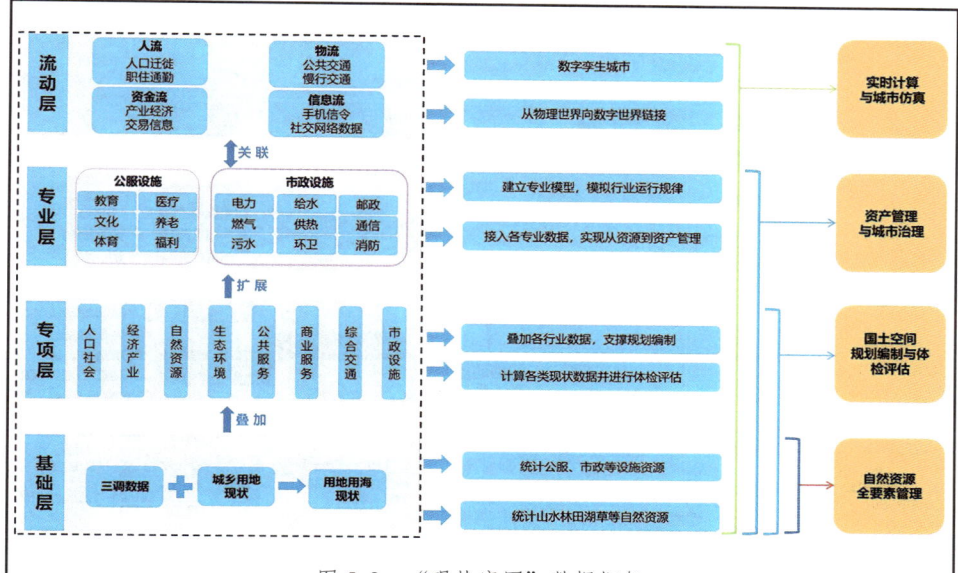

图 5-2 "现状底图"数据框架

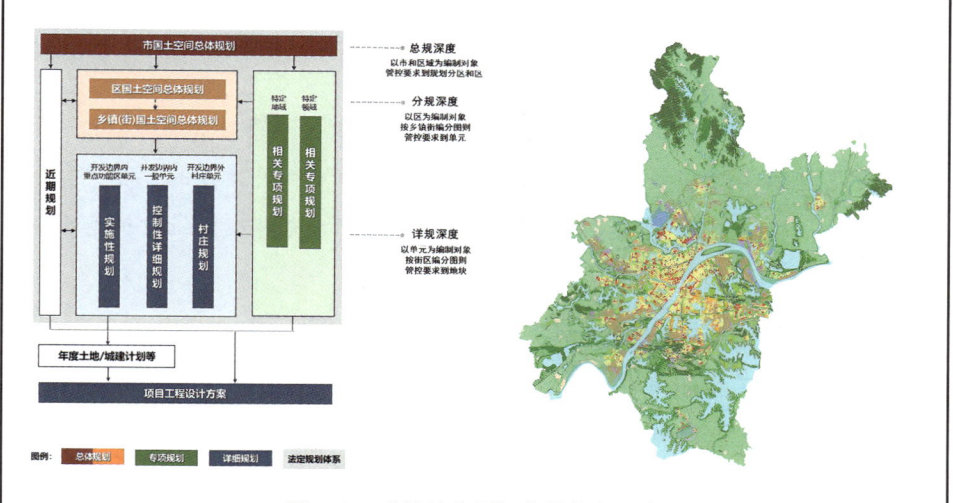

图 5-3 "规划蓝图"数据框架示意

2. 研发指标动态计算模型

武汉市从资源环境、空间规划、资产利用、运行效率等 8 个方面提出了 1 000 余项指标，并全面对接自然资源部关于国土空间规划城市体检评估

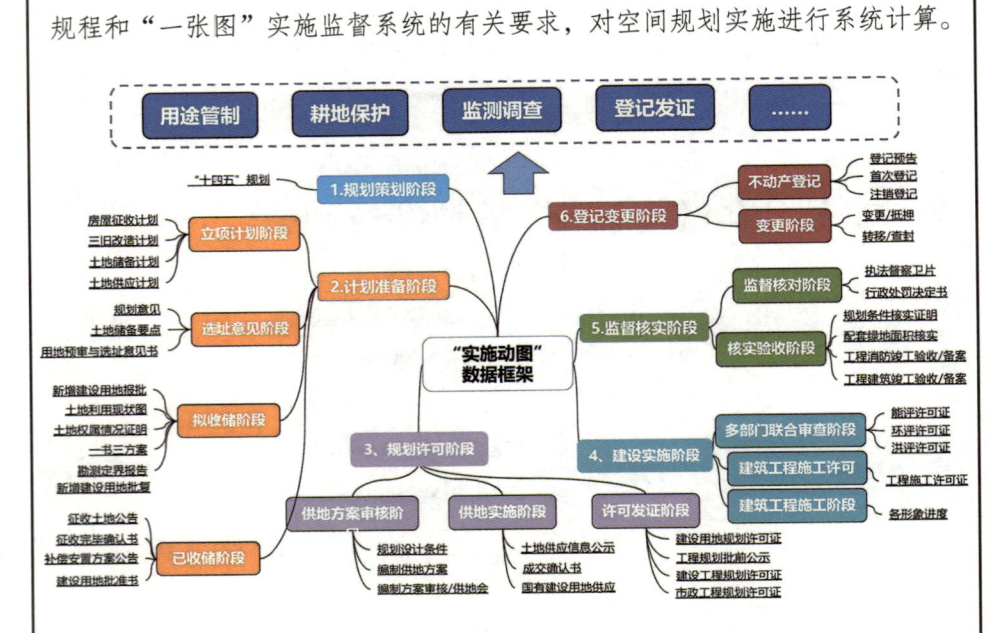

规程和"一张图"实施监督系统的有关要求，对空间规划实施进行系统计算。

图5-4 "实施动图"全流程及数据框架示意

以"实时体检评估"为目标，武汉市重点开发了动态计算模型。对"实施动图"中的每个事项进行动态监控，并自动触发各类指标的计算模型，在管理行为实施之前，对现状值、规划目标值和实施动态值进行提前比对和及时预警。

3. 建立监测预警反馈机制

一是提出了指标预警、位置预警、用途预警和程序预警等四种监测预警方式，对国土空间规划的实施过程进行动态监测和过程预警（图5-5）。

二是建立红、黄、绿三种预警措施。以教育设施为例，红色表示设施紧缺，该项目不能实施，需反馈到规划源头，进行规划方案优化调整。黄色表示设施紧平衡，需同步实施规划中的教育设施。绿色表示设施充足，该项目可顺利实施（图5-6）。

图 5-5 位置预警

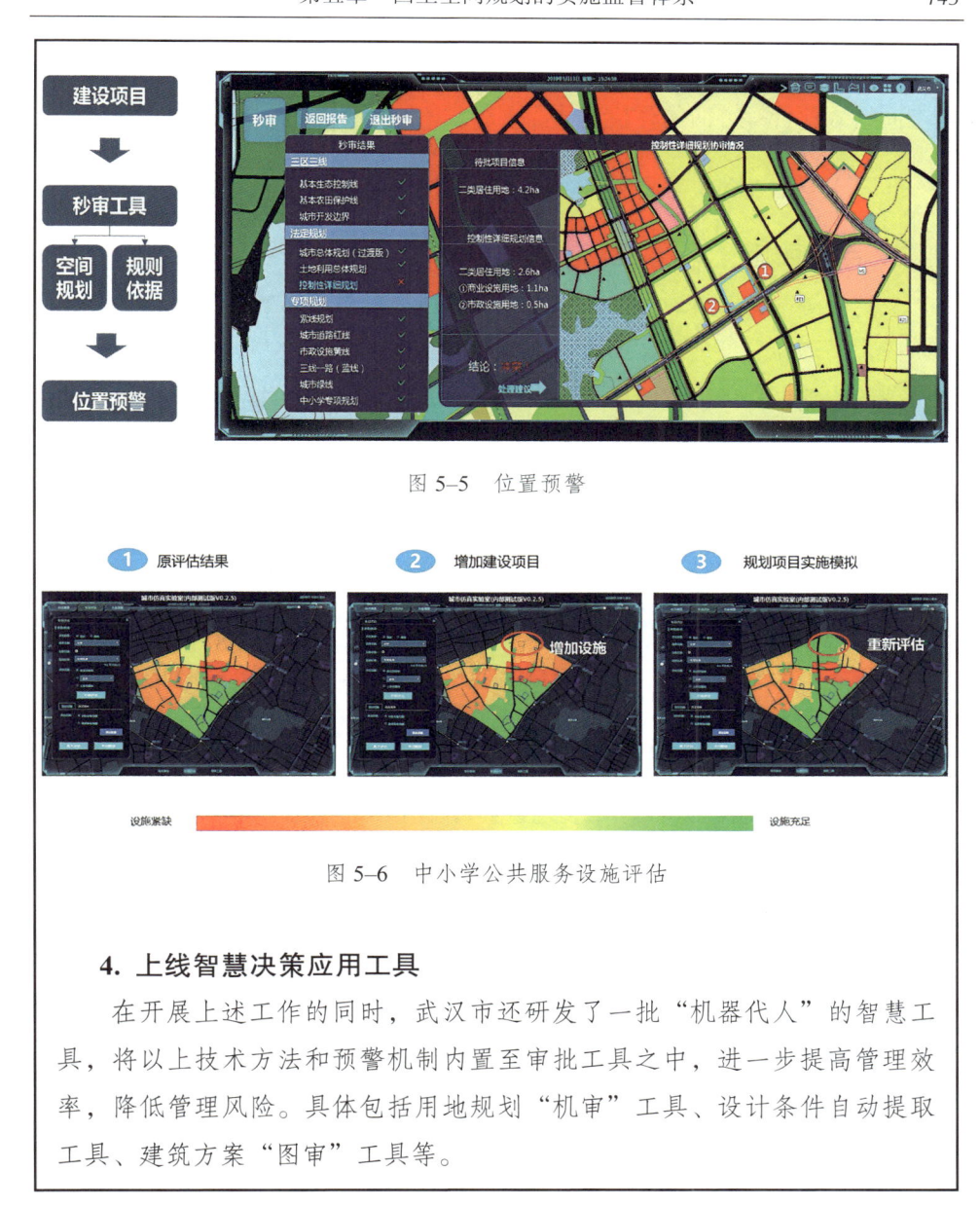

图 5-6 中小学公共服务设施评估

4. 上线智慧决策应用工具

在开展上述工作的同时,武汉市还研发了一批"机器代人"的智慧工具,将以上技术方法和预警机制内置至审批工具之中,进一步提高管理效率,降低管理风险。具体包括用地规划"机审"工具、设计条件自动提取工具、建筑方案"图审"工具等。

此外,自然资源部强化顶层设计,探索完善国土空间规划体检评估制度体系,拓展"专项体检评估",包括特定区域和特定领域的体检评估。其中,特定区域的专项体检评估包括城市群、都市圈、省域、街区、社区、农村等多层级区域体检评估；特定领域的专项体检评估，如全龄友好型城市、宜育社会、国土空间绩效评价等方面的体检评估。

（二）国土空间规划城市体检评估目标原则与工作方法

1. 目标原则

自然资源部始终以习近平新时代中国特色社会主义思想为指导，立足新发展阶段，贯彻新发展理念，服务构建新发展格局，坚持生态优先、绿色发展，坚持节约集约、高效用地，坚持以人为本、服务为民，推进体检评估制度设计及实施，更好地发挥规划的引领和约束作用，推动建设安全韧性、绿色低碳、开放协调、创新智慧、包容共享并独具魅力的美好城市。明确"五个坚持"的工作原则：一是坚持以人民为中心的发展思想，推动建设人民城市；二是坚持新发展理念，统筹发展和安全，促进城市高质量发展；三是坚持目标导向、问题导向和结果导向相结合，提高城市治理现代化水平；四是坚持一张蓝图干到底，实施全生命周期管理；五是坚持一切从实际出发，注重科学简明可操作。

2. 工作方法

过去做规划实施评估往往是为论证调整修编规划的必要性和紧迫性而做，"重量轻质""重地轻人""重结果轻过程"，评估发现问题的能力不足、对策针对性不强，以评估促管理、实现动态监控规划进程的初衷难以实现。为此，自然资源部坚持问题导向，不断研究完善城市体检评估工作方法：一是以数据质量为根本，把数据质量作为城市体检评估工作的生命线，充分应用自然资源部门自掌握空间数据，组织制定时空大数据应用标准，确保数据真实准确、完整及时、具有纵横向可比性，提高数据权威性。二是以技术创新为支撑，坚持创新引领，在统计科学、数据科学的基础上，积极引入大数据、云计算和空间地理信息等现代信息技术，丰富体检评估数据源，优化体检评估模型算法，确保分析可靠性。三是以标准制定为保障，构建既能反映底线管控等共性问题、又能体现地方特色的指标体系，规范指标内涵、数据来源、算法和模型，明确城市体检评估组织形式及工作流程，提升工作效能。四是以群众满意度为核心，探索运用城市体征测量仪、表情图等先进手段，优化提升城市画像能力，推动人民群众身边"急难愁盼"问题得到解决，让人民群众实实在在感受到城市空间品质的改善提升。

（三）国土空间规划城市体检评估的实践经验与设想

近年来，按照自然资源部总体安排部署，全国不同城市在城区划定的基础上，按照《体检评估规程》开展年度城市体检评估工作，形成了许多宝贵的经验做法：①扎实开展现行规划实施评估，通过专篇分析、编制《规划实施重点任务完成清单》等深入评估现状规划实施成效与问题，为国土空间规划编制奠定了良好基础；②通过对标对表研判趋势，既对标国内国际先进地区或同类型城市做横向比较评估寻找差距，又就不同历史时期做自我纵向比较，勾勒出相对清晰、直观的发展轨迹，为科学确定下一步努力方向打下扎实基础；③认真检视上年度体检评估问题落实情况，注重问题的发现与解决，逐条细化问题整改措施、时限要求、主责人员，初步体现出动态评估监测效果；④各市依托信息平台建立数据使用长效机制，在国土空间"一张图"建设过程中形成城市体检评估数据获取、汇交和共享管理办法，为体检评估提供统一、高效、扎实的数据基础；⑤充分应用大数据分析城市运行特征和空间治理问题，通过大数据分析拓展了体检评估的广度，提升了评估结果的客观真实性；⑥认真核实其他部门提供数据的准确性，以函询、与统计部门联合等形式核实其他部门所提供数据的来源、口径，保障体检评估成果的有效性；⑦主动开展群众满意度评价，实实在在了解群众所需，体现公众意愿，夯实"人民规划为人民"的理念。同时，一些城市也暴露出相应的问题，诸如对既有规划实施评估不够重视、问题分析不够深入、评估报告框架还需完善、缺乏评估成果应用方面的探索等。

今后，自然资源部将指导地方进一步按照"多规合一"改革要求，立足本地资源禀赋特点和强优势，坚持以人民为中心的发展思想，聚焦人民生活品质改善，聚焦安全底线，聚焦高质量发展，聚焦信息平台建设，聚焦体检评估成果运用，突出重点，明确任务，推动城市体检评估工作不断深入。一是立足自然地理格局开展体检评估，落实国家总体安全观，坚决守住永久基本农田、生态保护红线和城镇开发边界等重要控制线，持续关注粮食、生态、海洋、能源和水资源等安全底线，筑牢国土空间保护格局。二是聚焦节约集约用地开展体检评估，以国土三调为基础，重点关注空间结构、空间效率与空间品质问题，推进城市更新和土地复合利用，提升公园绿地和公共服务设施的可达性，优化国土空间发展格局。三是基于国土空间规划"一张图"开展体检评估，依托国土空间基础信息平台，建设横向到边、纵向到底的国土空间规划"一张图"实施监督信息系统，结合规划编制及时完成数据汇交和入库，加强部门数据共享，更加精准地开展动态监测评估预警。四是围绕问题解决开展体检评估，将体检评估发现的突出问题作为自然资源执法督察重点内容，跟着问题走、盯着问题改、年度回头看，推动问题尽早解决。

二、健全国土空间规划动态监测制度

2019年7月，自然资源部印发的《国土空间规划"一张图"建设指南（试行）》明确提出："建设完善省、市、县各级国土空间基础信平息台，基于平台同步推动各级国土空间规划'一张图'实施监督信息系统建设，为建立健全国土空间规划动态监测评估预警和实施监管机制提供信息化支撑。"国家层面陆续发布的规范性文件，对建立健全国土空间规划动态监测评估预警机制提出了明确要求，为各地科学高效开展国土空间规划动态监测评估预警工作奠定了坚实基础。

动态监测评估预警与城市体检评估同属规划监督体系的重要组成部分，要定期对规划实施状况进行监测、评估、预警、维护，两者密不可分。就制度设计而言，应结合规划实施绩效的科学评估，强化实时监测、定期评估和动态维护的统筹衔接和互动支撑，形成贯穿规划编制、任务分解、体检评估、督察问责、反馈落实的规划全生命周期管理机制，并衔接国土调查、用途管制、执法督察等自然资源全过程管理，最终实现生态文明体制改革要求的"两统一"基础上的全生命周期管理闭环，推动国土空间治理持续优化。开展国土空间规划监测评估预警，首先要利用大数据和新技术，推进国土空间全域全要素的数字化和信息化，构建国土空间数字化生态，为加强国土空间规划实施管理、逐步实现"可感知、能学习、善治理和自适应"的智慧型规划、全面提升国土空间治理体系和治理能力现代化水平提供重要支撑。其次，应当依托各级国土空间基础信息平台，基于平台同步推动各级国土空间规划"一张图"实施监督信息系统建设，强化国土空间规划动态监测评估预警功能，通过动态监测、及时预警和定期评估，支撑责任部门监督落实主体责任，辅助管理者决策。

全国多地也相继开展监测评估预警管理信息平台的建设实践，探索实现"连起来，用起来，管起来"。广州市在全国率先建立国土规划一体化信息平台，重点建立规划实施保障、数据质量保障、信息共享、安全保密、数据更新、经费保障、队伍建设等七项机制，实行空间数据"集中统一共享，分层分级管理"，建立涵盖基础地理、调查评价、规划编制、业务管理、监督监管等七大类数据的"二维+三维"国土空间规划大数据库，构建空间数据资源标准体系并制定信息化技术标准。北京市面向城市体检评估需要，建设规划动态监测体系，包括一套划动态监测指标体系、一套规划数据挖掘分析方案、一个规划动态监测数据仓库、一个规划动态监测信息系统和一套完整的规划动态监测指标数据成果，实现了对多维指标数据的动态更新和集成发布，能够提供在线可交互的数据可视化服务，实现权威分析数据的实时共享（程辉等，2020）。

第四节　健全国土空间规划监督监管制度

实施监督体系是国土空间规划"五级三类四体系"的重要组成部分。加强实施监督监管是建立国土空间规划并监督实施的必然要求，应当从推行自然资源督察制度、建立规划行政问责制度、强化实施监督和执法处、加强社会监督与公众参与制度等方面，不断完善国土空间规划实施监督监管体系。

一、推行自然资源督察制度

2019年5月，中共自然资源部党组印发《各派驻地方的国家自然资源督察局职能配置、内设机构和人员编制暂行规定》（自然资党发〔2019〕20号），对各派驻地方的国家自然资源督察局的职能配置、内设机构和人员编制等作出了明确规定，并提出："完善督察工作设计、控制、制衡机制，健全督察管理、督察实施、督察监督既相互衔接又相互制约的工作制度。""督察工作不改变、不取代地方政府及其自然资源等主管部门的行政许可、行政处罚等管理职权，不直接查处案件。"进一步推动了国家自然资源与规划督察制度的科学化、体系化、规范化。

自然资源督察的主要内容包括：地方政府落实自然资源相关决策部署及执行法律法规情况，实施国土空间规划情况，落实耕地保护制度和节约用地制度等土地开发利用与管理情况，落实生态保护修复、矿产资源保护及开发利用监管等职责情况，涉及自然资源重大问题，督促落实自然资源督查问题整改等工作[①]。新时期自然资源督察需着力聚焦重点区域、发现重大问题，既督察具体业务违规问题，又深入督察问题背后的政府决策情况，压实地方政府自然资源保护和管理主体责任；加强卫星遥感监测等技术支撑，全面及时发现各类违法违规破坏资源行为，推动绿色发展和高质量发展；通过警示约谈、通报问题、责令限期整改等形式推动问题整改，加强与巡视、审计、司法、监察工作联动，形成督察合力；加强国家政策在地方执行情况的跟踪评估和调查研究，听取意见建议，推动政策完善。

二、建立规划行政问责制度

习近平总书记强调："规划科学是最大的效益，规划失误是最大的浪费，规划折腾是最大的忌讳，规划不作为是最大的失职。"国土空间规划行政问责制度是行政问责制度的重要组成部分。建立健全规划行政问责制度，对严重违反国土空间规划相关法律法规的党政领导干部进行问责，对于加强党政领导干部规划工作的管理和监督、增强党政领导干部规划工作的责任意识和大局意识、提高党的规划执行能力和执政水平具有十分重要的现实意义。

国家和地方在建立国土空间规划行政问责制度方面进行了积极探索，如北京市已率先明确将规划审批、规划执法等纳入行政问责范围，取得初步成效。但总体上看，当前国土空间规划行政问责制度仍处在初步探索构建阶段。下一步，应重点结合国土空间规划立法等工作，按照"严格要求、实事求是，权责

---

① 中共北京市委：《北京市自然资源督察和国土空间规划督察工作方案（试行）》，2020年。

一致、惩教结合，依靠群众、依法有序"的总体原则，将规划行政问责制度纳入整个行政问责制度通盘考虑、协调推进，加快形成科学合理和严格规范的规划行政问责制度，推动国土空间规划行政问责逐渐步入常态化和制度化。一是明确规划行政问责的情形。对国土空间规划的编制、审批、实施和修改等行政行为进行全流程梳理，明确因造成规划重大损失或者恶劣影响需实行规划行政问责的具体情形，包括决策严重失误、工作严重失职、规划不作为、政府职能管理监督不力、滥用规划职权、强令或授意实施违法规划行政行为等。二是明确规划行政问责的方式。依据违法规划行政行为的严重程度制定实行不同程度的问责方式，主要包括责令公开道歉、停职检查、引咎辞职、责令辞职、免职等，并进一步明确应当从重问责或可以从轻问责的具体情形。三是明确实行规划行政问责的程序。对党政领导干部实行规划行政问责，应按照干部管理权限进行，纪检监察机关、组织人事部门按照管理权限履行有关职责，并进一步明确有关问责权限和具体程序。

三、强化实施监督和执法查处

2020年5月，自然资源部印发《自然资源部办公厅关于加强国土空间规划监督管理的通知》（自然资办发〔2020〕27号），规范全国国土空间规划监督管理工作。一是要求各级自然资源主管部门提高政治站位、改进工作作风、严守廉政底线，树立风清气正的行业形象。二是严格按照中央精神，依法依规编制和审批国土空间规划，不得擅自修改规划、违规变更规划条件。三是坚持先规划、后建设，严格按照国土空间规划核发规划许可，严格依据规划条件和规划许可开展规划核实。四是实行规划全周期管理，加快建立完善国土空间基础信息平台，形成国土空间规划"一张图"，建立规划编制、审批、修改和实施监督全程留痕制度，加强规划实施监测评估预警，将国土空间规划执行情况纳入自然资源执法督察内容。五是严格干部队伍管理，建立健全干部轮岗交流制度，严禁规划重点岗位公职人员配偶、子女及其配偶在规划直接相关领域经商办企业，严肃查处违规编制、审批、修改规划，违规发放或变更规划许可等行为。

2021年修订的《土地管理法实施条例》明确提出，国家自然资源督察机构根据授权对国土空间规划编制和实施情况等进行督察。县级以上人民政府及其自然资源主管部门应当加强度国土空间规划编制、审批、实施、修改的监督检查，对违法违规行为进行查处。严格监督执法程序是规范有效开展规划监督执法工作的重要前提，是及时对国土空间规划违法违规行为进行纠偏的重要基础。各地应当结合本地实际情况，研究制定严格规范的规划监督执法程序，及时对国土空间规划实施过程中各类违法违规行为进行严肃查处和执纪问责，坚决维护规划的严肃性和权威性，确保规划有效实施。

（一）规范规划实施监督程序

严格规划实施监督程序是规范高效开展国土空间规划实施监督工作的重要前提和基础。在国家自然资源督察办公室和各派驻地方的国家自然资源督察局的指导下，北京等地切实发挥地方自然资源与规划督察机构的督察主力军作用，不断加强对规划实施的监督力度，取得明显成效。北京市将国土空间规划实施督察纳入例行督察、专项督察的一项核心内容，采取书面督察、实地督察的方式，聚焦国土空间规划实施过程中国家自然资源督察机构督办事项、市领导交办事项、群众反映强烈问题、舆情曝光突出问题等，通过严格规范规划实施监督程序，不断推动规划实施督察科学化、制度化。

以北京市规划实施例行督察一般工作程序为例：一是督察准备。根据中共北京市委、北京市人民政府和国家自然资源督察北京局的工作部署，北京市规划和自然资源总督察办公室（简称市督察办）将规划实施督察纳入例行督察的一项核心内容，在组织调查研究、分析督察任务、督察台账的基础上，研究制定督察工作年度计划并按规定报批。在开展督察 15 个工作日之前，向被督察对象印发督察通知，要求被督察对象落实督察各项准备。二是开展督察。按照督察工作年度计划，并配合国家自然资源督察北京局落实年度督察任务，对被督察对象开展督察工作。督察期间可采取以下具体措施：听取被督察对象工作汇报和有关专题汇报；查阅、复制有关制度文件、会议纪要、档案卷宗等；询问有关单位及个人；实地走访、暗访；对重大违法问题线索进行调查、核实或转交相关部门，必要时请有关部门协助，或责成其作出书面说明；针对督察发现的突出问题，可视情会同纪检监察部门对有关领导干部实施警示约谈；其他必要的措施。三是分析总结。督察结束后,市督察办在 20 个工作日内形成督察报告,客观真实反映被督察对象有关情况,分析存在问题,提出意见建议。督察报告以适当方式与被督察对象交换意见后报北京市人民政府。四是意见反馈。督察报告经北京市人民政府批准后,由市督察办向被督察对象正式反馈督察意见,下达整改任务,明确整改时限,提出整改要求。五是督促整改。被督察对象按照督察反馈意见的要求,制定整改方案并组织整改,严格按时限要求报送整改方案和整改情况,其中整改方案应在督察意见反馈后的 30 个工作日内报送市督察办。市督察办可适时组织"回头看",核查整改情况,重要情况及时报北京市人民政府,必要时向社会公开[①]。

（二）严把规划实施执法程序

严格规划实施执法程序是规范高效开展国土空间规划实施执法工作的重要前提和基础。2020 年 12 月自然资源部印发《自然资源部立案查处自然资源违法行为工作规范（试行）》,对自然资源部本级立案查处自然资源与规划违法行为的执法程序作了明确规定,各地自然资源主管部门也结合本地区实际情况,进一步对本部门立案查处自然资源与规划违法行为的执法程序作了明确细化的规定。总体上看,国家和地方在执法程序上一般分为"线索核查—立案—调查—审理—告知—决定呈批—作出决定—结案"等步骤。目前,国家和地方将国土空间规划作为立案查处自然资源违法行为的规划依据,但未对立案查处国土空间规划违法行为研究制定专项的工作规范。下一步,应结合国土空间规划立法和规划工作实际,对规划编制、审批、实施、修改全过程中存在违反规划违法行为进行全面梳理,明确需立案查处的具体情形、查处权限、查处措施和工作程序等,通过研究制定专项的立案查处规划违法行为的工作规范,或者对已出台的立案查处自然资源违法行为工作规范进行相应补充完善,加快形成严格规范的立案查处规划违法行为的长效机制,推动立案查处国土空间规划违法行为制度化、常态化、规范化。

---

① 中共北京市委:《北京市自然资源督察和国土空间规划督察工作方案（试行）》,2020 年。

（三）严肃处理各类违法建设

2019 年新修改的《土地管理法》和 2021 年新修订的《土地管理法实施条例》对违法用地违法建设处理作出了明确规定。随着我国经济由高速增长阶段转向高质量发展阶段，系统治理违法建设已成为全面提升国土空间治理体系和治理能力现代化的必然选择，是坚决维护国土空间规划的严肃性和权威性的重大举措，也是确保规划有效实施的必然要求。

1. 严控新生违法建设

在违法建设治理过程中，如果不注重严控新生违法建设，必将进入"违建—治理—再违建—再治理"的死循环。自然资源部和省级自然资源主管部门要加强统筹协调和指导督导力度，着力强化县、乡镇、村三级新生违法建设发现机制，整合一线巡查力量，加大对违法违规问题的主动巡查发现力度。加强巡查记录、统计上报和数据比对工作，提高巡查发现的主动性和及时性，杜绝漏报、瞒报。运用卫星遥感检测、云计算、大数据、人工智能等技术手段，推进管理端口前移、重心下沉，实现违法行为早发现、早处置。对正在进行的违法建设行为，有关人民政府及其自然资源主管部门应当责令停止建设或者限期自行消除违法状态；拒不履行或逾期不履行的，有关人民政府可以依法采取停止供水、供电、供热、供燃气等措施。集体土地所有权人、国有土地所有权人要强化守土有责的主体责任，制止违法用地违法建设。

2. 清理存量违法建设

存量违法建设是地方全面系统治理违法建设必须要啃的"硬骨头"，更是全面提升国土空间治理体系和治理能力现代化进程中必须攻克的难题。各地对存量违法建设进行严格查处，专栏 5-5 分析了某城中村改造项目的违法查处案例。在地方实践中，北京市提供了重要的经验，即：重点聚焦基层涉地乱象和涉地腐败，切实摸清违法用地违法建设存量情况，建好"底数、问题、整改"三本帐；对发现的违法存量情况，形成"一张市级总图""一张县级分图""一张街乡点位图"，在上图落表的基础上，要分类处理、综合施策，对符合国土空间规划和没有安全隐患的公共公益类用地等要适时补办规划用地审批手续，对一般违法用地要分年度带位置带图斑精准逐级下达拆除腾退任务，并及时复耕复绿。

要依法有序稳步推进违建别墅、绿地认建认养和公园配套用房出租中侵害群众利益问题、"大棚房"问题等专项整治，持续削减违法建设存量规模，强化监督机制。

专栏 5-5　某省某市某城中村改造项目违法查处案例

某省某市业主反映该市某项目规划建设过程中，开发商通过加盖楼层、缩小间距、侵占绿地、车位造假等手段牟取暴利；有关部门疏于职守，监管缺失；小区业主绿地空间严重缩水，汽车无处停放，合法权益受损，申诉维权艰难等问题。

经核，群众来信反映问题基本属实。该项目属城中村改造项目，由 A-01、A-02 两宗南北紧邻的建设用地地块组成，A-01 地块于 2015 年建成 1 栋向社会公开出售的商品住宅楼（来信群众为此楼业主），A-02 地块于 2016 年建成 3 栋用于安置村民的住宅楼。现场调研发现，A-01 项目绿地率为 6%，A-02 项目绿地率为 16.57%，均低于规划许可要求的 35%；A-01 项目规划许可要求车位 194 个，实测车位仅为 90 个；A-02 项目容积率、建筑密度和建筑层数均违反规划许可要求，地上建筑与地下车库大幅超建。

从自然资源部职责出发，梳理该信访事项存在的突出问题：一是 A-01、A-02 项目规划许可均不符合详细规划要求；二是 A-01 项目未按规划许可要求开展规划核实；三是 A-02 项目违反规划许可要求进行违法建设；四是 A-01、A-02 项目规划建设事中事后监管缺位。针对问题，自然资源部督促该省主管部门认真调查核实，依法依规严肃处理。

目前，相关问题已基本处理整改到位。针对绿地缩水、车位不足问题，经与业主充分沟通协商，通过增加屋顶绿化、改造增加和就近租用车位等方式予以解决。针对超建问题，按照相关法律规定，对地上建筑超建部分没收违法收入，对地下车库超建部分进行罚款，相关款项已收缴到位。针对规划许可、规划核实、规划监管各环节相关责任问题，对该市城乡规划局分局相关负责人等四名行政相关责任人分别作出警告处分、诫勉谈话和批评教育等处理；对相关测绘、施工、设计单位及责任人依法依规严肃处理。

3. 构建长效工作机制

要健全责任机制，各级政府应积极承担违法建设防控治理工作。要建立健全违法建设防控治理工作责任制、行政问责制；以国土空间规划为依据，加强规划管理，深入推进违法建设防控治理工作；要完善政策措施，根据相关法律法规，结合本地实际，制定完善违法建筑补办、拆除、没收违法建筑、暂缓拆除等有关分类处置具体规定，完善相关政策措施，明确临时用地、临时建筑的范围、审批流程、审批期限等内容，进一步提升监管效能；要加大惩戒力度，有关单位因违法建设防控治理工作职责履行不到位、防控体系建设落实不到位、工作或协同配合不力等原因，导致发生新增违法建设的，对相关负责人和责任人员予以问责。

四、加强社会监督和公众参与

社会监督和公众参与制度是国土空间规划实施监督监管体系的重要组成部分。建立健全国土空间规划社会监督和公众参与制度，对于充分听取公众意见、发挥专家作用、实现共商共治，形成全社会共同参与规划编制、审批、实施、监督以及共同遵守和实施规划的良好氛围具有重要意义。

（一）建立多元治理和利益协同机制

建立多元治理和利益协同的方法机制，有利于进一步明晰国土空间规划涉及的政府—市场—社会等多方面利益和边界问题。一是明确社会监督和公众参与的主体，既包括规划编制的法定主体及相关行业部门的"公"利益代表方，也包括利益相关的个人以及富有社会责任感的非营利机构、企业、社区等非政府组织的"众"利益代表方。二是健全社会监督和公众参与的运行机制，体现在规划编制、实施、修改和监督等各个过程，并根据规划工作不同阶段的特点探索建立健全可操作性强的监督参与机制。三是丰富社会监督和公众参与的方式方法，除专家论证会、规划公示、民意调查等形式，还可以运用空间活动大数据，并引导公众参与监督活动，深入结合城市治理。四是完善社会监督和公众参与的法律规范，在国土空间规划法及相关法律文件规范中，明确监督参与的形式、主体和机制等条款,确立监督参与的法律地位,并形成一定的管理制度(孟鹏、左为,2021)。

(二)健全国土空间规划公开制度

国土空间规划公开制度是实施阳光规划的根本保障。建设项目开工建设前,自然资源主管部门应监督建设单位在施工现场设置规划许可公告牌,将规划许可的主要内容进行公开公示,鼓励使用互联网等信息技术进行规划实施的公开公示。应健全国土空间规划公开制度,通过充分听取公众意见、发挥专家作用、实现共商共治,有利于形成全社会共同参与规划编制、审批、实施、监督以及共同遵守和实施规划的良好氛围。2019年11月,自然资源部办公厅印发《城乡规划领域基层政务公开标准指引》,进一步明确了城乡规划领域涉及的规划编制、审批、实施管理等4类一级事项13类二级事项,并按照公开内容、公开依据、公开时限、公开主体、公开渠道、公开对象和公开方式等标准,梳理出城乡规划领域基层政务公开服务清单。在此基础上,各地结合本地实际情况,进一步健全完善了国土空间规划公开制度。在规划编制期间,应当适时向社会公示规划方案,广泛征求社会各界意见;规划经法定程序批准后,及时向社会公布和主动接受社会监督;对已经批准的各级各类规划强制性内容进行修改,应当采取多种形式充分征求公众意见。同时,要强化对规划全过程信息化监管,促进行政机关和有关主体主动接受社会监督[①]。

(三)强化城市多元共治机制

坚持人民城市人民建、人民管,依靠群众、发动群众参与城市治理。畅通公众参与城市治理的渠道,培育社会组织,加强社会工作者队伍建设,调动企业履行社会责任积极性,形成多元共治、良性互动的治理格局。一是整合行政、市场、社会、科技手段,实现城市治理方法模式现代化。多元共治一是治理主体多元化,国土空间规划领域受众广泛,主要包括政府、社会组织、企业、公

---

① 北京市规划和国土资源管理委员会:《北京城市总体规划(2016年—2035年)》,2017年。

众等。二是共治方式多元化，包括对话、协商、竞争、合作、集体行动等，面对不同的城市治理问题，需要综合考量多种影响因素，调动相关主体的积极性，采取最优的治理方式。三是治理结构的多元化，纵向结构强调系统治理，应发挥国土空间规划体系化、系统化的治理优势，横向结构强调区域治理，应注重因地制宜，"一地一策"精准治理（江必新，2019）。

第六章 国土空间规划的法规政策和技术标准体系

第一节 推进国土空间规划立法

2016年,习近平总书记在中央财经领导小组第十二次会议上明确要求,"要研究制定国土空间开发保护的总体性法律"。《若干意见》提出"研究制定国土空间开发保护法,加快国土空间规划相关法律法规建设"。我国当前庞大的规划立法体系导致规划内容重叠、规划体系混乱、规划实施效能较弱等一系列问题,客观上制约了国土空间的合理利用和保护,需要推进国土空间规划立法,整合不同领域的规划,为"多规合一"改革实践提供法律支撑。

一、我国国土空间规划立法的国家进展

我国空间类规划立法经历了漫长的发展过程,通过一系列法律、法规、规章、政策文件形成了多元、复合的规范体系。现有空间类规划的法律规范体系是以骨干性法律法规的形式铺展,呈现出分散立法的典型特点,各主要领域基本上都已有代表性的法律法规。

自"多规合一"的国土空间规划体系建立以来,相关领域的法律法规建设与修订正有序开展,国土空间开发利用与保护法律法规的体系框架已逐步建立。

当前明确涉及"国土空间规划"的国家级法律文件已有十二部，包括《土地管理法》《安全生产法》《军事设施保护法》《海南自由贸易港法》《海上交通安全法》《乡村振兴促进法》《海警法》《长江保护法》《固体废物污染环境防治法》《噪声污染防治法》《黑土地保护法》《反间谍法》。其中《土地管理法》《土地管理法实施条例》《长江保护法》等相关法律法规对国土空间规划提出要求如下：

《土地管理法》第18条规定：国家建立国土空间规划体系。编制国土空间规划应当坚持生态优先，绿色、可持续发展，科学有序统筹安排生态、农业、城镇等功能空间，优化国土空间结构和布局，提升国土空间开发、保护的质量和效率。经依法批准的国土空间规划是各类开发、保护、建设活动的基本依据。已经编制国土空间规划的，不再编制土地利用总体规划和城乡规划。

《土地管理法实施条例》第2条规定：土地开发、保护、建设活动应当坚持规划先行。经依法批准的国土空间规划是各类开发、保护、建设活动的基本依据。已经编制国土空间规划的，不再编制土地利用总体规划和城乡规划。在编制国土空间规划前，经依法批准的土地利用总体规划和城乡规划继续执行。第3条规定：国土空间规划应当细化落实国家发展规划提出的国土空间开发保护要求，统筹布局农业、生态、城镇等功能空间，划定落实永久基本农田、生态保护红线和城镇开发边界。国土空间规划应当包括国土空间开发保护格局和规划用地布局、结构、用途管制要求等内容，明确耕地保有量、建设用地规模、禁止开垦的范围等要求，统筹基础设施和公共设施用地布局，综合利用地上地下空间，合理确定并严格控制新增建设用地规模，提高土地节约集约利用水平，保障土地的可持续利用。

《长江保护法》第19条规定：国务院自然资源主管部门会同国务院有关部门组织编制长江流域国土空间规划，科学有序统筹安排长江流域生态、农业、城镇等功能空间，划定生态保护红线、永久基本农田、城镇开发边界，优化国土空间结构和布局，统领长江流域国土空间利用任务，报国务院批准后实施。涉及长江流域国土空间利用的专项规划应当与长江流域国土空间规划相衔接。长江流域县级以上地方人民政府组织编制本行政区域的国土空间规划，按照规定的程序报经批准后实施。第20条规定：国家对长江流域国土空间实施用途管制。长江流域县级以上地方人民政府自然资源主管部门依照国土空间规划，对所辖长江流域国土空间实施分区、分类用途管制。长江流域国土空间开发利用活动应当符合国土空间用途管制要求,并依法取得规划许可。对不符合国土空间用途管制要求的,县级以上人民政府自然资源主管部门不得办理规划许可。第22条规定:长江流域省级人民政府根据本行政区域的生态环境和资源利用状况,制定生态环境分区管控方案和生态环境准入清单,报国务院生态环境主管部门备案后实施。生态环境分区管控方案和生态环境准入清单应当与国土空间规划相衔接。

二、我国国土空间规划立法的地方探索

2018年《中共中央国务院关于统一规划体系更好发挥国家发展规划战略导向作用的意见》以及2019年《若干意见》颁布以来,统一的国土空间规划立法的基本方向已然明确,地方政府也在这两个文件的基础上不断推进统一国土空间规划立法的探索。

整体而言,国土空间规划立法的地方实践主要存在两种路径:

(1)地方在原城乡规划立法的基础上,结合国土空间规划的最新要求,整合相关规划,完善地方城乡规划立法的具体内容,以此作为统一国土空间规划立法的过渡形式。例如,《北京市城乡规划条例》就是该种方式的典型样本。《北京市城乡规划条例》主要呈现出三个特点:①为总规实施、监管以及相关体制机制的创新提供法律保障,将城市战略定位、规划编制体系、体制评估机制、责任规划师和乡村规划师制度等内容纳入条例,为《北京城市总体规划(2016年—2035年)》的有效实施提供了有力保障;②落实国务院审批制度改革要求,将多图联审、联合验收、多测合一等改革成果纳入条例,推进审批业务流程的优化;③强化违法建设监管,明确了各部门执法、监督检查分工,并建立了违法建设的执法联动机制,形成对违法建设的联合打击,通过市政公用服务禁止条款等,加大违法成本,以期减少违法行为。

(2)地方结合"多规合一"的最新要求和统一国土空间规划立法的基本方向,出台专门性的统一立法。在该类国土空间规划统一立法的地方实践中,大连、宁波和南京是最为突出的三个样本,为地方国土空间规划立法的规则创新

和制度探索提供了有益借鉴，此外，当前还有多个地方也在探索制定关于国土空间规划的专门性地方性法规。

2021年1月1日，《大连市国土空间规划条例》正式施行，这是我国确立国土空间规划法律地位后首个出台的关于国土空间规划的地方性法规，分为六章共七十四条，内容涉及适用范围、规划制定与修改、国土空间用途管制、规划实施、监督检查与法律责任。该条例明确了国土空间规划工作以全面建设"产业结构优化的先导区、经济社会发展的先行区"为指导，以建设成为"具有国际影响力的开放创新之都、浪漫海湾名城"为总目标；明确规定了制定和实施国土空间规划，应当遵循山水林田湖草生命共同体理念，以《大连2049城市愿景规划》为统领，为国民经济和社会发展规划落地实施提供空间保障；规定建立国土空间规划动态监测评估预警机制以加强规划区按周期管理；规定国土空间总体规划应当按照国家和省有关规定划定落实生态保护红线、永久基本农田和城镇开发边界三条控制线。

2021年12月1日，《宁波市国土空间规划条例》正式施行，共七章七十二条，设总则、国土空间规划制定与修改、国土用途管制、国土空间规划实施、监督检查、法律责任、附则等七章。与《城乡规划法》的框架相比，该条例新设国土用途管制一章，旨在全面贯彻习近平生态文明建设思想，加强全域全要素用途管制，更好地推进山水林田湖草生命共同体建设。明确规定了国土空间规划的含义，提出国土空间规划融合主体功能区规划、土地利用规划、城乡规划等空间规划，对本行政区域国土空间开发保护在空间和时间上作出的安排；提出应当坚持以人为本，树立山水林田湖草生命共同体理念，遵循生态优先，绿色、可持续发展的原则；建立国土空间规划信息公开与公共参与制度，要求国土空间规划的编制应当通过论证会、听证会、座谈会等形式，广泛征求有关部门、专家和公众的意见，充分保障公共知情权、监督权等基本权利；建立全域管控、分级分类、全程全要素的国土空间规划体系；建立国土空间规划动态监测评估预警制度。

2022年4月，《南京市国土空间规划条例（草案）》（征求意见稿）公开征求意见，《条例》共九章九十四条，对南京市国土空间规划的制定、修改、实施，以及国土空间用途管制、建设项目规划管理、监督管理以及相关法律责任等内容进行了规定。该《条例》明确了"三级三类"国土空间规划体系的内容、明确了专项规划的分类和审批规则和已出让地块详细规划修改程序。明确国土空间用途管制分四种类型来确定用途管制的内容：农用地用途管制、生态空间用途管制、建设用地用途管制、农用地转为建设用地的管制。为充分保障农民权益，建立了农用地用途管制告知制度。同时规定了关于历史文化保护与城市风貌塑造管理、长江岸线保护、城市更新、土地综合整治和地下空间规划资源管理五种国土空间特别管制。此外，该《条例》明确了建设项目管理的新内容，从法规层面规定将建设项目规划选址和用地预审合并办理，统一核发建设项目用地预审与选址意见书，将建设用地规划许可证和建设用地批准书合并办理，统一核发建设用地规划许可证。并确立了国土空间规划公开和公众参与的制度建设以及监督管理相关规定。

第二节　构建主体功能区的政策体系

一、建立多样化的主体功能区政策体系

"十四五"规划明确提出"形成主体功能明显、优势互补、高质量发展的国土空间开发保护新格局"。为此，须首先立足作为主体功能分区理论基础的空间均衡发展模型，统筹面向行政区的主体功能政策体系与聚焦要素的各级各类管控要求，并重点协调陆海交接地区等关键区域的开发保护问题。其中，区域发展空间均衡模型以人地关系地域系统理论、地域功能和区域分工理论等为基础，强调区域在经济、社会、生态环境等方面综合发展状态的人均水平值应在长期趋于大体相等。为此，需对其自然、人文生态系统内部，以及人与自然互动，同级地域单元之间，局部和整体之间，长期和短期效益之间等关系作出充分协调，目的就是为了缩小人均水平值的差距，即推进区域发展达到空间均衡。主体功能分区即是对这一模型的突出应用（樊杰，2007）。

自然资源部组建以来，一直在积极探索完善主体功能区制度，基本考虑如下：

（1）明确中央与地方职责分工。国家层面做好顶层设计，相关部门按照分工制定相应配套政策，建立部门间沟通协商机制；地方政府落实并细化完善国家层面配套政策，研究制定具体实施方案，建立相应层级部门协同工作机制。

（2）在原先"9+1"[①]政策体系的基础上，重点推动完善财政、产业、自然资源、农业、生态环境、绩效考核等关键政策，形成新的政策体系，组成主体功能区政策工具箱。

（3）围绕主体功能区实施、监测、评估、考核、奖惩、调整等各个环节，健全主体功能区制度，主要包括双评价和资源环境承载能力监测预警、基于自然资源管理和主体功能区战略实施的生态补偿、主体功能区名录评估调整、基于主体功能区的差异化绩效考核评价制度等内容。

（4）强化政策和制度的系统性、协同性，发挥部门合力，进一步完善针对农产品主产区、城市化地区的政策，探索提出针对边境地区、战略性矿产资源安全保障区、历史文化资源富集区等的政策，健全生态补偿、绩效考核、监督问责等配套制度。研究建立政策工具箱，推动形成以主体功能区配套政策为核心的国土空间规划政策体系。

（5）更加注重发挥市场作用，完善自然资源和生态产品的价格形成和市场交易机制，建立健全自然资源资产产权制度、有偿使用制度、环境损害赔偿制度。统筹考虑生态产品价值、生态保护红线、生态保护成效等因素，完善财政转移支付制度，探索扩大生态补偿和生态产品价值实现机制试点范围，建立健全多元化生态补偿制度，打通从"绿水青山"到"金山银山"的转化路径。

（6）加强与区域重大发展政策的衔接，加强京津冀、长江经济带、粤港澳大湾区等重点区域的空间政策支撑。

（7）立足自然资源部"三定"职责，整合国土、海洋、林草等政策，制定统筹陆地海洋、地上地下的自然资源配套政策，推进主体功能区战略落地。

---

① "9"指财政政策、投资政策、产业政策、土地政策、农业政策、人口政策、民族政策、环境政策、应对气候变化政策；"1"指绩效评价考核。

二、按照不同主体功能定位进行差异化引导

细化主体功能区划分。落实国家战略部署，立足资源禀赋和经济社会发展实际，统筹保障能源安全、边疆安全和文化安全，在农业主产区、重点生态功能区、城市化地区基础上，叠加确定能源资源富集区、边境地区、历史文化资源富集区等其他功能区域，结合国土空间规划编制，因地制宜细化主体功能分区，实行差异化的国土空间开发保护引导：

（1）城市化地区。重点引导都市圈内依据国土空间规划的实施用地指标等要素跨区域配置，创新城市更新规划和土地政策，探索新增城镇建设用地规模与常住人口、耕地面积和节约集约用地水平挂钩。

（2）农产品主产区。加大中央涉农财政转移支付支持力度，探索建立农产品主产区一般性转移支付制度，新增农业补贴向农产品主产区倾斜；以乡镇为单元建立农产品主产区产业准入负面清单制度；统筹实施全域土地综合整治，优化土地结构布局，推动耕地与建设用地指标流转，促进耕地连片保护，保障城乡融合发展用地需求。

（3）重点生态功能区。完善财政转移支付资金分配和奖惩挂钩机制，加大对生态保护红线面积占比较大地区财政转移支付力度；以乡镇为单元，健全重点生态功能区产业准入负面清单制度；完善"两山"转化政策路径，建立生态产品价值实现与国土空间规划、用地保障统筹协调机制。

（4）能源资源富集区。实施空间准入差别化政策，构建区域矿产资源格局，加强绿色矿山建设。

（5）历史文化资源富集区。严控建筑规模与开发强度，各类开发建设活动要做好选址论证，严格风貌管控；引导严重影响文化保护、自然景观风貌的建设活动等有序退出；探索与产权挂钩的差异化保护和活化利用政策机制；引导历史文化保护资金向该区域倾斜。

（6）边境地区。支持县改市，单列新增建设用地指标，保障边境村镇、边防设施、抵边基础设施、公共服务设施和特色产业用地，支持边境旅游试验区和跨境旅游合作区建设；支持边境战略性矿产资源勘查开发。

三、部门协同推进完善主体功能区配套政策

通过多部门联动、合作研究，提出一系列协同推进的主体功能区配套政策要求：

（1）财政配套政策。完善重点生态功能区财政转移支付资金分配、监督考评和差异化补偿机制，提高生态保护红线规模和比例较高地区转移支付比重，资金分配与生态保护成效、生态保护红线管理、产业准入负面清单实施、自然资源离任审计结果相挂钩；加大中央涉农财政转移支付对农产品主产区的支持力度，整合相关专项转移支付，探索建立农产品主产区一般性转移支付制度，新增农业补贴向农产品主产区倾斜，探索建立以绿色生态为导向的耕地保护补偿制度。

（2）投资配套政策。实施按主体功能区安排和按领域安排的投资政策，重点支持重点生态功能区和农产品主产区特别是中西部地区的发展，按领域安排的投资要符合各区域的主体功能定位和发展方向。中央基本建设投资对重点生态功能区基础设施和基本公共服务设施建设予以倾斜。

（3）产业配套政策。建立健全重点生态功能区和农产品主产区产业准入负面清单制度，细化产业负面清单实施单元，健全与财政转移支付、绩效考核挂钩机制；支持在重点生态功能区、历史文化资源富集区发展特色优势产业。

（4）自然资源配套政策。支持都市圈依据国土空间规划实施跨区域用地指标交易，建立与"存量时代""精明收缩"相适应的城市更新规划土地政策体系，探索将城镇建设用地增加规模与区域常住人口、存量用地盘活、低效用地再开发和节约集约用地水平相挂钩。严禁在生态极重要和水土不匹配地区开发耕地用于占补平衡；在县域空间内统筹实施增减挂钩支持一二三产业融合发展。严格生态空间用途转用；建立生态产品价值实现与国土空间规划、用地保障统筹协调机制。探索边境地区建设用地指标单列。探索战略性矿产资源重点勘查区和重要矿产地空间准入差别化管理政策。

（5）生态环境配套政策。推进城市化地区集约绿色低碳发展，统筹推进城市群、都市圈生态共治；推动农产品主产区大力发展生态农业，加强产地环境

保护治理，加强农业面源污染治理、畜禽规模养殖污染防治和农村环境整治，保障农产品安全；重点生态功能区限制大规模高强度的工业化城市化开发，减少人类活动对生态空间的占用，强化生态保护和修复，提高生态服务功能。

（6）绩效考核评价制度。结合高质量发展综合绩效考核评价，建立健全基于主体功能区的差异化绩效考评制度，考核结果与转移支付资金分配、建设用地指标安排、领导干部奖惩问责挂钩。

第三节 落实自然资源管理相关政策

一、自然资源调查监测评价

党的十九届三中、四中、五中全会明确要求："加快建立自然资源统一调查、评价、监测制度，健全自然资源监管体制"。为贯彻落实党中央精神和国务院有关部署，切实履行自然资源统一调查监测职责，自然资源部于2020年初发布了《自然资源调查监测体系构建总体方案》（自然资发〔2020〕15号），为自然资源调查监测体系构建奠定了坚实基础。

（一）自然资源调查

自然资源调查分为基础调查和专项调查。基础调查是对自然资源的共性特征开展的调查，专项调查指为自然资源的特性或特定需要开展的专业性调查。基础调查是自然资源调查监测体系的重要内容，其主要任务是查清各类自然资源体投射在地表的分布和范围，以及开发利用与保护等基本情况，掌握最基本的全国自然资源本底状况和共性特征。基础调查以各类自然资源的分布、范围、面积、权属性质等为核心内容，以地表覆盖为基础，按照自然资源管理基本需求，组织开展我国陆海全域的自然资源基础性调查工作。专项调查是针对土地、矿产、森林、草原、水、湿地、海域海岛等自然资源的特性、专业管理和宏观决策需求开展的调查工作。专项调查主要关注各类自然资源的数量、质量、结构、生态功能以及相关人文地理等多维度信息。其中包括耕地资源、森林资源、草原资源、湿地资源、水资源、海洋资源、地下资源、地表基质资源等专项调查。

"三调"是一次重大的国情国力调查，是一项自然资源基础性调查工作。为保证基础调查成果的现势性，自然资源部组织开展年度国土变更调查工作，及时掌握全国每一块自然资源的类型、面积、范围等方面的变化情况。对"三调"成果进行持续更新。而森林资源调查是典型的专项调查，森林资源调查是以"三调"成果为唯一底板，重点查清森林资源的种类、数量、质量、结构、功能和生态状况以及变化情况等，获取全国森林覆盖率、森林蓄积量以及起源、树种、龄组、郁闭度等指标数据。可见，专项调查是以基础调查为总体控制，对自然资源特性开展的专业性调查工作。

（二）自然资源监测

自然资源监测是在基础调查和专项调查形成的自然资源本底数据基础上，掌握自然资源自身变化及人类活动引起的变化情况的一项工作，实现"早发现、早制止、严打击"的监管目标。根据监测的尺度范围和服务对象，分为常规监测、专题监测和应急监测。

常规监测是围绕自然资源管理目标，对我国范围内的自然资源定期开展的全覆盖动态遥感监测，及时掌握自然资源年度变化等信息，支撑基础调查成果年度更新，也服务年度自然资源督察执法以及各类考核工作等。常规监测以每年12月31日为时点，重点监测包括土地利用在内的各类自然资源的年度变化情况。

专题监测是对地表覆盖和某一区域、某一类型自然资源的特征指标进行动态跟踪，掌握地表覆盖及自然资源数量、质量等变化情况。专题监测主要包括地理国情监测、重点区域监测、地下水监测、海洋资源监测和生态状况监测等内容。重点监测内容包括耕地资源监测、人工建（构）筑物监测、城市要素监测、林草资源监测、湿地资源监测、水资源监测以及海岛海岸监测等监测内容，同时开展重要自然地理单元划定及三条控制线、重点地区和流域、重要生态系统保护和重大工程的监测分析工作。

应急监测是根据党中央、国务院的指示，按照自然资源部党组的部署，对社会关注的焦点和难点问题，组织开展的监测工作。依托自然资源监测快速反应机制，发挥航空摄影、无人机、低空飞行器等技术集成优势，快速响应、快速监测，根据需要，及时精准获取特定区域、重要目标的最新地表覆盖数据，整合已有各类调查监测成果，支撑服务自然资源管理决策。

（三）自然资源评价

自然资源调查监测分析评价是科学决策和严格管理的重要依据，须以自然资源调查监测数据库为基础，统计汇总自然资源调查监测数据，根据科学的自然资源评价指标开展综合分析和系统评价。

自然资源评价工作首先要按照自然资源调查监测统计指标，开展自然资源基础统计，分类、分项统计自然资源调查监测数据，形成基本的自然资源现状和变化成果。其次基于统计结果等，以全国、区域或专题为目标，从数量、质量、结构、生态功能等角度，开展自然资源现状、开发利用程度及潜力分析，研判自然资源变化情况及发展趋势，综合分析自然资源、生态环境与区域高质量发展整体情况。最终建立自然资源调查监测评价指标体系，评价各类自然资源基本状况与保护开发利用程度，评价自然资源要素之间、人类生存发展与自然资源之间、区域之间、经济社会与区域发展之间的协调关系，为自然资源保护与合理开发利用提供决策参考。如全国耕地资源质量分析评价、全国水资源分析以及区域水平衡状况评价、全国草场长势及退化情况分析、全国湿地状况及保护情况分析评价等。

二、自然资源统一确权登记

2013年，党的十八届三中全会首次提出"对水流、森林、山岭、草原、荒地、滩涂等自然生态空间进行统一确权登记，形成归属清晰、权责明确、监管有效的自然资源资产产权制度"。2015年中共中央、国务院《关于加快推进生态文明建设的意见》《生态文明体制改革总体方案》，2016年《国务院办公厅关于健全生态保护补偿机制的意见》，2019年中共中央办公厅、国务院办公厅《关于建立以国家公园为主体的自然保护地体系的指导意见》等相继提出明确要求。根据党中央精神，自然资源确权登记是对自然生态空间内各类自然资源统一进行确权登记，重点解决全民所有自然资源所有权人不到位、权益不落实的问题，推动建立归属清晰、权责明确、保护严格、流转顺畅、监管有效的自然资源资产产权制度，进一步明确自然资源资产所有者、监管者及其责任。

自然资源确权登记的核心任务，就是清晰界定全部国土空间各类自然资源资产的所有权主体，划清"四个边界"，即划清全民所有和集体所有之间的边界，划清全民所有、不同层级政府行使所有权的边界，划清不同集体所有者的边界，划清不同类型自然资源之间的边界。自然资源确权登记的内容具体分为三个方面：①自然资源的自然状况。主要包括自然资源的坐落、空间范围、面积、类型、数量、质量等。如水流记载平均径流量、水质、河道等级，森林记载蓄积量、主导功能、林种等。②自然资源的权属状况。包括所有权主体、所有权代表行使主体、所有权代理行使主体以及行使方式、权利内容等。③其他相关事项。自然资源确权登记的内容还包括登记簿附图，证书的补发、换发等情况。同时关联登记范围内的不动产权利情况和公共管制信息，如登记范围内已经登记的国有土地上的用益物权和集体土地所有权，矿业权和取水许可、排污许可等信息，以及公共管制信息等。

自然资源统一确权登记，具有维护所有者权益、服务生态文明建设和支撑"两统一"职责行使等多重作用。首先，通过确权登记，将全民所有自然资源所有权人、履职主体、权利内容等权属状况，以及自然资源类型、数量、质量等自然状况明确记载下来，划清边界、确认权属，明确不同层级政府行使所有权的具体范围，能够为所有者主张权利提供具有法律效力的产权依据，有利于严格自然资源保护，服务自然资源有偿使用，推进自然资源资产市场化配置。其次，通过自然资源确权登记，明确国家公园等特定生态空间各类自然资源产权主体和保护、监管责任，既加强对全民所有自然资源资产行使所有权并进行管理，也支撑对自然资源行使监管权，强化生态保护。同时为国有自然资源资产清查核算和资产负债表编制提供数据来源，为建立健全生态产品价值实现机制、自然资源资产有偿使用制度及生态保护补偿制度改革提供权责归属依据。此外，通过确权登记，能够规范行权履职、显化所有者权益，促进自然资源保护和利用，支撑全民所有自然资源资产所有者职责行使，为国土空间管制和生态保护修复职责行使提供数据支撑，实现特定生态空间的统一管护、整体保护。

三、自然资源资产有偿使用

在我国现行法律框架下，基于我国社会主义公有制，自然资源资产所有权只有两种形态，即国家所有（全民所有）和集体所有。改革开放以来，我国全民所有自然资源资产有偿使用制度逐步建立，除国家法律和政策规定可划拨或无偿使用的情形外，要求全面实行有偿使用。近年来也在积极探索集体所有自然资源资产有偿使用。

（一）土地资源资产有偿使用

《宪法》《民法典》《土地管理法》《城市房地产管理法》及相关行政法规与部门规章，立足于顶层设计，搭建起土地资源资产有偿使用的基本制度框架体系与实施规则。《宪法》明确土地使用权可以依法转让。《城市房地产管理法》，声明除法律规定范围内的划拨国有土地使用权外"实行国有土地有偿、有限期使用制度"。《土地管理法》规定土地资源资产有偿使用的具体制度规则。《城镇国有土地使用权出让和转让暂行条例》，则以行政法规的形式规定了国有土地使用权出让和转让制度，增强法律的可操作性。2021年，财政部、自然资源部等部门联合通知，要求国有土地使用权出让收入统一划转税务部门征收。

土地一级市场中主要涉及三种有偿使用方式，即国有土地使用权出让（招标、拍卖、挂牌、协议出让），国有土地租赁和国有土地使用权作价出资或者入股。《民法典》第三百四十七条规定："工业、商业、旅游、娱乐和商品住宅等经营性用地以及同一土地有两个以上意向用地者的，应当采取招标、拍卖等公开竞价的方式出让"，从法律层面保障了市场化配置。《划拨用地目录》《招标拍卖挂牌出让国有建设用地使用权规定》《协议出让国有土地使用权规定》等规章政策的下发，建立了国有土地使用权市场化配置制度。土地二级市场中，市场主体之间国有土地使用权的有偿配置方式主要有两种，包括土地转让、土地转租。

（二）矿产资源资产有偿使用

《矿产资源法》《资源税法》《矿产资源勘查区块登记管理办法》《矿产资源开采登记管理办法》中的相关规定，构建了我国矿产资源有偿使用制度的基本框架，历经多年改革演变，我国目前形成了以矿业权出让收益、资源税、探矿权使用费和采矿权使用费为基本构成的矿产资源有偿使用制度体系。

所谓矿业权出让收益，是国家基于自然资源所有权，将探矿权、采矿权出让给探矿权人、采矿权人而依法收取的国有资源有偿使用收入，包括探矿权出让收益和采矿权出让收益，由税务部门征收，中央和地方按照4∶6的比例分成，纳入一般公共预算管理。通过招标、拍卖、挂牌等竞争方式出让矿业权的，矿业权出让收益按招标、拍卖、挂牌的结果确定。探矿权与采矿权出让收益首次缴纳比例均不得低于20%，剩余部分在采矿权有效期内按年度缴纳。对于自然资源部登记的油气等重点矿种，自然资源部可对矿业权出让收益市场基准价、出让收益基准率、分期缴纳等制定统一标准。

就资源税而言，《资源税法》对原矿和选矿二种征收对象规定了实行从价或者从量计征的《税目税率表》，覆盖了目前已发现的所有矿种。《税目税率表》中规定实行幅度税率的，其具体适用税率由省、自治区、直辖市人民政府提出。纳税人应当自月度或者季度终了之日起十五日内，依照规定税率向应税产品开采地或者生产地的税务机关申报缴纳资源税；不能按固定期限计算缴纳的，应当自纳税义务发生之日起十五日内，按次申报并缴纳税款。

探矿权使用费以勘查年度计算，逐年缴纳。第一至第三个勘查年度，每平方千米每年缴纳100元；从第四个勘查年度起，每平方千米每年增加100元，但是最高不得超过每平方千米每年500元。国家鼓励勘查的矿种、国家鼓励勘查的区域、国务院地质矿产主管部门会同国务院财政部门规定的其他情形的，由探矿权人提出申请，经登记管理机关审查批准，可以减缴、免缴探矿权使用费。

采矿权使用费按照矿区范围的面积逐年缴纳，标准为每平方千米每年1 000元，开采边远贫困地区的矿产资源、开采国家紧缺的矿种、自然灾害等不可抗力的原因造成矿山企业严重亏损或者停产、国务院地质矿产主管部门和国务院财政部门规定的其他情形的,由采矿权人提出申请,经省级以上人民政府登记管理机关审查批准,可以减缴、免缴采矿权使用费。

(三)海域资源资产有偿使用

我国海域有偿使用的概念始于 1993 年颁布并实施的《国家海域使用管理暂行规定》,该暂行规定通过对海域资源的有偿利用作出相关规定,以应对海域使用的"无序、无度、无偿"现象,实现海域利用的可持续性。2001 年 10 月全国人民代表大会通过《海域使用管理法》,明确规定以征收海域使用金的形式行使海域使用权,这标志着我国海域有偿使用的正式确立(张偲、王淼,2015)。随着《财政部、国家海洋局关于加强海域使用金征收管理的通知》《关于海域、无居民海岛有偿使用的意见》《财政部、国家海洋局关于印发〈调整海域无居民海岛使用金征收标准〉的通知》等政策文件的印发实施,我国海域有偿使用制度不断规范和完善。

实行海域有偿使用制度,是在市场经济条件下依法维护国家海域所有权的根本措施。海域是重要的生产要素,单位和个人通过缴纳海域使用金取得国有海域的使用权,并通过海域开发利用获得经济效益。国家只有对海域既作为自然资源管理,又作为国有资产管理,通过实行海域有偿使用制度,建立一种自然资源更新的经济补偿机制,才能实现国有海域资源性资产的保值和增值。海域有偿使用主要包括两个环节。一是海域资源产权的初始配置。海域资源产权的初始配置是指海域由国家作为出让方直接向作为海域使用者的受让方第一次转让海域使用权的权利分配行为。海域资源产权的初始分配必须首先考虑公平原则,还要兼顾效率原则,通过行政审批、招投标、拍卖的混合配置模式,将海域使用权在地区之间、行业之间以及海域使用行为主体之间公平合理地进行配置。二是建立海域使用权的流转机制,促进海域资源产权市场的形成。海域资源产权的初始配置界定了海域资源的产权主体,但是,海域资源的优化配置只有通过建立海域使用权的流转机制,实现海域使用权在市场上的充分流转,才能够更有效地促使海域资源不断流向高效率的使用方式和使用主体。但也要注意在允许海域使用权转让的同时,还需实施必要的监督管理和约束,对海域资源产权的交易秩序进行规范,以避免出现海域使用权的垄断(陈艳,2006)。

四、自然资源开发利用管理

在工业化、城镇化持续快速发展背景下，粮食安全、区域生态安全刚性约束，使得自然资源粗放利用的增量扩张模式难以为继。坚持节约优先、实施全面节约战略，十分珍惜科学合理利用有限土地资源，高效承载利用自然资源，客观上成为缓解资源瓶颈、保障经济发展的必然选择。

（一）水资源管理

水资源作为自然资源中十分重要的要素，对人、地、产、城形成较大的限制。生态保护和高质量发展离不开水资源的基础支撑作用。《省级国土空间规划编制指南（试行）》《市级国土空间总体规划编制指南（试行）》中都特别强调了水资源的底线约束作用，要求按照"四定"原则优化用水结构和空间布局，形成与水资源、水环境、水生态、水安全相匹配的国土空间布局。《市级国土空间总体规划编制指南（试行）》还将"水资源供需平衡方案""用水总量作为约束性指标如何落实分解"等水资源相关内容作为市级总体规划的强制性内容。在国土空间规划中，应遵守相关法律法规，优化国土空间开发保护布局，因地制宜谋划湖泊水资源利用、水污染防治、水生态修复、水生生物保护等空间，严格实施水资源开发利用管理。

加强水资源管理，应从管理制度、补偿机制、考核制度和用水权改革等方面综合考虑：①强化河湖长制。按照统一规划、流域统筹、各担其责的原则，依托河长制、湖长制平台，完善以流域管理与行政区域管理相结合的湖泊管理体制，完善湖长制组织体系，压紧压实湖泊保护治理属地责任。探索建立跨省湖泊湖长协调联动机制，协调解决湖泊保护治理跨区域、跨流域重大问题。②探索建立生态补偿机制。鼓励重要湖泊所在地建立生态保护补偿机制，推动重要湖泊及重要湖泊出入湖河流所在地积极探索流域生态保护补偿的新方式，协商确定湖泊水生态环境改善目标，加快形成湖泊生态环境共保联治格局。③做好水资源管理考核。按照水资源刚性约束要求完善考核内容，优化考核指标，改进考核机制，注重发挥流域管理机构的作用，更大程度发挥考核的激励鞭策作用，压实地方人民政府"以水四定"、水资源节约保护主体责任，以高质量考核促进高质量发展。④推进用水权改革。制定出台推进用水权改革的指导意见，推动明晰区域水权、取水权、灌溉用水户水权，推进建立健全统一的水权交易系统，推进区域水权、取水权、灌溉用水户水权等用水权交易。鼓励通过用水权回购、收储等方式促进用水权交易。在条件具备的地区探索实行用水权有偿取得。推动全面推开水资源税改革试点。配合财政部、税务总局研究制定全面推开水资源税改革试点工作的政策措施。

（二）矿产资源管理

矿产资源管理是对矿产资源的普查勘探、开发利用及保护的监督与控制。2020年以来，自然资源部配合司法部开展了《矿产资源法（修订草案）》（送审稿）征求意见等立法工作，2020年4月，第十三届全国人民代表大会常务委员会第十七次会议审议通过了《固体废物污染环境防治法》修订草案，2020年5月，《自然资源部关于推进矿产资源管理改革若干事项的意见（试行）》（自然资规〔2019〕7号）正式实施。2021年7月15日，印发《自然资源部办公厅关于加强和改进矿产执法工作的通知》（自然资办函〔2021〕1288号），要求各级矿产执法部门严格执行矿产资源法律法规。

国家保障矿产资源的合理开发利用。禁止任何组织或个人用任何手段侵占或者破坏矿产资源。各级人民政府必须加强矿产资源的保护工作。勘查、开采矿产资源，必须依法分别申请、经批准取得探矿权、采矿权，并办理登记；但是，已经依法申请取得采矿权的矿山企业在划定的矿区范围内为本企业的生产而进行的勘查除外。国家保护探矿权和采矿权不受侵犯，保障矿区和勘查作业区的生产秩序、工作秩序不受影响和破坏。

矿产资源总体规划作为专项规划，主要通过勘查规划区块和开采规划区块落实对重点勘查区和重点开采区的空间格局，同时明确重点矿种矿山最低开采规模。同时考虑到矿产资源从周期安排上包括探矿勘查（勘查、战略矿藏储备区）、矿产开采（露天开采、地下开采）和矿区生态修复的不同要求。采取"指标控制+分区管制+名录管理"方式。管控区应结合国家、省、市县的管控要求，对地质遗迹保护范围、自然保护区、森林公园、湿地公园、风景名胜区、一二级国家公益林地、永久性生态公益林地、Ⅰ级和Ⅱ级保护林地、饮用水水源保护区、泉域重点保护区、重要河流保护区、不可移动文物保护区等禁止、限制勘查开采区域进行准入管控。防止新设立、延续的政策管控区与各类保护区重叠，减少资源勘查开发行为对重要生态区、文物保护单位的损害。政策管控区的边界应结合调整探矿权期限和扣减探采范围的相关要求进行每五年一次的动态调整。自然资源部会同发展改革委、工业和信息化部、财政部、生态环境部、商务部等部委共同编制完成了《全国矿产资源规划（2021—2025年）》（征求意见稿），根据自然资源部《关于全面开展矿产资源规划（2021—2025年）编制工作的通知》要求，按照自上而下、上下联动、压茬推进的原则，省、市、县各级规划编制工作全面推进。

（三）能源资源管理

2021年3月中央财经委员会第九次会议强调："十四五"是碳达峰的关键期、窗口期，要构建清洁低碳安全高效的能源体系，控制化石能源总量，着力提高利用效能，实施可再生能源替代行动，深化电力体制改革，构建以新能源为主体的新型电力系统。要实施重点行业领域减污降碳行动，工业领域要推进绿色制造，建筑领域要提升节能标准，交通领域要加快形成绿色低碳运输方式。要推动绿色低碳技术实现重大突破，抓紧部署低碳前沿技术研究，加快推广应用减污降碳技术，建立完善绿色低碳技术评估、交易体系和科技创新服务平台。要完善绿色低碳政策和市场体系，完善能源"双控"制度，完善有利于绿色低碳发展的财税、价格、金融、土地、政府采购等政策，加快推进碳排放权交易，积极发展绿色金融。

推进能源资源绿色勘查与开发标准化。建立能源绿色低碳转型监测评价机制。重点监测评价各地区能耗强度、能源消费总量、非化石能源及可再生能源消费比重、能源消费碳排放系数等指标，评估能源绿色低碳转型相关机制、政策的执行情况和实际效果。完善能源绿色低碳发展考核机制，按照国民经济和社会发展规划纲要、年度计划及能源规划等确定的能源相关约束性指标，强化相关考核。鼓励各地区通过区域协作或开展可再生能源电力消纳量交易等方式，满足国家规定的可再生能源消费最低比重等指标要求。

推动能源碳排放精细化管理。国土空间基础信息平台、CIM基础平台等信息平台具备各项城市建设和管理工作智慧集成的基础,在这些系统基础上,增加满足能源碳排放精细化管理需求的功能模块,例如重点项目碳排放核算监测和数据集成、全域建设用地能源利用碳排放估算,可打破碳排放信息孤岛,为国土空间规划、项目建设、空间布局优化与碳排放效应评估、碳排放控制目标的衔接提供便利。基于智慧城市、智慧园区等智慧管理平台,通过智能传感器等方式采集数据,对不同尺度排放源进行详细的用能用电监测,以及自动核算碳排放、可视化、辅助决策等,可实现对交通、建筑等数量多而分散的排放源实施精细化管理,为面向碳减排的详细规划编制、实施、监督提供有力的工具支持。

各地区按照国家能源战略和规划及分领域规划,统筹考虑本地区能源需求和清洁低碳能源资源等情况,在省级能源规划总体框架下,指导并组织制定市(县)级清洁低碳能源开发利用、区域能源供应相关实施方案。各地区应当统筹考虑本地区能源需求及可开发资源量等,按就近原则优先开发利用本地清洁低碳能源资源,根据需要积极引入区域外的清洁低碳能源,形成优先通过清洁低碳能源满足新增用能需求并逐渐替代存量化石能源的能源生产消费格局。

五、自然资源管理其他政策

除实施自然资源调查监测评价、自然资源统一确权登记、自然资源资产有偿使用、自然资源开发利用管理等政策外,还依法实施和落实其他政策。

(1) 土地征收。2020 年实施的新《土地管理法》第四十五条采用列举方式明确了属于公共利益可以征收土地的六种情形,其中第五种情形规定:"在土地利用总体规划确定的城镇建设用地范围内,经省级以上人民政府批准由县级以上人民政府组织实施的成片开发建设需要用地的"。2020 年 11 月 5 日,自然资源部印发《土地征收成片开发标准(试行)》,对《土地管理法》第四十五条规定的土地开发的"成片征收"标准作出了规定[1],贯彻落实《土地管理法》授权的立法事项。《土地征收成片开发标准(试行)》规定,成片开发是指在国

---

[1] 自然资源部:"自然资源部印发土地征收成片开发标准"。http://www.mnr.gov.cn/dt/ywbb/202011/t20201109_2585791.html。

土空间规划确定的城镇开发边界内的集中建设区,由县级以上地方人民政府组织的对一定范围的土地进行的综合性开发建设活动。该标准要求,县级以上地方人民政府应当依据当地国民经济和社会发展规划、国土空间规划,组织编制土地征收成片开发方案,将其纳入当地国民经济和社会发展年度计划,并报省级人民政府批准。该标准规定,依据国土空间规划确定一个完整的土地征收成片开发范围内基础设施、公共服务设施以及其他公益性用地比例,一般不低于40%,各市县的具体比例由省级人民政府根据各地情况差异确定。此外,该标准还对不得批准土地征收成片开发方案的四种情形进行了规定,包括:涉及占用永久基本农田的;市县区域内存在大量批而未供或者闲置土地的;各类开发区、城市新区土地利用效率低下的;已批准实施的土地征收成片开发连续两年未完成方案年度实施计划的。

(2) 国土空间生态修复。为依法履行统一行使所有国土空间生态保护修复职责,统筹和科学推进山水林田湖草一体化保护修复,由自然资源部牵头组织编制国土空间生态修复规划并实施有关生态修复重大工程,编制并落实国土空间综合整治、土地整理复垦、矿山地质环境恢复治理、海洋生态、海域海岸线和海岛修复政策。建立和实施生态保护补偿制度,聚焦重要生态环境要素,完善分类补偿制度;围绕国家生态安全重点,健全综合补偿制度;发挥市场机制作用,加快推进多元化补偿。采取规划管控、产权激励、资源利用、财税支持和金融扶持等政策,鼓励和支持社会资本参与生态保护修复。

(3) 耕地保护。落实"数量、质量、生态"三位一体耕地保护。按照"数量不减少、质量不降低、布局总体稳定"的思路,划定并严守耕地和永久基本农田。强化"三位一体"保护,重点保护集中连片的优质耕地,在保证数量的基础上,监督、鼓励和引导耕地使用者集约化、绿色化利用耕地资源,使农田生态系统保持耕地要素特性稳定且生态环境良好,保障国家和区域粮食安全、生态安全和社会稳定。坚决防止耕地"非农化"。落实好最严格的耕地保护制度,严禁违规占用耕地绿化造林,严禁超标准建设绿色通道,严禁违规占用耕地挖湖造景,严禁占用永久基本农田扩大自然保护地,严禁违规占用耕地从事非农建设,严禁违法违规批地用地,全面开展耕地保护检查,严格落实耕地保护责任,坚决守住耕地保护红线。实施耕地保护责任目标考核和永久基本农田特殊保护。完善耕地占补平衡制度，监督占用耕地补偿制度执行情况。对耕地转为其他农用地及农业设施建设用地实行年度"进出平衡"，除国家安排的生态退耕、自然灾害损毁难以复耕、河湖水面自然扩大造成耕地永久淹没外，耕地转为林地、草地、园地等其他农用地及农业设施建设用地的，就当通过统筹林地、草地、园地等其他农用地及农业设施建设用地整治为耕地等方式，补足同等数量、质量的可以长期稳定使用的耕地。

（4）地质灾害防治。地震、地质灾害往往对大范围的国土空间造成损坏，气候变化带来的全球气温升高、海平面上升对大部分城市、尤其是沿海城市造成严重的威胁。加强风险评估可以有效识别地质灾害易发区和气候变化主要影响区，应根据评估结果部署预警工作。组织指导协调和监督地质灾害调查评价及隐患的普查、详查、排查。指导开展群测群防、专业监测和预报预警等工作，指导开展地质灾害工程治理工作。

（5）海洋开发利用和保护的监督管理。海洋开发利用保护要严格实施国土空间规划，强化自然岸线、围填海控制线、海洋生物资源保护线等关键控制线管理，合理开发与保护海洋资源，防止海洋污染和生态破坏，促进海洋经济可持续发展。要严格控制陆源污染物排海，陆源污染物排放必须达标。逐步实施重点海域污染物排海总量控制制度。改善近岸海域环境质量，重点治理和保护河口、海湾和城市附近海域，继续保持未污染海域环境质量。加强入海江河的水环境治理，减少入海污染物。开展重点海域污染治理。加强渤海综合整治和管理，加快渤海综合整治能力建设。

（6）林地管理。科学开展天然林和公益林的保护管理工作。天然林是森林资源的主体和精华，是自然界中群落最稳定、生物多样性最丰富的陆地生态系统。《天然林保护修复制度方案》规定，用最严格制度、最严密法治保护修复天然林。要依法严格落实天然林管护制度、天然林用途管制制度、天然林修复制度和天然林保护修复监管制度。公益林是以保护和改善人类生存环境、维持生态平衡、保存物种资源、科学实验、森林旅游、国土保安等需要为主要经营目的的森林（林地），包括防护林和特种用途林。公益林（地）按事权等级划分为国家级公益林（地）和地方公益林（地）。公益林的划定范围包括重要江河源头汇水区域；重要江河干流及支流两岸、饮用水水源地保护区；重要湿地和重要水库周围；森林和陆生野生动物类型的自然保护区；荒漠化和水土流失严重地区的防风固沙林基干林带；沿海防护林基干林带；未开发利用的原始林地区；需要划定的其他区域。国家对公益林实施严格保护。县级以上人民政府林业主管部门应当有计划地组织公益林经营者对公益林中生态功能低下的疏林、残次林等低质低效林，采取林分改造、森林抚育等措施，提高公益林的质量和生态保护功能。在符合公益林生态区位保护要求和不影响公益林生态功能的前提下，经科学论证，可以合理利用公益林林地资源和森林景观资源，适度开展林下经济、森林旅游等。利用公益林开展上述活动应当严格遵守国家有关规定。

（7）基本草原管理。根据《草原法》第42条，基本草原包括：重要放牧场；割草地；用于畜牧业生产的人工草地、退耕还草地以及改良草地、草种基地；对调节气候、涵养水源、保持水土、防风固沙具有特殊作用的草原；作为国家重点保护野生动植物生存环境的草原；草原科研、教学试验基地；国务院规定应当划为基本草原的其他草原。基本草原的管理实行地方各级人民政府行政领导负责制和责任追究制，要求做到禁止开垦基本草原；禁止擅自改变基本草原用途；禁止毁坏围栏、人畜饮水设施等草原建设保护设施；禁止擅自钻井提取工业用水；禁止挖鱼塘、挖沟渠、铲草皮、挖草炭等破坏草原植被的行为；禁止建造坟墓；禁止违反环境保护法律、法规倾倒排放固体、液体、气体废物和生活垃圾或者造成环境噪声污染、粉尘污染、放射性污染、电磁波辐射污染；禁止其他破坏基本草原的行为。

在草原保护修复方面，要依法落实草原监测评价制度、草原生态保护制度、草原修复治理制度和草原合理利用制度。在全国国土调查基础上，组织开展草原资源专项调查，全面查清草原类型、权属、面积、分布、质量以及利用状况等底数，建立草原管理基本档案；依据国土空间规划，编制全国草原保护修复利用规划，明确草原功能分区、保护目标和管理措施；按照山水林田湖草整体保护、系统修复、综合治理的要求和宜林则林、宜草则草、宜荒则荒的原则，统筹推进森林、草原保护修复和荒漠化治理；以实现草畜平衡为目标，优化畜群结构，控制放牧牲畜数量，提高科学饲养和放牧管理水平，减轻天然草原放牧压力。

（8）湿地管理。湿地在涵养水源、净化水质、蓄洪抗旱、调节气候和维护生物多样性等方面发挥着重要功能，建立湿地保护修复制度，事关国家生态安全。

国家级重要湿地参考《国家重要湿地确定指标（GB/T 26535—2011）》正式确定，地方重要湿地由省级林业草原主管部门会同有关部门制定了认定标准。要实行湿地面积总量管理，严格湿地用途监管，推进退化湿地修复，增强湿地生态功能，维护湿地生物多样性。做到完善保护管理体系，通过设立自然保护地等方式加强保护；健全湿地保护制度体系、湿地修复制度体系和湿地监测评价体系，全面保护湿地，强化湿地利用监管，推进退化湿地修复；落实湿地面积总量管控，明确湿地名录、落实到具体地块，经批准征收、占转用湿地需遵循"先补后占、占补平衡"原则，保证面积不减少，质量不降低；健全湿地用途监管机制，按照主体功能定位确定各类湿地功能实施负面清单管理；建立退化湿地修复制度；健全湿地监测评价。

（9）河湖岸线资源管理。为保障防洪排涝系统的完整性和通达性，为雨洪水蓄滞和行泄划定的自然空间和重大调蓄设施用地范围，包括河湖湿地、坑塘农区、绿地洼地、涝水行泄通道等，以及具备雨水蓄排功能的地下调蓄设施和隧道等预留的空间。《防洪法》规定："在河道、湖泊管理范围内，禁止建设妨碍行洪的建筑物、构筑物，倾倒垃圾、渣土，从事影响河势稳定、危害河岸堤防安全和其他妨碍河道行洪的活动。在行洪河道禁止内种植阻碍行洪的林木和高秆作物。"《河道管理条例》规定："在河道管理范围内，禁止修建围堤、阻水渠道、阻水道路；种植高秆农作物、芦苇、杞柳、荻柴和树木（堤防防护林除外）；设置拦河渔具；弃置矿渣、石渣、煤灰、泥土、垃圾等。在堤防和护堤地，禁止建房、放牧、开渠、打井、挖窖、葬坟、晒粮、存放物料、开采地下资源、进行考古发掘以及开展集市贸易活动。"

第四节　统一国土空间规划技术标准

一、建立国土空间规划标准化工作组织体系

（一）完善标准化技术委员会架构

2020年7月，国家标准化管理委员会同意自然资源部关于全国自然资源与

国土空间规划、海洋、地理信息标准化技术委员会及其 15 个分技术委员会的调整方案。至此，统一的自然资源标准化工作组织体系架构正式建成，为自然资源各领域技术深度融合搭建标准化平台，为自然资源管理提供坚实有力的标准化技术支撑。

全国自然资源与国土空间规划标准化技术委员会（SAC/TC93）是自然资源部负责指导的四个全国标准化专业技术委员会之一，秘书处依托中国自然资源经济研究院；下设八个分技委，其中包括国土空间规划分技术委员会（SC4），覆盖了自然资源调查、监测、评价评估、确权登记、保护、资产管理和合理开发利用全流程，涉及国土空间规划、用途管制、生态修复全链条，涵盖地灾防治、勘查技术与实验测试等多个专业领域，应用于管理、技术和服务各个方面，是自然资源领域非常重要的标准化技术力量，发挥着"中流砥柱"的支撑作用。全国自然资源与国土空间规划标准化技术委员会的成立加强了国土空间规划标准化工作技术体系组织领导，突出了国土空间规划技术标准的重要地位。通过调整标准化技术组织体系并优化委员结构，适应了国土空间规划标准化形势，满足"多规合一"改革需求。

在技术委员会的指导下，自然资源部组织开展了三项工作，推进了国土空间技术标准的研究和制定：

（1）开展基础研究工作，为国土空间规划标准化提供基础数据保障。基础研究充分借鉴国内外各类标准体系成功经验，组织土地管理、城乡规划、海洋、测绘、林草、地质、经济、水利、交通、环境等十余个专业领域专家，结合国土空间规划实践需要，研究提出《国土空间规划技术标准体系框架》，为制定《国土空间规划技术标准体系建设三年行动计划（2021—2023 年）》打下良好基础。

（2）加强顶层设计，促进传承和融合，为国土空间规划标准化提供制度支撑保障。完整、准确、全面贯彻新发展理念，按照"多规合一"改革精神和"连续、稳定、转换、创新"原则，对现行 60 余项空间类规划标准进行梳理。按"继续执行""内容吸收整合纳入"和"关联度较小拟不纳入"进行分类，有针对性地深入研究。

（3）研究借鉴国际经验，为国土空间规划标准化提供参考借鉴。包括：借鉴欧美国家依据标准体系制定单项标准的做法，注重顶层设计，研究相关技术标准体系；注重统分结合，多方参与，相互配合，政府部门制定直接涉及底线安全、环境保护等公共利益的技术要求，其他技术标准广泛应用市场机制；强调技术标准制定开放性，注重配套衔接等。

（二）制定技术标准体系建设行动计划

2021年12月，自然资源部、国家标准化管理委员制定的《国土空间规划技术标准体系建设三年行动计划（2021—2023年）》（以下简称《行动计划》）印发，旨在加快建立全国统一的国土空间规划技术标准体系，充分发挥标准化工作在国土空间规划全生命周期管理中的战略基础作用。

《行动计划》目标是到2023年建立"多规合一"、统筹协调、包容开放、科学适用的国土空间规划技术标准体系，形成一批具有鲜明特色的标准，基本覆盖国土空间规划编制、审批、实施各环节，技术、方法、管理、信息平台等多方面。《行动计划》对国土空间规划体系从融合生态文明、回归规划要义、面向技术赋能三个方面做出了回应：

（1）融合生态文明。生态文明是国家推动绿色低碳循环发展所需，也是人民日益增长的、对优美生态环境的需求。然而，现阶段生态文明的思想方法还没有完全导入规划理论建构与实践。《行动计划》将直接涉及底线安全、环境保护等公共利益的技术要求放到了最高的位置上。纵向上由国家把握关键与头部事项，同时赋予地方在标准制定上充分的、灵活的空间，以应对发展的不确定性；横向上整合各方资源，相互配合配套。

（2）回归规划要义。我国的规划体系过去存在诸多问题，规划类型繁杂而分立并行，各空间类规划的数据基础、技术标准、编制内容、审批流程等均相对独立并且内容重叠、空间嵌套，与管制要求相差甚远。《行动计划》先是按照"多规合一"精神和"连续、稳定、转换、创新"原则，对现行60余项空间类规划标准进行梳理；再以空间"域"的变化与规划核心要义作为关键统领进行安排，即遵循国土空间规划体系"五级三类"基本构架，空间层级上从国家、省、市、县和乡镇，落到社区和村庄，工作流程兼顾规划编制、审批、实施、监督和预警评估、调整等全过程，标准的类型囊括基础通用、编制审批、实施监督、信息技术四大方面。

（3）面向技术赋能。国土空间规划要运用数理逻辑提升对国土空间感知、管控、决策等方面的治理能力。《行动计划》在国土空间规划技术标准体系中单独设立了信息技术类标准，对数据库、平台和规划各管理环节数字化提出了全新的要求，通过行政与技术的融合，理顺规划编制与规划实施的技术逻辑和相关要求，确保规划能够落地实施，为规划"编审督"一体化提供统一标尺。

二、构建统一的国土空间规划技术标准体系

（一）国土空间规划技术标准体系构建要求

"多规合一"离不开标准体系的"合一"。国土空间规划技术标准作为国土空间规划体系的重要组成部分，对于建立全国统一、权责清晰、科学高效的国土空间规划体系，全面提升国家空间治理能力和水平发挥着基础性、引领性作用。《若干意见》将"技术标准体系"列为国土空间规划体系四个子体系之一，提出按照"多规合一"要求，"由自然资源部会同相关部门负责构建统一的国土空间规划技术标准体系，修订完善国土资源现状调查和国土空间规划用地分类标准，制定各级各类国土空间规划编制办法和技术规程"。习近平总书记高度重视国土空间规划工作，明确要求"统一底图、统一标准、统一规划、统一平台"。2021年10月中共中央国务院印发《国家标准化发展纲要》再次明确要求"制定统一的国土空间规划技术标准"。

长期以来，有关空间类规划技术标准在支撑保障规划编制实施和开发建设中发挥了积极作用，但也存在诸多问题。规划类型上繁杂而分立，运行过程上"多规并行"，使得对于同一议题"空间规划"其数据基础、技术标准、编制内容、审批流程等均相对独立，并且内容重叠，空间嵌套，与管制要求相差甚远。随着生态文明体制改革加快推进和新时代国土空间规划体系建设不断深入，现行相关标准缺乏系统统筹、部分标准交叉重复矛盾，理念滞后、对规划实施管理效能关注相对不够、对人民美好生活需求响应不足等问题凸显。

新的标准建设需要在继承和吸纳原有技术标准科学内容的基础上，加快构建适应新发展要求的、统一的国土空间规划技术标准体系。在技术标准构建的

要求和内容上，要为实现高质量发展的空间保障提供技术方法，为指导全周期的国土空间治理强化信息化支持，为适应"多规合一"需要融合多学科理论知识。一方面，努力形成上下贯通、左右衔接紧密的技术标准体系。另一方面，寻求覆盖国土空间规划编制、实施、评估、监测的信息化技术支持方案（吴志强等，2020）。

（二）国土空间规划技术标准体系构成

根据《国土空间规划技术标准体系》等研究成果[①]，新的标准体系要以国家推进空间治理能力和治理体系现代化作为总体方向，以空间"域"的拓展与规划全过程作为关键统领，空间层级从国家、省、市、县、乡镇和街道覆盖到村和社区，工作流程兼顾规划的全过程，包括编制、审批、实施、监督评估与预警、调整，标准的类型囊括国际标准、综合标准、基础标准、通用标准、专项标准。按照"多规合一"精神和"连续、稳定、转换、创新"原则，对现行的60余项空间类规划标准进行了全面梳理。涉及土地利用规划15项、城乡规划46项、海洋规划4项，其中国标40项。在上述两项工作基础上，开展了急用先行标准研制工作。

《行动计划》明确了空间规划技术标准体系的构成和总体框架，并作为未来一段时间内推动国土空间规划技术标准编制、修订、增补的行动方案。《行动计划》遵循国土空间规划体系"五级三类"基本构架，围绕编制审批实施监督全流程管理工作需要，将国土空间规划技术标准体系的组成分为基础通用、编制审批、实施监督、信息技术等四种类型（图6-1）。其中，基础通用类标准，主要是适用于国土空间规划编制审批实施监督全流程的相关标准规范，具备基础性和普适性特点，同时也作为其他相关标准的基础，具有广泛指导意义；编制审批类标准，主要是支撑不同类别国土空间总体规划、详细规划和相关专项规划编制或审批的技术方法，特别是通过标准强化规划编制审批的权威性；实施监督类标准，主要是适用于各类空间规划在实施管理、监督检查等方面的相

[①] 同济大学吴志强领衔、国内十余家规划研究机构合作开展了《国土空间规划技术标准体系》研究。

关标准规范，强调规划用途管制和过程监督；信息技术类标准，主要是以实景三维中国建设数据为基底，以自然资源调查监测数据为基础，采用国家统一的测绘基准和测绘系统，整合各类空间关联数据，建立全国统一的国土空间基础信息平台的相关标准规范，体现新时代国土空间规划的信息化、数字化水平。

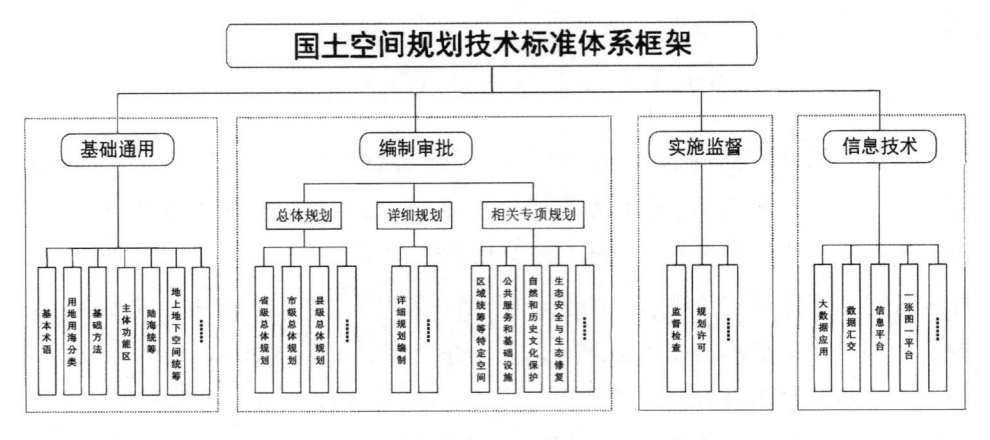

图 6-1　国土空间规划技术标准体系框架

资料来源：自然资源部：《国土空间规划技术标准体系建设三年行动计划（2021—2023）》，2021 年。

三、推进国土空间规划技术标准研究和制定

构建国土空间规划技术标准体系作为自然资源部负责的一项重要工作，逐步建立了一套抓住关键问题、注重沟通协调、注重效率质量的推进机制。2020年7月28日召开的国土空间规划分技术委员会成立大会暨第一次工作会议，提出新的国土空间规划技术标准建设要牢固树立"问题意识"，坚持实践特色，把握供求关系，创新工作机制，强化标准引领。按照"连续、稳定、转换、创新"要求，做好与现行空间类规划技术标准的继承、融合、改进，体现"多规合一"的改革要求。围绕体系架构中的关键技术环节做好总体布局，明确急用先行目录，通过公开申报征集发动各方参与，并以制定年度计划的方式有序推进标准的整体研制工作，在国家、行业、地方标准建设方面取得了积极成效。

在国家标准建设层面，正式发布了《国土空间规划"一张图"实施监督信息系统技术规范（GB/TJ 9972—2021）》。《国土空间规划城市更新导则》标准已进入成果阶段。

在行业标准建设层面，正式发布了《国土空间规划城市设计指南（TD/Tl065—2021）》《社区生活圈规划技术指南（TD/Tl062—2021）》《城区范围确定规程（TD/Tl064—2021）》《国土空间规划城市体检评估规程（TD/Tl063—2021）》《国土空间规划城市时空大数据应用基本规定（TD/T1073—2013》《城乡公共卫生应急空间规划规范（TD/T1074—2023）》六项标准。此外，已先行以文件形式印发了《国土空间调查、规划、用途管制用地用海分类指南（试行）》《资源环境承载能力和国土空间适宜性评价技术指南（试行）》《省级国土空间总体规划编制技术规程（试行）》《市级国土空间总体规划编制指南（试行）》《市级国土空间总体规划数据库规范（试行）》《国土空间用途管制数据规范（试行）》等技术规定与指南。《主体功能区（名录）评估调整技术指南》《国土空间规划历史文化遗产保护技术指南》等一批行业标准即将出台。

在地方标准建设层面，各省市均从各自地方实际出发开展了各具特色的地方标准研制工作，对推动当前技术标准体系建设发挥了重要作用，形成了不同的特点和经验。①注重地方标准化建设的整体推进。以北京、上海、广州、深圳等超大城市和重要省会城市代表，注重地方标准体系构建的系统性和精细化。以广州市为例，在与上位标准、相关政策法规保持动态衔接的基础上，按照标准化建设的要求，建立包括综合标准、基础标准、通用标准和专用标准四个层级的广州市国土空间规划技术标准体系框架[①]，形成以条例、技术规定、综合标准为主体的技术法规与技术标准的整体架构，探索具有地方特色的基础标准体系，覆盖全域的通用标准体系构建，基于专项要素的专用标准体系。②以建立"多规合一"规划体系为重点，抓住规划编制和规划管理的关键技术环节，探索标准体系建设的地方方案。以浙江省为例，以摸清家底形成现状一张底图、"省、市、县、乡"四级规划编制、数据库和信息平台建设等环节为重点，推

---

① 张尚武、邓红蒂、范延平等："'构建统一的国土空间规划技术标准体系：原则、思路和建议'学术笔谈（一）"，《城市规划学刊》，2020年第4期。

进地方标准体系建设[①]。③从地方特色出发，因地制宜探索标准化建设地方模式。如海南省，探索简化规划层级，建立以省、市县两级国土空间规划为主的编制体系，充分运用自贸港先行先试政策，探索极简审批改革。④与地方经济社会发展重大需求结合，加强标准化建设在地方国土空间规划体系构建中的引领作用。各省市均高度重视"多规合一"实用性村庄规划编制在实施乡村振兴战略中的作用，出台了一系列围绕村庄布点、村庄规划编制的指南或技术规范。

[①] 吴志强、段进、林坚等："'构建统一的国土空间规划技术标准体系：原则、思路和建议'学术笔谈（二）"，《城市规划学刊》，2020年第5期。

第七章　国土空间规划"一张图"建设

第一节　总体建设思路及框架

一、关于国土空间规划"一张图"建设的政策要求

《若干意见》规定:"以自然资源调查监测数据为基础,采用国家统一的测绘基准和测绘系统,整合各类空间关联数据,建立全国统一的国土空间基础信息平台。以国土空间基础信息平台为底板,结合各级各类国土空间规划编制,同步完成县级以上国土空间基础信息平台建设,实现主体功能区战略和各类空间管控要素精准落地,逐步形成全国国土空间规划'一张图',推进政府部门之间的数据共享以及政府与社会之间的信息交互。"

《自然资源部关于全面开展国土空间规划工作的通知》(自然资发〔2019〕87号)进一步规定,"同步构建国土空间规划'一张图'实施监督信息系统。基于国土空间基础信息平台,整合各类空间关联数据,着手搭建从国家到市县级的国土空间规划'一张图'实施监督信息系统,形成覆盖全国、动态更新、权威统一的国土空间规划'一张图'"。

2019年自然资源部办公厅印发的《国土空间规划"一张图"建设指南(试行)》进一步细化规定,"建设完善省、市、县各级国土空间基础信息平台,以第三次全国国土调查成果为基础,整合国土空间规划编制所需的各类空间关联数据，形成坐标一致、边界吻合、上下贯通的一张底图，作为国土空间规划编制的工作基础。依托平台，以一张底图为基础，整合叠加各级各类国土空间规划成果，实现各类空间管控要素的精准落地，形成覆盖全国、动态更新、权威统一的全国国土空间规划'一张图'，为统一国土空间用途管制、强化规划实施监督提供法定依据。基于平台，同步推动省、市、县各级国土空间规划'一张图'实施监督信息系统建设，为建立健全国土空间规划动态监测评估预警和实施监管机制提供信息化支撑"。"国土空间规划'一张图'实施监督信息系统是基于国土空间基础信息平台构建的一个应用系统，旨在开展国土空间规划动态监测评估预警，加强规划实施监管，并为逐步实现可感知、能学习、善治理和自适应的智慧规划提供重要基础。"

《自然资源部办公厅关于加强国土空间规划监督管理的通知》（自然资办发〔2020〕27号）规定，"加快建立完善国土空间基础信息平台，形成国土空间规划'一张图'，作为统一国土空间用途管制、实施建设项目规划许可、强化规划实施监督的依据和支撑"，"建立规划编制、审批、修改和实施监督全程留痕制度，要在国土空间规划'一张图'实施监督信息系统中设置自动强制留痕功能"。

《自然资源部办公厅关于进一步加强国土空间规划"一张图"系统建设的通知》（自然资办发〔2022〕19号）规定，"加快国土空间规划'一张图'系统建设。各地要按照'统一底图、统一标准、统一规划、统一平台'要求，对照《国土空间规划'一张图'实施监督信息系统技术规范》（GB/T 39972—2021）等'多规合一'的规划数据规范标准，依托统一的国土空间基础信息平台，采取省内统建或统分结合等方式，汇集'三调''七普'等各类关联空间数据形成统一底图底数，抓紧完成'一张图'系统建设，有效支撑'三区三线'划定和规划编制、审批、修改和实施监督数字化管理。""要坚持国土空间唯一性，按照'多规合一'和节约集约用地要求等，在'一张图'上统筹各类国土空间开发保护需求，在协调解决各专项规划空间矛盾冲突后完成上图入库，确保'数、线、图'一致。""依托国土空间基础信息平台和调查监测体系，健全全国国土空间规划监测网络，对国土空间规划'一张图'落实情况适时开展动态监测评估预警，为实现规划目标'可考核、可审计、可追责'提供系统技术支撑"。

二、国土空间规划"一张图"的建设内涵

建设国土空间规划"一张图",是落实习近平总书记"统一底图、统一标准、统一规划、统一平台"重要指示精神,支撑和推动"多规合一"改革落地的重要基础性工作,主要包括三方面内涵:一是数字化管理平台的硬件建设。依托国土空间基础信息平台,建设国家、省、市、县四级联通的国土空间规划"一张图"实施监督信息系统,实现五级三类国土空间规划编制、审批、修改、实施监督等全周期在线管理和全过程留痕。二是数据资源体系建设。按照统一的数据规范,汇集全国第三次国土调查及年度变更调查等现状数据,汇集五级三类国土空间规划数据,汇集用地、用海、用矿审批等管理数据,汇集相关经济社会发展数据和时空大数据等,形成覆盖全域、动态更新、权威统一的国土空间规划"一张图"数据资源体系,支撑国土空间规划编制审批与实施监督。三是治理方式的变革。依托国土空间基础信息平台和国土空间规划"一张图"实施监督信息系统等已有平台系统,构建全国国土空间规划监测网络,打造开放活力、汇聚众智的数字化规划治理平台,鼓励引导地方、高校、科研院所和企业各方参与,共同推动提升国土空间规划治理能力现代化水平。

三、国土空间规划"一张图"的总体建设框架

按照"统一底图、统一标准、统一规划、统一平台"要求,自然资源部研究制定了国土空间规划"一张图"总体建设框架(图7-1)。

国土空间规划"一张图"实施监督信息系统总体框架有以下特点:一是以高分辨率遥感影像和三维测绘数据为背景,以全国第三次国土调查及年度变更调查为基础,整合气象、水文、地质、人口等各类空间数据,形成反映国土空间现实状况的统一底图。二是建立健全国土空间规划"一张图"系统建设规范、国土空间规划编制规程、国土空间规划数据规范等,形成各类数据纳入国土空间规划"一张图"的统一标准。三是集成整合全国"三区三线"划定成果和五级三类国土空间规划,形成覆盖全域、动态更新、权威统一的全国国土空间规

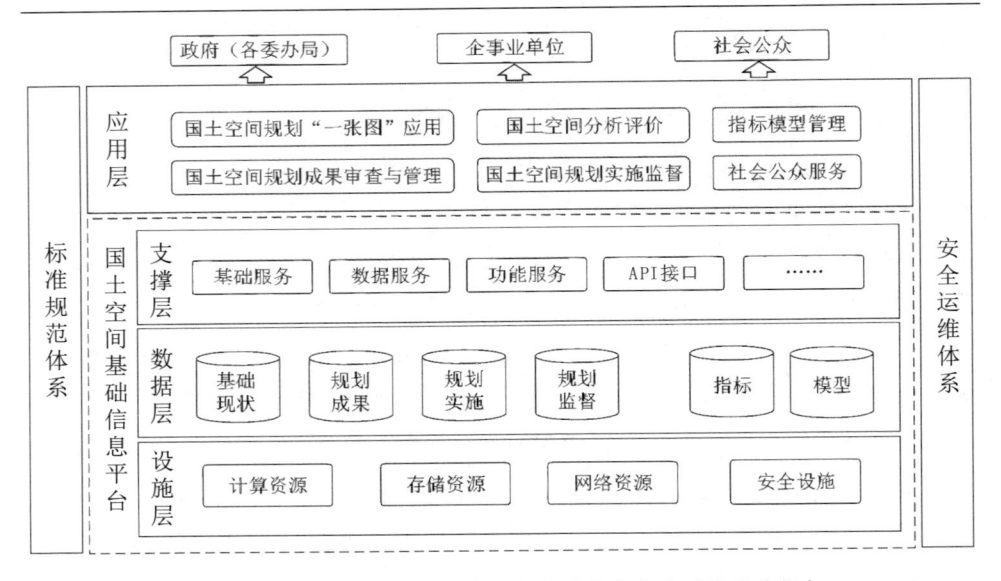

图 7-1　国土空间规划"一张图"实施监督信息系统总体框架

资料来源：《国土空间规划"一张图"实施监督信息系统技术规范》（GB/T 39972—2021）。

划"一张图"，统一跨部门、跨层级、跨环节的数据治理规则，构建上下联通、左右互联、权威高效的国土空间规划数据共享机制，为各部门、各地区提供统一的国土空间规划数据服务。四是基于国土空间基础信息平台，建设国土空间规划"一张图"实施监督信息系统，统一国土空间规划数字化管理平台，对国土空间规划相关的自然资源和国土空间数据进行统一管理，有序推进数据共享等服务，实现对国土空间规划编制、审批、实施监测评估预警全过程的数字化、智能化管理。

第二节　国土空间基础信息平台

一、国土空间基础信息平台总体框架

整合现有的时空基础设施、网络、系统等相关信息化资源，基于自然资源云，建立健全统一的国土空间基础信息平台，建立相关标准，形成对"一张图"

数据资源的分布式管理、应用和共享服务机制（图7-2），为国土空间规划管理、行政审批、政务服务、监管决策等各类应用提供基础支撑平台和统一身份认证、统一用户管理、统一电子签章、统一电子证照、统一安全审计等通用功能支撑，为智慧城市、数字乡村中的各类应用，如城市信息模型（CIM）、智慧交通等，提供统一的国土空间数据基底和关联自然资源数据服务，有效提升治理能力水平。

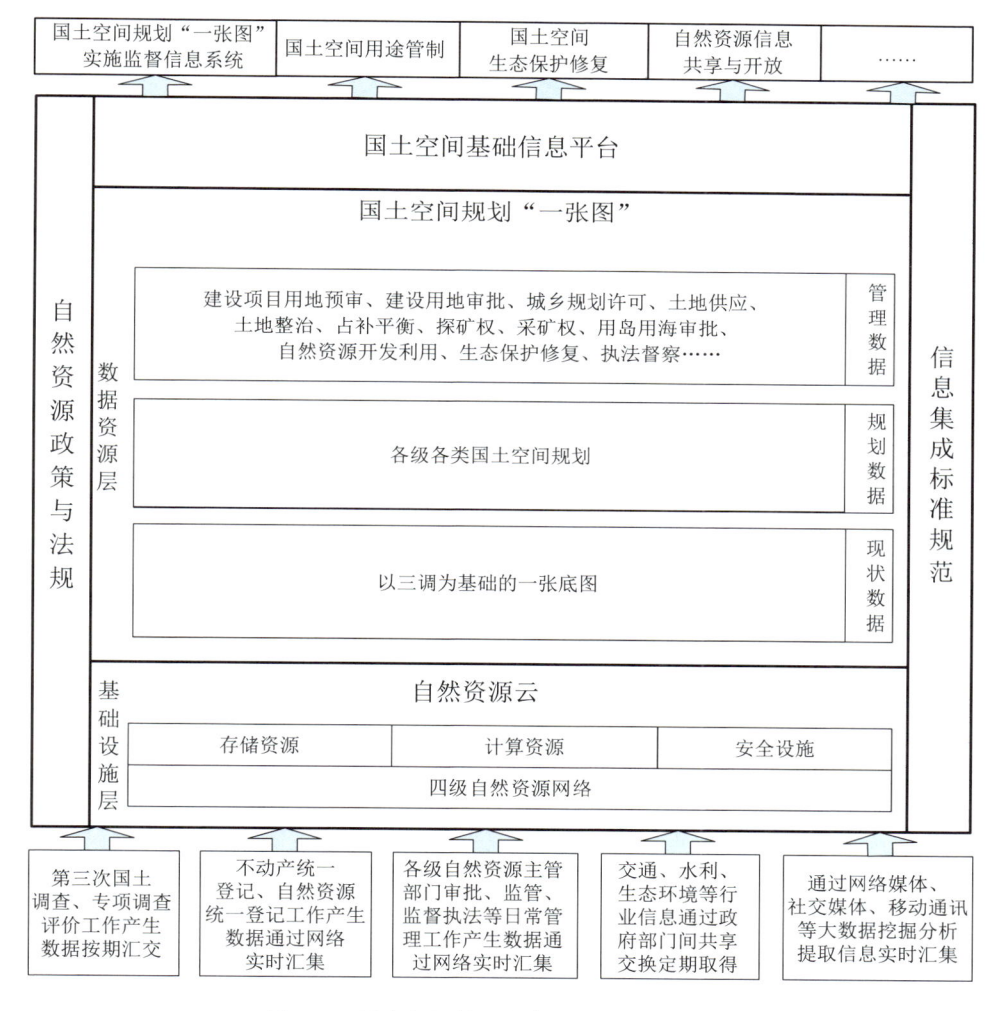

图7-2 国土空间基础信息平台平台总体框架

资料来源：自然资源部办公厅：《自然资源部办公厅关于开展国土空间规划"一张图"建设和现状评估工作的通知》（自然资办发〔2019〕38号）。

二、国土空间基础信息平台部署与共享应用

国土空间基础信息平台由国家、省、市、县四级节点组成分级分步建设。国家级节点横向上由主中心节点、测绘数据分中心节点、地质数据分中心节点、土地数据分中心节点、海洋数据分中心节点、卫星数据分中心节点、林草数据分中心节点和各部门分节点构成，纵向上连接国家、省、市、县四级自然资源主管部门。省级节点纵向上承上启下，上与国家级节点、下与市县级节点互联互通，横向上覆盖本级各部门分节点。各省级节点可在遵循国土空间基础信息平台总体框架和建设要求的基础上，参考国家级节点并结合本省实际自行设置分节点，实现与国家级节点对接。

国土空间基础信息平台集成或接入各节点的国土空间数据或服务，通过注册、发布、调度和监控，形成物理分散、逻辑集中的分布式一体化数据管理和服务机制。各部门负责本节点的数据和服务的管理、维护和更新。各节点可依据实际需求，全面梳理自然资源数据的敏感性，分类推进互联网版、政务版和内网版平台建设，分别支撑互联网、业务网和内网的应用。各节点可构建基于大数据资源池的计算和管理模式，入池的各种数据和数据集应符合数据整合处理、集成应用、共享交换等各类要求（图7-3）。

通过分布式国土空间基础信息平台，可以支撑调查、规划、审批、确权、执法等各类自然资源管理应用，可以支撑与各相关部门进行信息共享和业务协同，可以支撑与地方进行上下联动。

面向自然资源系统，国土空间基础信息平台汇聚自然资源管理全链条各环节数据，各专项管理应用生成的数据自动沉淀在平台上，各专项管理应用也可从平台调取其他管理环节的关联数据，促进提升自然资源全链条数字化管理水平。

面向政府部门，国土空间基础信息平台可以提供在线地图、数据服务等应用。在线地图可以支撑各部门按照权限查询自然资源有关数据资源；各部门可以通过数据服务，按照统一标准，申请数据下载或调用数据服务等。

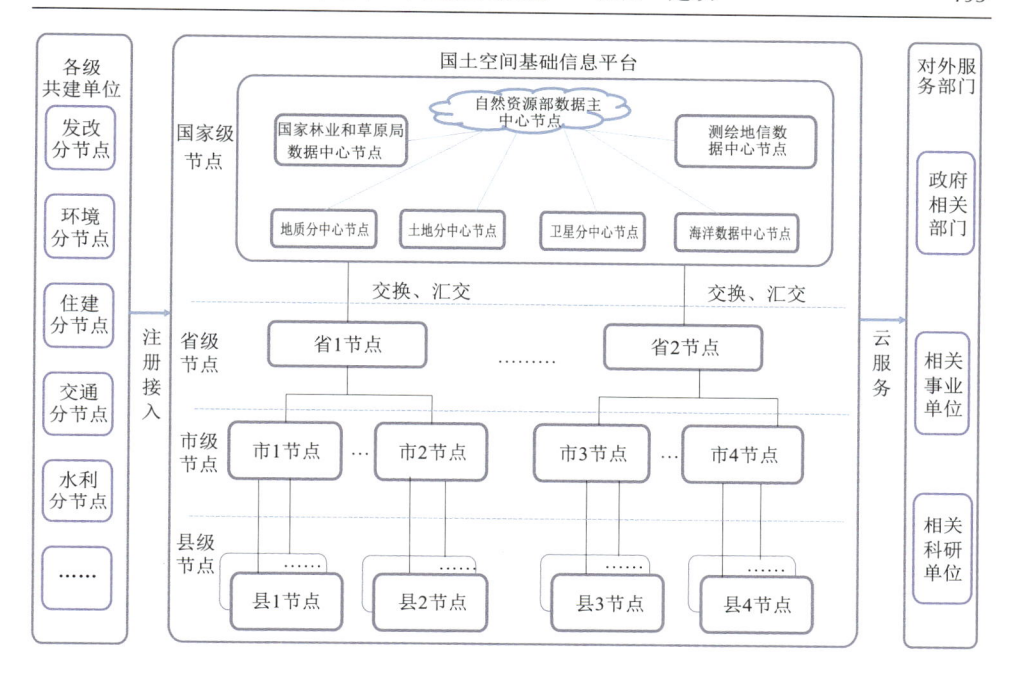

图 7-3 国土空间基础信息平台节点分布体系

资料来源：自然资源部办公厅：《自然资源部办公厅关于开展国土空间规划"一张图"建设和现状评估工作的通知》（自然资办发〔2019〕38 号）。

面向地方，国土空间基础信息平台可以提供上报备案与转办分发等服务，实现用地审批、土地供应、土地整治等自然资源管理信息的实时备案、实时更新、上下联动。

第三节　国土空间规划"一张图"实施监督信息系统

基于国土空间基础信息平台，围绕国土空间规划编制、审批、修改和实施监督全周期管理，建设国家、省、市、县上下贯通的国土空间规划"一张图"实施监督信息系统，打造数字化、网络化、智能化的规划管理平台，整体提升国土空间大数据集成能力、规划编制智能分析能力、治理实施网络驱动能力、监测评估精准能力，建设可感知、能学习、善治理和自适应的智慧规划。国土空间规划"一张图"实施监督信息系统基础功能包括国土空间规划"一张图"应用、国土空间分析评价、国土空间规划成果审查与管理、国土空间规划实施监督、指标模型管理、社会公众服务等（图7-4），还将根据管理实践的深化和需求，不断拓展完善功能。

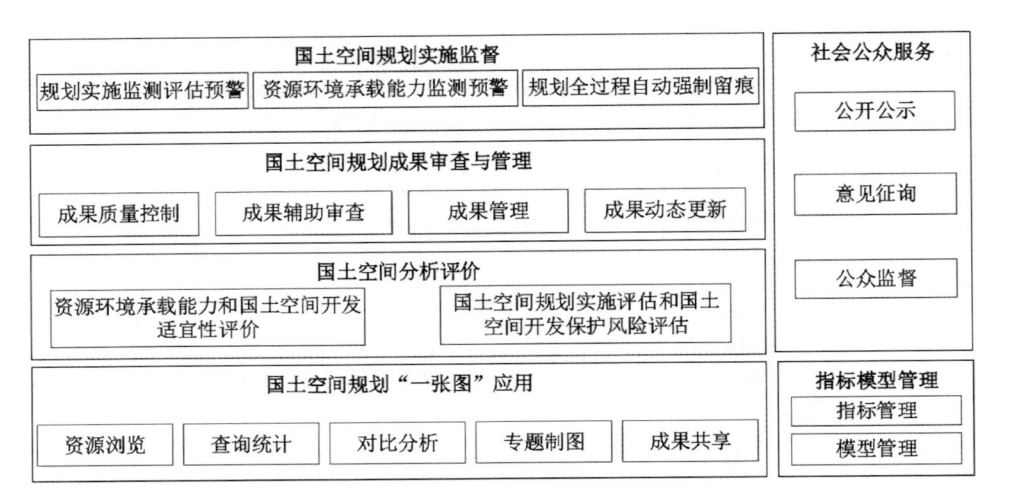

图 7-4　国土空间规划"一张图"实施监督信息系统功能构成图

资料来源：《国土空间规划"一张图"实施监督信息系统技术规范》（GB/T 39972—2021）。

一、国土空间分析评价

国土空间分析评价是以自然资源和国土空间开发利用现状数据为基础，利用相关算法、模型开展分析评价和评估。主要包括：①资源环境承载能力和国土空间开发适宜性评价。基于国土空间规划"一张图"数据，以及"双评价"结果，进行相应的空间分析。包括查询"双评价"报告及主要图件，基于"双评价"结果开展相关空间布局科学性、合理性分析，国土空间规划成果图件与"双评价"结果对比分析等功能。②国土空间规划实施评估和国土空间开发保护风险评估。以国土空间规划"一张图"为基础，开发应用相关算法和模型，辅助识别国土空间开发保护的主要问题，支撑国土空间规划实施评估及国土空间开发保护风险评估。包括基于城镇化发展、人口分布、经济发展、科技进步、气候变化趋势等分析模型,综合研判或专项分析国土空间开发保护现状与需求;开展情景模拟,识别自然资源保护利用、自然灾害、国土安全等方面可能面临的风险;通过数量、质量、布局、效率等指标分析,评估国土空间开发保护现状问题和风险挑战。

二、国土空间规划成果审查与管理

成果质量控制方面,对提交的国土空间规划编制成果进行质量控制。包括对规划成果资料、数据文件、成果图层等进行完整性检查,对规划成果的组织、格式、命名、内容构成、拓扑一致性、属性结构等进行规范性检查等。

成果辅助审查方面,基于审查要点,对国土空间规划编制成果进行辅助审查。包括对总体规划、详细规划、相关专项规划等进行符合性审查,对国土空间规划约束性指标和刚性管控要求落实情况进行审查。

成果管理方面,对通过审查并批复的国土空间规划成果进行统一管理。包括根据国土空间规划编制审查进程,动态调整国土空间规划成果数据目录,实现空间数据、规划文本、附表、图件、说明、专题研究报告等规划成果的关联,将通过审查并批复的总体规划、详细规划、相关专项规划的符合性审查过程和成果纳入国土空间规划"一张图"等。

成果动态更新方面,对国土空间规划实施过程中产生的规划调整或更新成果数据逐级汇交,实现国家、省、市、县、乡镇国土空间规划成果的同步更新。国土空间总体规划、详细规划成果调整或更新,应以数据更新包形式逐级汇交或分布式远程实时调用。相关专项规划成果调整或更新,可通过数据更新包、系统对接等多种形式,实现动态更新。

三、国土空间规划实施监督

国土空间规划实施监测评估预警方面,构建针对重要控制线和重点区域的监测评估预警指标和模型,实现国土空间规划实施的动态监测、定期评估和及时预警。实时采集和接入多源数据,对国土空间规划实施过程中的国土空间开发保护建设活动进行动态监测，特别是对各类管控边界、约束性指标开展重点监测，重点围绕生态保护红线、永久基本农田、城镇开发边界等重要控制线的刚性管控要求和国土空间规划约束性指标开展及时预警。从 2021 年开始，已应用国土空间规划"一张图"实施监督信息系统的，按照"一年一体检、五年一评估"要求，对全国所有地级以上城市国土空间开发保护现状和规划实施情况进行体检评估，各地评估成果在线报送并审查通过后，汇入国家级系统进行比对分析、评估考核、查询统计和成果管理，实现各年度现状评估和规划执行情况的数据积累。

资源环境承载能力监测预警方面，集成整合或接入有关部门与资源环境承载能力相关的因子和指标监测数据，提供对资源环境承载能力的综合监管、动态评估和决策支持功能。综合监管是利用自然资源调查监测数据，以及有关部门的专业调查监测数据，实现资源环境承载能力的综合监管。包括资源环境承载能力预警等级分级和对监管指标变化趋势和空间分布态势展现。

国土空间规划全过程自动强制留痕，按照国土空间规划编制、审批、修改和实施监督全过程留痕制度要求，对规划内容修改，规划许可变更或撤销，公开征求意见情况，提出、论证、审查过程及参与人员意见等自动强制记录归档，确保规划管理行为全过程可回溯、可查询。

四、国土空间规划指标模型管理

国土空间规划指标模型管理指国土空间规划编制、审批、修改和实施监督全过程中指标和模型的管理及可视化效果配置。比如，区域及城市体检评估方面，指标的算法及数据来源、可视化效果等，都可以根据实际需求，动态修改完善，支撑监测评估的自动化并不断提高准确性。

五、数据共享服务

按照满足必要管理需求为原则，为相关部门有序提供数据下载、远程调用等数据服务。例如国土空间规划符合性辅助分析功能，相关部门可以将项目选址纳入国土空间规划"一张图",套合用地用海现状、重要控制线等,提前避让耕地和永久基本农田、生态保护红线等,科学选址;数据申请使用功能,各部门可以通过申请数据下载或调用数据服务等方式,获取和使用国土空间规划数据;根据相关部门编制规划需要,提供提供国土空间规划底图服务。此外,在网络条件具备后,将逐步完善自然资源系统内部的纵向数据共享服务功能。

六、专项规划上图

坚持国土空间唯一性,强化国土空间总体规划对专项规划的指导约束作用。一是按照统一的数据标准,将专项规划涉及国土空间保护利用的内容,按程序纳入国土空间规划"一张图"。二是依据国土空间用途管制规则、节约集约用地要求等,将专项规划涉及国土空间的安排与国土空间规划"一张图"进行核对和衔接,确保"多规合一"和统一国土空间用途管制落地。三是发挥国土空间规划"一张图"实施监督信息系统的数据优势、信息化优势,协助相关部门强化监管。如,《国家电影局等印发〈关于促进影视基地规范健康发展的意见〉的通知》规定,"影视主管部门要协助有关部门及时将批准同意设立的影视基地边界线等空间信息纳入国土空间规划相关信息系统。"国家发展改革委办公厅等部门共同研究起草的《国家农村产业融合发展示范园创建认定管理工作指引》中规定,"将示范园边界及功能分区等空间矢量数据纳入国土空间规划'一张图'系统",从而推进相关监管工作的开展。

七、社会公众服务

充分利用各种公开途径,支持多终端、多渠道公开公示、意见征询和公众监督,提供面向公众的国土空间规划服务,促进公众参与规划治理。公开公示包括提供有关国土空间规划公开公示信息的浏览和检索、构建基于地图的规划公示应用以及对公示信息的定期或实时更新。意见征询包括意见征询表格定制、公众意见整理与分析。公众监督包括公众留言、违规举报、接受群众监督等功能。

第四节 国土空间规划"一张图"数据资源体系

集成整合国土空间规划编制和实施管理所需的基础地理、自然资源调查监测、人口社会经济等现状数据,"三区三线"与各级各类国土空间规划成果数据,国土空间规划实施与监督数据等,形成覆盖全域、动态更新、权威统一的国土空间规划"一张图"数据资源体系(图7–5)。

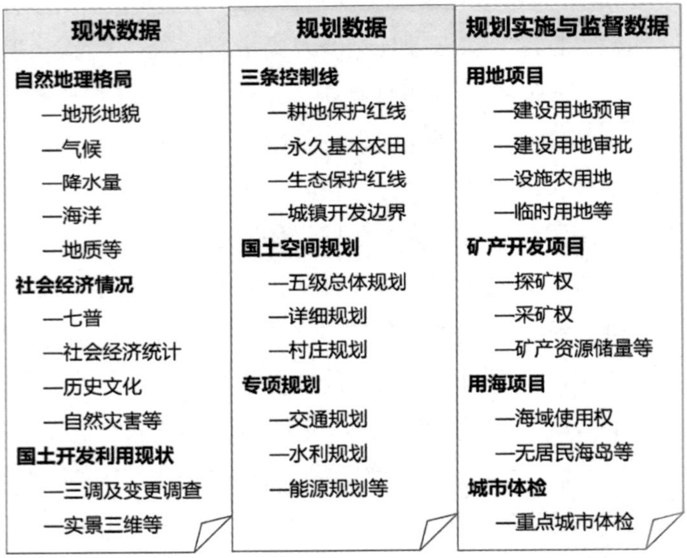

现状数据	规划数据	规划实施与监督数据
自然地理格局 —地形地貌 —气候 —降水量 —海洋 —地质等 **社会经济情况** —七普 —社会经济统计 —历史文化 —自然灾害等 **国土开发利用现状** —三调及变更调查 —实景三维等	**三条控制线** —耕地保护红线 —永久基本农田 —生态保护红线 —城镇开发边界 **国土空间规划** —五级总体规划 —详细规划 —村庄规划 **专项规划** —交通规划 —水利规划 —能源规划等	**用地项目** —建设用地预审 —建设用地审批 —设施农用地 —临时用地等 **矿产开发项目** —探矿权 —采矿权 —矿产资源储量等 **用海项目** —海域使用权 —无居民海岛等 **城市体检** —重点城市体检

图7–5 国土空间规划"一张图"数据资源体系

一、现状数据

以第三次全国国土调查为基础,形成全国统一的国土空间规划底图,确保全国国土空间治理在统一的底板上开展;通过年度国土变更调查及补充调查等对底图进行更新。同时,整合规划编制所需的多源数据,包括基础地理信息、地质数据、其他自然资源调查监测数据、自然资源管理数据、自然和历史文化保护数据、以往的规划管控数据及人口社会经济数据等其他现状数据，支撑国土空间规划编制。

二、规划成果数据

规划成果数据是国土空间规划"一张图"数据资源体系的重要内容，国土空间规划成果数据包括全国统一的"三区三线"划定数据和各级各类国土空间规划成果数据（图7-6）。

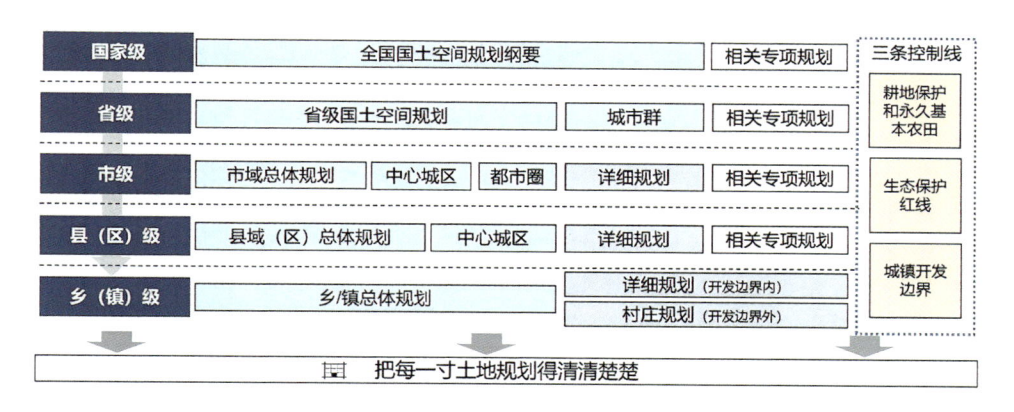

图7-6 国土空间规划成果数据

"三区三线"划定数据要按照"三区三线"划定规则和数据汇交要求，开展划定成果数据和相关专项规划数据的上图入库、质量检查、汇总分析和集成展现，实现"三区三线"划定成果的"数、线、图"一致。

各级国土空间规划成果数据涵盖本级与下级规划成果，包含矢量数据、规划文本、表格、栅格图件、批复文件等，基于国家、省、市、县、乡镇五级国土空间规划成果数据库，通过纵向全覆盖、边界全闭合、因地制宜的"抽屉"式管理机制，将各级各类经批复的规划数据汇交备案后纳入抽屉"对号入座"。根据国家部署要求，可以在国家和省级之间，增加区域级国土空间规划"抽屉"。

各级各类国土空间规划编制指南是规划编制的依据，需与之相匹配，建立国土空间规划成果汇交、质检、入库流程等一套数据标准规范（图7–7），指导国土空间规划成果的建库、汇交、质量检查，符合要求的成果经批复后归档入库，从而逐步形成国土空间规划"一张图"（图7–8）。

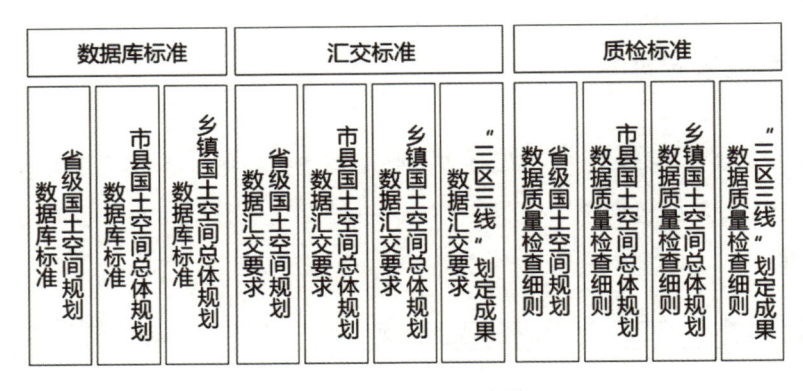

图7–7 国土空间规划数据标准

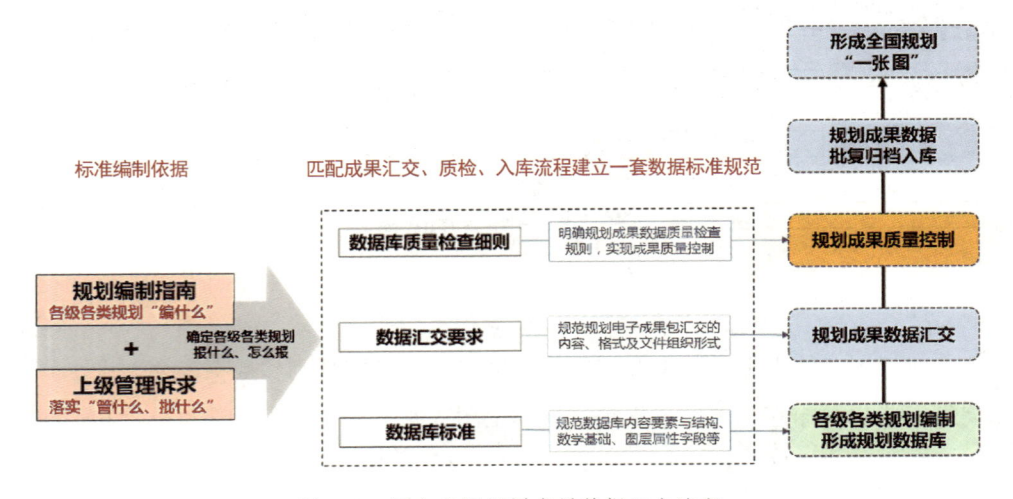

图7–8 国土空间规划成果数据汇交流程

三、规划实施与监督数据

规划实施数据应集成国土空间保护、开发利用和修复等相关数据，具体包括实施国土空间用途管制数据（如建设项目用地预审与选址意见书、建设用地规划许可证、建设工程规划许可证、乡村建设规划许可证信息等），重大生态修复工程数据，综合整治数据等各类规划实施数据。

规划监督数据包括对国土空间开发保护现状和规划实施状况进行动态监测、定期评估和及时预警等数据。具体包括国土空间规划城市体检评估数据，国土空间规划动态监测评估预警数据、资源环境承载能力监测预警数据、规划全过程自动留痕数据和其他相关数据。

第五节　全国国土空间规划监测网络

结合全国统一的国土空间基础信息平台和国土空间规划"一张图"实施监督信息系统建设，构建全国国土空间规划监测网络是落实《若干意见》关于建立健全国土空间规划动态监测评估预警机制要求的重要载体；是落实"两统一"职责、系统推动调查监测工作数字化转型和"数字国土""智慧国土"建设的重要抓手；是落实"统一底图、统一标准、统一规划、统一平台"要求，实施国土空间全域、全要素、全生命周期管理的重要基础。

建设的总体思路是：依托国土空间基础信息平台和国土空间规划"一张图"实施监督信息系统，与调查监测、耕地保护、用途管制、土地供应、执法督察、用海用矿等关联管理系统互联互通，构建数据权威、前后印证、实时校核的国土空间规划监测网络；同时，建立健全运行机制，将国土空间规划监测网络打造为开放活力、汇聚众智的数字化规划治理平台，推动国土空间规划实施监测、评价、监管等管理需求与社会科研技术能力的精准对接，鼓励支持地方、高校、科研院所和企业等多方合力完善国土空间规划监测监管软件、算法模型和标准等，带动引导动态感知、实时监测、智慧规划、智慧监管、智能展示等关联数字技术研发，推进"智慧规划"的理论创新、技术创新、实践创新、制度创新，用开放的治理生态推动国土空间规划治理能力现代化水平的提升。

主要包括四方面核心任务：一是充分整合利用自然资源系统现有技术资源和管理平台，在统一平台上，建设标准统一、链接通畅的全国国土空间规划监测网络。二是确立并不断完善智能监测指标体系，围绕中央关注、群众关心的国土空间问题，综合考虑事权划分、数据获取便利度和持续性、技术可支撑等多种因素，明确国家层面的智能监测指标体系，逐步实现实时监测、动态预警。三是推动新技术应用和标准建设，畅通"产、学、研、用"转化通道，可以"揭榜挂帅"等方式，参照"开源社区"模式，引导各方根据管理需求，持续深化相关模型、算法、标准的研究，为智能监测监管提供扎实高效的技术支撑。四是建立健全数据共享和协同攻关机制，破除相关管理信息系统间的"数据烟囱"，以满足必要管理需求为原则，有序推进各相关系统的管理数据"共建共享"，构建各方相向而行、网络化运行的国土空间规划监测新格局。

第八章　国土空间规划的人才队伍保障

第一节　加强专业队伍建设和行业管理

一、规划编制单位资质管理制度

（一）规划资质管理制度的建立和发展

通过行政许可对于一些涉及公共利益、公共安全的行业、职业采取资质管理，是我国经济社会发展中逐步完善的一项制度。作为为社会和公众提供服务的特定行业，空间规划编制直接关系公共利益，客观上要求政府对从事这一行业的公民和组织设立特定的资格和条件。为此，早在 1987 年，国家就已经开始对城市规划编制实施行政许可。1987 年 6 月，城乡建设环境保护部向全国 37 家规划设计单位颁发了甲级城市规划设计证书，自 1987 年 7 月 1 日起，各规划设计单位按证书资格规定范围承揽规划设计任务。之后，原规划主管部门出台了《城乡规划编制单位资质管理规定》，到 2019 年城乡规划编制单位甲级资质机构为 423 家。

2018 年党和国家机构改革，将住房和城乡建设部的城乡规划管理职责划入自然资源部，规划编制单位资质转由自然资源主管部门负责。2019 年 5 月，自然资源部发布了《关于全面开展国土空间规划工作的通知》，全面启动国土空间规划编制审批和实施管理工作，国土空间规划作为重要的公共政策，国土空间规划编制成果质量将直接对国家和地方的发展产生深远影响，继续实施规划资质管理制度十分必要。《城乡规划法》第二十四条规定："城乡规划组织编制机关应当委托具有相应资质等级的单位承担城乡规划的具体编制工作。"2019年，为做好制度衔接，自然资源部办公厅就国土空间规划编制资质有关问题发函明确，为加强国土空间规划编制的资质管理，提高国土空间规划编制质量，自然资源部正加快研究出台新时期的规划编制单位资质管理规定；在新规定出台前，对承担国土空间规划编制工作的单位资质暂不作强制要求，原有规划资质可作为参考。各省在招标中根据需要提出了具体要求，70%的规划招标文件中都对参与投标的原城乡规划和土地规划编制单位提出了资质等级或推优等级要求，个别省份还附加了对信息平台、测绘等方面的要求。通过中标情况分析，绝大部分国土空间规划编制任务由原土地规划、城乡规划编制单位组成联合体共同承担。

2021年4月，自然资源部办公厅印发《关于加强规划资质管理的通知》，全面启动甲级城乡规划编制单位资质核定、升级工作。截至2022年4月28日，自然资源部公告了7批共计579家符合甲级规划资质条件的规划编制单位名单。随着"证照分离"改革在全国范围内全面推开，为落实国务院"放管服"改革精神，自然资源部办公厅印发了《关于深入推进城乡规划编制单位资质认定"放管服"改革的通知》，进一步优化营商环境、激发市场主体的发展活力。

（二）加强规划资质管理的总体要求和措施

完善规划编制单位资质管理制度，是构建"多规合一"的国土空间规划体系的重要保障，加强规划编制资质管理，要坚决贯彻落实党中央"多规合一"改革精神，落实国务院"放管服"改革要求，按照"连续、稳定、转换、创新"原则，顺应国土空间规划行业发展的新需求，构建与"五级三类"的国土空间规划体系相适应、分级分类管理的国土空间规划单位资质管理制度，加强规划编制单位管理、维护公共利益和市场秩序、建设高水平规划编制队伍，推进国土空间规划行业健康发展。目前，自然资源部对照国土空间规划编制工作需要，研究制定了新的城乡规划编制单位资质审查标准（征求意见稿），由于设立国土空间规划编制单位资质行政许可事项需要有明确的法律法规作为依据,短期内暂不会出台。

从未来举措看,规划编制单位资质管理的工作重心将逐渐转到加强事中事后监管上来,实现规划的全生命周期管理。其中,一是坚持依法监管,对违反党中央精神、违法违规编制规划等行为的编制单位和法人,实行"黑名单"惩戒制度,及时通报并依法处理;二是压实省级自然资源主管部门责任,按属地原则实行批后全覆盖核查;三是加强动态监管,坚持以公开为常态、不公开为例外,部、省联合不定期抽查;四是依托与规划编制任务相关联的编制单位和技术人员数据库,实现系统自动监测预警,对人员变动过于频繁,承揽项目过多、明显超出能力的编制单位和项目负责人,实施"黄名单"警示制度,进行重点监管。

二、注册规划师职业资格管理制度

(一)注册规划师制度的建立和发展

与规划行业资质管理制度一样,我国对从事规划行业的个人也采取了职业准入制度。2000年城市规划职业资格管理工作正式启动,目前已经形成了相对完善的管理制度,制定了《注册城乡规划师职业资格制度规定》《注册城乡规划师职业资格考试实施办法》(2017年5月印发),建立了《注册城乡规划师注册办法》(2020年7月修订)、《注册城市规划师继续教育工作细则》(2016年12月发布)、《注册城乡规划师继续教育办法》(2020年9月发布)等基础性制度。2021年11月人力资源社会保障部公布了《国家职业资格目录(2021年版)》,目录中准入类职业资格要求必须关系公共利益或涉及国家安全、公共安全、人身健康、生命财产安全,且必须有法律法规或国务院决定作为依据。注册城乡规划师职业资格由自然资源部、人力资源社会保障部、相关行业协会主管,是唯一与规划有关的准入类职业资格。

当前正处在行业调整和发展时期,注册城乡规划师职业资格作为个人从业的准入门槛,保证了城乡规划专业的科学性和严肃性,保证了社会价值观作为国家经济社会发展的基本标准,有利于培育和健全我国的规划设计市场,有利于在社会主义市场经济探索过程中,维护政府对公共资源科学利用、促进公共利益、平衡社会矛盾的职能。但同时,注册城乡规划师职业也不是独立存在的,它与现有的体制、法律规定等共同构成了管理体系,是行业的重要组成部分。因此,必须清晰地意识到,职业资格制度本身并没有办法解决所有问题,它还需要在很长一段发展时期中去沉淀符合我国国情的内容,需要在专业知识迅速更新的时代,让人才去适应这种变化与发展,这样才有可能实现真正的改革(谢盈盈,2019)。

(二)规划师的职业标准与行业发展要求

尽管各国规划师制度建立的背景不同,但规划师制度的发展完善方向基本一致。2004年在注册规划师制度刚刚确立之际,张庭伟教授发文总结了美国职业规划师的教育职业教育标准(张庭伟,2004),对当前的注册规划师队伍建设仍然具有借鉴价值。主要包括知识、技能、价值观三个方面:①在技能方面,包括研究问题的技能、定量分析和计算机的应用、书面、口头、图纸表达的能力,以及协同解决问题的能力等;②在知识方面,包括城市和人类居住地,城市规划的过程及其在美国的实践,规划编制和规划实施,以及规划专门化知识;③在价值观方面,作为政府行为的规划师角色,应体现维护公共利用、尊重自然和文化、遵守职业道德等。

规划师队伍的建设,不仅在于个体发展,更在于整个行业队伍的建设。部分专家认为[①],要从国土空间规划体系改革对行业队伍建设要求出发,处理好行业的综合性和队伍的专业化之间的关系。多专业合作是今后规划工作的常态,要培育行业队伍健康发展的生态环境,保持行业良性、可持续的发展。在资质管理中,要注意特色和专业性,鼓励不同类型设计院的合作,发挥各自的技术优势;队伍建设不仅包括编制队伍,也包括管理队伍。当前急需以"多规合一"的思想对规划管理干部进行培训,思想先统一起来,行动才能统一。提高管理

---

① 张尚武:"在自然资源部国土空间规划局组织召开的'规划编制单位座谈会'上的发言",2021年6月。

队伍的思想认识和专业能力，不仅对现阶段的规划编制十分重要，对今后的规划管理和实施也十分重要。加强专业培训的同时，还应加强分类培训，应加强对编制和管理队伍在生态建设、智能城市、应急防灾等相关新知识、新领域的培训，拓展规划从业人员的知识面，提升人员专业水平，以适应行业发展的新要求。

三、责任规划师与社区规划师制度

（一）责任规划师与社区规划师制度的发展

随着城镇化的持续推进，经济社会发展逐步进入转型时期，全面提升城市治理能力已经成为新时代诉求，规划师的工作价值取向和具体工作方式需要进行转变。城市发展践行习近平总书记"人民城市"的重要理念，需要政府、社会、市民多元主体在城市公共问题上的参与、沟通、协商和合作，在工作中"统筹规划、建设、管理三个环节"，让规划为人民创造更加幸福的美好生活。在此背景下，社区规划师、责任规划师等制度在我国各大城市中逐渐兴起，体现出弥合政府管理与社会自治、精英决策与公众需求之间鸿沟的制度创新（唐燕、张璐，2021）。例如，北京自2004年首次形成有关责任规划师的构想，在2009年进行了"规划进社区"的早期试点工作，于2017年开始更大规模地推广实践，于2019年在全市提出建立责任规划师制度；深圳于2001年在龙岗区建立了顾问规划师制度，2009年开始推行社区规划师试点，2012年颁布《社区规划师制度实施方案》；上海于2016年开始以街道为主"自下而上"自发形成与试点相结合的社区责任规划师制度探索。2018年，上海杨浦区创建社区规划师制度，聘请社区规划师与街道（镇）结对，对地区城市更新工作提供长期跟踪指导和咨询服务。

责任规划师对探索城乡治理工作、提升城乡治理能力具有重要意义。责任规划师制度的建立是对当前基层（尤其是街镇、社区和村一级）规划专业人员不足的有效补充，有助于推动上位规划向基层逐层落实。同时，责任规划师能够发挥自身专业能力，自上而下促进规划思想与规划建设管理工作相结合，自下而上回应群众诉求，建立"人民城市人民建"的参与途径。从当前国内实践来看,责任规划师可聚焦到两种类型,一是以对接法定规划管理单元促进规划实施,搭建政府与公众的交流平台作为多方利益主体沟通桥梁的责任规划师;二是扎根社区,作为规划落地实施的基层保障角色的社区规划师。责任规划师的工作范畴覆盖了城市和乡村社区;工作职责涵盖专业内及部门间的协作、政府及民众间的沟通,以及多方主体的协同;工作方式不仅要走入基层,还要主动建立跨学科、跨行业对话的能力。

(二)各地实践探索与制度建设要求

责任规划师工作在我国仍处在制度建设的起步阶段,人员的身份归属、职业化发展路径等尚需继续探索,但各个城市的实践探索已充分表明社会各界对这项工作的认同,北京、上海、广东、四川等多省市已陆续出台责任规划师相关的地方性规程和管理办法,自然资源部在各地实践的基础上,组织编制了《责任(乡村、社区)规划师制度实践》,加强工作指导。

北京市高度重视责任规划师工作的顶层设计。在《北京市城乡规划条例》《北京市街道办事处条例》中为制度推行提供法律保障,又通过一系列制度性文件为责任规划师提供明确的经费保障和权益保障,部分责任规划师以全职聘任的方式实现了角色的职业化。2019年,北京市规划和自然资源委员会发布《北京市责任规划师制度实施办法(试行)》[①],明确"由区政府选聘独立第三方人员,为责任范围内(以街道、镇乡、片区或村庄为单元)的规划、建设、管理提供给力的专业指导和技术服务",在全市建立起联系规划与基层的桥梁。责任规划师的职责主要包括"指导规划实施"和"推进公众参与"两方面。前者起到在责任范围内为地方精细化治理提供专业服务的作用,后者起到协调各级政府及相关部门与公众关系的作用。为保障责任规划师制度的推行,北京市采用了"1+4+N"工作支撑保障体系。"1"是"综合协调组、跨界专家组、研究组、宣传组"四位一体的市级责任规划师工作专班;"4"是开展跟踪调查、制度完善、能力培育、智慧协同四项支撑保障工作;"N"是孵化落地的实施项目,内容涵盖微空间品质提升、老旧小区综合整治、拆违空间再利用、控规实施、

---

① 北京市规划和自然资源委员会:《北京市责任规划师制度实施办法(试行)》,2019年。

名城保护等多个领域（黄思瞳等，2021）。截至目前，北京全市已有 15 个城区及亦庄开发区完成了责任规划师聘任，共签约了 301 个责任规划师团队，覆盖了 318 个街道、乡镇和片区，覆盖率达到 95%以上。

上海市积极探索完善社区规划师制度相关机制。2015 年，上海市委市政府印发《关于进一步创新社会治理加强基层建设的意见》[①]，推动政府权力下放，全面优化街镇一级的管理权限，推进基层民主协商机制，促进社会多方参与城市更新。2016 年开始探讨社区规划师制度的建立和推行，并倡导各区进行社区规划师责任制的试点工作。2018 年以前主要以街道为主，"自下而上"自发形成与试点相结合的社区责任规划师制度；2018 年之后，为落实"上海 2035"城市总体规划、推进"15 分钟社区生活圈"建设，上海市规划和自然资源局开始在区级层面构建社区规划师制度并完善相关机制，"一对一"为街镇选聘社区规划师，指导街镇规划建设工作。杨浦区、浦东新区、徐汇区、普陀区、虹口区、静安区等已基本实施社区规划师制度。

广州市积极推广社区设计师和乡村规划师工作。2018 年起，广州市针对城市更新中的规划与公众脱节的问题，开始在全市聘请专业的社区设计师和乡村规划师入驻各城乡社区，集合规划、建筑、景观、照明等专业人才，实现城乡全覆盖推广；以"社区事·专职做""社区事·大师做""社区事·街坊做"三项行动，形成具有普适性和参与性的广州模式。工作内容分为四种类型：一是权益协调型，社区规划师为相关部门、街道办、居委会搭建起常态性的协调沟通第三方平台；二是桥梁纽带型，在开展的调研活动中，社区规划师负责收集基层意见，发挥政府与居民之间的桥梁纽带作用；三是教育传播型，政府派出社区规划师深入到居民社区，以通俗易懂的方式为居民普及专业知识；四是技术支持型，社区规划师与政府部门合作，解决专项领域的问题。

成都市大力推进乡村规划师工作进程。2009 年，成都市推行的乡村规划师制度，采用多种方式向社会招募专业人员，从专业角度为乡镇政府的规划管理职能提供业务指导和技术支持，将新理念新要求全面贯彻到乡村地区的规划建

---

① 中共上海市委、上海市政府：《关于进一步创新社会治理加强基层建设的意见》，2015 年。

设过程中，有效提升了乡村规划建设管理水平。2018年，成都市成立了市委城乡社区发展治理委员会，试点社区规划师制度，推进社区更新和公共服务设施建设，引导社会组织参与公共决策。参照政府雇员的方式，按照"一镇一师"原则，每个镇辖区范围内确保配备一名社会招聘的乡村规划师。乡村规划师服务于镇，接受市、区（县）规划部门的业务指导、统一管理，既是规划决策参与者、规划编制组织者和规划初审把关者，也是规划实施过程指导员、乡镇规划建议人、基层矛盾协调员和乡村规划研究员。在很大程度上弥补了以往乡镇政府组织规划建设的技术短板，形成了一批特色鲜明的镇村规划成果。

为稳步搭建规划与人民群众实际生活需求良性互动的"桥梁"，持续打通规划落地的"最后一公里"，我国责任规划师制度的完善还需考虑加强以下三个方面：①加强责任规划师工作与政府职能的对接。将责任规划师团队中的主要成员融入政府体系，推动责任规划师在政府体系内与市区级各部门更顺畅地开展工作对接；②加强责任规划师与社区的对接。通过建立社区工作机制，形成有效的协作工作路径；③加强责任规划师专业队伍的建设。进一步完善职级体系，建立技术梯队，探索职业化发展路径，保障责任规划师人力资源的可持续性。

四、产学研联动的专业队伍建设

（一）产学研联动的专业队伍建设进展

国土空间规划改革以来，在产学研联动方面取得了较大进展，促进了专业队伍的建设。据统计，全国从事国土空间规划及相关行业的从业人员超过100万人，从事国土空间规划编制的单位达到千家以上，包括城乡规划设计机构、国土勘测设计机构、土地规划机构等。如何提升如此大量的行业从业单位和从业人员的知识和技能，成为当前国土空间规划改革和体系建立过程中的重要工作。

以高校为阵地全面加强职业教育和培训工作。自然资源部职业技能鉴定中心多次组织"国土空间规划人才培养高校座谈会"，并与北京大学、同济大学、南京大学、东南大学等高校签署战略合作协议，成立"国土空间规划教育与行业联盟"，并委托上述高校开展各类专业培训及规划师职业教育等工作。这些高校依托丰富的教学资源开展了面向社会的专业培训，例如同济大学在疫情期间组织了线上公益培训三十余场，对全国国土空间规划编制的技术普及提升起到了积极的推动作用，受到各界好评。

创新人才培养模式，加强行业人才队伍建设。《自然资源部高层次科技创新人才工程实施方案》（自然资党发〔2020〕64号）发布，按照《自然资源部办公厅关于开展高层次科技创新人才工程（国土空间规划行业）推荐工作的通知》"要求，面向从事国土空间规划（包括原城乡规划、土地利用规划等空间规划）工作的一线科研、设计人员，以创新能力、质量、实效、贡献为人才评价导向，以解决国土空间规划行业重大理论问题、实践难题和技术方法的创新贡献作为首要遴选标准，注重与国家重大科研任务承担、重大工程项目实施、科技创新平台建设等有机结合，遴选集聚一批高水平的科技领军人才、科技创新团队和青年科技人才。自然资源部职业技能鉴定中心与东南大学联合组织了"未来规划师——首届全国大学生国土空间规划设计竞赛"，吸引了全国56所高校的93支队伍参加。同济大学、南京大学、清华大学等高校先后在全国各地组建了乡村规划与乡村振兴教学基地100余处。同济大学、东南大学等高校重视国土空间规划教学的实务环节，加强了总体规划教学的真实规划场景实践。

发挥高校和专业团体的平台作用，加强学术交流。近年来各高校和相关规划设计机构持续组织了数百余场各种学术讲座交流活动。由自然资源部国土空间规划局发起并委托高校举办的UP论坛，已成为前沿学术研讨、地方实践交流、面向行业发展的重要平台。中国城市规划学会、中国土地学会、中国自然资源学会等学术团体，通过举办年会论坛等方式，深入研讨国土空间规划发展。中国城市规划学会在2019—2021年举办的学术年会参会人员规模达到近万人。

通过教材和学术成果出版作加强专业队伍的知识更新。自然资源部国土空间规划局组织编写了《新时代国土空间规划——写给领导干部》（自然资源部国土空间规划局，2021a）和《国土空间规划理论探索》（自然资源部国土空间规划局，2021b）。各高校相继出版了一批理论和实践研究成果，例如《国土空间规划》（吴次芳、叶艳妹等，2019）、《国土空间规划国际比较》（翟国方、顾福妹，2019）、《国土空间规划原理》（张京祥、黄贤金，2021）、《国土空间规划理论与方法》（孙施文、朱郁郁，2021）、《新时代国土空间规划与用途管制："区域-要素"统筹》（林坚等，2021）等。

（二）产学研联动的专业队伍建设效果

高校和规划机构成为专业实践创新的重要力量。在国土空间规划研究与实践探索中，依托高校和规划机构开展一些高层次的国土空间规划专题研究，有助于进一步统一思想，更全面地去理解、诠释国土空间规划体系的深刻内涵（彭震伟，2021）。北京大学、清华大学、同济大学、南京大学、东南大学、重庆大学等高校充分利用科研平台和规划设计院的优势，将规划编制、实践教学、规划研究三者有机结合，共同服务于国土空间规划复合型人才培养和专业队伍建设。各高校将学科优势与国土空间规划编制实践创新紧密结合，主持或参与了大量的省市县国土空间规划编制工作，一批学者受聘担任为全国国土空间规划纲要编制专家，结合规划实践在国土空间规划体系构建、城镇开发边界划定、陆海统筹等方面形成一系列技术成果。其中，北京大学、同济大学、清华大学、中国科学院大学、东南大学等高校全面参与国土空间规划的行业标准编制和重大课题研究工作，包括《城区范围划定标准》《市级国土空间总体规划编制指南（试行）》《国土空间调查、规划、用途管制用地用海分类指南（试行）》《资源环境承载能力和国土空间开发适宜性评价指南（试行）》《国土空间规划城市设计指南》等；承接了中国国土勘测规划院的外协行业研究课题包括《乡级国土空间总体规划编制技术研究》《国土空间规划国际前沿理论研究》等。北京大学、华东师范大学、北京清华同衡规划设计研究院、上海同济城市规划设计研究院等机构中标承担了自然资源部国土空间规划局的国土空间规划体系重大问题研究课题。北京大学、同济大学、哈尔滨工业大学等高校牵头组建了一批自然资源部重点实验室，支持国土空间规划的科技创新发展。

共同营造行业发展和学术繁荣的良好生态。近年来，规划机构和高校针对国土空间规划的研究探讨非常活跃。结合中国知网的搜索，发表学术文章超过5 000篇[①]。在学术文章的学科分布上，建筑科学与工程领域最多，占比达到了36.57%，其次是农业经济和宏观经济管理与可持续发展，分别占 20.83%和

---

① 中国知网主题关键词"国土空间规划"（精确）统计结果，共计5 132篇，登陆时间2022年2月7日。

13.48%（图 8-1）。

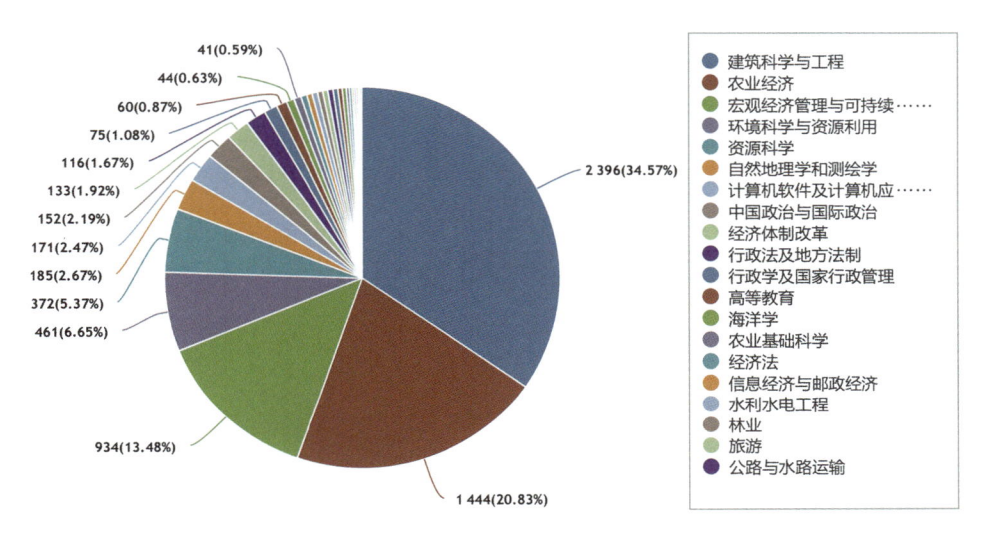

图 8-1　国土空间规划相关文章的学科分布

五、国土空间规划机构和社团建设

自然资源部国土空间规划研究中心正式挂牌组建。2022 年 2 月，在原有的中国国土勘测规划院等机构的基础上，经过中央编办批准，自然资源部国土空间规划中心正式成立。地方和高校直接以"国土空间规划"机构冠名的单位也相继成立。截至 2021 年底，已有四川、浙江、青海、山东、江西、黑龙江、湖北等省成立省级国土空间规划研究院；在全国高校中，北京大学率先成立了国土空间规划设计实体性机构。

国土空间规划的地方学会协会和规划机构相应组建。为顺应国家机构改革、社会组织管理的要求和行业转型发展的需要，充分衔接国土空间规划体系，地方学会和研究机构纷纷成立，以更好地开展行业自律、规范行业管理，促进规划行业转型升级健康发展。2019 年，湖南省国土空间规划学会在长沙成立，是全国首家以"国土空间规划"命名的省级社会团体组织。2019 年 11 月，广东省城市规划协会正式更名为广东省国土空间规划协会。2021年8月,长沙市国土空间规划学会正式成立,是全国首家以"国土空间规划"命名的省会城市社会团体,应该也是湖南省首家市级国土空间规划学会。12月1日,云南省国土空间规划学会正式成立,这是继湖南省、湖北省、浙江省之后全国第四个成立的以"国土空间规划"命名的省级学会。

第二节 加强国土空间规划相关学科建设

一、国土空间规划相关学科改革发展

(一)多元化探索学科改革路径

《若干意见》提出,要研究加强国土空间规划相关学科建设。国土空间规划不仅仅是传统的物质形态规划,更涉及山水林田湖草等全域全要素的自然和人文资源,对相关学科和知识重组的要求有了明显的提升。国土空间规划相关学科众多,覆盖面及其广泛。对这项涉及多学科多专业共同参与的工作而言,在构建国土空间规划基本工作体系的同时,需要对现有的学科进行认真梳理、排查,从中发现能够支撑国土空间规划的知识资源,重点放在推动现有相关学科的适应性转型上(石楠,2021)。

从现有一级学科来看,与国土空间规划工作相关的有26个,分别分布在七个门类中,其中超过一半(14个)与国土空间规划工作密切相关,主要分布在工学、农学和理学门类,尤其是工学门类数量较多(表8–1);如果以大学本科专业为基本对象,与国土空间规划工作相关的专业分布在八个门类的54个专业,其中37个专业与国土空间规划工作密切相关,包括两个名字为"规划"的专业:地理学类的"人文地理与城乡规划"和建筑类的"城乡规划"(石楠,2021)。

在呼应国土空间规划改革方面,众多学科以开放、创新的思维积极回应社会变革(张尚武,2019),不同程度地改进人才培养和教学体系,做出了诸多探索。城乡规划学科、地理学科、公共管理学科等积极主动应对国土空间规划改革的新要求,在传统的城乡规划课程体系上,拓展相关知识的教学。例如,北京大学于 2018 年开始讲授《空间规划与城乡土地利用》研究生课程,于 2020 年开设《国土空间规划》本科生课程;同济大学于 2019 年春季学期在城乡规划学本科培养方案中开设了《土地利用规划概论》选修课程,并延伸开设了《自然资源保护与利用》和《环境规划与管理》课程等;南京大学采取"模块化、项目制"等课程形式创新教学模式和机制(罗小龙,2021);清华大学、同济大学、东南大学等高校在城镇总体规划教学中以真实的国土空间规划编制案例作为教学资源,加强实践类课程建设;东南大学建筑学院以"空间"为主线,形成"空间+"为特色的人才培养模式,强化课程体系的规划设计思维,为国土空间规划提供设计力量(陈晓东、殷铭,2021)。

国土空间规划相关学科融合发展得到加强。例如北京大学探索建设多学科交叉融合的国土空间规划新学科,在全国率先形成本科生、硕士生、博士生成系统的人才培养体系,由城市与环境学院的城市与区域规划系、城市与经济地理系为主,联合自然地理与自然资源系、生态学系、环境科学系、历史地理研究所等系所办学(贺灿飞、林坚,2021);清华大学在城市规划设计中注重设计思维在国土空间秩序重塑、国土空间高品质提升等规划编制中的贯彻应用;天津大学构建"全域—全要素—全过程"的技术体系框架;东北大学探索了基于 OBE 导向下土地资源管理专业的国土空间规划人才培养体系;中山大学在城乡规划原有课程体系的基础上补充自然资源、人文地理与 GIS 空间分析课程,重视厚基础、强理论和空间分析技能的综合培养;中国矿业大学正进一步整合地质、矿产、空间信息等学科优势,依托学科群探索新的学科增长点,从而应对国土空间规划综合性需求的挑战等(黄贤金等,2021);中国地质大学(北京)土地科学技术学院,在新一轮教学大纲修订中增设控制性详细规划课程;哈尔滨工业大学在既有城乡规划主干课程体系基础上,开设了空间规划专题课程[1]。

---

[1] 阎炎:"加强产学研融合,推进国土空间规划体系建设",《中国自然资源报》,2021 年 10 月 21 日。

表 8–1　国土空间规划相关学科（一级学科视角）

编号	一级学科名称	学科代码	所属门类	学位授予门类
1	应用经济学	0202	经济学	经济学
2	法学	0303	法学	法学
3	地理学*	0705	理学	理学
4	海洋科学*	0707		
5	地质学*	0709		
6	生态学*	0710		
7	建筑学	0813	工学	工学
8	土木工程	0814		
9	水利工程	0815		
10	测绘科学与技术*	0816		
11	地质资源与地质工程	0818		
12	交通运输工程	0823		
13	船舶与海洋工程	0824		
14	农业工程*	0828		
15	林业工程*	0829		
16	环境科学与工程*	0830		工学、理学、农学
17	城乡规划学*	0833		工学
18	风景园林学*	0834		工学、农学
19	作物学	0901	农学	农学
20	园艺学	0902		
21	农业资源与环境*	0903		
22	林学*	0907		
23	水产	0908		
24	草学*	0909		
25	公共管理*	1204	管理学	管理学
26	设计学	1305	艺术学	艺术学、工学

注：带星号的 14 个为笔者认为密切相关的一级学科。

资料来源：石楠，2021。

（二）加强相关学科专业建设

建立国土空间规划体系并监督实施是党中央、国务院的重大决策部署，《若干意见》明确提出"加强国土空间规划相关学科建设"。国务院学位委员会、教育部、人力资源和社会保障部联合印发了《关于全国金融等30个专业学位研究生教育指导委员会换届的通知》，明确全国城市规划专业学位研究生教育指导委员会主任委员由自然资源部副部长庄少勤担任。自然资源部联合全国城市规划专业学位研究生教育指导委员会组织开展高校教学情况调研，推进城市规划专业学位研究生教育与行业建设发展相衔接。围绕国土空间规划相关学科建设、知识体系、专业建设、人才培养、科学研究、产学结合等，多次组织规划专业重点高校、研究机构和社会组织座谈研讨，统一共识，坚决按照党中央精神、国家立场坚定不移地推进规划改革，超越部门和学派的局限，立足新发展阶段、贯彻新发展理念，尊重客观规律，围绕空间治理现代化推进规划学科建设，与时俱进形成具有中国特色和时代特征的规划学科和空间治理体系，在构建新发展格局中形成规划事业发展的新局面。总体来看，当前国土空间规划相关学科建设呈现出包容、开放、交叉、融合的蓬勃发展态势。

在相关学科专业建设方面，北京大学大力推进国土空间规划新兴交叉学科建设和专业人才培养，充分发挥地理学学科优势，在人文地理与城乡规划专业下设置四年学制的国土空间规划本科专业方向并已招生，自主设置包括硕士点、博士点的国土空间规划二级学科；南京大学尝试在城乡规划学专业下设立国土空间规划和城乡规划两个专业实验班；兰州交通大学充分发挥测绘科学与技术学科和城乡规划学学科的交叉融合创新优势，在城乡规划学一级学科博士点下增设"国土空间规划"二级博士点，全面开展国土空间规划实践和人才培养；中国人民大学公共管理学院探索以"国土空间规划专业硕士"和职业教育培训为切入点战略性布局，设置国土空间规划专业荣誉学士学位、国土空间规划专业硕士学位、国土空间规划专业博士方向；武汉大学调整本科和研究生培养方案，设立了国土空间规划专业方向；东北师范大学成立国土空间规划学院，探索依托该校地理科学学院下的城乡规划一级学科为主体，新设国土空间规划本科专业[1]。一些高等院校也在博士生培养方面作出了其他探索，比如中国科学院大学、福建师范大学自主设立了自然资源学博士点、南京大学自主设立了土地利用与自然资源管理、国土空间规划专业等博士点[2]。

在相关学科教材建设方面，教育部国土空间规划相关教学资源建设工作已经启动，由同济大学牵头，联合北京大学、南京大学等数十家高校共同编写；南京大学以学科改革和教育部教学资源建设为契机，准备编写《国土空间整治与生态修复》《资源保护与利用规划》等两部教材；同济大学结合开展的一系列培训工作，着手编写《国土空间规划干部培训系列丛书》，包括国土空间规划理论前沿、国土空间专项规划、国土空间规划技术支撑、城市更新与城市设计、城市精细化治理等。

二、国土空间规划新兴交叉学科建设思路

（一）多学科交叉融合的知识体系

建立国土空间规划知识体系是多维度拓展、多学科融合的过程。相关学科不仅涉及城乡规划学科、土地规划学科，也涉及海洋、林业、草业、地质、水资源、土地资源管理等自然资源类学科，还涉及社会、经济、管理、环境、生态等学科进一步深度融合。尽管当前对是否建设独立的国土空间规划学科尚存在不同观点，但有一点毋庸置疑，知识体系是学科构建的基石，现阶段的工作重心应以国土空间规划知识体系构建为重点，以支撑实践工作作为一个共同作业的平台[3]。在此背景下，构建开放、包容的学科发展生态，促进多学科协同创新尤为重要。

从学科知识体系构建的路径来看，主要有三个方面。首先是规划实践，围

---

[1] 阎炎："加强产学研融合，推进国土空间规划体系建设"，《中国自然资源报》，2021年10月21日。

[2] 黄贤金："构建新时代国土空间规划学科体系"，《中国土地科学》，2020年第12期。

[3] 顾朝林、武廷海、刘宛：《国土空间规划经典》，商务印书馆，2019年。

绕实践的多学科知识的融入、转化和体系化过程，是知识体系构建最重要的路径；其次是历史经验，国土空间规划知识体系构建是一个传承和不断创新的过程；第三是国际视野，从单一层次的规划走向复合的、多层次的空间规划，以及从物质性规划逐步走向注重生态绿色发展的多元规划，是发达国家的共性趋势，也是中国国土空间规划知识体系构建的重要参照。

（二）生态文明为引领的价值体系

作为面向社会实践的应用性学科，既要积极回应社会发展的时代诉求，更离不开价值观层面的思想引领。以生态文明为引领，尊重自然规律、不断满足广大人民群众对美好生活的向往，是国土空间规划学科思想构建的源泉。不仅要把"山水林田湖草"作为一个整体，也要把建成环境和自然环境统一起来，将人的发展与生态系统在国土空间高度统一成为一个有机生命体，以此探索具有中国特色的新型城镇化道路和国土空间规划理论，应当作为国土空间规划学科建设的目标。让国土空间真正成为生态文明的载体，将实现更高质量发展、更富效率、更加公平、更可持续、更加安全作为国土空间规划学科发展追求的目标，进而担负起实现国家空间治理体系和治理能力现代化的历史使命。

（三）新技术赋能规划的方法体系

大数据、人工智能、移动网络等新技术的发展，正在引发全球新一轮的技术革命。智能技术的发展不仅成为国家经济、社会发展的创新动力，而且也对城市运作和发展产生了深刻的影响。智慧城市正在城市的各个领域飞速展开，智慧交通、智慧能源、智能通讯、智慧政务、智慧医疗等几乎涉及了城市运作的各个方面，对城市生产生活产生了巨大影响。

随着数字世界的不断发展，空间规划将全面智化（吴志强，2018），可能会产生革命性的、颠覆性的规划工具。从空间对象发生的变化、演进，可以看到未来空间规划自身的数字化、信息化、智能化发展将成为必然趋势。新技术的发展不仅仅是嵌入，而是会带来国土空间规划理论的丰富和技术体系的全面变革。以新技术推动规划方法创新、进而带来规划理论创新已显现端倪，也已预见技术赋能将带领国土空间规划学科建设走上一条全新的路径。

（四）面向高质量发展的实践体系

国土空间规划相关学科建设与实践的关系可以从三个层面来认识。首先，国土空间规划的实践性决定了国土空间规划相关学科建设要走一条面向实践的发展道路。以立足科技和学科前沿与回应社会发展重大需求作为学科建设的支点，以实践作为学科理论创新的源泉，并通过实践反馈于学科发展，形成持续完善学科理论和知识体系的动力；二是通过实践理顺相关科学发展的关系，以实践工作为平台促进多学科知识体系的融合转化，并通过知识体系构建并逐步理清学科体系构建的内在逻辑；三是国土空间规划具有整体性、规律性和时空性（吴次芳等，2019），决定了国土空间规划具有更强的地域性，而这种地域性也需要在规划实践过程中，关注在特定地域和时空环境下对国土空间发展规律和规划方法的认识，这将有益于完善学科知识体系及相应的规划理论方法体系。

（五）产学研协同创新的教育体系

教育事业的不断发展是学科建设及规划实践的支撑和基础，应寻求高校发展与行业需求的多元结合和双向互动格局。在专业教育方面，建立面向实践的教学体系，注重价值观引导和方法论教学，通过调研和实践教学环节，增强学生认知和应对实际问题的能力，拓展专业通识教学和专门化教学。在职业教育方面，针对人才培养的紧迫需求，以高校为阵地建立多层次、开放的职业人才培养体系，充分发挥地方高校的作用，形成专业教育与面向社会的人才培养培训并重的格局。在繁荣学术网络方面，通过汇聚学术资源、繁荣学术生态、壮大学术体系，推动学术团体、专业机构、学术平台的发展，发挥这些社会资源对人才培养和学科建设的促进作用。

第九章　国土空间规划的实践创新探索

第一节　建设富有竞争力的开放国土

面向新发展阶段和新发展要求，全面深化改革开放，全面提升国土空间的竞争力，是国土空间规划的重要导向。建设"开放国土"，要求实现对内、对外的双向开放，提升"国家—区域—城市"的整体竞争力。当前我国国土空间规划已经在国家、区域和城市层面进行了一系列实践探索。在国家层面，国土空间规划落实国家战略，支持"双循环"新发展格局；在区域层面，国土空间规划优化都市圈、城镇圈布局；在城市层面，国土空间规划着力治理"大城市病"，积极应对"收缩型城市"；在全域国土空间层面，大力推进陆海统筹。

一、支持"双循环"新发展格局

2020年4月，习近平总书记在中央财经委员会第七次会议上强调："要构建以国内大循环为主体、国内国际双循环相互促进的新发展格局。"同年5月，中共中央政治局常务委员会会议首次提出"深化供给侧结构性改革，充分发挥我国超大规模市场优势和内需潜力，构建国内国际双循环相互促进的新发展格局"。2021年3月，《国民经济和社会发展第十四个五年规划和2035年远景目标纲要》提出"加快构建以国内大循环为主体、国内国际'双循环'相互促进的新发展格局"。产业发展涉及消费、生产、研发三大环节，在传统循环模式下，消费、研发两大环节处于外部市场中，国内价值链扁平，容易陷入在水平分工下的同质竞争。"双循环"的新发展目标要求，在经济社会发展中把握好国民经济效率与安全的关系，弥合巨大的产能与消费能力不足之间的鸿沟，将外循环与内循环有机结合起来。"国内大循环"是指将消费环节与研发环节放回国内，实现需求与供给的双向互动；而"国际循环"能够促进产业链条的垂直分工，在产业多样化基础上培育高附加值产业。

国土空间规划助力"双循环"新发展格局，要求对产业发展的三大环节建立支撑。在消费环节，积极发展都市圈，壮大国内市场消费能力；在生产环节，建立用途管控及开发权管理制度，促进产业转型升级，稳固生产；在研发环节，建立规划动态评估监测、城市体检制度，提升国土空间品质，培育更好的研发环境。国土空间规划对"双循环"新发展格局的形成提供了重要保障。

自然资源部国土空间规划局组织开展"'双循环'新发展格局下国土空间规划的路径优化与政策创新研究"，从"双循环"趋势出发，剖析新发展格局对我国国土空间开发保护带来哪些实质性的影响；分析"双循环"格局下当前的国土空间规划面临哪些重大挑战；从空间组织形态重塑、空间功能重组、空间产业布局、空间治理等维度，提出未来2035年及2050年国土空间规划的优化路径、重大政策体系。

二、推进都市圈国土空间规划编制，优化都市圈布局

作为城镇化发展的高级形态，都市圈在国家发展中的地位和作用不断凸显，在"双循环"的新发展格局下，都市圈将以城市间密切的分工协作，成为参与"双循环"的基本单元、参与全球竞争的重要载体。都市圈规划在国内已有一定的实践探索，如苏锡常都市圈、南京都市圈、杭州都市区、武汉城市圈、大南昌都市圈等，但概念多元、做法不一。目前，都市圈规划总体上仍处于自下而上的探索阶段。随着区域协调发展成为重大国家战略并实质性推进，都市圈规划将逐渐进入上下结合、全面开展阶段。

自然资源部组织编制《都市圈国土空间规划编制规程（报批稿）》，明确了都市圈国土空间规划属于相关专项规划，是相关城市共同落实国家责任、呼应地方需求、响应人民诉求、实现都市圈协作发展和国土空间资源战略安排的纲领性文件。具体内容要求为：①目标愿景、底线型指标和合作型指标。提出针对各市县差别化考核的底线型指标，明确共同遵守的规则；同时提出针对都市圈整体考核的合作型指标，明确共同努力的方向；②总体空间格局。基于我国"双循环"发展格局，构建多中心、网络化、开放式、集约型的空间格局，明确都市圈生态保护、农业发展的总体格局，提出重大产业发展空间、创新网络、服务网络的总体布局；③空间底线管控。基于主体功能区相关要求，加强空间结构性要素管控，明确跨行政区的区域性生态廊道、重大交通廊道、市政基础设施廊道、重要水源地与水源涵养区等管控要求，统筹划定生态保护红线、耕地和永久基本农田、城镇开发边界等管控线；④专项空间协同。落实区域生态环境协同、区域综合交通网络协同、区域市政基础设施协同、区域公共服务协同和区域重大安全体系协同，同时提出其他专项协同要求，如重大资源协同保护、创新网络与产业布局协同、农业空间布局协同、城乡融合发展协同、文旅融合发展协同等；⑤分层次空间协同。次区域或流域性层次重在聚焦跨行政区的战略性空间资源统筹，空间底线管控要素的跨区域联合保护举措，重点合作发展区的联合共建等内容，明确共建、共治、共保的协同行动。区县层次重在落实上位协同的任务与行动，在县域范围内统筹推进城乡融合发展，探索不同行政区域范围内城乡交界地带融合发展路径；⑥分区统筹协调。合理划分协调发展分区，提出各分区的城镇空间协调引导要求，提出各分区的重要资源的保护与管控要求，提出城乡融合发展的差异化路径与统筹策略，同时在各分区内根据实际管理需要划分水资源过度利用区、能源战略性矿产资源保障区、自然与文化遗产保护区等特定功能区，提出相关管控要求；⑦实施保障。探索财政、人口、土地等方面跨行政单元的协同政策，探索产业、交通、生态环保等领域的合作机制。提出底线空间要素、底线型指标的差异化监督与考核机制，制定重大设施与服务共建共享的实施保障机制，探索建立都市圈各类自然资源要素和建设用地的统筹配置机制，建立"三条控制线"跨行政区协调划定的协商机制，探索建立统筹核心城市与周边中小城市及小城镇协同发展的公共财政制度，探索都市圈规划实施中涉及各方重大利益的纠纷事项的协商与仲裁机制，探索建立健全都市圈内部生态保护跨区域补偿配套政策，明确规划的动态监测和定期评估机制，建立都市圈安全韧性、生态价值、网络连接等方面的监测评估体系。

三、应对"大城市病"与"收缩型城市"

（一）着力治理"大城市病"

"大城市病"是人口及相关发展要素向大城市过度积聚而引发一系列社会管理和公共服务的统称。大量人口向城市集聚，导致人与自然、人与社会发展不协调，引发交通拥堵、环境恶化、房价高涨等一系列问题，对城市运行产生较大的影响。在我国城市化进程中，"大城市病"正在凸显：①交通拥堵。城市交通矛盾日益突出，增加了居民出行的时间和成本，抑制了城市活力；②环境恶化。大气、水体、噪声、电磁辐射等城市污染问题日益突出，引发众多公共健康问题，对居民生活质量构成威胁；③房价高企。土地资源紧缺问题严重，土地供给的绝对刚性对现代化大都市可持续发展的制约作用更加突出（吴建忠、詹圣泽，2018）；④水资源短缺。城市的快速发展带来用水量的急剧增加，城市基础设施存在的问题也加剧了水资源的短缺，未来随着经济社会快速发展，城市用水需求呈刚性增长，水资源需求将面临更加严峻的形势；⑤应急滞后。近年来，城市内涝灾害、踩踏事故、群体性事件等时有发生，应急工作相对迟缓，给人民生命财产带来巨大损失。

为着力治理"大城市病"，国土空间规划应体现以下原则要求：①树立战略思维，坚持规划引领。超大城市空间治理要充分发挥规划前瞻性、战略性优势，把空间治理融入国家发展的战略大局。②树立底线思维，强化安全约束。超特大城市统筹设定城市有限空间内的人口规模红线、环境质量底线、资源利用上限，将城市安全作为城市发展的前提基础；牢固树立城市安全观，建设韧性城市，构筑防洪防疫、防灾减灾的城市安全保障体系。③树立系统思维，加强统筹协调。在即时解决各种矛盾问题的过程中，逐步引导形成统一思想和一致行动，避免造成资源浪费和政府间非良性竞争以及区域非均衡发展等负外部性后果[①]。

国土空间规划通过科学的顶层设计，突出城市的特色和功能定位，有计划、有步骤地逐步吐故纳新，让城市的发展轨道保持稳定[②]。各地国土空间规划为治理"大城市病"做出了有益探索，采取了调整产业结构[③]、打造区域新节点、规划发展城市群等有效手段。沈阳市[④]高度重视利用规划手段治理"大城市病"，在实践中形成了以下经验：

（1）以系统规划为引领、功能板块优化为抓手，重构城市"多中心、多组团"空间格局。一是健全规划编制体系。按照市委"全域有规划、行业有导则"的要求，同步组织开展国土空间总体规划、总体城市设计、城市更新专项规划编制工作。有序推进乡村振兴、海绵城市、历史文化、地下空间、综合交通等重点领域规划，并加快完善河岸、街道、色彩、高度等规划设计导则。二是高水平推动核心板块规划建设。优化完善"多中心、多组团"空间结构，着力落实新兴产业、五型经济发展空间，建设青年友好型街区和人才成长型城市，在全域划定35个核心发展板块，通过组织国际招标，高水平开展规划工作。三是统筹地上地下空间建设。以地铁线网为发展骨架，以交通枢纽点和片区中心为重要节点，以各级公共中心为重点地区，形成点-线-面相结合的多中心、网络化地下空间布局，优化城市空间结构。四是贯通规划设计与落地实施。形成"规划—设计—建设—运营"的有机链条。

（2）通过微更新、微循环，系统提升城市服务品质。一是贯彻"两邻"理念，打响"社区设计师在行动""两邻社区家"活动品牌，推进现代化基层治理体系建设。二是开展"城市微更新行动"。推动老旧小区微绿地更新、桥下空间

---

① "规划引领超大城市治理"。https://mp.weixin.qq.com/s/mc6Uw XOFsIpWJn9RLxy48g。

② "大'城市病'治理：走精细化管理之路打响文明城市攻坚战。" https://mp.weixin.qq.com/s/HMjcd5gsZ20xb3wOCpAiag。

③ "瞭望 | 如何走出一条治理"大城市病"的新路子？" https://mp.weixin.qq.com/s/a1hSI-Sw3otvYHYiN3H3MA。

④ "沈阳市'大城市病'体检及规划治理对策（公开版）"。http://www.upnews.cn/archives/74510。

微设计、城市微更新。三是开展"点睛行动"。提升城市空间公共艺术品质，提高城市风貌特色感知度。着力打造舒心就业、幸福教育、健康沈阳、品质养老等民生品牌，加快城市更新步伐，实施"五工程、一管理"，推进"标准化、设计化、法治化、网格化、社会化、智能化"管理模式，全面提升城市品质，增强发展活力。四是开展"净地增效行动"。实施存量储备土地有序征收，加快处置闲置土地和批而未供土地。

（3）推动都市圈协同和城乡融合发展。一是在都市圈层面加强协同治理，提高都市圈的聚合、链接、辐射作用。形成《沈阳现代化都市圈合作发展联席会议章程》，建立四级工作机制，制定三年行动方案，明确重点项目和重大合作事项清单。二是畅通城乡要素资本流动，以外围乡村发展缓解城市问题。通过全域土地综合整治、集体经营性建设用地入市、乡村产业用地保障等土地制度改革，为乡村振兴赋能。将沿主要城市发展轴和环中心城区的乡村地带作为"两山转化"示范重点区域，建设一批高品质特色镇村和环城都市农业带、休闲带，合理疏解中心城市功能。三是加快城市内在动力驱动机制转变，推动城市转型发展。加快城市从要素驱动、投资规模驱动发展向创新驱动和政策驱动转变，出台了《关于支持创新型产业用地发展实施意见》《沈阳市推行工业项目"标准地"制度实施方案（试行）》等政策文件，逐步完善城市更新等各类政策保障体系，培育城市发展动力，转变城市发展方式。

（4）深化"多规合一"改革和精细化管理。一是夯实规划"一张图"管控，实现跨部门业务协同。不断完善国土空间规划"一张图"数据体系，基于国土空间规划"一张图"系统，目前已整合20余个部门50余部专项规划成果，上线405个图层，协同共享平台已有240多个部门接入使用。二是加强自然资源数据信息共享。不断完善自然资源数据中心，建立国土空间基础信息平台和智慧沈阳时空信息云平台，提供专业服务。推进一个企业"只交一次材料"，全面提升企业满意度。

（二）积极应对"收缩型城市"

2019 年国家有关部委文件第一次提到了"收缩型城市"[①]，明确要求收缩型中小城市要瘦身强体，严控增量、盘活存量。人口减少、第三产业占比低、工资水平低和老龄化程度高是收缩城市的普遍特征。"七普"数据初步显示，全国超过三分之一的城市在人口收缩，近四分之一的原国务院批准总体规划的城市出现人口收缩。为积极应对"收缩型城市"，国土空间规划需要：

（1）严控增量，提高城市发展质量。改变大尺度、快节奏的新城建设模式，协调好城市发展规模与人口规模的匹配度，降低空间尺度，放慢开发节奏，强调城市发展的精致化、便利化和特色化。做小空间尺度，以更加贴近百姓和企业实际需求；供给便于生产、生活和创新的多元化城市空间，减少空间的分割和功能的单一，增强城市空间相互间的连接性；考虑功能的综合与多元，尽量为未来留下更多发展机会。

（2）盘活存量，提高土地利用效率。加强城市存量建设，开展城镇低效用地再开发和城市更新，合理利用空置建筑及土地，要从提高旧城居民生活的舒适度出发，不断完善旧城养老、健康、教育等需求的基本功能，重视城市历史文化保护，留住城市记忆，增强城市对居民的亲和力，让居民对城市有更强的归属感。要避免对老城进行大拆大建式改造，采取微改造的有机更新模式，降低改造和管理的尺度，倡导城市的精细化管理。

（3）精明收缩，优化城市公共服务。要从城市居民的基本生活需求出发，合理配置各类公共服务设施，引导人口和公共资源适度集中，减少居民通勤和消费半径，降低公共服务成本。创造便于人口交流的空间条件，以便利生活的社区为基础，打造富有特色、高品质的城市街区。要重视新技术手段的应用，使城市更智慧、更精细、更人性，实现百姓生活更便利、更幸福。

（4）优化产业结构，增强城市聚人能力。特别是对于人口大量流出地区的城市，要升级传统创业类型，挖掘培育新产业，促进土地资源配置优化，通过

---

① 国家发改委："国家发展改革委关于印发《2019 年新型城镇化建设重点任务》的通知"（发改规划〔2019〕617 号）。

发展产业创造就业，激发城市内生动力。更多地提供适宜进城农民和城市各类居民的就业和生活空间，让居民能够从城市发展中受益，共享城市发展的机会，与城市形成紧密的利益共同体，增强城市的吸引力，争取将本地人口留下，并吸引各类人才的进入。

（5）加强多元参与，实现城市有效治理。要减少政府大包大揽的行为，为当地居民和社区参与城市发展创造机会，为多元市场主体参与城市建设运营提供机会，使之成为城市建设和发展的运营机构，让专业的人干专业的事。要创新融资方式，探索多渠道融资方式参与城市发展的渠道，加大社会资本引入力度，以市场化机制推动城市建设。

四、全方位推进规划的陆海统筹

陆海统筹是我国开展海洋强国建设的一项重要政策。从国家经济社会发展的高度将陆地和海洋进行整体部署，坚持陆海统筹，开展"多规合一"的国土空间规划编制，是本次国土空间规划改革的核心目标之一。国土空间规划为促进陆海在空间布局、产业发展、基础设施建设、资源开发、环境保护等全方位协同发展，开展了大量陆海统筹实践探索：

（1）构建陆海统筹的用地用海分类和规划分区。自然资源部印发了《国土空间调查、规划、用途管制用地用海分类指南（试行）》，依据国土空间的主要配置利用方式、经营特点和覆盖特征等因素，对国土空间用地用海类型进行归纳、划分。《分类指南》遵循陆海统筹原则，将用海与用地分类作为整体考虑，将陆域国土空间的相关用途与海洋资源利用的相关用途在名称上尽可能进行统筹和衔接。

（2）开展陆海统筹的"双评价"。自然资源部在广东、江苏、广州、青岛等沿海省市资源环境承载能力和国土空间开发适宜性试评价基础上，充分考虑陆海自然生态系统的整体性和系统性，编制了《资源环境承载能力和国土空间开发适宜性评价技术指南》。

（3）陆海统筹确定沿海县的主体功能定位。制定主体功能区（名录）评估调整技术标准，针对陆域和海域主体功能类型不一致的沿海县，提出协调处理规则，统筹确定主体功能定位。

（4）划定陆海统筹的生态保护红线。中共中央办公厅、国务院办公厅在《关于在国土空间规划中统筹划定落实三条控制线的指导意见》明确提出以陆海统筹为原则，划定生态保护红线、永久基本农田和城镇开发边界。以资源环境承载能力和国土空间开发适宜性评价为基础，全面分析海洋资源环境本底特征及资源环境风险，统筹划定陆海生态保护红线，优化海岸带开发利用，开展重点区域生态修复，形成陆海一体化的国土空间开发保护和整治修复格局。

（5）开展陆海统筹的海岸带专项规划编制。自然资源部在国土空间规划体系总体框架下，启动编制海岸带保护利用专项规划，重点考虑陆海统筹视角下的资源节约集约利用、生态环境保护修复和空间合理性等，纳入总体规划实施。完善海岸线保护与利用法律体系，建立海岸线修测机制，并于2019年开展新一轮海岸线修测，为陆海统一规划和统筹开发保护提供基础。

（6）响应中央和国家有关重点海域治理的要求。自然资源部与国家发展改革委、生态环境部以生态环境部在部分沿海省市开展的"湾长制"试点工作为基础，联合印发了《渤海综合治理攻坚战行动计划》，推动在渤海湾建立实施"湾长制"，探索形成陆海统筹、河海兼顾、上下联动、协同共治的海洋生态环境治理新模式。重点推动海湾与主要入海河流的污染治理、水质监测工作衔接。坚持"一河一策""一湾一策"原则，加强陆海水系治理工作的衔接，厘清以海考核河的流程、技术方法和标准。

第二节　建设融合发展的共享国土

共享是中国特色社会主义的本质要求，必须坚持发展为了人民、发展依靠人民、发展成果由人民共享，作出更有效的制度安排，使全体人民在共建共享发展中有更多获得感。国土空间规划致力于建设共享国土，以共同富裕为目标打造现代城乡，全面推进新型城镇化与乡村振兴战略；大力推进内涵式、集约型、绿色化的城市有机更新模式，提升城市空间品质；塑造高品质城乡社区生活圈，引导健康、活力和低碳的生活方式，满足人民对美好生活的向往。

一、打造迈向共同富裕的现代城乡

（一）落实共同富裕对城乡发展的新要求

"治国之道，富民为始"。共同富裕是社会主义的本质要求，是我国现代化的重要特征，是包括 5 亿多农村居民在内的全体人民的期盼和梦想[1]。习近平总书记指出，促进共同富裕，最艰巨最繁重的任务仍然在农村。城乡发展不平衡不协调，是我国经济社会发展存在的突出矛盾，是加快推进社会主义现代化必须解决的重大问题。城镇化是城乡协调发展的过程，必须走城乡融合发展之路。促进城乡融合发展是坚持以人民为中心的发展思想、实现共同富裕与人的全面自由发展的内在要求。

国土空间规划积极响应城乡发展新内涵。党的十九届五中全会明确提出了共同富裕目标，到 2035 年经济总量和城乡居民人均收入将再迈上新的大台阶，人均国内生产总值达到中等发达国家水平，中等收入群体显著扩大，基本公共服务实现均等化，城乡区域发展差距和居民生活水平差距显著缩小，人民生活更加美好，人的全面发展、全体人民共同富裕取得更为明显的实质性进展。推动城乡融合发展，需要坚持农业农村优先发展，以缩小城乡发展差距和居民生活水平差距为目标，加快促进城乡生产要素自由流动和公共资源合理配置，为农民农村共同富裕提供支撑。

国土空间规划坚决落实城乡发展新目标。在共同富裕导向下，应重点解决城乡差距、行业差距、城乡居民生活水平差距；有效扩大中等收入群体，特别是脱贫之后的农村低收入群体逐步进入中等收入群体行列；不断推进农业转移人口市民化，统筹做好就业、收入分配、教育、社保、医疗、住房、养老、育幼等各方面工作，持续提升基本公共服务均等化水平，实现人民群众从"注重生存"到"注重生活"，城乡居民生活品质差异取得实质性改善。

---

[1] 孙长学、刘晓萍："坚持共同富裕导向推进城乡融合发展"，《宏观经济管理》，2021年第 11 期。

国土空间规划助力实现共同富裕难点破解。实现共同富裕，难点在农民和农村。城乡融合发展有助于多渠道增加农村居民收入，提高农民土地增值收益分享比例，提高集体资产保值增值收益，不断缩小城乡居民收入差距和财富差距。在城乡融合发展中逐步推进城乡基础教育均衡化发展，优质教育医疗等资源在城乡间共享，缩小城乡基本公共服务差距，夯实农民农村全面富裕基础。城乡融合发展是缩小城乡居民收入差距的现实有效路径，是推动农民农村共同富裕的主阵地。

（二）落实新型城镇化和乡村振兴战略要求

新型城镇化是新时期中国全面建成小康社会的核心策略，展现的是未来经济健康可持续发展、社会和谐稳定、生态绿色优美、城乡建设蓬勃朝气的美好愿景。自2014年《国家新型城镇化规划（2014—2020年）》发布到《2022年新型城镇化和城乡融合发展重点任务》印发，坚持把推进农业转移人口市民化作为新型城镇化的首要任务，重点针对存量未落户人口深化户籍制度改革，健全常住地提供基本公共服务制度，提高农业转移人口融入城市水平，一直是新型城镇化重点之一。"推进以人为核心的新型城镇化"的重大战略部署，为当前国土空间规划体系建立工作提供了新的价值导向。国土空间规划承担着满足人民追求美好生活空间的重任，应回归人本主义，优化人居环境，营造人居空间，以空间布局优化引领新型城镇化发展。国土空间规划将构建国土空间开发保护新格局，筑牢"三条控制线"，作为调整经济结构、规划产业发展、推进城镇化不可逾越的红线，夯实永续发展基础，牢牢守好发展和生态两条底线。优化城镇化发展格局、城乡空间布局形态和城镇用地功能布局，落实城市群作为新型城镇化发展主体形态的空间布局要求，构建大中小城市和小城镇协调发展的新型城镇化空间格局，促进区域协调、城乡融合、产城一体发展，为城镇化发展质量水平全面提升，提供更高质量、更有效率、更加公平、更可持续的空间保障。

自党的十九大报告提出乡村振兴战略、2018年《国家乡村振兴战略规划（2018—2022年）》印发、2021年《乡村振兴促进法》审议通过，各地国土空间规划积极落实乡村振兴战略的各项要求。全国规划中，部署乡村振兴总体战略、农业保护要求和重大方针政策；省级规划中，重在政策制定与策略引导，提出优化乡村居民点布局的纲领性要求，构建与主体功能区相适应的农业农村空间格局，提出村庄分类的类型划分标准和规划导向；市级规划中，重在空间引导与分区管控，提出村庄布局优化的总体原则，摸清市域乡村建设用地资源情况并制定分区的差异化减量化引导策略，分类分区提出特色保护、风貌塑造和高度控制等空间形态管控要求，安排基础设施、延伸公共服务，提出激活乡村活力的政策指引。从实践需求看，县、乡（镇）、村三级的传导是乡村规划体系传导的核心。《意见》指出，要结合国土空间规划编制在县域层面基本完成村庄布局工作，县域层面的乡村规划内容可结合实际情况，或作为县级的专项规划编制，或作为专项内容纳入县级国土空间总体规划的编制成果。在乡镇级规划中，要立足镇域统筹视角，深化落实村庄居民点布局。

在地方具体实践中，上海市较早提出了郊野单元的概念，开展了郊野单元规划。2018 年以来，上海修订了《上海市郊野单元规划编制技术要求和成果规范（试行）》，聚焦乡村振兴战略，提出要"聚焦近期，保障实施""底线管控，集约节约""全域统筹，上下联动"，郊野单元规划主要承担镇域用途管制、建设项目依据、推动国土整治等任务，在内容上强调空间统筹布局并增加了风貌规划引导，着眼于乡村地区的未来发展（专栏 9-1）。成都市准确把握"大城市带大农村"的发展特点，加强城乡功能互补联动，全力探索公园城市示范区的"乡村表达"，把以片区为单元编制国土空间规划作为城乡融合发展和乡村全面振兴的"主抓手"。

专栏 9-1　上海郊野单元规划

从发展脉络来看，郊野单元规划脱胎于土地整治规划，但其定位和效力与时俱进，进行了多个阶段的扩展（图 9-1），创新之处在于：

（1）高度城市化地区国土整治的空间组织方式创新。率先在乡村地区建立起全域覆盖的网格化单元管理模式，并基于这种网络单元实现了对国土开发、利用、保护、治理的统筹组织，通过在时序和空间上对各部门的协调，解决了各环节之间重复、矛盾的问题，保障了郊野地区国土整治的实施，生态环境保护修复、空间布局的优化以及土地资源的高效、合理化开发。

2013年初	2015.06	2018.02	2020.01
1.0版	**2.0版**	**3.0版**	**4.0版**
实质是镇（乡）级土地整治专项规划，通过统筹组织部分建设项目，整治集建区外零散破碎、设施条件差、环境恶化的用地	相当于土地整治规划和控制性详细规划的结合，加强集建区外有条件地区的图则管理，增强土地用途管制功能	郊野单元（村庄）规划，形成镇域空间管制和村域图则管控的两级机制，从一个为专项服务的平台扩展为可发挥全域用途管制的管理工具	郊野单元村庄规划，是开发边界外乡村地区全地类、全要素的村级层面的国土空间规划和带项目、带资金、有政策的面向实施的详细规划

图 9-1 上海郊野单元规划发展历程

资料来源：自然资源部国土空间规划局，2021a。

（2）在镇域层面统一国土空间用途管制的空间组织方式创新。即基于镇域单元整合各类专项规划，明确规划责任主体，以"底线管控""规划许可""分区管控"和"单元图则"等强化全域空间用途管制，是在镇（乡）级国土空间规划缺位情况下对郊野地区空间规划体系的搭建尝试，对落实农村建设空间、农业生产空间、生态空间的管控要求具有重要意义，有利于国土合理开发、利用、治理和保护，对推动乡村振兴和城乡融合、促进生态文明建设具有重要意义（林坚、陈雪梅，2020）。

以上海市松江区泖港镇为例。作为上海首批 2 个全域土地综合整治试点之一，泖港镇充分梳理需求清单、问题清单、项目清单，以郊野单元村庄规划为载体，统筹协调各类专项规划和建设行动，结合国家要求和当地实际情况，以农民相对集中居住和乡村一二三产业融合发展为攻关口，针对乡村地区规划、设计、资金及政策的精细化管理展开了下述实践探索（图 9-2、图 9-3）：

（1）坚持以人为本，提升乡村生活品质。面对现状农村宅基地布局零散、建筑质量不佳、公共服务设施能级较低、基础设施配套不齐全等问题，驻村入户排摸现状和底数，统一认识。明确宅基地农户资格权的认定规则和统计时点，统一宅基地规模、户数等基础数据来源。对接村民需求，统筹考虑村庄选址。制定宅基地撤并的正负面清单，构建宅基地评估体系。了解农户对集中居住方式、平移归并点选址的意愿，实施以保留村村内平移归并为主，进镇上楼安置、跨镇异地安置、自愿有偿退出为辅等多元安置机制，并细化安置对象、安置标准、资金支持等具体操作细则。按照基础设施配套建设标准和各项刚性管控要求，优化村庄平移归并点选址，形成村庄布局方案。精心设计，提升乡村风貌品质。农宅设计邀请中国美院团队，沿用松江本地的"立帖式"结构，结合农民需求设计了多款农宅建筑；建筑布局采用微"X"点的解构理念，营造出"村在田中，田在村中"的乡村肌理。同时运用"点状供地"政策，以建筑组团边界作为建设用地边界，既提高了节地率，又形成了乡村特有的田园风貌。面向未来，构建乡村生活圈。为满足老人及未来青年员工、游客等不同人群的实际需求，

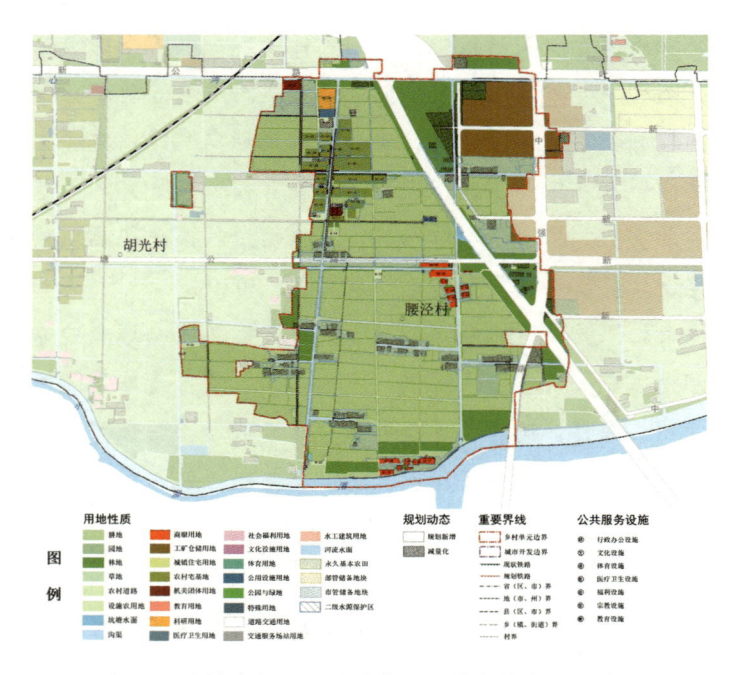

图9-2 上海市松江区泖港镇腰泾村乡村单元图则01

资料来源：《上海市松江区泖港镇郊野单元村庄规划（2020—2035年）》。

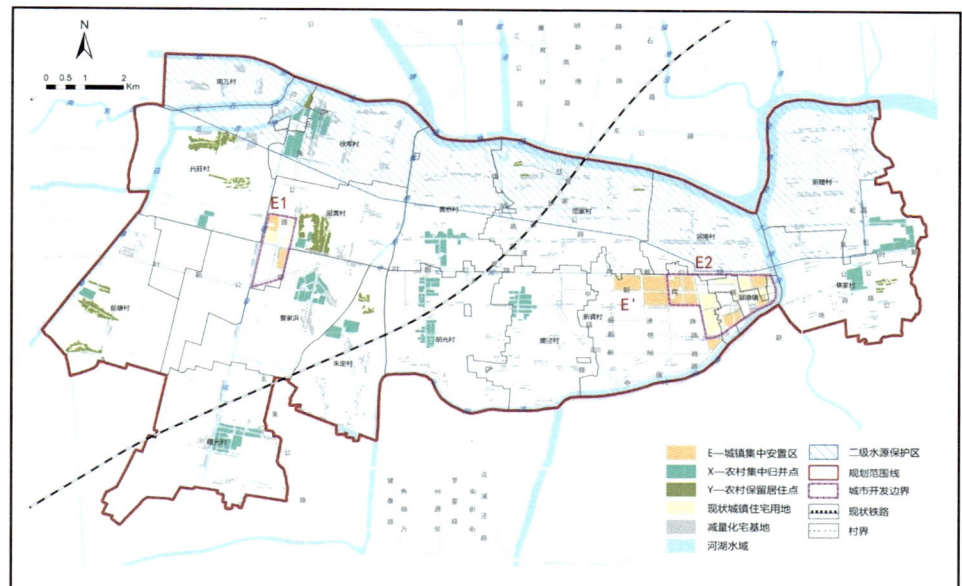

图 9-3　上海市松江区泖港镇村庄布局规划图

资料来源：《上海市松江区泖港镇郊野单元村庄规划（2020—2035 年）》。

综合布局公共服务设施，功能涵盖行政、养老、医疗、公共交通、文化、农技服务等多个领域，实现设施能级提升、跨村共享。

（2）回应基层关切，促进乡村产业发展。严守建设用地总量，落实建设用地减量化任务。从产业门类、企业绩效、带动就业及环保要求等维度，综合评估乡村地区的产业用地，合理确定产业用地的留、改、拆范围。统筹全域产业空间，激活存量乡村产业。在建设用地总量控制下，实施"减量"和"盘活"联动，选取布局合理、配套完善、产村融合的存量工业用地打造黄桥科技园，由区属国企、镇集体资产公司和 12 个村级合作社共同入股、合作开发，使村民增加服务岗位收入、盘活住房闲置资产、共享集体经营性建设用地入市收益。挖掘特色，支持优质企业发展。利用涵养林等特色资源，规划慢行道、小型游憩设施，营造开敞式生态空间。在严格遵守国土空间用途管制、严格保护耕地与永久基本农田的前提下，合理布局建设用地、设施农用地，适度发展景观化、休闲化的 2.0 版家庭农场。

二、塑造高品质城乡社区生活圈

（一）建立社区生活圈统一技术指引

社区生活圈是指在一定的空间范围内，全面与精准解决生活各类需求、融合居住和就业环境、强化凝聚力和应急能力的社区生活共同体，是涵盖生产、生活、生态的城乡基本生活单元、发展单元和治理单元。按所处区域可分为城镇社区生活圈和乡村社区生活圈两类。

《社区生活圈规划技术指南》重点阐述了社区生活圈规划的总体原则、城镇社区生活圈及乡村社区生活圈的规划指引、差异引导和实施要求等，对规划内容进行了如下规定：①价值导向。作为社区生活圈规划工作的技术指引，《社区生活圈规划技术指南》遵循五个基本原则，包括坚持以人民为中心、贯彻新发展理念、突出问题导向和目标导向、强化系统治理、因地制宜塑造特色生活圈。②覆盖城乡。提出城镇社区生活圈和乡村社区生活圈在配置层级、服务要素和空间布局等方面的规划指引，其中城镇社区生活圈可构建"15分钟、5—10分钟"两个层级，乡村社区生活圈可构建"乡集镇-村/组"两个层级。③差异引导。将服务要素分为基础保障型、品质提升型和特色引导型等三种类型，并从社区服务、就业引导、住房改善、日常出行、生态休闲、公共安全等六方面提出不同的导向和要求。各地可立足实际，统筹经济能力和资源条件，结合居民需求，评估主要影响因素，细化《社区生活圈规划技术指南》的规划技术要求，使社区生活圈规划"因地制宜""因需制宜"。④注重实施。生活圈作为空间单元，在国土空间规划中是实施层面的重要抓手，也是规划体检评估的重要对象。《社区生活圈规划技术指南》综合运用全生命周期的方法，明确现状评估、规划方案和行动计划制定、动态监测等工作程序，提出新建地区、城市更新地区和老旧小区等工作重点，鼓励部门协同、公众参与和社会共建。

（二）社区生活圈建设的探索和实践

2017年中共中央、国务院批复的北京城市总体规划、上海城市总体规划分别提出了构建"一刻钟社区服务圈""15分钟社区生活圈"的目标。2018年11月习近平总书记考察上海时指出,城市治理的"最后一公里"就在社区。2019年11月,习近平总书记在考察上海时提出"人民城市人民建,人民城市为人民"的重要理念,指出要努力创造宜业、宜居、宜乐、宜游的良好环境,让人民有更多获得感,为人民创造更加幸福的美好生活[①]。

2019年11月,为充分贯彻"创新、协调、绿色、开放、共享"的发展理念,落实《若干意见》有关要求,在总结各地实践经验的基础上,自然资源部启动《社区生活圈规划技术指南》前期研究,并于2021年6月正式发布,指南确立了社区生活圈规划工作的总体原则和要求,并规定了城镇社区生活圈和乡村社区生活圈的配置层级、服务要素、布局指引、环境提升,以及差异引导和实施要求等技术指引内容,是各地开展社区生活圈规划工作的技术指引。

上海"15分钟社区生活圈"行动作为践行"人民城市"重要理念,全面提升城市软实力的重要抓手,在不断实践中逐步形成了一套较为系统完整的理念、规范、标准和方法。2021年,52个城市共同发布《"15分钟社区生活圈"行动·上海倡议》,通过打造社区生活圈,激活城市的细胞,满足人民群众对美好生活的向往。作为社区生活圈建设的标杆性城市,上海市探索城镇社区生活圈和乡村社区生活圈建设,通过注重规划统筹、建立统一标准以及构建行动机制等方式,取得了卓有成效的阶段性进展(专栏9–2)。

专栏 9–2　上海市规划宜居、宜业、宜学、宜游的社区生活圈

上海市探索城镇社区生活圈和乡村社区生活圈建设。其中,城镇社区生活圈指按照步行15分钟可达范围,结合行政边界划定,通常包含一个或多个街坊的空间组团,配置满足市民日常基本保障性公共服务设施和公共活动场所。乡村社区生活圈指按慢行可达范围,结合行政村边界划定,一般涵盖多个自然村,集中配置基本保障性公共服务设施、基础性生产服务设施和公共活动场所,以自然村为辅助单元,配置满足村民日常基本保障

---

① 上海市人民政府新闻办公室:"上海举行《社区生活圈规划技术指南》发布会"。http://www.scio.gov.cn/xwfbh/gssxwfbh/xwfbh/shanghai/Document/1707403/1707403.htm。

性公共服务设施和公共活动场所（图9-4）。主要举措有：

城镇社区生活圈建议配置

公园
3000平方米的社区公园
每500米步行半径布局一处社区公园，面积不小于3000平方米

社区文体设施
15分钟步行可达
社区文化活动中心、青少年活动中心、健身馆、游泳池、运动场等

社区医疗养老设施
社区卫生服务中心、卫生服务站、老年人日间照料中心、老年活动室

公共空间
4平方米/人的社区公共空间
包括社区公园、小广场、街角绿地等，实现人均4平方米的规划目标
90%的5分钟可达覆盖率
每个居民5分钟步行至公共开放空间的可达覆盖率达90%

社区商业设施
社区菜场、社区食堂等
家政服务、修理服务、快递收发、菜店等

社区教育设施
初中、高中、小学、婴幼儿、儿童托管点、幼儿园，按需设置老年学校、职业培训中心、儿童教育培训等社区学校

乡村社区生活圈建议配置

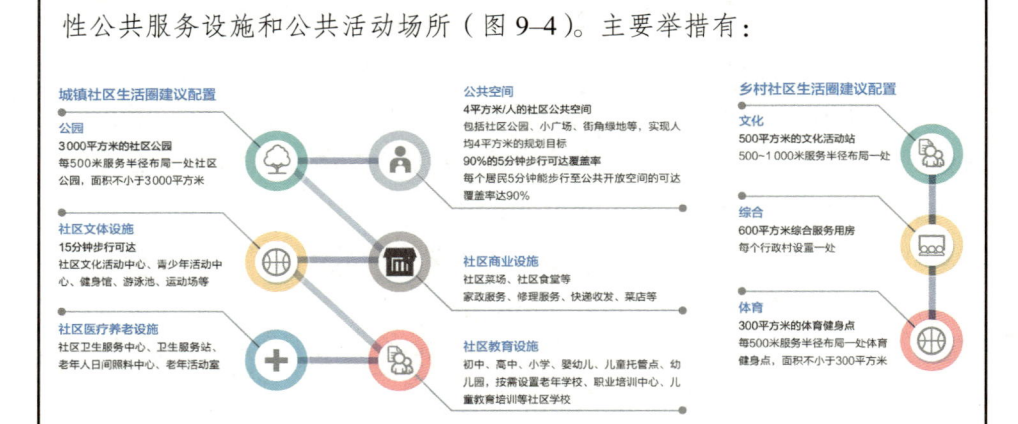

文化
500平方米的文化活动站
500~1000米服务半径布局一处

综合
600平方米综合服务用房
每个行政村设置一处

体育
300平方米的体育健身点
每500米服务半径布局一处体育健身点，面积不小于300平方米

图9-4 社区生活圈配置思路

资料来源：上海市规划和自然资源局提供。

（1）注重规划统筹。充分体现社区整体发展、全面提升的工作要点。包括规划范围上强调"整区域"，以街镇为单位，作为生活圈行动的实施范围，系统开展规划、建设和治理工作；发展目标上关注"全要素"，针对居住、就业、出行、服务、休闲以及城市家具等各类专项工作制定全要素规划方案，形成各方共同推进行动的"社区规划蓝图"和"三年行动计划"。实施路径上凸显"多手段"，在城市更新、土地出让等各类建设项目中挖掘空间资源，通过政府投入、社区基金会支撑、企业代建等多种渠道筹措建设资金。

（2）建立统一标准。以五个"宜"统筹整合各系统条线，作为"社区生活圈"的规划建设标准。其中"宜居"重点关注可负担、可持续的社区住房供应体系，健康舒适的居住环境，全龄关怀的配套设施和智慧服务以及社区空间韧性安全等；"宜业"提倡社区拥有更多就近就业的机会，创新创业成本可负担，就业服务无距离等；"宜游"强调社区休闲空间丰富多样、无处不在，休闲空间体验多元，社区空间慢行友好，出行低碳便捷，社区风貌彰显等；"宜学"提供丰富充足的学习体系，包括托育无忧，终身学习等；"宜养"保障全生命周期的康养生活，包括老有所养、全时健康服务等。

（3）构建行动机制。整合相关部门、基层政府和社会各方力量，明确职责分工，形成合力推进实施。市级部门做好总体指导和政策保障，市规划资源局牵头开展顶层设计，研究明确导向标准和行动机制；市相关部门做好政策支持和监督管理；区政府总体牵头搭建社区共治平台，构建政府与社会"上下互动"的协商机制和多部门间"左右贯通"的联动机制；街镇是行动的组织推进主体，经充分赋能赋权，负责组织编制生活圈行动规划、制定行动计划、协调项目实施等相关工作；社区居民是行动的关键主体，全过程深度参与；社会组织与社区规划师是行动的重要力量，承担更多专业服务供给和技术把关。

专栏 9-3　北京城市副中心以家园为单元提供优质公共服务

家园中心是副中心控规提出的创新理念，也是践行"以人民为中心"的重要举措。规划依托 15 分钟社区生活圈，深挖具备现状实施条件和实际需求的潜力用地，配置社区级家园中心；深度盘点街区级家园中心周边用地资源禀赋，加强临近地块间协同利用，坚持适度集中与有序分散相结合，科学配置城市功能；聚焦老旧小区更新改造，以项目牵引存量资源利用，发挥城市有机更新效能，实现商业、文化、教育、体育、医疗、养老等公共服务的有机衔接和充分共享，让群众在家门口就能享受便利服务。目前，城市副中心已启动中仓、北苑、玉桥、北泡等 10 个家园中心规划建设，中仓街道家园中心已于 2021 年 10 月对外营业，"十四五"期间还将持续推进 14 个家园中心规划建设，进一步提升人民群众的获得感和幸福感（图 9-5）。

图 9-5 北京城市副中心公共服务体系规划图

资料来源：北京市规划和自然资源委员会提供。

三、推进城市有机更新

党的十九届五中全会作出实施城市更新行动决策部署。城市发展正在由外延扩张式向内涵提升式转变，城市更新作为存量时期主要的城市发展和空间治理方式，是资源环境紧约束背景下国土空间规划管理的重点领域。

城市更新指的是通过实质上维护、整治、拆除等方式，使城市土地得以经济合理的再利用，并强化城市功能，增进社会福祉，提高生活品质，促进城市健康发展的一种城市发展模式,其涵盖了城市空间结构的演替、城市功能体系的重组和城市发展内涵的提升。"城市有机更新"的概念由吴良镛先生在20世纪90年代提出,强调从城市到建筑,从整体到局部,如同生物体一样是有机联系、和谐共处的。城市有机更新通过统筹不同行业、不同区域、不同层级、不同资金来源、不同实施主体,将生产、生活等不同类型的更新项目综合考虑、协同推进,构建全覆盖、全要素、多主体耦合的系统体系,畅通投资、生产、消费的经济内循环。

(一)地方整体部署推进实践探索

与过去旧城改造中常见的大拆大建不同,新发展格局下各地不再"头痛医头、脚痛医脚",而是将城市作为有机生命体,把城市更新作为重要内容纳入国土空间总体规划、详细规划和专项规划体系,对城市更新区域开发保护活动在空间和时间上系统谋划、统筹安排,推进内涵式、集约型、绿色化的城市有机更新模式,突出强调从提升身边的空间品质入手,精准回应人民群众对美好生活的向往。北京市在城市更新中严格贯彻形成策略清单和政策清单;制定计划落实总体规划"控增量、促减量、优存量"的工作要求,坚持规划引领、街区强化更新组织体系;依托基层统筹,坚持政府引导、市场运作,坚持政策推动、项目带动。上海市坚持各级国土空间规划在城市更新中的全面引领,加强法治保障,系统推进各类城市更新行动,通过国土空间规划监督管理有效保障城市更新项目建设。广州市坚持国土空间规划引领,将城市更新纳入国土空间规划"一张图",形成以存量资源再利用为主线的空间发展模式;建立总体规划定目标、定重点,专项规划建路径、建机制,详细规划控指标、定功能的城市更新规划管控传导机制;坚持专家领衔、集体审议、投票表决、全程公开的规划委员会审议制度。深圳市以"人民城市"理念系统推进城市更新工作,将符合条件的低效存量建设用地纳入标图建库范围进行改造,在规划管理方面进行了深入探索和实践。南京市着力发挥自然资源部门"两统一"改革优势,充分运用政策"工具箱"走规划统筹、集约发展、精细治理、内涵提升的新路子,分类推进城市有机更新。

（二）各地探索多元化的更新模式

围绕城市更新，全国各地开展了系列的实践探索，形成如下具有代表性的做法：

（1）紧扣产业升级和消费结构升级，再造城市空间。苏州高新区从全域视角着手，按照"定量、定线、定性、定链"的思路，系统保障实体经济发展、促进产业创新双链融合；株洲清水塘基于更新单元管控，同步实现企业腾退搬迁改造过程中的土地污染治理与低效土地再开发，经历了起步蜕变期，持续激发价值，提升人居环境品质，最终有效推进老工业基地的绿色转型和效益提升（专栏9-4）。

专栏9-4　湖南株洲清水塘老工业基地转型（图9-6）

第一阶段：完成企业搬迁，集聚优质要素。第一阶段作为起步蜕变期，以企业搬迁、污染治理、基础设施建设为主要工作。同时，由于该阶段刚刚开始污染治理，不宜大规模开发，采用据点式开发科技园与保税物流中心，以高等级平台来最大可能的集聚高端优质要素（如企业、资金、政策等）。

第二阶段：挖掘文化基因，持续激发价值。结合工业遗址建设，引入文化休闲产业，以主题空间为载体，以集聚人气为核心，打造服务区域的主题休闲文化中心，与科技园双轮驱动，成为城市提升新引擎。通过科技园、物流园的建设完善，形成以上市公司为核心的地方产业集群、融入长株潭城市群的区域创新节点。结合绿色产业发展和生态修复示范，重塑地区形象、激发活力。

第三阶段：注重品质营造，打造人居典范。主要通过城市商业中心的建设，带动工业文化主题休闲区跨越升级，通过城市功能的完善、人居环境品质的提升，进一步驱动基地全面复兴，重塑地区文化魅力，打造清水塘人居典范，并助推基地实现生产生活功能融合、服务共享的产城共生新阶段。

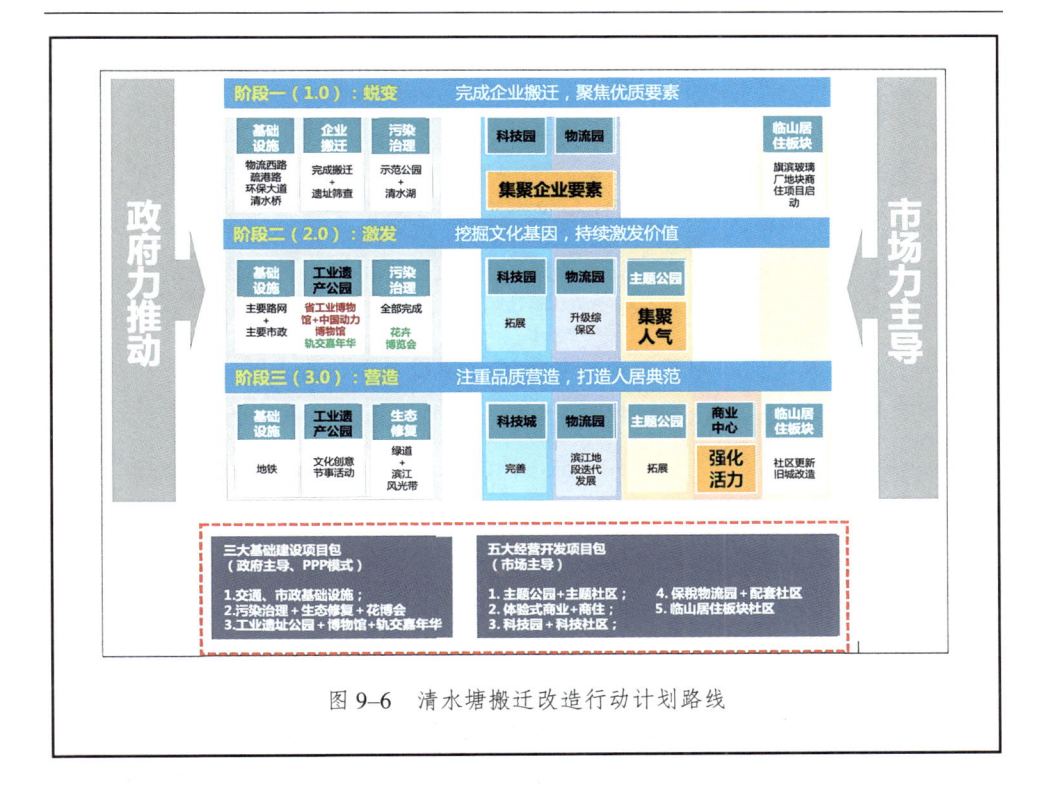

图 9-6　清水塘搬迁改造行动计划路线

（2）注重历史文化遗产保护利用与传承延续，用文化创意引领更新，再造城市活力。武汉三阳片区在严格落实保护要求、积极修复街区肌理的基础上，推动历史城区向创意设计产业集聚区转型；重庆山城巷在更新中尊重原始地形地貌，保留历史建筑肌理和脉络，原汁原味展现山城巷的风貌，留住烟火味和生活气；南京小西湖与国土空间规划结合，实践依法依规同时又有温度的城市微更新，充分尊重民意，共商共建，让百姓自主选择迁与留，探索历史地段保护与再生的包容路径（专栏9–5）。

专栏 9–5　南京市秦淮区小西湖（大油坊巷历史风貌区）微更新（图 9–7）

民生为先，创新实施"微型综合管廊"，化解街巷狭小与市政管线敷设的矛盾，改善市政基础设施。系统梳理片区内各类管线的铺设形式、行走路线、供给方式、占位间距，设计"微型综合管廊"综合布线方式，有效利用地下空间，解决了街巷空间狭小，直埋无法满足规范间距要求的问题；

后期的更替、扩容、维护更加便利；有效实现历史地段雨污分流，消除积淹水现象，并且实现消防管线全覆盖。

采用共生院、共享院等方式，优化建筑格局，释放公共建筑空间，改善居住环境和居住条件。在梳理传统空间格局及居民产权关系的基础上，同步开展更新实施规划设计、历史地段保护规划和控制性详细规划。为确保创新提出的"基于产权主体的多元参与下的微更新"路径能"管得住、用得好"，探索建立规划管控和微更新实施两级单元，同步制定更新图则及保护与再生导则，并按程序批准，向社会及基地内参与更新的居民公布。

"规划管控单元"为各个实施单元的保护和更新工作提供具体的控制和引导要求，各"微更新实施单元"的各类经济技术指标在规划管控单元内可实行"占补平衡"，根据更新需求多方协商，进行调整优化，而不需进行控详调整工作。这一做法既保障了规划管理的原则性，又为实施过程中的多样性和动态性留下余地，也能衔接纳入法定规划体系进行管控引导。

图9-7 共享院改造前后

资料来源：东南大学建筑设计研究院提供。

第九章　国土空间规划的实践创新探索　　245

（3）满足城市向内涵式发展的需求，盘活房地产存量，再造城市价值。常州中心区立足城市更新时空两维度的特殊性，推动一般性更新区域与特色性更新区域分类施策，实现"稳经济增长，塑形象品质，优民生保障"的更新目标。珠海翠微旧村以市场化运作方式，借助"一规划四评估"的更新单元规划方法，实现了土地集约利用、公共配套完善、历史保育活化、经济利益平衡等多元诉求（专栏9-6）。

专栏 9-6　珠海翠微旧村更新改造项目

翠微旧村位于香洲区前山片区，西北紧靠城轨明珠站，是珠海对外交通的重要节点。改造项目以增强人民群众幸福感为主要目标，力求找到村（居）民、企业、政府等多方共赢的"最大公约数"。

改造项目采用"整体拆建+局部保护"改造方式，立足于建设现代化、高标准的居住条件，规划有小学、幼儿园、活动中心等配套设施，同时保留珠海历史记忆，将翠微村的人文历史发扬光大，让每一户居民都能享受到幸福美好的生活新体验（图9-8）。

图 9-8　改造平面图　　　　　　图 9-9　改造效果图

资料来源：珠海市规划设计研究院、珠海市建筑设计院提供。

重视对历史建筑的保护。建筑保护用地面积达 1.6 万平方米，不仅原址保留部分古建筑，还组织专门的古建团队针对如三王庙、韦家大宅等重要的历史建筑进行保护翻新，包括已经被破坏严重的"七街七里一条巷"，在景观上重新打造，恢复其曾有的盛景（图9-9）。

（4）采用新的融资方式、经营模式、开发理念，改造传统公共空间，再造城市品质。上海黄浦江两岸公共空间贯通更新行动，将封闭、闲置、消极的滨江空间贯通、开放、激活，将黄浦江核心区段杨浦大桥至徐浦大桥之间45公里（两侧岸线总长度）打造为面向市民和游客观光游憩、健身休闲的开放空间（专栏9-7）。

专栏9-7　上海市黄浦江两岸公共空间贯通更新行动

黄浦江两岸公共空间贯通更新以"空间贯通"为基础，最大化实现滨水空间的开放共享与品质提升。为此，规划提出了"更开放、更人文、更美丽、更绿色、更活力、更舒适"六个方面的发展理念，并在浦江两岸构建起"空间贯通、文化风貌、景点观赏、绿化生态、公共活动、服务设施"六个系统，坚持多策并举，设置十个不同主题的滨江区段，打造工业文明、创意博览、海派经典等多个各具特色的滨江空间序列（图9-10）。

注重实施规划链接行动，构建从顶层设计直达行动计划的全过程规划管控体系。总体方案以一张愿景蓝图统筹条块技术要求和总体布局，确立区段主题特色。建设导则提炼量化指标和刚性要求，形成"规划管控工具库"，实现面向建设的精准引导。

利用市区两级管控和实施的优势，创新规划与行动的深度融合。发挥市级部门的总体把控引导作用和区级部门的建设实施职能，市规划和自然资源局、市住建委等部门联合牵头组织规划方案编制，滨江各行政区及滨江开发公司落实详细设计方案制定及项目建设实施，各展所长，保证了建设实施的高效推进。

规划编制过程中开展多形式发布宣传与公众参与活动。规划前期，开展广泛意愿调查和面向全社会的方案征集，众筹市民智慧。规划编制中，建立网络、手机APP等线上规划发布与信息反馈平台（包括"上海发布"

"全心全意""众创众规""上海规土"等线上平台），凝聚社会共识。实施过程中，通过现场展览宣讲，媒体报道，宣传片播放等方式，吸引市民关注。通过这样的方式，使广大市民参与到城市规划建设的过程中，获得良好的社会效应。

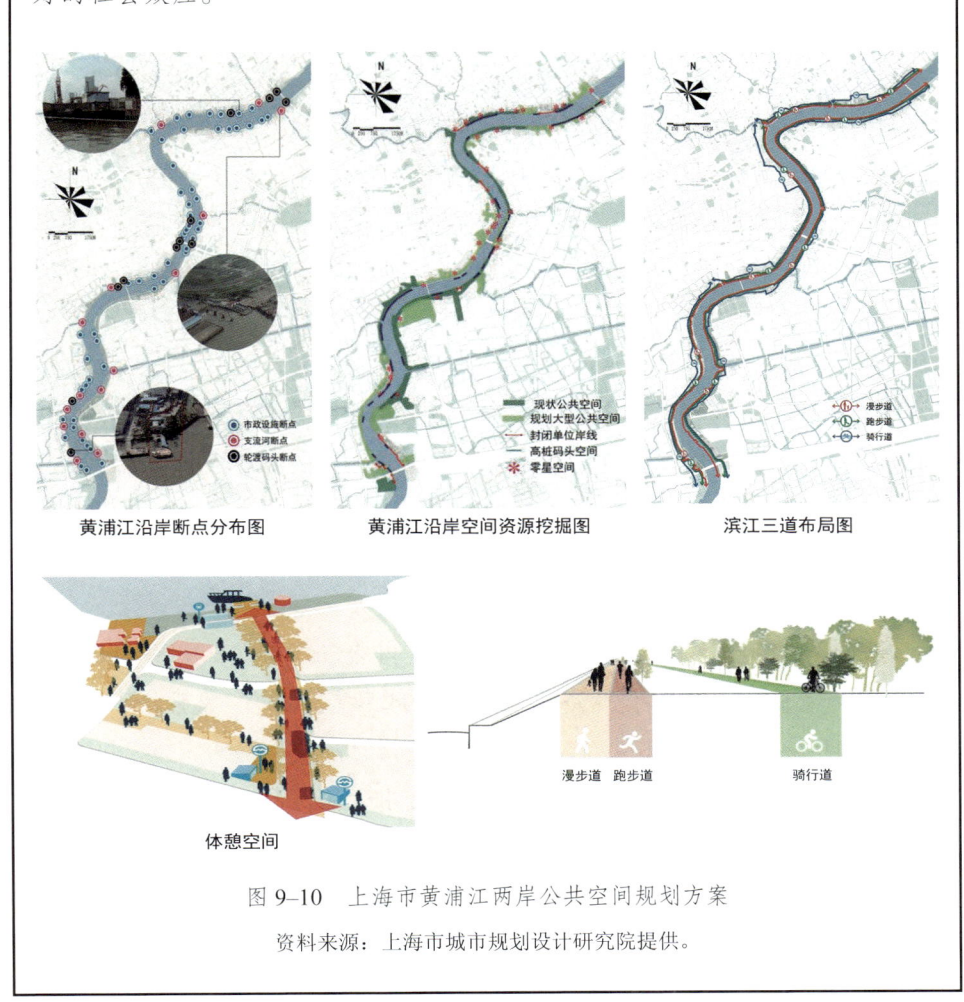

图 9-10 上海市黄浦江两岸公共空间规划方案

资料来源：上海市城市规划设计研究院提供。

四、促进农村土地综合整治

农村全域土地综合整治是以科学的国土空间规划为前提，以乡镇为基本实施单元，整体开展农用地、建设用地整理和乡村生态保护修复等，对闲置、低效利用、生态退化及环境破坏的区域实施国土空间综合治理的活动。

（一）明确农村土地综合整治任务与支持政策

明确全域土地综合整治的目标任务。《土地管理法》规定"对田、水、路、林、村综合整治，增加有效耕地面积、改善农业生产条件和生态环境"。2018年6月，党中央、国务院发布《乡村振兴战略规划（2018—2022年）》，提出"统筹开展农村地区建设用地整理和土地复垦，优化农村土地利用格局，提高农村土地利用效率"，加快国土综合整治，实施农村土地综合整治重大行动，到2020年开展 300 个土地综合整治示范村镇建设。《全国国土规划纲要（2016—2030年）》和《全国土地整治规划（2016—2020年）》也分别就实施农村土地综合整治作出具体部署。2019年12月，《自然资源部关于开展全域土地综合整治试点工作的通知》（自然资发〔2019〕194号）明确要求在全国范围内部署开展全域土地综合整治试点，强调以科学合理规划为前提，以乡镇为基本实施单元（整治区域可以是乡镇全部或部分村庄），整体推进农用地整理、建设用地整理和乡村生态保护修复，优化生产、生活、生态空间格局，促进耕地保护和土地集约节约利用，改善农村人居环境，助推乡村全面振兴。

明确支持农村土地综合整治的配套政策。《自然资源部关于开展全域土地综合整治试点工作的通知》（自然资发〔2019〕194号）提出，一是强化耕地保护，允许合理调整永久基本农田：①强调"不动是常态，动是例外"的导向要求。②与《自然资源部农业农村部关于加强和改进永久基本农田保护工作的通知》进行衔接，对整治区域内涉及永久基本农田调整的，要按照数量有增加、质量有提升、布局集中连片、总体保持稳定的原则，统筹"三线"划定，编制整治区域永久基本农田调整方案，由省级自然资源主管部门会同农业农村主管部门审核同意后，纳入村庄规划予以实施；二是盘活乡村存量建设用地，增添乡村发展活力：①增强乡村用地保障力度，通过全域土地综合整治腾退的建设用地，在保障项目区内农民安置、农村基础设施建设、公益事业等用地的前提下，重点用于农村一二三产业融合发展，促进产业振兴，增强乡村自我造血功能。②显化农村土地资产价值，允许节余的建设用地指标，按照城乡建设用地增减挂钩政策使用，并将流转范围从县域扩大到省域，促进土地要素科学配置、合理流动，为乡村振兴提供强有力资金支持。为鼓励各地积极开展全域土地综合整治试点工作，部对试点工作给予一定的计划指标支持[①]。

（二）各地积极开展全域土地综合整治工作

自然资源部印发《关于开展全域土地综合整治试点工作的通知》后，广东省等地积极响应，出台了《广东省自然资源厅关于申报全域土地综合整治试点的通知》（粤自然资函〔2020〕131号）、《广东省自然资源厅关于开展全域土地综合整治试点申报复核自查工作的紧急通知》等通知。近年来，各地结合区域经济社会发展状况和自然资源禀赋特点，探索推动土地整治与多种要素的综合跨界融合，以"多目标定位、多模式实施、多元化投入"为特点的土地综合整治逐步推开，其中浙江、湖北省政府先后在全省部署了土地综合整治工作。各地已经积累了一定经验，探索了不同模式，取得了生态、经济、社会等综合效益。在浙江、上海、四川等经济相对发达地区，土地综合整治侧重服务城乡融合发展，保障农村新产业新业态发展用地，统筹产业发展空间；在江西、湖北、河南等中部地区，土地综合整治侧重助推乡村振兴战略实施，着重解决现代农业发展、"空心村"整治问题，促进中部崛起；在西部贫困地区，土地综合整治侧重服务国家脱贫攻坚战略，能够较好解决耕地保护、易地扶贫搬迁、农村基础设施建设、产业扶贫用地等问题。

以浙江省上虞市为例，该市坚持从实际出发，在全面调查和梳理全市土地整治后备资源的基础上，结合产业规划、新农村建设规划等专项规划，充分听取和征求了乡镇、行政村和农户意见，按照虞北虞南不同的地理、风俗等差异和行政村发展要求，坚持宜耕则耕、宜整则整、宜建则建等原则，结合具体情况开展立项，保障农民全程知晓权和参与权，确保项目能拆能垦，并制定完善了配套政策，科学推进农村土地综合整治工作（表9–1）。

---

① 焦思颖："《自然资源部关于开展全域土地综合整治试点工作的通知》解读"。https://www.mnr.gov.cn/dt/ywbb/201912/t20191220_2490903.html。

表 9-1　浙江省上虞市农村全域土地综合整治的具体流程

流程内容	主要要求
设置项目区	各乡镇、街道根据土地利用现状和中心村（镇）规划，开展调查和可行性分析，确定项目区实施范围和规模，项目区可涵盖单个或多个行政村
编制规划设计方案	依据乡镇、街道土地利用总体规划，按照全域规划、全域设计、全域整治和《浙江省农村土地综合整治项目规划设计方案编制暂行规定》的要求，对项目区内的田、水、路、林、村进行综合整治规划设计。项目区规划设计方案由乡镇、街道组织编制
组织论证和听证	项目区规划设计方案编制完成后，由市政府组织相关部门和专家进行论证，并对论证后的规划设计方案组织听证，经村民会议或村民代表会议讨论通过。涉及搬迁的农户，须由乡镇、街道与被搬迁农户签订搬迁协议
组织申报	各乡镇、街道按照农村土地综合整治项目组件要求，及时向市自然资源局申报立项，经市人民政府审核后，报上级人民政府审批
组织验收	项目竣工后，先由乡镇、街道组织自查，自查合格后向市政府提出验收申请，市政府将组织相关部门进行初验，再由绍兴市人民政府组织复验，报省自然资源厅备案。列入省级示范项目的由省政府组织复核确认

资料来源：浙江省自然资源厅提供。

第三节　建设优质高效的美丽国土

建设绿色家园、美丽国土是人类的共同梦想。国土空间规划要以推进美丽国土建设为目标，围绕中心履职尽责、主动作为狠抓落实，加快国土资源质量变革、效率变革、动力变革。尊重自然地理格局开展"双评价"，守住美丽国土的底线格局；推动土地、水资源、矿产资源和能源资源的节约集约利用，保障各类资源的安全底线和合理开发；加强地上地下空间统筹利用，高效复合利用立体国土；塑造人地和谐的魅力空间，传承活化历史文化，系统构筑蓝绿交织的生态空间，构建人文自然交融的魅力国土；全方位推进规划的陆海统筹，促进陆海在空间布局、产业发展、基础设施建设、资源开发、环境保护等方面全方位协同发展。

一、助力自然保护地体系的建立

（一）建立自然保护地体系的工作目标

自然保护地是国际公认的就地保护和研究重要自然生态空间完整性、原真性、多样性最有效的形式。1956年，原林业部批准设立广东鼎湖山自然保护区，开创了我国现代自然保护事业的先河。此后，我国建立了类型丰富、功能多样的各级各类自然保护地，在维护国家生态安全、保护生物多样性、保存自然景观遗产和改善生态环境质量等方面发挥了重要作用，但也存在空间重叠、多头管理、效能低下等问题（专栏9-8）。

2013年11月，党的十八届三中全会提出"建立国家公园体制"。2017年7月，中共中央办公厅、国务院办公厅印发的《建立国家公园体制总体方案》明确"构建以国家公园为代表的自然保护地体系"。党的十九大报告提出"建立以国家公园为主体的自然保护地体系"，标志着建立国家公园体制成为我国自然保护的重要工作内容。国家对自然资源保护原有管理体系和既有利益格局进行重大调整和系统部署，中国自然保护地建设与发展进入了新时代。2018年党和国家机构改革组建国家林业和草原局，加挂国家公园管理局牌子，负责管理国家公园等各类自然保护地等。2019年6月，中共中央办公厅、国务院办公厅印发了《关于建立以国家公园为主体的自然保护地体系的指导意见》，事关我国自然保护领域的系统性、整体性、重构性的重大制度性变革，在自然保护地发展史上具有划时代的里程碑意义。建立以国家公园为主体的自然保护地体系，就是要从生态系统的整体性出发，整合统一原有自然保护区、地质公园、森林公园、风景名胜区等各种类型保护地的管理机构和管理区域，实现"一个保护地、一块牌子、一个管理机构"。

专栏9-8 我国传统自然保护地状况

以往，我国自然保护地类型众多（表9-2），空间重叠现象明显（表9-3）。截至2020年，我国参与自然保护地整合优化的各类各级自然保护地

9 734 个（图 9–11），面积约 220.1 万平方千米（含交叉重叠部分）（图 9–12），还在南方 11 省，建有自然保护小区、保护点 5 万余个，面积约 5 万公顷[①]。从数量来看，森林公园数量最多，其次是自然保护区，分别占自然保护地数量的 31%、27%。其中，国家级自然保护地 3 540 个，占自然保护地数量的 36%；地方级自然保护地 6 179 个，占数量的 64%；按面积统计，自然保护区面积最大，占自然保护地总面积的 68%。国家级自然保护地面积 147.8 万平方千米，占自然保护地总面积的 67%；地方级自然保护地 72.3 万平方千米，占 33%。

表 9–2　以往自然保护地管理状况

类型	起始时间	原管理部门	主要依据
自然保护区	1956 年	林业、环保、农业、海洋、水利、国土、教育、中科院等	《自然保护区条例》（国务院令，1994 年，2017 年修订）；《森林和野生动物类型自然保护区管理办法》
风景名胜区	1982 年	城乡建设部	《风景名胜区条例》（国务院令，2006 年，2016 年修订）
森林公园	1982 年	国家林业局	《森林公园管理办法》（林业部令，1993 年）
地质公园	2001 年	国土资源部	《国家地质公园规划编制技术要求》（国土资源部〔2010〕89 号）
水产种质资源保护区	2001 年	农业部	《水产种质资源保护区管理暂行办法》（农业部令，2011 年）
湿地公园	2005 年	国家林业局	《国家湿地公园管理办法》（林湿发〔2010〕1 号，2017 年修订）
海洋公园	2011 年	国家海洋局	《海洋特别保护区管理办法》（国家海洋局〔2010〕21 号）
海洋特别保护区	2011 年	国家海洋局	《海洋特别保护区管理办法》（国家海洋局〔2010〕21 号）
沙漠公园	2017 年	国家林业局	《国家沙漠公园管理办法》（林沙发〔2017〕104 号）

---

① 国家林业和草原局：《全国自然保护地整合优化预案》，2021 年。

续表

类型	起始时间	原管理部门	主要依据
草原风景区	1996年	地方牧业部门	新疆《草原风景区管理办法》；内蒙古《草原管理条例》
自然保护小区	1992年	国家林业局	《野生植物保护条例》；《农业野生植物保护办法》
原生境保护点（小区）	2002年	农业部、国家林业局	广东、江西、浙江、福建等省社会性、群众性自然保护小区暂行规定

表 9–3　以往自然保护地间重叠严重区域的空间格局

空间格局	二级空间格局	典型重叠区域	备注
四纵	Ⅰ 祁连山—横断山脉	贡嘎山、雅鲁藏布江大峡谷、四姑娘山、沙鲁里山、海子山、三江并流、岷山、九寨沟等区域	第一、第二阶梯分界线
	Ⅱ 大兴安岭—燕山—太行山—巫山—武陵山—雪峰山	呼中、阿尔山、塞罕坝、燕山、野山坡、太行山、张家界、梵净山、雪峰山等区域	第二、第三阶梯分界线
	Ⅲ 长白山—泰山—罗霄山—武夷山—五指山	莲花湖、镜泊湖、松花湖、泰山、九岭山、武功山、井冈山、罗霄山、三清山、武夷山等区域	
	Ⅳ 海岸带	辽河口、黄河口、长江口、舟山、浙江南麂列岛、平潭海岛、鼓浪屿、珠江口、雷州湾、北部湾等区域	
六横	Ⅰ 小兴安岭	五大连池、红星湿地、大沽河、石林、小兴安岭红松林等区域	
	Ⅱ 黄河	黄河三峡、贺兰山、河套、乌拉山、关帝山、三门峡、黄河湿地（河南段及鲁豫交界段）、东平湖、黄河口等区域	
	Ⅲ 长江	赤水、古剑山、金佛山、巫山、清江、洞庭湖、鄱阳湖、升金湖、太湖、长江口等区域	
	Ⅳ 珠江	罗平、大瑶山、西江、珠江口等区域	
	Ⅴ 秦岭—大巴山	天水、嘉陵江源、太白山、黑河、牛背梁、玉皇山、伏牛山、青木川、米仓山、诺水河、堵河源、神农架等区域	
	Ⅵ 南岭	莽山、南岭、丹霞山等区域	

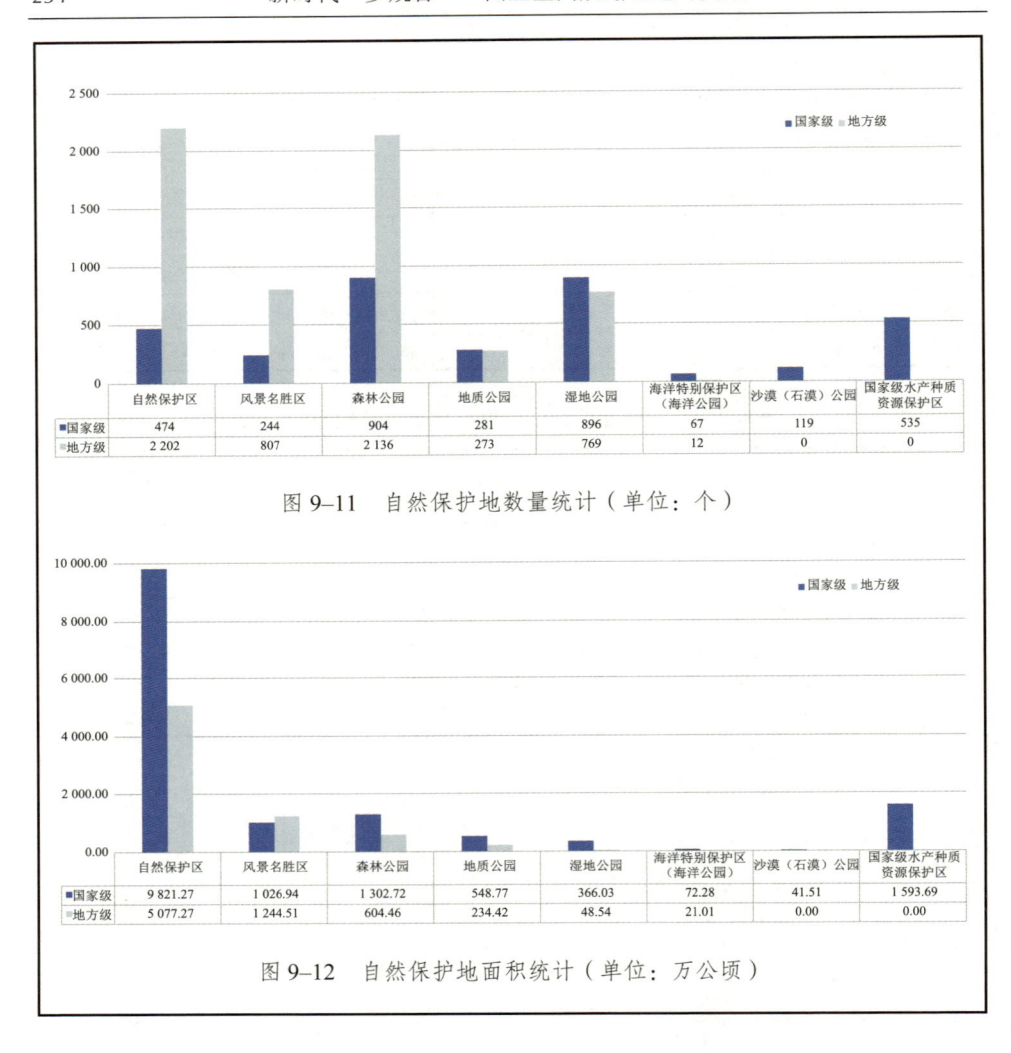

	自然保护区	风景名胜区	森林公园	地质公园	湿地公园	海洋特别保护区（海洋公园）	沙漠（石漠）公园	国家级水产种质资源保护区
国家级	474	244	904	281	896	67	119	535
地方级	2 202	807	2 136	273	769	12	0	0

图 9-11　自然保护地数量统计（单位：个）

	自然保护区	风景名胜区	森林公园	地质公园	湿地公园	海洋特别保护区（海洋公园）	沙漠（石漠）公园	国家级水产种质资源保护区
国家级	9 821.27	1 026.94	1 302.72	548.77	366.03	72.28	41.51	1 593.69
地方级	5 077.27	1 244.51	604.46	234.42	48.54	21.01	0.00	0.00

图 9-12　自然保护地面积统计（单位：万公顷）

（二）建立自然保护地体系的工作要点

1. 明确自然保护地功能定位

自然保护地是生态建设的核心载体、中华民族的宝贵财富、美丽中国的重要象征，在维护国家生态安全中居于首要地位。我国自然保护地应该坚持保护自然、服务人民、永续发展的核心理念。《关于在国土空间规划中统筹划定落实三条控制线的指导意见》明确规定，对自然保护地进行调整优化，评估调整后的自然保护地应划入生态保护红线；自然保护地发生调整的，生态保护红线相应调整。因此，自然保护地将整体纳入生态保护红线管控范围，属于具有特殊重要生态功能、必须强制性严格保护的区域。

2. 统一管理自然保护地

统一规范的自然保护地管理体制即统一设置自然保护地，其内涵就是由一个部门、一个机构实现对自然保护地全过程的统一管理。这是自然保护地体制改革的难点所在，也是构建新型自然保护地体系的根基。以前由于按资源类型分头设置自然保护地，造成部门割裂、交叉重叠、多头管理、碎片化现象严重，没有形成保护自然的有机整体，与新时代发展要求存在着诸多不适应，因此须先在体制上彻底变革。

3. 分类保护自然保护地

分类保护的实质是基于保护管理条件、针对不同管理目标，科学划分自然保护地类型，实行分类指导，这是构建新型自然保护地体系的必然要求，也是自然保护地体系的内核和框架。《关于建立以国家公园为主体的自然保护地体系的指导意见》依据管理目标与效能，按照自然属性、生态价值和保护强高低依次分为国家公园、自然保护区和自然公园三种类别（表9-4）。

表 9-4　自然保护地分类体系

类别	类型	基本特征
国家公园	国家公园	具有国家代表性的大面积自然生态系统、独特的自然景观及其承载的生物多样性和自然遗迹
自然保护区	生态系统	具有典型、特殊保护价值的森林、草原、荒漠、湿地、河湖、海洋等自然生态系统
	野生生物	珍稀、濒危野生动植物物种及其生境
	自然遗迹	具有重大科学价值的地质遗迹、古生物遗迹等自然遗迹
自然公园	生态自然公园	具有重要生态、科学、科普和观赏价值的森林、草原、荒漠、湿地、河湖、海洋等生态系统及其承载的生物多样性和独特地貌、地质遗迹资源，包括森林公园、地质公园、海洋公园、湿地公园等各类公园
	风景名胜区	具有重要生态、科学、文化和观赏价值，自然与人文景观集中且高度融合

资料来源："中共中央办公厅、国务院办公厅印发《关于建立以国家公园为主体的自然保护地体系的指导意见》"，2019年。

4. 分级设置自然保护地

分级设置的核心就是明确中央和各级政府的事权，层层压实保护责任，调动各级政府、全社会的积极性共抓大保护，这是支撑自然保护地体系建设和发展的主线。

《关于建立以国家公园为主体的自然保护地体系的指导意见》明确了构建自然保护地"两级设立、分级管理"体制；明确要求结合自然资源资产管理体制改革，构建自然保护地分级管理体制，即以自然资源资产产权制度为基础建立各级政府分级管理体系；明确要求地方各级党委和政府要严格落实生态环境保护党政同责、一岗双责，在重要自然生态空间设立自然保护地，担负起自然保护地建设管理的主体责任，建立统筹推进自然保护地体制改革的工作机制，将自然保护地发展和建设管理纳入区域经济社会发展规划；同时还明确了管理机构与地方政府的事权，自然保护地管理机构承担生态保护、自然资源资产管理、特许经营、社会参与和科研宣教等职责，当地政府承担自然保护地内经济发展、社会管理、公共服务、防灾减灾、市场监管等职责。

5. 分区管控自然保护地

分区管控的实质是根据各类自然保护地功能定位合理分区，实行差别化管控，这是自然保护地管理机制的重大创新，也是新型自然保护地体系的灵魂所在和活力源泉。《关于建立以国家公园为主体的自然保护地体系的指导意见》明确国家公园和自然保护区实行分区管控，原则上核心保护区内禁止人为活动，一般控制区内限制人为活动。自然公园原则上按一般控制区管理，限制人为活动。

《关于建立以国家公园为主体的自然保护地体系的指导意见》提出，将保存完好的自然生态系统、具有重要保护价值的古生物、地质遗迹以及珍稀濒危野生动植物的集中分布地等区域划为核心保护区，原则上禁止人为活动，一般仅允许科研、监测、巡护、救急等方面的人员进入。自然保护地的其他区域划为一般控制区，严格禁止开发性、生产性建设活动，在符合现行法律法规前提下，除国家重大战略项目外，仅允许对生态功能不造成破坏的有限人为活动。

（三）建立自然保护地体系的主要成果

按照山水林田湖草是一个生命共同体的理念，创新自然保护地管理体制机制，实施自然保护地统一设置、分类保护、分级管理、分区管控，把具有国家代表性的重要自然生态系统纳入国家公园体系，实行严格保护，形成以国家公园为主体、自然保护区为基础、各类自然公园为补充的自然保护地体系。2025年，健全国家公园体制，完成自然保护地整合归并优化，完善自然保护地体系的法律法规、管理和监督制度，提升自然生态空间承载力，初步建成以国家公园为主体的自然保护地体系。到2035年，显著提高自然保护地管理效能和生态产品供给能力，自然保护地占陆域国土面积18%以上。自然保护地规模和管理达到世界先进水平，全面建成中国特色自然保护地体系。

1. 确定国家公园总体空间布局

确定国家公园空间布局是《建立国家公园体制总体方案》明确的重要任务。在国土空间规划一张底图上，依据全国自然生态地理格局和生态功能格局，明确国家公园评估认定指标体系（表9-5），科学规划国家公园空间格局，有序推进国家公园建设，是建立国土空间规划体系的重要内容，也是构建中国特色自然保护地体系的基础前提。

表 9-5　我国国家公园评估认定指标体系

准入条件	认定指标	基本内涵
国家代表性	生态系统代表性	生态系统类型或生态过程是中国的典型代表，可以支撑地带性生物区系
	生物物种代表性	分布有典型野生动植物种群，保护价值在全国或全球具有典型意义
	自然景观独特性	具有中国乃至世界罕见的自然景观和自然遗迹
生态重要性	生态系统完整性	自然生态系统的组成要素和生态过程完整，能够使生态功能得以正常发挥，生物群落、基因资源及未受影响的自然过程在自然状态下长久维持。生态区位极为重要，属于国家生态安全关键区域
	生态系统原真性	生态系统与生态过程大部分保持自然特征和进展演替状态，自然力在生态系统和生态过程中居于支配地位

续表

准入条件	认定指标	基本内涵
生态重要性	面积规模适宜性	具有足够大的面积，能够确保生态系统的完整性和稳定性，能够维持伞护种、旗舰种等典型野生动植物种群生存繁衍，能够传承历史上形成的人地和谐空间格局
管理可行性	自然资源资产产权	自然资源资产产权清晰，能够实现统一保护
	保护管理基础	具备良好的保护管理能力或具备整合提升管理能力的潜力
	全民共享潜力	独特的自然资源和人文资源能够为全民共享提供机会，便于公益性使用

资料来源：国家林业和草原局：《国家公园设立规范》，2020年。

2. 落实自然保护地整合优化

自然保护地整合优化是落实中央"建立以国家公园为主体的自然保护地体系"改革任务的基础性工作，是按照"山水林田湖草"生命共同体的理念，将自然保护地统一设置、分类保护、分级管理、分区管控等一系列改革成果落地，重塑自然保护地新体系新格局的过程。

按照《关于建立以国家公园为主体的自然保护地体系的指导意见》的要求，2020年开始进行自然保护地勘界并与生态保护红线衔接，2025年应完成自然保护地整合归并优化，初步建成以国家公园为主体的自然保护地体系。整合优化既是自然保护地体系构建最基础性工作，同时又是自然保护地复杂的改革过程，不能一蹴而就。可以分为预案、确认和实施三个阶段，包括摸底调查、科学评估、归类整合、范围调整、区划优化、政府确认、勘界立标、总体规划等关键环节。

2019年10月，国家启动了自然保护地整合优化前期工作，建立全国自然保护地矢量数据库，制定自然保护地整合优化、调整及矛盾冲突疏解系列规则文件；牵头成立跨部门的自然保护地整合优化工作领导小组，建立部际自然保护地整合优化预案联合审核机制，并联审核。2020年2月，自然资源部下发《关于做好自然保护区范围及功能分区优化调整前期工作的函》提到"部分自然保护区范围划定和功能分区不够科学合理，与其他自然保护地交叉重叠，历史遗留问题较多，管控措施针对性操作性不强，各种矛盾冲突尖锐，迫切需要对自然保护区范围及功能分区进行一次优化调整，同时对各类自然保护地进行整合优化"，由于原自然保护区核心区、缓冲区管控要求基本接近，故一般情况下，将自然保护地原核心区和原缓冲区转为核心保护区，将原实验区转为一般控制区。

通过中央和地方上下联动、部门横向协同，在经过多轮修改的省级预案基础上，于2021年6月编写完成了《全国自然保护地整合优化预案报告》。全国依据自然保护地整合优化预案等成果编制以国家公园为主体的自然保护地体系发展规划，开展国家公园等自然保护地体系顶层设计。以省、市、县为单元，分区域编制自然保护地发展规划，明确自然保护地发展目标、规模和划定区域。同时，每个自然保护地按预案实施整合优化后重新编制总体规划，通过规划审批固化整合优化成果。

3. 创新自然保护地运行管理机制

按照科学、规范和适用三原则，对自然保护地的监督管理机制重新进行了设计：

一是创新自然资源使用监管制度。在科学评估基础上，明确自然保护地内各类自然资源的允许利用清单与利用方式，规范利用程度和边界范围，禁止开展违背自然保护宗旨、影响自然生态环境的资源经营利用活动，对自然资源可持续经营、生态旅游、生态康养等活动要研究建立认证机制。实行自然资源有偿使用制度，"自然有价，保护有价"，支持和传承传统文化及人地和谐的生态产业模式，实现各产权主体共建保护地、共享资源收益。建立健全自然保护地内自然资源特许经营制度，鼓励原住居民参与特许经营活动，探索自然资源所有者参与特许经营收益分配机制。

二是建立新型监测评估体系。统一构建自然保护地资源、生态、环境综合监测体系，充分利用新技术、新手段建设天空地一体化监测监控感知网络，建设智慧自然保护地平台，加强自然保护地监测数据集成分析和综合应用，对自然保护地内经营活动实施动态监控，定期统一发布生态环境状况监测评估报告。统一建立以生态资产和生态服务价值为核心的考核评估体系，对国家公园及各类自然保护地的资产状况、服务功能和保护绩效进行评估，将考核评估结果纳入生态文明建设目标考核评价体系。

三是探索全民共享共管机制。在一般控制区内划定适当区域开展自然教育、游憩体验、生态旅游、生态康养活动，提升自然保护地公共服务功能，为公众提供更多走进自然、了解自然、享受自然的机会。推行参与式社区管理，引导原住居民参与自然保护地建设、运行、管理、监督等各环节，以及生态保护、自然教育、科学研究等各领域。按照生态保护和社会服务需求，设立生态管护公益岗位和社会服务公益岗位，并优先安排原住居民，提高原住居民保护生态的内生动力，自觉从自然资源利用者转变成生态管护者。

二、推动各类资源节约集约利用

（一）大力推进节约集约利用土地

推进节约集约利用土地是国土空间规划的重要任务。自然资源部于2019年修订《节约集约利用土地规定》，在土地资源合理利用的原则中，除了2014版规定的"盘活存量"，增加了"严控总量、优化结构、提高效率"[①]。《土地管理法》和《土地管理法实施条例》强调国土空间规划要"提高土地节约集约利用水平，保障土地的可持续利用"，明确"土地节约集约利用情况"是自然资源督察的核心任务，并提出在集体经营性建设用地中也要考虑节约集约利用。《省级国土空间规划编制指南（试行）》要求"以严控增量、盘活存量、提高流量为基本导向，确定土地资源节约集约利用的目标、指标与实施策略"。《市级国土空间总体规划编制指南（试行）》则明确了"开放式、网络化、集约型、生态化的国土空间总体格局"，强调"城镇密集地区的城市要防止城市无序蔓延"。

各地在国土空间规划实践中强调土地集约发展的目标及策略。一些主要城市在已发布的国土空间规划公示稿或征求意见稿中都强调集约化发展的目标，以及严控总量、盘活存量、提升土地利用效率等节约集约土地资源的策略。北京、上海等特大城市全面探索资源环境紧约束条件下土地利用方式的转型：北

---

① 自然资源部：《节约集约利用土地规定》，2019年。http://gi.mnr.gov.cn/201908/t20190813_2458555.html。

京提出"实现城乡建设用地规模减量";上海提出土地利用"总量锁定、增量递减、存量优化、流量增效、质量提高"的基本策略(专栏9-9),构建了土地利用资源、效能、机制"三位一体"的全生命周期管理体系(庄少勤,2015)。许多地方进行了耕地占补平衡、工业用地节约集约利用、低效用地减量化或再开发等方面的试点探索,以及土地立体开发利用等节地技术和模式的开发和应用。在各地实践基础上,自然资源部印发《节地技术和节地模式推荐目录》[①]等文件,选取了一批在土地综合开发及各类建设用地的节地模式向全国推广,形成示范效应。2020年6月,自然资源部改革土地利用计划管理方式,提出"坚持土地要素跟着项目走""既算'增量'账,更算'存量'账",统筹安排新增和存量建设用地,"坚持分类保障"。

专栏9-9 上海探索"五量调控"的节约集约用地措施

2013年,上海全市人口和用地规模已超过《上海市城市总体规划(1999—2020)》中确定的2020年指标。时任上海市委书记的韩正明确要求建设用地规模必须只减不增、必须"负增长","零增长也不行,这是对上海负责"。2014年初,上海市政府颁布了《关于进一步提高本市土地节约集约利用水平的若干意见》,根据"五量调控"的总体要求,探索构建了上海土地节约集约利用制度的顶层设计和实施路径。上海提出了以"总量锁定、增量递减、存量优化、流量增效、质量提高"的"五量调控"基本策略[②]。

(1)总量锁定:从用地总量控制到城市发展规模、结构的格局锁定。上海至2020年规划建设用地总规模为3226平方千米,根据上海市委、市政府"负增长"的要求,在新一轮城市总体规划和土地利用总体规划修编中,规划建设用地规模调减至3200平方千米。"总量锁定"体现了上海新一轮发展的底线思维,不仅从用地数量上,更是从城市综合承载力、城市

---

① 自然资源部办公厅:"自然资源部办公厅关于印发《节地技术和节地模式推荐目录(第三批)》的通知"。http://gi.mnr.gov.cn/202202/t20220218_2728931.html。

② 龙明玉:"上海'五量总控'土地节约集约做法"。https://mp.weixin.qq.com/s/h48IZFtcp6qpl1L9ZE_UUg。

安全和城市功能定位出发，锁定上海未来城市空间发展和土地利用的基本格局。

（2）增量递减：构建增减挂钩组合政策。按照"引逼结合"的思路，一是建立新增建设用地计划与建设用地减量化的关联机制，新增建设用地所需的用地指标需通过减量化安排（2015年，上海市规划国土资源局、市发展改革委、市财政局、市经济信息化委员会联合发布《关于本市推进实施"198"区域减量化的指导意见》，"198区域"为上海市对高投入、高能耗、高污染、低效益的工业用地进行摸底调查，有198平方千米。明确把"198"区域工业用地减量化作为工作重点，坚持集建区外减量化和集建区内增量挂钩的做法），实现了新增建设用地计划逐年递减。二是建立市级减量化专项扶持资金制度，建立建设用地指标周转制度、挂钩结余指标有偿交易流转机制、集体经济组织和农民长效增收机制，将减量化工作纳入区县政府领导干部政绩考核体系。

（3）存量优化：形成城市有机更新支撑政策架构。为充分挖掘存量建设用地资源，制订了实施城市更新、盘活存量工业用地、推进低效用地再开发的土地政策，强调建立企业、社会、政府利益共享机制，增加公共服务设施和公共空间，积极营造低成本生活、创新、创业环境，实施了上海虹桥机场东片、普陀桃浦等17个城市更新转型试点，徐汇、静安等区结合商务办公区、历史风貌保护区等不同类型，采取差异化的更新策略，取得了阶段性成效。同时，有序推进个体转型，重点推进嘉定英峻机械、金山奥康鞋业等44个、243公顷的项目进行产业转型升级。

（4）流量增效：实施土地全生命周期管理。一是实施了工业用地全生命周期管理制度，实行了弹性年期出让制度；2014—2015年，约50%的工业用地项目按照20年弹性年期出让；并在出让合同中明确了产业类型、投资强度、利用绩效、节能环保以及定期评估、土地使用权退出机制，实行全要素、全过程管理；二是实施经营性用地全生命周期管理，将项目建设管理、业态功能、运营管理、节能环境等四方面、11个关键要素纳入合同管理；通过开发企业持有部分商品住房物业，用于社会租赁的人才公寓，促进区域职住平衡。2015年以来，供应的商品住房用地中，约17万平方米的商品住房由开发企业持有；2015年出让的商务办公用地中约51%商办物业由开发企业持有运营，2016年1—5月提高到63%。

（5）质量提高：推行综合用地复合开发。制定了上海节约集约建设用地标准，建立了用地规模和开发强度双控机制，明确了相关设施综合设置、混合用地要求，对41项设施用地标准进行了修订，用地指标平均"瘦身"20%。制定了综合用地、轨道交通场站综合开发等相关政策，上海自贸区已有多幅综合用地出让或实现转型，相关经验已在全市各类园区推广应用；通过制定土地混合、功能融合、空间共享的规划用地标准，打造工作、生活、休闲一体的"15分钟社区生活圈"。

土地资源紧约束已经成为上海城市发展的新常态。从全市层面来看，建设用地总规模已十分接近"天花板"，部分地区甚至出现了土地指标倒挂的情况。根据发展规划，未来还有大量的建设项目需要建设空间和指标，资源紧约束成为制约发展的现实问题。传统用地扩张式的发展模式难以为继，必须切实转变土地利用方式，促进土地资源的节约集约和高质量利用。上海市按照"五量调控"土地利用基本策略推进土地供给侧结构性改革。锁定建设用地总规模，坚持城镇开发边界外低效建设用地减量化与城镇开发边界内新增建设用地相挂钩，累计完成减量化74平方公里左右。节约用好新增建设用地，大力促进存量建设用地盘活利用，鼓励城镇开发边界内存量建设用地有机更新和改造，引导利用存量建设用地比例不低于60%。提升土地资源配置效率，进一步提高土地利用质量，以土地利用方式转变促进经济转型升级[①]。

（二）统筹布局保障水资源供需平衡

我国水资源时空分布不均，水资源短缺是我国诸多城市发展的重大制约因

---

① 上海市规划和自然资源局《上海市2021年度国有建设用地供应计划》，2021年。

素之一。2014年，习近平总书记提出"城市发展要坚持以水定城、以水定地、以水定人、以水定产的原则"，为城市发展指明方向。新时期的国土空间规划是合理开发与有效保护水资源的公共政策工具，也是实现水这一保障性要素在空间上均衡配置的重要抓手。

明确在省级、市级国土空间规划中保障水资源的基本要求。《省级国土空间规划编制指南（试行）》要求提出水资源等重要自然资源供给总量、结构以及布局调整的重点和方向，确定水资源节约集约利用的目标、指标与实施策略。《市级国土空间总体规划编制指南（试行）》要求市级总规"制定水资源供需平衡方案，明确水资源利用上限。按照以水定城、以水定地、以水定人、以水定产原则，优化生产、生活、生态用水结构和空间布局，重视雨水和再生水等非常规水资源的利用，建设节水型城市"。市级国土空间总体规划要重点解决三方面问题：一是明确水资源利用上限，摸清水资源的供应与需求，制定供需平衡方案；二是按照"以水四定"原则，以用水结构和国土空间布局优化为手段，进一步落实水资源底线约束；三是提升用水效率，重视雨水和再生水等资源利用，建设节水型城市，实现城市高质量发展[①]。

各地围绕水资源管控底线开展国土空间规划实践。例如，东营市组织编制《国土空间规划-水资源及重大水务设施专项规划》，紧扣"节水优先、空间均衡、系统治理、两手发力"治水思路，以黄河流域生态保护和高质量发展重大国家战略为引领，坚持"以水定城、以水定地、以水定人、以水定产"，开展最严格水资源管理的东营市水资源优化配置，实现"城乡一体、多源互济"的水资源优化配置格局，并提出城乡水务、农田水利以及重大引调工程相应的水资源配置方案和利用工程措施。《北京市国土空间近期规划（2021年—2025年）》提出"严格控制用水总量，完善水资源安全保障体系"，实行最严格水资源管理制度，保持生活总用水缓慢增长，工业用新水零增长，农业用水控制增长。并加强本地水源恢复和保护，增加地下水资源储量，提高水资源抗风险能力。同时提出要积极推动多元外调水工程建设，完善多元外调水保障体系，提高水资

[①] 王举、高黄根、夏太运等："坚持"以水四定"原则，强化水资源底线约束"，中国国土空间规划（公众号），2020年11月。

源承载能力和保障能力。总结来看，各地国土空间规划在水资源节约集约利用方面主要有三类做法（表9–6）。

表 9–6　国土空间规划对水资源节约集约利用的主要途径

途径	内容要求
统筹布局保障水资源供需平衡	强化以水定城、以水定地、以水定人、以水定产的理念；合理安排用水结构，协调地表水、地下水、外调水、再生水使用比例，在严格控制地面沉降的地区，限制或禁止开采地下水，合理安排水资源跨区域调配，加大再生水在城市建设中利用力度，提高地表水利用效率
科技创新引领提升各领域节水能效	农业用水提倡节水增效，大力推进节水灌溉、优化调整作物种植结构、推广畜牧渔业节水方式、加快推进农村生活节水；工业用水提倡节能减排，大力推进节水改造、推动高耗水行业节水增效、积极推行水循环梯级利用；城镇用水提倡节水降损，全面推进节水型城市建设、大幅降低供水管网漏损、深入开展公共领域节水、严控高耗水服务业用水。逐步提升生态用水比重，采用人工措施将地表水或其他水源的水注入地下以补充地下水
因地制宜应对水资源短缺问题	资源型缺水地区，应改变农业耕作方式，保护土地植被，做好退田还湖、退耕还林，全面治理污水，控制地下水开采等。工程型缺水地区，应树立新理念，建立多元投资体制，加强水利基础设施建设。过载型缺水地区，需要控制人口规模，严格限制大规模耗水的工业项目，引导城市合理发展

资料来源：自然资源部国土空间规划局，2021a。

（三）推进矿产资源全面节约和高效利用

2019年底发布的《矿产资源法（修订草案）》（征求意见稿）明确了坚持以节约优先、保护优先、自然恢复为主的方针，将"保护资源、绿色发展"与"节约集约、综合利用"列为"矿产资源的保护、勘查、开采以及矿区生态修复"必须遵循的基本原则，专门对"矿区生态修复"作出规定。第四轮的矿产资源规划与国土空间规划同步编制，为在"多规合一"的国土空间规划中落实矿产资源高效生态利用提供了契机。

在国土空间规划中，一方面，统筹推进国土空间格局优化与矿产资源高效生态利用。在《省级国土空间规划编制指南（试行）》中，一是在资源要素保护与利用方面，在落实国家确定的战略性矿产资源勘查、开发布局的基础上，明确省域内大中型能源矿产、金属矿产、非金属矿产的勘查开发区域，加强与三条控制线衔接，明确禁止、限制矿产资源勘查开采的空间；明确统筹地上地下，以及其他对省域发展有重要影响的资源开发利用要求，提出建设用地结构优化、布局调整的重点和时序安排。二是在国土综合整治和生态保护修复方面，按照保障安全、突出生态功能、兼顾景观功能的优先次序，结合山水林田湖草系统修复、国土综合整治、矿山生态修复和海洋生态修复等类型，提出修复和整治目标、重点区域、重大工程。三是在主体功能分区中，将国家规划矿区、能源资源基地、重要价值矿区和重点勘查开采区列入战略性矿产保障区名录。《市级国土空间总体规划编制指南（试行）》也对处理好地上与地下、矿产资源勘查开采与生态保护红线、永久基本农田等控制线的关系提出了要求。另一方面，各地围绕矿产资源绿色合理开发开展规划实践。在已经发布的省级国土空间规划公示稿或征求意见稿中，山西、内蒙古、陕西、安徽等 11 个省/自治区提出了矿产资源绿色安全合理有序开发利用的策略，重点在于构建矿产资源保护与开发协调的格局，广西和海南还专门对开采指标提出了调控要求。在直辖市、省会城市和其他副省级城市的市级规划中，南京、厦门提出了合理开发利用的要求，而更多的城市则强调了对废弃矿山的生态修复和整治。针对地上地下统筹管理的要求，一些地方提出将地下与地表空间进行复合管理、把矿业权向地表投影单独设置管控分区的具体办法，在矿产能源发展区（一级规划分区）的基础上，划分二级分区，包括重点勘查区、重点开采区、矿山修复区（肖达等，2021）。

（四）关注能源安全底线和利用上限设置

能源与气候变化、经济增长高度相关，关系到中国社会经济的可持续发展。在国土空间规划中，能源节约集约利用的要求作为供给侧的资源约束条件，需要充分对接上位规划分配的能源利用上线，通过能源利用总量限制，倒逼城市和区域能源转型，落实碳排放达峰任务。2022 年 1 月，国家发展改革委、国家能源局印发《关于完善能源绿色低碳转型体制机制和政策措施的意见》，作为碳达峰碳中和 "1+N" 政策体系中能源领域发布的综合性政策文件，为在双碳战略背景下落实国土空间规划中能源节约集约利用要求提供了新的方向。该文件提出加强能源规划、重大工程与国土空间规划、生态环境保护专项规划等的衔接，全面开展清洁低碳能源资源普查和评价，并与国土空间基础信息平台做好衔接，明确指出能源绿色低碳转型需要强化国土空间保障。

在国土空间规划中，一方面，明确提出能源供需平衡保障的总体要求。《省级国土空间规划编制指南（试行）》在资源要素的保护与利用部分要求提出能源等重要自然资源供给总量、结构以及布局调整的重点和方向，确定能源等资源节约集约利用的目标、指标与实施策略，强调能源总量和指标的控制，落实国家能源战略，明确能源总量、结构，引导市级规划进行落实。《市级国土空间总体规划编制指南（试行）》要求市级总规制定能源供需平衡方案，落实碳排放减量任务，控制能源消耗总量。优化能源结构，推动风、光、水、地热等本地清洁能源利用，提高可再生能源比例，鼓励分布式、网络化能源布局，建设低碳城市。另一方面，各地围绕能源安全利用底线开展规划实践。在已经发布的省级国土空间规划公示稿或征求意见稿中，18个省和自治区提出了关于能源资源开发利用、能源基础设施建设以及清洁能源/可再生能源供应的相关规定。市级国土空间总体规划中主要规定控制能源总量、优化能源结构、完善能源供给网络的要求，北京、天津、上海还提出了具体的能源指标。

三、加强地上地下空间统筹利用

地下空间作为重要的国土空间资源，在集约利用土地、构建高效便捷的紧凑型城市方面具有重要作用。当前开发利用地下空间资源已成为城市化推进的必然趋势。国土空间规划应从地下空间资源调查、用途管制与规划许可、建设用地使用权分层设立和供应等方面强化对地下空间的合理开发利用，关注地上地下空间功能统筹，突出地下空间对城市功能体系的补充，打造横向相互连通、竖向分层安排的"立体城市"，从而优化城市空间结构和格局、缓解城市土地资源紧张的局面。具体做法包括：

一是明确地上地下空间统筹利用的总体要求。《市级国土空间总体规划编制指南（试行）》要求各地协同地上地下空间，提出城市地下空间的开发目标、规模、重点区域、分层分区和协调连通的管控要求；指导各地结合实际需要，与总体规划同步编制地下空间开发利用专项规划，并根据专项规划要求，补充完善涉及地下空间安排的详细规划。目前自然资源部组织了有关技术单位正在研究制定《地下空间规划标准》，为进一步指导各地做好地下空间规划编制提供支撑。

二是加强地下空间调查评价，为合理高效利用地下空间提供支撑。《国土空间调查、规划、用途管制用地用海分类指南（试行）》中明确了地下空间的分类体系，实现了地上地下空间全覆盖，为地下空间调查提供了标准支撑。在地下空间调查评价实践方面，2002年的第一轮城市地质调查工作，初步掌握了北京、上海、天津、南京、广州、杭州等大城市地下空间开发利用现状、地质适宜性、开发潜力及可开发资源量等状况。2017年，自然资源部印发《关于加强城市地质工作的指导意见》，中国地质调查局部署安排了21个多要素城市调查试点，初步查明试点城市地下空间地质结构情况。2019年底，自然资源部组织完成全国337个主要城市地下空间资源概略评估，可开发地下空间资源90亿平方米。2020年，自然资源部印发了《自然资源调查监测体系构建总体方案》，将城市地下空间资源纳入自然资源分层分类模型；选取宁波市作为试点开展地下空间资源调查等技术研究。

三是发挥国土空间规划对地上地下空间综合利用的统领和约束作用。在地下空间用途管制和规划许可方面，以"多规合一"为基础推进规划用地"多审合一、多证合一"，指导各地依据详细规划，通过确定规划条件、核发规划许可、开展规划核实等环节落实对地下空间开发利用的控制要求。在地下空间建设用地使用权分层设立和供应方面，按照《民法典》和《不动产登记暂行条例实施细则》相关规定，办理建设用地使用权（地下）和建筑物、构筑物所有权登记；结合《不动产登记法》起草工作，对地下空间权利归属、权利类型以及地上地下权利关系等重点问题进行研究，支持粤港澳大湾区和深圳市探索建设用地使用权地上、地表和地下分层设立、分层供应政策。

目前以北京、上海为代表的大城市正在开展地上地下空间的统筹利用。例如，北京市建立了"全市—分区—特定地区"地下空间规划编制体系（专栏9-10），形成层层递进、上下传导的地下空间规划管控体系；在规划类型上涵盖总体规划和详细规划两大类，并结合实际需求进一步纳入规划综合实施方案，为中微观层面地下空间资源的科学合理管控奠定基础。

专栏9-10 北京市地下空间规划实践

北京初步构建了"全市—分区—特定地区"的地下空间分级规划体系，多空间维度完善地下空间规划管控内容，强化生态优先、底线约束、专项统筹、刚性管控等国土空间规划思想，促进地下空间规划与国土空间规划体系的有效衔接（图9-13）。

（1）在市级层面形成示意型建设分区。北京市地下空间总体规划形成了"六区一基线"的地下空间生态适宜性建设分区，明确地下空间总体规模和各区发展规模，明确地下空间发展结构、五类重点地区，四个竖向层次，五大功能系统，并针对传统平房区、重点功能区、轨道交通周边地区、大型交通枢纽地区等重点区域明确地下空间发展策略，形成全市层面的地下空间专项规划引导。

（2）在区级层面形成空间分区发展策略。北京市西城区地下空间总体规划，针对西城区发展定位高、空间资源紧缺、历史文化资源丰富等特点，从工程地质、水文地质、经济发展、社会需求、历史文化保护、生态资源条件等十二个方面，以全区地下空间数据为基础，提炼地下空间存量特征，明确地下空间重点地区，形成了空间分区发展策略。规划结合轨道站点周边地区、城市重点功能区、城市更新改造地区、历史保护地区、交通枢纽地区等不同地区特点，从地下空间建设模式、功能类型、空间布局等方面提出差异化的规划控制与引导要求，为进一步编制重点地区地下空间控制性详细规划提供具体依据。

（3）在街区层面深化空间管控要求细则。北京城市副中心地下空间控制性详细规划以地质调查数据为基础，划定地下空间三维开发边界，深化地下空间重点、鼓励、限制建设地区的管控边界；统筹地下交通、市政、公共服务、防灾安全等主要功能设施的规划布局及管控边界，绘制地下功能设施"一张图"；明确各街区的地下空间规划规模、建设深度、重点建设地区指引等，形成地下空间规划管控指标体系及分街区的地下空间规划图则，为地下空间规划实施管理提供指引。

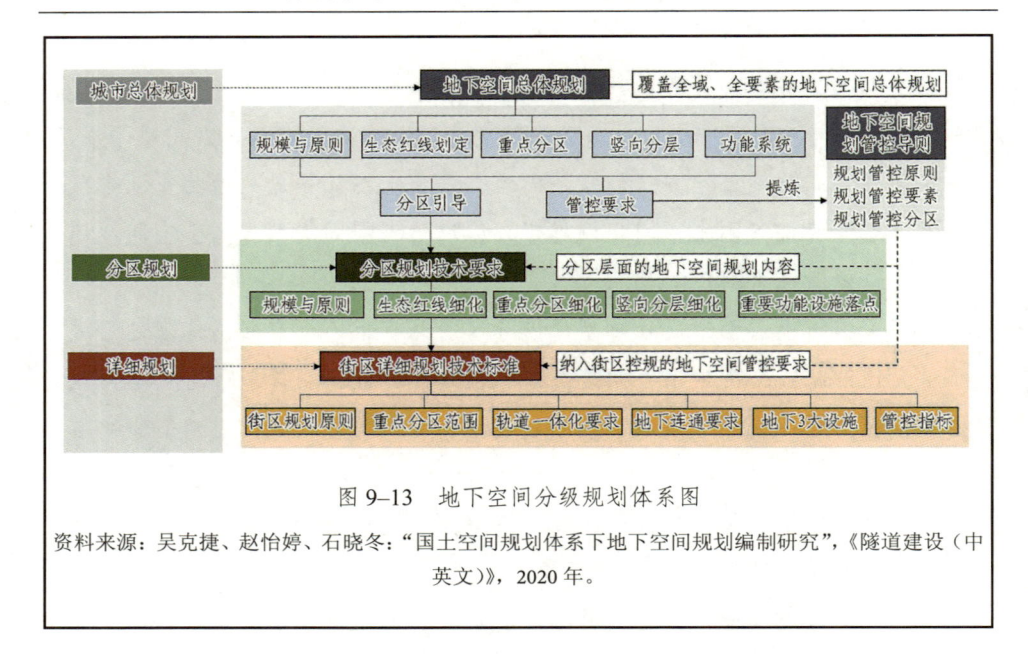

图 9–13　地下空间分级规划体系图

资料来源：吴克捷、赵怡婷、石晓冬：" 国土空间规划体系下地下空间规划编制研究"，《隧道建设（中英文）》，2020 年。

四、塑造彰显自然与人文价值特色的国土空间

（一）构筑彰显自然生态特色

《省级国土空间规划编制指南（试行）》提出"全面评价山脉、森林、河流、湖泊、草原、沙漠、海域等自然景观资源，保护自然特征和审美价值，构建历史文化与自然景观网络"。《市级国土空间总体规划编制指南（试行）》强调，结合市域生态网络，完善蓝绿开敞空间系统，为市民创造更多接触大自然的机会。确定结构性绿地、城乡绿道、市级公园等重要绿地以及重要水体的控制范围，划定中心城区的绿线、蓝线，并提出控制要求。

各地在构筑彰显自然生态特色方面开展了初步的探索。例如：广东改革创新，先行先试，积极探索绿水青山变为金山银山的转化机制，率先提出了"万里碧道"方案，通过共建、共治、共享，优化廊道的生态、生活和生产空间格局，形成"三道一带"格局，即碧水畅流、江河安澜的安全行洪通道，水清岸绿、鱼翔浅底的自然生态廊道，以及留住乡愁、共享健康的文化休闲漫道和高

质量发展的生态活力滨水经济带（图 9-14）；南昌市贯彻落实国家生态文明要求，围绕江西省生态文明先行示范区建设，致力于建设"山水名城、生态都市"；成都市首次提出公园城市的概念（专栏 9-11）。

图 9-14　广东万里碧道总体特色格局图

资料来源：《广东万里碧道总体规划（2020-2035 年）》

专栏 9-11　成都市公园城市实践

　　作为公园城市的首提地，成都市在探索构建自然人文交融的魅力空间中积累了较为丰富的实践经验。依据资源空间特性和文化价值重要程度，统筹历史文化名城保护与城乡发展，推动各类历史文化遗产保护与利用，采用"分层次＋分等级＋分类别"的方式，构建"三层三级多要素"的保护体系，强化市域"两山、两网、两环、六片"的自然山水格局保护（图 9-15）。

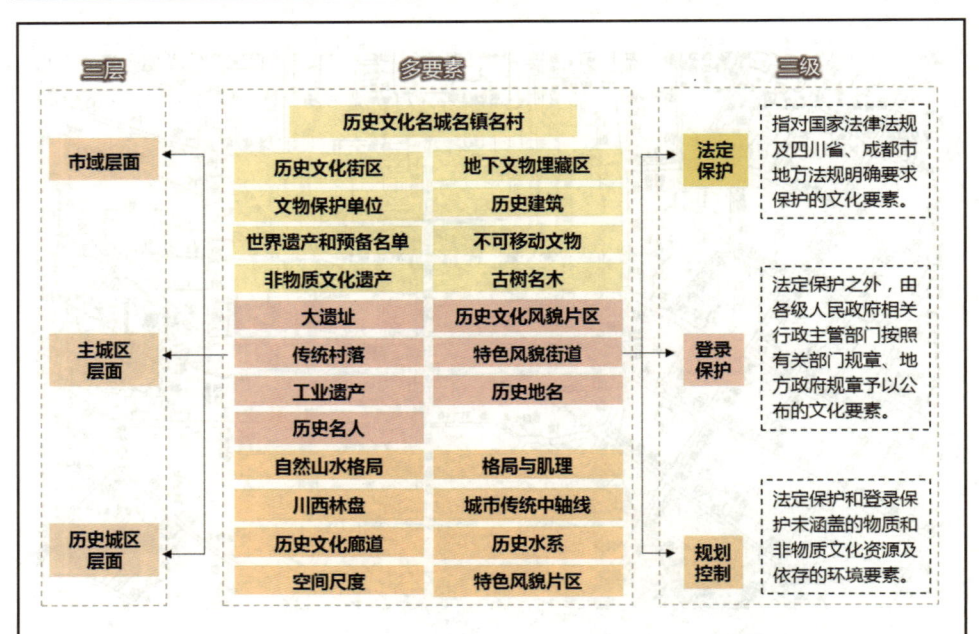

图 9-15 成都市公园城市的"三层三级多要素"保护体系示意

三层：市域层面、主城区层面、历史城区层面

多要素：历史文化名城名镇名村、历史文化街区、地下文物埋藏区、文物保护单位、历史建筑、世界遗产和预备名单、不可移动文物、非物质文化遗产、古树名木、大遗址、历史文化风貌片区、传统村落、特色风貌街道、工业遗产、历史地名、历史名人、自然山水格局、格局与肌理、川西林盘、城市传统中轴线、历史文化廊道、历史水系、空间尺度、特色风貌片区

三级：
- 法定保护：指对国家法律法规及四川省、成都市地方法规明确要求保护的文化要素。
- 登录保护：法定保护之外，由各级人民政府相关行政主管部门按照有关部门规章、地方政府规章予以公布的文化要素。
- 规划控制：法定保护和登录保护未涵盖的物质和非物质文化资源及依存的环境要素。

成都市探索出独特的公园城市营建路径，围绕"美化境-服务人-建好城-提升业"四大维度，突出生产、生活、生态空间的有机融合，努力实现"人-城-境-业"的高度和谐统一（图 9-16）。基于自然地理格局特征和生态保护重要性评价，保护"两山、两网、两环"的公园城市生态本底，筑牢长江上游生态屏障。建设天府绿道，构建珠联锦绣、链接城乡的绿道网络 16 930 千米，构建区域级、城区级、社区级三级绿道慢行网络，形成交融山水、链接城乡、覆盖全域的生态"绿脉"，塑造"花重锦官、绿满蓉城"的公园绿境。

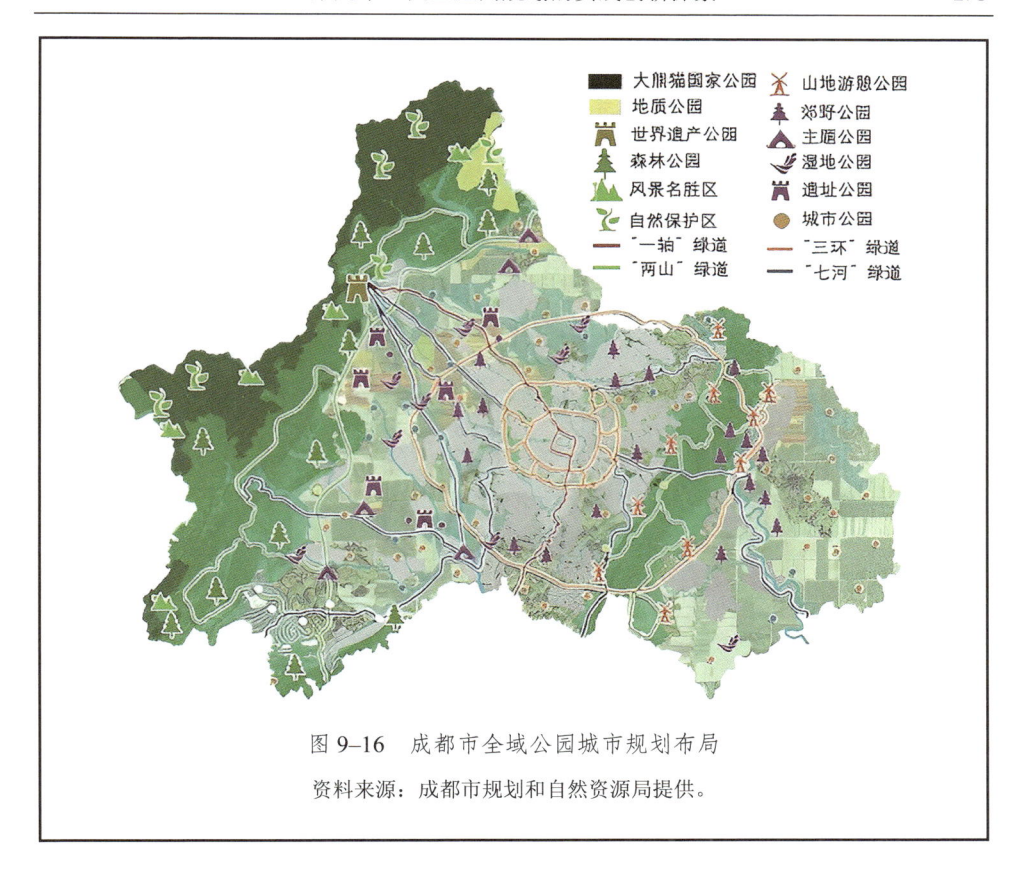

图 9-16 成都市全域公园城市规划布局

资料来源：成都市规划和自然资源局提供。

（二）传承塑造地域文化特色

中共中央办公厅、国务院办公厅印发《关于加强文物保护利用改革的若干意见》，自然资源部、国家文物局联合印发《关于在国土空间规划编制和实施中加强历史文化遗产保护管理的指导意见》文件，均要求发挥国土空间规划的引领作用，加强历史文化遗产管理保护。《省级国土空间规划编制指南（试行）》提出"落实国家文化发展战略，深入挖掘历史文化资源，系统建立历史文化保护体系，编撰名录。"《市级国土总体空间规划编制指南（试行）》强调，"挖掘本地历史文化资源，梳理市域历史文化遗产保护名录，明确和整合各级文物保护单位、历史文化名城名镇名村、历史城区等历史文化遗存的保护范围，统筹划定包括城市紫线在内的各类历史文化保护线；保护历史性城市景观和文化景观，针对历史文化和自然景观资源富集、空间分布集中的区域和走廊，明确整体保护和活化利用的空间要求。"

近年来，我国国土空间规划中历史文化保护思维已经从传统静态保护转向动态保护与合理利用，各省市陆续公示的国土空间规划草案均体现了这一思想。在广州市永庆坊等历史街区更新实践中，也着重强调历史文化遗产的活化利用，让人们共同参与守护历史留下来的宝贵遗产，延续历史文脉。同时，各地在历史文化名城保护专项规划中，体现了全域整体性保护、体系化构建、新技术运用等思路。例如：苏州探索构建全域性、整体性的历史文化名城保护体系，以水利水运系统、历史水路为脉络，整合自然与历史文化资源，构建市域"两城、四点、三带、六廊、四区"的"大苏州名城"历史文化保护空间结构，形成网络化的历史文化保护格局，建设世界遗产典范城市；西安积极探索历史文化保护与城市发展建设的可持续路径，以文化为引领，立足"一带一路"大格局，在历史文化名城保护工作中创造性地使用了 AR、VR 技术等新技术（专栏 9–12）。

专栏 9–12　西安历史文化名城保护

西安的文化遗产类型丰富，拥有都城遗址、帝王陵寝、人类活动遗迹、历史建筑、工业遗产、红色文化遗产、古树名木等物质文化遗产；也拥有戏曲、传统工艺、历史地名及典故等大量的非物质文化遗产。西安历史文化名城保护的主要特点为：

（1）构建完整保护体系，体现整体历史格局。综合考虑自然地理环境和历史行政区划，从空间分布、对象类型、保护方法三个维度，全面整合保护内容，构建完整的历史文化名城保护体系，加强对大区域内山水格局、文化线路、帝王陵寝等的保护。通过大数据分析，构建"一心、两轴、两廊、三带"的整体保护结构（图 9–17）。

（2）运用新技术手段，复原展示历史文化风貌。重点展示历史轴线和风貌载体，建立"片区—线路—节点"网络化展示利用体系。加快构建隋大兴唐长安城遗址标识展示体系，推动"唐城林带"建设，目前已完成近 1.22 平方千米，占总体的 40%。同时，探索利用 AR、VR 等新技术，复原

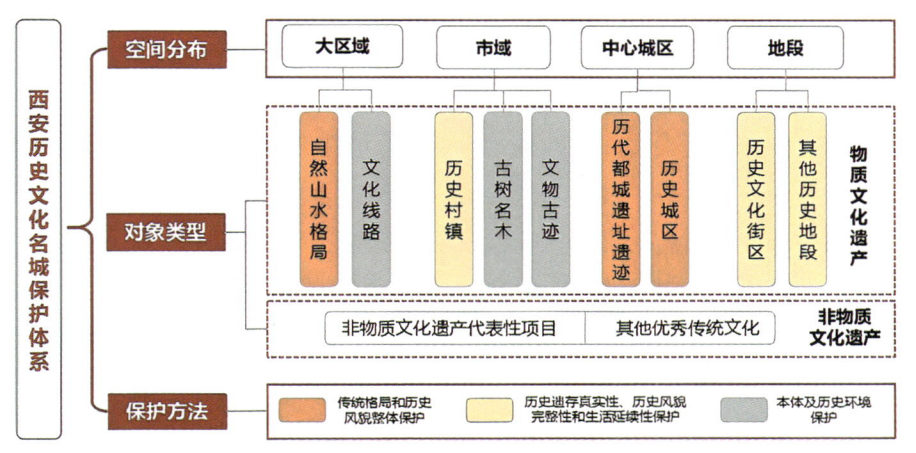

展示隋大兴、唐长安的古风古貌（图9-18）。

图 9-17　西安历史文化名城保护体系

资料来源：西安市自然资源和规划局："西安市历史文化名城保护规划实践'优化国土空间布局，促进绿色发展和新型城镇化'专题培训会议"，2020年11月。

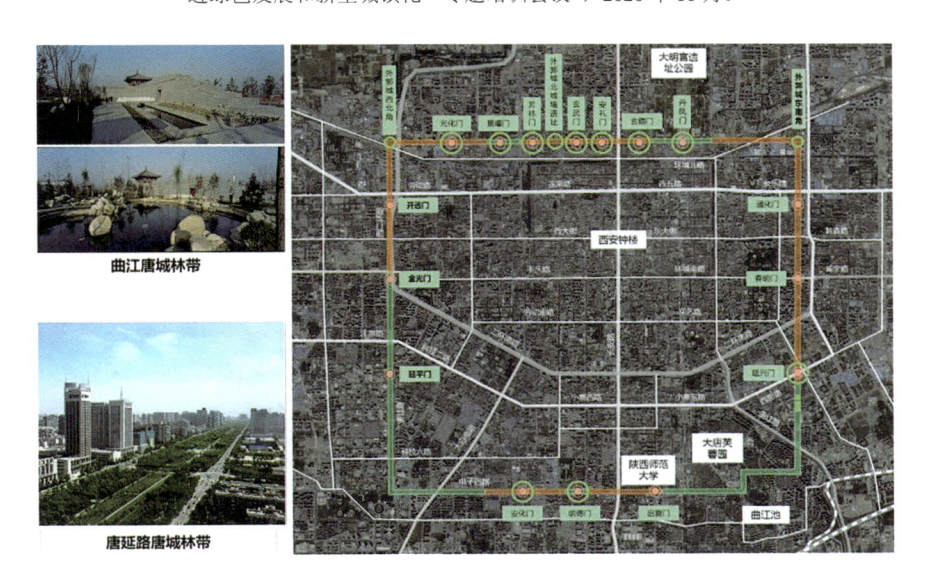

图 9-18　隋大兴唐长安城遗址展示

资料来源：公众号"中国国土空间规划"："城市体检评估成果交流：西安篇——'一带一路'大格局下历史文化名城体检评估"。https://mp.weixin.qq.com/s/y0iZmyOvQ7blRG36T11NVQ。

第四节　建设绿色安全的韧性国土

应对气候变化是人类共同的事业,是我国可持续发展的客观需要和内在要求,事关国家安全,事关城市未来发展。全球气候变化改变了极端气候灾害的发生频率与强度,高温、暴雨、雾霾等频繁发生,在超大城市、城市群等人口和建筑高度密集地区引发的风险增大,因此必须增强城市抵御气候变化的能力,建设韧性国土,保障人民生命财产安全。国土空间规划是统筹安排空间布局、合理应对全球气候变化的重要支撑。目前国土空间规划正逐渐从防御性规划向适应性规划转变,在规划、设计、施工和决策等过程中充分考虑气候变化的潜在影响,使得城市及其设施更好地适应气候变化[①]。

一、落实双碳目标应对气候变化

(一)落实碳达峰碳中和目标要求

2021年10月中共中央、国务院发布《关于完整准确全面贯彻新发展理念做好碳达峰碳中和工作的意见》[②],提出了未来我国实现碳达峰碳中和的工作方向,并明确将"强化绿色低碳发展规划引领"作为"推进经济社会发展全面绿色转型"的首要策略,要求"将碳达峰、碳中和目标要求全面融入经济社会发展中长期规划,强化国家发展规划、国土空间规划、专项规划、区域规划和地方各级规划的支撑保障。加强各级各类规划间衔接协调,确保各地区各领域落实碳达峰、碳中和的主要目标、发展方向、重大政策、重大工程等协调一致。自然资源部正在起草的《关于强化国土空间规划和用途管控,推动绿色低碳发

[①] 李仁强:"中国国土空间规划对气候变化的响应策略研究"。https://mp.weixin.qq.com/s/qUBioN38EqNG4-TOz3lKlQ。

[②] 中共中央、国务院:《关于完整准确全面贯彻新发展理念做好碳达峰碳中和工作的意见》。http://www.gov.cn/zhengce/2021-10/24/content_5644613.html。

展的指导意见》，提出"构建具有高固碳能力的网络化国土生态空间格局""完善城市碳汇网络结构""推动大型基础设施建设低碳发展模式""在土地出让合同中明确绿色低碳指标要求""以海洋生态保护修复为载体协同推进蓝碳增汇"等要求。

（二）推进国土空间规划的减碳增汇

为实现碳达峰碳中和目标，我国构建了减碳增汇的主要策略体系，在推进经济社会发展全面绿色转型方面，强调强化绿色低碳发展规划引领、优化绿色低碳发展区域布局、加快形成绿色生产生活方式；在深度调整产业结构方面，强调推动产业结构优化升级、坚决遏制高耗能高排放项目盲目发展、大力发展绿色低碳产业；在加快构建清洁低碳安全高效能源体系方面，强调强化能源消费强度和总量双控、大幅提升能源利用效率、严格控制化石能源消费、积极发展非化石能源、深化能源体制机制改革；在加快推进低碳交通运输体系建设方面，强调优化交通运输结构、推广节能低碳型交通工具、积极引导低碳出行；在提升城乡建设绿色低碳发展质量方面，强调强化基础研究和前沿技术布局、加快先进适用技术研发和推广；在持续巩固提升碳汇能力方面，强调巩固生态系统碳汇能力、提升生态系统碳汇增量。

当前减碳增汇已经成为国土空间规划的编制重点内容。在地方陆续发布的国土空间规划公示稿和征求意见稿中，不少省市将双碳策略纳入了总体规划之中。例如，海南省提出至2035年，能源消费总量控制在4 550万吨标准煤以下，清洁能源消费比重达到80%以上，单位国内生产总值二氧化碳排放强度完成国家下达指标。除了能源领域之外，大部分省和自治区着眼于通过增加森林蓄积量、修复矿山和草地等方式增强蓝绿碳汇能力，部分省份还提出了建设低碳或可再生能源示范区，如：河北拟在曹妃甸区、北戴河新区、北京大兴国际机场临空经济区、渤海新区、张家口等地打造可再生能源示范区；辽宁、山东、四川省提出打造引领全国绿色低碳发展的先行示范区；大连提出了海洋蓝色碳汇。此外，结合"双碳"目标落实，广州市重点探索"清凉城市"建设（专栏9-13）。

专栏 9-13　广州市"清凉城市"试点实践

　　2020 年，世界银行选定广州作为城市可持续降温的首个试点，通过在具有典型示范意义的试点区域，探索降温措施的可实施性，进而制定具体降温措施的技术指南，向全球更多的城市进行知识分享与推广。

　　在"清凉城市"总体框架下，试点工作将国际技术经验和广州城市可持续发展优越基础相融合而展开。通过技术集成，更准确把握广州城市可持续降温的关键问题，辨识支持或阻碍城市降温进展的现有活动和政策，确定作出知情决策所需的数据，让利益相关方参与，并评估政策选择，最终形成一个包容性、综合性的行动计划（图 9-19）。主要试点工作集中在：

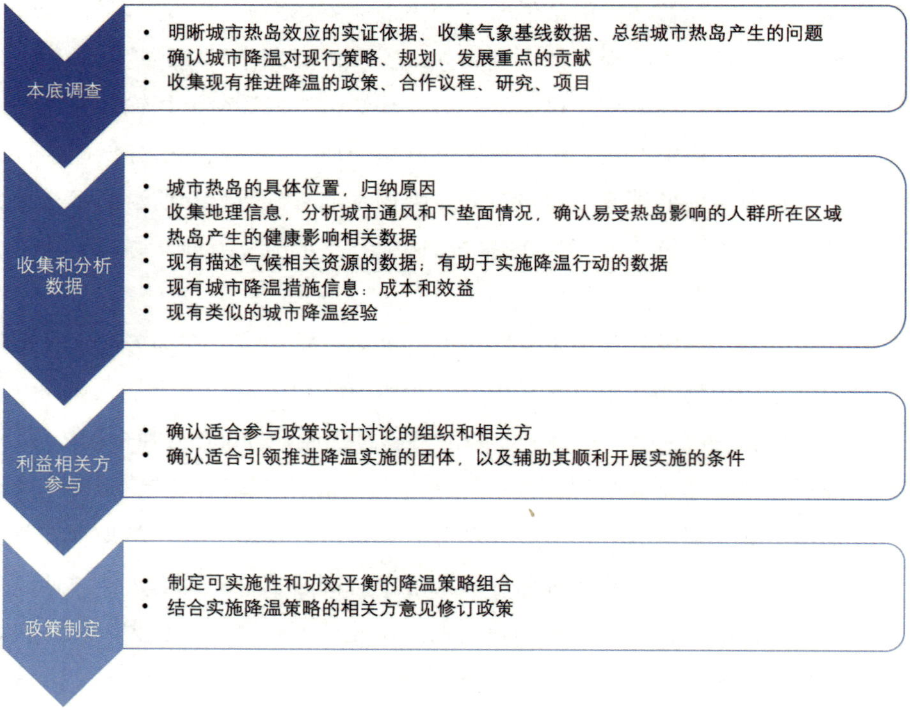

本底调查
- 明晰城市热岛效应的实证依据、收集气象基线数据、总结城市热岛产生的问题
- 确认城市降温对现行策略、规划、发展重点的贡献
- 收集现有推进降温的政策、合作议程、研究、项目

收集和分析数据
- 城市热岛的具体位置，归纳原因
- 收集地理信息，分析城市通风和下垫面情况，确认易受热岛影响的人群所在区域
- 热岛产生的健康影响相关数据
- 现有描述气候相关资源的数据；有助于实施降温行动的数据
- 现有城市降温措施信息：成本和效益
- 现有类似的城市降温经验

利益相关方参与
- 确认适合参与政策设计讨论的组织和相关方
- 确认适合引领推进降温实施的团体，以及辅助其顺利开展实施的条件

政策制定
- 制定可实施性和功效平衡的降温策略组合
- 结合实施降温策略的相关方意见修订政策

图 9-19　广州市"清凉城市"试点工作的流程与框架

资料来源：许翔、郭昊羽、黄鼎曦等："聚焦城市降温关键问题的可持续发展解决方案——世界银行与广州的'清凉城市'试点实践",《城市规划》, 2021 年第 6 期。

（1）历史街区的可持续降温更新改造。选取永庆坊城市更新项目开展历史街区的可持续降温更新改造的试点示范。应对历史传统街区中热岛效应显著的情况，结合尊重历史建筑风貌、城市肌理的要求，着重探索实施传统通风隔热手段和低成本现代技术。一是运用双层瓦屋面、空斗墙等传统岭南建筑的隔热构造，趟栊门、花格窗等灵活门窗；二是探索适应于广州传统街区的绿色屋顶、绿色立面技术和高反射屋面材料，营造降温屋顶。通过在试点区域设置气象监测设备，提前收集基线资料，开展基于实证的监测评估，积累适合热带或亚热带湿热地区的技术参数，为未来在旧城更新改造项目中推广相关降温措施提供数据佐证与支撑，为通过城市存量建筑低碳改造贡献碳中和，提供基于实证的解决方案。

（2）生态优先、紧凑高效的新区全流程降温设计。选取中新知识城开展新区开发的全流程降温设计试点示范。倡导在生态优先框架下和紧凑高效的新城开发模式下，探索新建项目在城市开发各阶段实施集成、系统性的城市降温措施的规划与管理模式。首先，通过集体决策，形成在环九龙湖片区实施的降温措施清单，包括区域集中供冷、降温路面、契合风路与光路径的城市设计等；然后，将降温措施转化为可持续降温的通则性要求，纳入环九龙湖片区的控制性详细规划层面；最后，选取典型中强度开发组团知识绿谷街区，开展城市设计示范，以实际方案探索落实可持续降温通则性要求的具体操作路径，让城市降温要求在控制性详细规划和城市设计层面保持连续性，并通过纳入城市设计图则与规划设计条件实现从规划到建设的全流程管控。

（3）城市绿色基础设施降温价值评估。选取海珠湿地开展城市绿色基础设施降温价值评估。结合自然资产核算模型，从降温、休闲、居民健康、生物多样性等角度计算海珠湿地生态系统服务的价值核算。基于海珠湿地的地表覆盖物信息，深入探究不同情景模式下海珠湿地的降温效益，为生态修复的设计提出指导意见，通过生态服务价值估算，指导生态规划，量化分析绿色基础设施包括碳封存在内的价值，探索平衡城市发展和实现碳中和路径之间需求的最优解决方案，确保未来绿色投资公共效益最大化。

二、强化区域与城市的防洪排涝体系应对洪涝灾害

2018年1月中共中央办公厅、国务院办公厅印发《关于推进城市安全发展的意见》，从国家层面系统提出了建设社会主义现代化强国目标对防灾减灾、区域安全发展的基本要求。构建城乡综合防灾体系，打造安全韧性城市，保障城乡可持续发展是国土空间规划的基本任务。2022年3月，自然资源部印发《2022年全国地质灾害防治工作要点》，明确提出要落实习近平总书记对防灾减灾救灾工作的重要指示批示，统筹发展和安全，提高风险防范和应对能力，加快构建抵御自然灾害防线，针对防汛救灾暴露出的薄弱环节，迅速查漏补缺，补好灾害预警监测短板，补好防灾基础设施短板。

洪涝是我国高发的自然灾害之一，并且由于全球气候变化的影响，近年来洪涝灾害增多增强。城市因其人口、经济活动高度集中的特点，洪涝灾害风险更大，造成的损失更为严重。国土空间规划必须推动城市防洪防灾体系建设，在坚持以人民为中心的发展思想和总体国家安全观指导下，强化系统治理和源头治理，生态措施与工程设施并举，不断提高城市应对洪涝灾害的能力。

（1）统筹发展与安全，将健康、安全和韧性作为强制性要求纳入国土空间规划。一是在各级各类国土空间规划中优化布局农业、生态、城镇空间，促进生态空间和城镇空间有机结合。二是坚持问题导向，开展"双评价""双评估"，深入分析大城市洪涝灾害的风险、成因及趋势等，提出规划应对策略。三是强化规划底线约束，充分尊重自然地理格局，划示洪涝灾害风险区和洪涝风险控制线，提出空间管控措施，降低洪涝灾害风险，减轻洪涝灾害损失。

（2）统筹总体与专项，强化国土空间总体规划对防洪、生命线工程等专项规划的统筹协调作用。一是结合市级国土空间总体规划编制工作，同步推进防洪排涝、综合防灾、城市竖向等专项规划，并结合地方实际，适时修编交通、给水、电力、通信、热力、燃气等专项规划，适度提高生命线工程的冗余度。二是完善新老城区防洪排涝设施，新城区高标准规划防洪排涝基础设施，统筹安排地下排水管网和地下雨洪调蓄空间；老城区结合城市更新、社区生活圈构建等工作，改造补齐防洪排涝设施短板，注重老城区内外排水设施一体化设计。

三是以社区生活圈为基础构建城市健康安全应急单元，构建网络化、分布式应急避难场所，完善应对洪涝灾害等应急能力。四是加强交通枢纽、医院等重要公共设施选址研究，避免灾害发生后由于公共设施遭受破坏而导致的次生灾害。

（3）统筹区域（流域）与城市，利用基于自然的解决方案做好防洪工作。一是加快编制长江经济带、黄河流域国土空间规划，统筹大城市区域（流域）防洪排涝治理，形成多中心、多层级、多节点、组团分布式的韧性空间结构，提高综合承载能力和资源保障能力。二是开展流域上中游生态修复，恢复森林生态系统，维持天然雨洪行泄通道，重塑健康自然河岸湖岸，做到雨洪源头减排，增强流域水的滞蓄、涵养能力，降低流域洪水量和洪峰强度。三是基于自然地理格局合理布局城镇建设空间，严禁侵占生态空间，保护湖泊、湿地、江河水系等自然生态空间，"留给水更多的空间"，同时注重将城外绿水青山与城内自然生态系统互通互联。

（4）统筹地上与地下，提高城市内部防洪排涝空间韧性。一是推进水利工程、市政工程生态化，将雨水收纳空间布局、地块竖向设计、地面硬化控制等"海绵城市"建设要求作为规划基本内容，提高城市地面土壤蓄水功能、地表渗水能力，连通城市地上地下水系。二是系统梳理城市地下空间开发利用情况，加强应对洪涝风险的规划设计，增强工程性措施。

在地方实践中，武汉市重点探索"雨洪韧性城市"体系构建（图 9-20），在识别防洪排涝风险的基础上，采取以下措施：①法治保障，科学构建水空间规划管控体系。构建湖泊保护的法规保障体系，构建全面覆盖的空间管控体系，管控和保障河道、堤防等重要防洪设施用地；②规划引领，不断加强防涝设施建设力度。构建涵盖源头径流控制、传统排水系统和超标径流引导的规划体系，提出用地竖向控制、径流控制、管渠建设、湖泊调蓄与定点蓄水、深隧系统、智能调度等六大规划措施；积极推进武汉海绵城市试点建设；重点开展流域治理规划编制工作；③智慧管理，搭建仿真实验室排水防涝平台。构建形成全市1 000平方千米范围的排水防涝高精度模型，实现对城市排水系统的监测、评估、预警和管理决策，为系统化、可追溯、精细化、一体化的城市排水系统提供技术支撑。

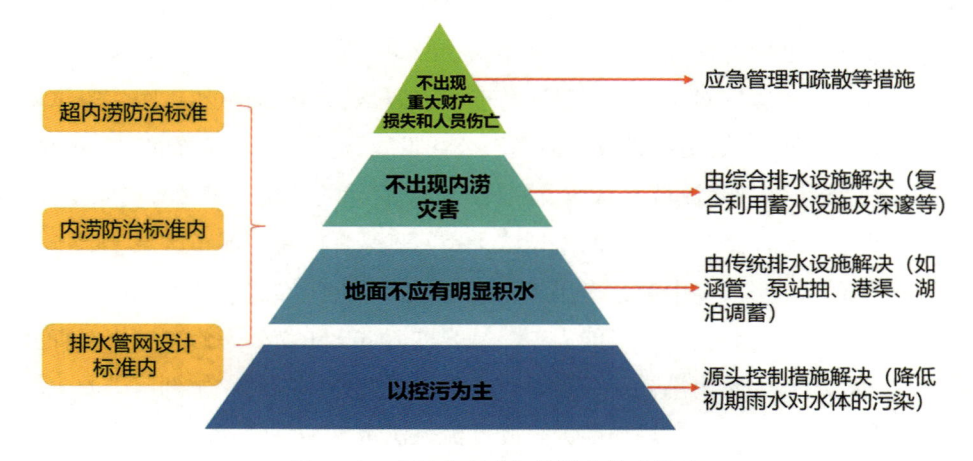

图 9–20　武汉市雨洪韧性城市构建思路

资料来源：武汉市规划和自然资源局提供。

三、建设韧性城市应对安全风险

2021 年 8 月，自然资源部组织召开气候变化与韧性城市规划专家视频研讨会。会议指出，面对频繁的气候变化带来的不确定因素，在下一步国土空间规划的编制工作中，要提高城市安全韧性，做好规划应对工作。一是要在规划中强化应对气候变化和气候危机的意识；二是将整个城市的安全韧性作为规划基本要求来考虑，明确空间目标、空间布局要求，明确空间结构优化的路径；三是在解决方案的制订上要尊重自然，因地制宜，强化生命线工程、公共服务体系、应急系统基本保障；四是强调韧性安全相关内容在规划中的可操作性；五是强化韧性安全相关内容的全生命周期管理。

"韧性城市"指城市能够凭自身的能力抵御灾害，减轻灾害损失，并合理地调配资源以从灾害中快速恢复过来。建设"韧性城市"，其核心就是要有效应对各种变化或冲击，减少发展过程的不确定性和脆弱性。城市韧性建设不是国土空间规划的附加部分，而是必需部分。国土空间规划要求：

（1）保护自然调蓄空间。基于地域自然环境条件，严格保护低洼地等调蓄空间。加强城市排水河道、雨水调蓄区、雨水管网及泵站等工程建设，实现建成区雨水系统全覆盖；充分发挥建筑、道路、绿地、水系等系统对雨水的吸纳、蓄渗和缓释作用，有效控制雨水径流，实现"增渗减排"和源头径流量控制。依托绿色空间、河湖水系，织密绿色基础设施网络。维持自然地貌特征，改善陆海生态系统、流域水系网络的系统性、整体性和连通性，构建生物多样性保护网络，为珍稀动植物保留栖息地和迁徙廊道。

（2）构建城市防灾减灾体系。基于灾害风险评估，确定主要灾害类型的防灾减灾目标和设防标准，划示灾害风险区。明确各类重大防灾设施标准、布局要求与防灾减灾措施。统筹平灾结合、网络化、分布式的应急空间网络布局，建设满足可达性、安全性、适宜性、平灾结合的应急避难场所，合理布局各类防灾抗灾救灾通道。预留一定应急用地和大型危险品存储用地，科学划定安全防护和缓冲空间。对于危险化学品管控，一方面从源头减少不必要的危险化学品生产、使用和运输，另一方面加快市域内危险化学品生产、使用企业和仓储设施向专业园区集聚，促进危险化学品储存企业集中布局，确保危险化学品对城市的影响降至最低。对于传染性的公共卫生事件或有污染性、腐蚀性的危险品存储，要预先科学划定安全防护和缓冲空间，避免造成二次危机。加强灾害风险监测预警平台建设，科学评估灾害影响，推动智慧防灾、智慧减灾。

（3）建设健康城市和健康社区。将健康城市建设嵌入规划中，优化城市空间布局，完善绿地和开敞空间系统，建设绿色交通网络，提升城市基础支撑系统兼容极端条件下的稳定性水平。探索城市健康安全单元建设，重点从公共安全健康角度，结合人口规模分布，按照覆盖一个或多个生活圈的原则，考虑针对日常健康和疫情应急的健康设施和服务配置。探索推进大型建设项目的健康影响评估；将健康社区建设纳入城市应急管理体系中，完善立体化、信息化社会治安防控体系。高标准推进社会治安防控网建设，健全周边跨区域治安协同防控体系；联合社会力量、群众力量，加快城乡基本治安防控单元建设；建设城市公共安全大数据服务平台，提升应对突发公共事件的能力。

在地方实践中，结合城市安全风险应对，北京市探索"韧性城市"建设，印发《关于加快推进韧性城市建设的指导意见》，以突发事件为牵引，立足自然灾害、安全生产、公共卫生等公共安全领域，从城市规划、建设、管理全过程谋划提升城市整体韧性，加快推进韧性城市建设。具体要求有：①将韧性城市建设的规划控制及指导要求，纳入全市控制性详细规划编制技术标准与成果规范，强化韧性城市研究。加强管理机制建设，切实把韧性城市建设引导要求融入城市规划建设管理之中，着力提升城市安全水平。对于集中建设区，在社区公共空间和基础设施更新改造时，结合规划范围内的公共绿地、广场等开敞空间，适度留白，并做好"平灾结合"的利用，加强节约集约用地。对于生态控制区及限制建设区，重点关注地质灾害、暴雨洪涝等自然灾害频发地区，结合规划范围的自然本底条件及主要灾害特点，完善防御体系，并结合既有交通网络，规划建设安全、可靠、高效的疏散救援通道系统；②开展市政基础设施、生态安全格局、首都防疫设施、交通应急防灾等领域的专项规划编制，通过各行业各领域发挥提高城市韧性的综合作用。以市政基础设施为例，《北京市市政基础设施专项规划（2020年—2035年）》包括水系统、能源系统、生活垃圾、智慧基础设施四个板块，完善了市政基础设施体系架构，确定了主要设施和干线网络的空间布局，强化了市政基础设施的战略储备，提高城市韧性。在系统方面，构建多源、多向的市政供应体系，实现源、网的动态灵活调配，具备供需调节的自适应性，提高安全保障水平。在标准方面，按照世界城市标准定位，全面提升基础设施规划建设标准，增强安全和抗灾能力。在可靠性方面，对市政系统中的重要节点和关键设施适度冗余，当灾害、事故突然发生造成部分设施受损时，备用设施可以及时补充，保障城市基本运行。

第五节 建设科学有序的善治国土

善治国土是基于公共利益导向的治理有效、权责统一、多方参与的空间治理活动和结果，其终极目标在于实现国土空间治理体系和治理能力的现代化。以目标为导向，发挥主体功能区制度的基础性作用；以实施为导向，积极探索城镇开发边界内详细规划的完善路径，推进"多规合一"实用性村庄规划编制；通过城市设计制度体系构建，完善国土空间规划对国土空间的全过程治理。

一、充分发挥主体功能区制度的基础性作用

（一）构建主体功能分区"3+N"体系

各地积极推动落实主体功能区战略和制度，按照主体功能定位划分政策单元，确定协调引导要求，明确管控导向。按照陆海统筹、保护优先原则，沿海县（市、区）要统筹确定主体功能定位。分区确定的主要原则和做法为：

（1）全域覆盖。国家级主体功能区与省级主体功能区叠加后，覆盖省级行政区辖区内全部陆域和管理海域国土空间。

（2）陆海统筹。省级国土空间规划在确定各个沿海县（市、区）的主体功能定位时，要统筹考虑当地陆地和海洋空间开发保护要求，根据陆海统筹、保护优先、实事求是的原则，科学确定主体功能定位。

（3）分区传导。全国国土空间规划纲要确定国家级主体功能区布局优化安排；省级国土空间规划与国家层面衔接，统筹确定国家级和省级主体功能区布局，国家级主体功能区定位不得改变；市级国土空间规划细化明确重点乡镇主体功能定位；县级国土空间规划按照相应主体功能定位优化国土空间结构和布局，细化明确乡镇主体功能定位，合理划定规划分区。

（4）因地制宜。城市化发展区、农产品主产区、重点生态功能区是必备类型区，省级人民政府可结合实际细分三类主体功能区，但要明确与三类主体功能区的对应关系；在历史文化资源富集区、战略性矿产资源安全保障区、边境地区名录外，地方可结合实际将其他需在空间上加强管控引导的重要区域纳入名录进行管控。

（5）细化政策单元。国家和省的基本分区单元为县级行政区，市县的基本分区单元为乡镇级行政区。

（6）注重协调。根据双评价结果，应划分农产品主产区、重点生态功能区的市辖区以及自治州政府、地区行署、盟行署所在地的市辖区，可确定为城市化发展区；其他可同时作为重点生态功能区、农产品主产区与城市化发展区的，可按照生态优先、保护优先原则，优先确定为重点生态功能区或农产品主产区。

按照陆海统筹原则，原海洋主体功能定位为重点生态功能区或海洋渔业保障区，相邻陆域主体功能定位为农产品主产区或重点生态功能区，资源环境承载能力和国土空间开发适宜性评价结果具有生态功能导向的优先划定为重点生态功能区，具有农业功能导向的优先划定为农产品主产区；原海洋主体功能定位为重点生态功能区或海洋渔业保障区，相邻陆域主体功能定位为城市化发展区的，依据海洋生态保护主要对象和布局、陆域开发内容布局和强度，综合确定沿海县主体功能定位，明确重点生态功能保护或海洋渔业保障管控要求。原海洋主体功能定位为重点开发，相邻陆域主体功能定位为农产品主产区或重点生态功能区的，优先判定为农产品主产区或重点生态功能。

（二）省级规划发挥主体功能区的基础性作用

围绕主体功能区的空间秩序性，推动形成空间格局、要素配置和政策保障的逻辑闭环，是省级国土空间规划的核心逻辑（解永庆等，2021）。省级国土空间规划具有从"现状基础"到"主体功能区"再到"要素配置"的传导范式，基于全域空间资源条件和承载力，对不同类型的主体功能区有不同的引导和管制要求，在此基础上指导要素配置。

围绕完善主体功能区战略和制度落实方面，部分省级国土空间总体规划开展了积极探索。例如，山东省细化主体功能分区层次，系统优化全省主体功能区战略格局（专栏9-14）。浙江省进行了如下尝试：①细化主体功能区，形成"5+2（X）"的主体功能区分区体系，将国土空间主体功能细分为重点生态保护区、生态经济地区、农产品主产区、城市化优势地区和城市化潜力地区，并结合浙江发展特色，增加海洋经济地区和文化景观地区两类附加类型；②深化主体功能区，提升划分颗粒度和精准化水平，将全省主体功能区细化至乡镇（街道）层级；③引导国土空间开发保护格局构建，探索建立"县（市）-镇（街道）-空间政策单元"的逐级落实、监测预警及动态调整机制；④基于主体功能区战略，研究资源要素配置等差异化管控机制，推动各地发挥比较优势、引领区域高质量协同发展。广东省充分发挥主体功能区的基础性作用，在建设用地规模指标预分解中，将主体功能区作为重要因素进行优化配置，为推动粤港澳大湾区和中国特色社会主义先行示范区"双区"建设提供了空间保障。

专栏9-14 山东省细化主体功能区的探索

山东省根据资源环境承载能力和国土开发适宜性评价，结合国土空间开发保护总体格局，充分考虑陆海统筹、因地制宜等原则，进行主体功能区优化和细化（图9-21）。具体做法为：

（1）县级行政区层面，陆海统筹落实省级要求。基于省级国土空间规划编制工作的"双评价"集成结果、第三次全国国土调查成果及海域使用现状，综合分析生态保护极重要区面积、农业适宜区面积、城镇建设适宜区面积、生态用地面积、耕地面积、建设用地面积、渔业用海面积、工业用海面积及其占国土面积比例等指标，考虑生态系统服务功能重要区域、生态脆弱区域、优质耕地集中分布区域、集聚人口和产业能力较强区域的空间分布格局，对上一版主体功能区规划进行初步调整。以陆海统筹为原则，提出陆海分置、以陆为基、以海为基三种方案，立足陆海两域开发保护现状和经济社会发展需求，考虑发展的协调性，确定最终分区方案。

（2）乡镇级行政区层面，因地制宜细化主体功能。在城市化发展区或农产品主产区的部分县（市、区）中，将生态极重要区域面积大、生态敏感度高的部分乡镇（街道）纳入重点生态功能区管理，保证其生态服务功能发挥。在城市化发展区的县（市、区）中，将部分乡镇纳入农产品主产区管理，布局特色农产品初加工和精深加工产业，提升农业生产力。在农产品主产区或重点生态功能区的县（市、区）中，将部分乡镇纳入城市化发展区管理，发挥其就地就近城镇化的重要作用。除非特别说明，所有街道均按照城市化发展区管理。

（3）鼓励探索社区（村）为基本单位的治理路径。在确定乡镇级行政区主体功能的基础上，探索将主体功能区延伸到基层的途径，分类推进美丽宜居乡村建设。鼓励市县积极探索以社区（村）为基本单位的国土空间治理体系，划分城镇、农业、生态等不同类型单元，研究建立差异化绩效考核机制。

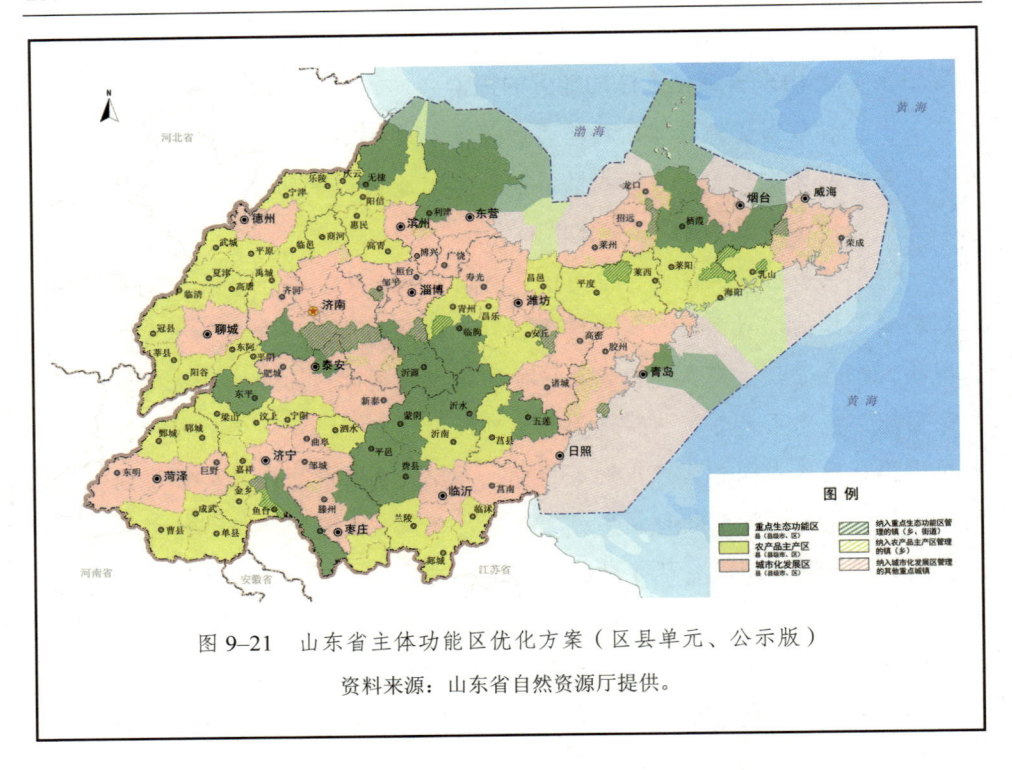

图 9-21　山东省主体功能区优化方案（区县单元、公示版）

资料来源：山东省自然资源厅提供。

（三）市级规划探索主体功能分区细化与传导

在市级规划落实主体功能区战略是衔接宏观战略型规划和实施型规划的关键环节，对上深化落实国土空间总体规划目标，对下引导资源要素合理配置，推动各县区、乡镇按主体功能定位发展。《市级国土空间总体规划编制指南（试行）》中指出"落实和细化主体功能区等政策，鼓励探索主体功能区制度在基层落实的途径"，确定了七类规划分区以开发内容为主导进行传导。一些地级市在指南的基础上，进行了细化与传导主体功能区的探索实践，突出了主体功能区战略在市级层面的因地制宜落实。

武汉市通过"资源底盘底数+主体功能区网格"共同支撑空间资源的配置。对应市级和区级，形成"功能区片-功能单元"的两级多类分区功能传导框架，体现市级国土空间总体规划的实施导向，落实城市发展目标职能，基于地域功能，主体功能突出、功能复合、规模适宜、特色明确、建设一体的政策分区，突出"多维度目标、强主导功能、全空间覆盖、整体化实施"四方面特征。实现区县到街镇的传导，突出政策管控和功能引导的结合，探索差别化的"功能分区+管制规则"的纵向传导机制（图9–22）。

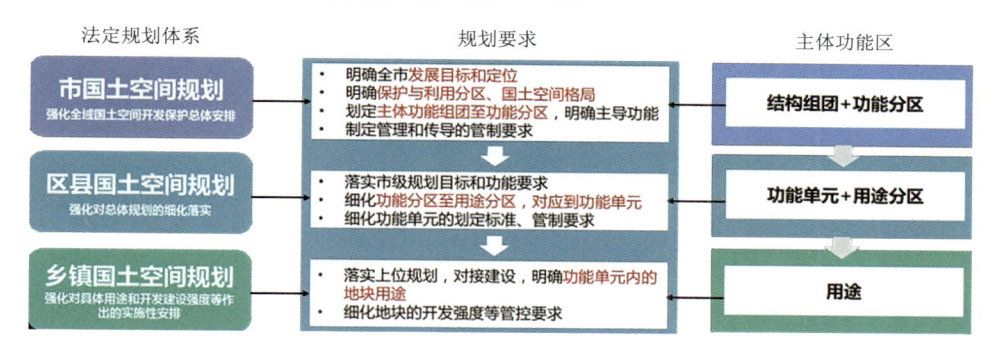

图 9–22　武汉市在国土空间规划中落实主体功能区战略的核心逻辑

资料来源：公众号"中国国土空间规划"："武汉市落实主体功能区战略推动分区功能传导与用途管控研究"。https://mp.weixin.qq.com/s/yBl8V4Cn9lVxjzhb7o8Jzw。

南宁市积极探索主体功能分区细化和传导机制（图 9–23），通过构建评价指标体系，全面客观评价镇（乡、街道办）级行政单元的生态、农业及城镇功能水平；综合运用三种评价方法，充分衔接市级发展战略，落实南宁市两级主体功能定位；依据主体功能区方案，科学构建主体功能区战略格局；构建刚弹并济的传导体系，推动主体功能区战略的传导落实[①]。

二、探索城镇开发边界内详细规划完善路径

（一）地方出台相关规定

城镇开发边界内的详细规划包含控制性详细规划与修建性详细规划。过去的《城市、镇控制性详细规划编制审批方法》主要对控制性详细规划的控制内

---

① 毛蒋兴等："南宁市国土空间总体规划中主体功能区战略传导路径探索"，《规划师》，2021 年第 17 期。

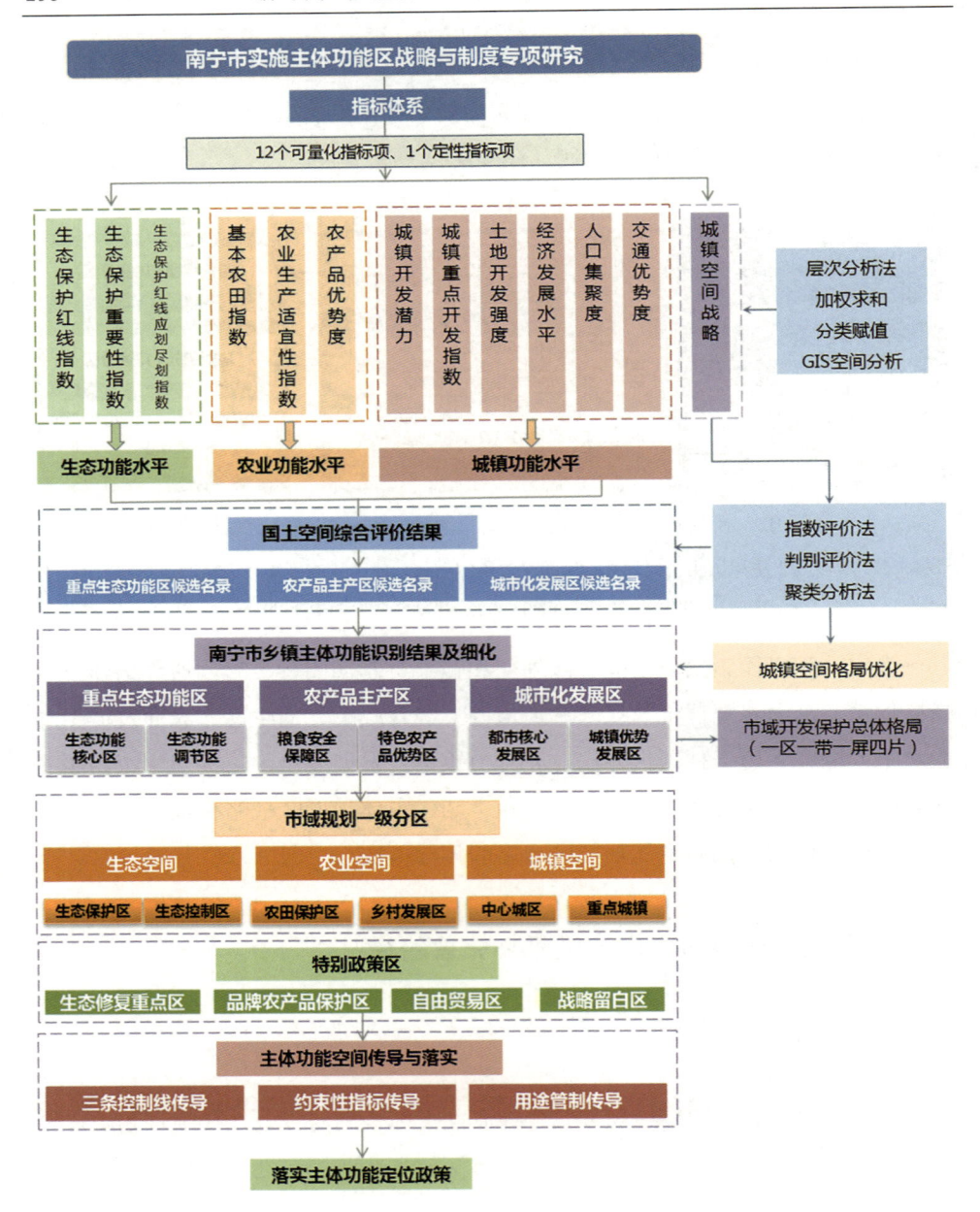

图 9-23 南宁市级规划主体功能分区细化与传导流程

资料来源：毛蒋兴等："南宁市国土空间总体规划中主体功能区战略传导路径探索"，《规划师》，2021年第17期。

容及控制要求进行规定。如今，虽在国家层面尚未形成统一的城镇开发边界内详细规划编制技术标准，但各省在此类技术标准制定方面进行了改革探索，在控规层级、技术、分区等方面进行了实践创新。例如，江苏省自然资源厅于2021年12月发布《江苏省城镇开发边界内详细规划编制指南（试行）》（专栏9–15）和《江苏省城镇开发边界内详细规划数据库标准（试行）》，在延续原有控制性详细规划编制方法基础上，将详细规划分成单元、街区两个层级进行编制，运用新技术新方法统一底图底数，并进行分区差别化深化控制。

专栏9–15　江苏省城镇开发边界内详细规划编制指南（试行）

《江苏省城镇开发边界内详细规划编制指南（试行）》主要包括总则，基础工作，基本要求，单元、街区与地块划分，单元层次详细规划基本内容，街区层次详细规划编制内容，重点地区详细规划编制要点，强制性内容，规划成果，附录、附表、附图等内容。

规划编制坚持六大原则，即：以人民为中心、坚持生态优先、促进集约高效、增强城市韧性、强化空间统筹、强化空间治理，强化严格落实总体规划、统筹专项规划、加强城市设计研究、重视公众参与、强化用地策划、倡导用地混合等六个要求。

（1）运用新技术新方法

统一底图，形成比例尺不小于1∶2 000、用地分类以三级类为主的土地利用现状数据和工作底图。统一标准，制定《江苏省城镇开发边界内详细规划数据库标准（试行）》，统一数据成果标准。统一平台，成果逐级汇交，纳入国土空间基础信息平台。

（2）分层体系化编制

在延续原有控制性详细规划编制方法基础上，可将详细规划分为单元和街区两个层次编制。原则上单元划分应与街道（镇）行政区划衔接，街区划分应与社区（行政村）行政区划衔接。单元层次详细规划要承接传导总体规划（分区规划）的管控要求，明确空间管控通则；街区层次详细规划遵循单元规划管控要求，明确地块容积率、建筑高度、建筑密度、绿地率等管控指标，作为出具出让地块规划条件的依据。有条件的地区可将单元和街区两个层次合并编制。

单元层次详细规划承接传导上位规划意图，落实总体规划（分区规划）所确定的单元功能定位、永久基本农田、生态保护红线、城镇开发边界、城市控制线、开发规模、开发强度分区等管控传导要求，按照《国土空间调查、规划、用途管制用地用海分类指南（试行）》，针对不同地类形成不同深度的用地布局方案，加强城市设计引导，将相关管控要求分解传导至街区，同时提出地块开发管控通则。

街区层次详细规划在严格遵循单元层次详细规划管控要求的基础上，结合街区实际情况，加强用地策划，深化城市更新、交通承载力评价、社区生活圈构建、城市设计等研究工作，优化空间布局，制定地块容积率、建筑密度、建筑高度、绿地率等具体管控指标和管控要求，指导建设项目实施。国土空间总体规划（分区规划）批准后，单元层次详细规划原则上应实现城镇开发边界内全覆盖，与城镇开发边界相邻的区域可因地制宜编制详细规划或村庄规划。

（3）分区差别化深化

确定城市中心地区、交通枢纽地区、沿山滨水景观地区、历史风貌区、城市更新地区等五类重点控制区，加强城市设计、创新编制方法，细化相应管控要求。

（4）刚弹结合管控

①重点管控公益性设施。加强公共管理与公共服务设施、公用设施、绿地等公益设施规模与数量的刚性管控，位置与形态管控适当体现弹性；原则上按照用地分类三级类深度，优化公共管理与公共服务设施用地布局。

②有序调控经营性用地。加强住宅规模的总量管控，保持人口规模、住宅规模与公益性设施配置的匹配关系；原则上按照用地分类二级类深度优化用地布局。

③差异化管控用地指标。增加商住混合用地、15分钟社区生活圈综合公共服务设施用地、研发设计用地和新型工业用地四个混合功能地类，适

应管控需求；加强工业用地地块指标控制；鼓励城市设计重点地区增加图则控制要求。

（二）因地制宜探索总规到详规传导机制

从空间单元组织模式来看，我国的控制性详细规划通常采取以"规划单元"为核心的纵向管控体系，以适应复杂多样的城市空间治理任务，确保控规能维护公众利益的刚性并适应市场开发的弹性，同时实现传达落实总规空间战略的权威性以及规范土地与建设市场运行的可操作性。

以北京、上海、深圳、广州当前的控规体系建设为例，各地基本形成了"市级-区级-乡镇/街道级-社区/村级-地块级"的国土空间总体规划与详细规划衔接传导体系（图 9-24），充分考虑城乡差异、主导功能差异与尺度差异，且尽可能与城市空间结构、行政管理结构、基层自治结构有效衔接。四个城市的详细规划组织模式的创新之处在于：

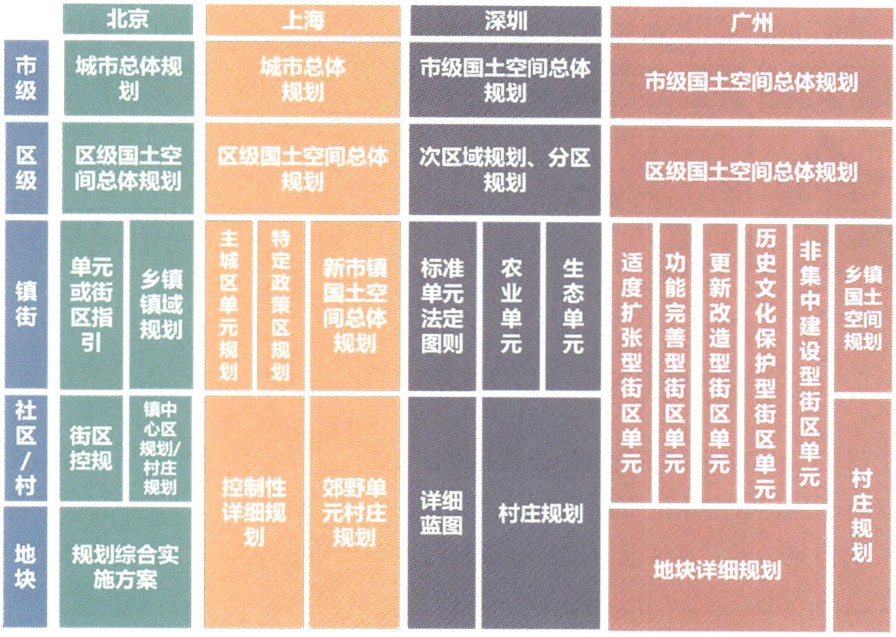

图 9-24 北京、上海、深圳、广州的国土空间总体规划与详细规划衔接探索

（1）北京探索行政主体责任明确的详细规划传导体系[①]。北京面向特大城市的精细化治理需求，结合其"街道吹哨、部门报到"与"网格式治理"的改革思路，创新了一套以"刚弹并济、控导结合、虚实有度、近远有别"的控规体系。具体而言：在全域范围内构建两类三级的详细规划体系，两类指在集中建设单元内实施"街区指引全覆盖+街区控规按需有序编制"、在乡镇单元实施"乡镇域规划+镇中心区"规划的策略，三级指按街区指引-街区控规-规划综合实施方案层层传导落实。其中街区指引为"约定"性内容，各行政区贯彻落实总规的刚性要求，以全区统筹的形式指导街区控规编管；街区控规为"法定"性内容，明确底线、功能、形态、风貌、三大设施等刚弹要求；规划综合实施方案是"商定"性内容，统筹多元利益主体实施商定，对近期建设作出全面具体的计划安排。在规划编制、单元划定、指标分配、设施落地、项目实施等方面，与行政区、街乡及社区单元紧密衔接、实现科学规划和高效治理的协同是北京详细规划体系的特色所在（图9-25）。

图9-25　北京市总体规划到详细规划的传导管控体系
资料来源：石晓东："首都规划空间协同治理的思考"，2021年。

（2）上海探索城乡统筹的全域详细规划管控体系。上海面向城乡融合发展的大都市区治理需求，形成了一套"城乡统筹、分级分类、设计贯穿、深度有别"的控规体系。具体而言，在全域范围内构建"两类三级"的控规体系，两

[①] 王引："哲学思辨，深耕沃土——北京详细规划的持续探索"。https://mp.weixin.qq.com/s/r8Tu8KbThLUxtgyfKLmpaA。

类指区分城市单元与乡村单元（郊野单元）进行规划管控，三级指形成"总体规划-单元规划-详细规划"三个纵向传导层级。在城镇单元以分级分类体系推动城市设计全覆盖，将公共活动中心区、重要滨水区与风景区、交通枢纽地区、历史风貌地区和其他地区（分为居住区、产业区块、存量地区）按管控的重要性分为三级，其中一级地区须编制普适图则和附加图则，二级地区须编制普适图则、可选编制附加图则，三级地区仅须编制普适图则。在乡村单元建立起全域覆盖的网格化单元管理模式，以行政村或基本管理单元为框架，编制镇村合一的郊野单元村庄规划，统筹国土综合整治和统一用途管制两项工作。

（3）深圳探索以15分钟生活圈为框架的标准规划单元模式。深圳市的详细规划体系为"总体规划—分区规划—法定图则—详细蓝图"纵向传导体系[1]。在法定图则全覆盖的基础上，为应对由于行政区范围、功能区、路网等频繁调整而导致的法定图则单元边界不适应问题，深圳市以15分钟生活圈和10分钟就业圈为基础、以主导功能相对明晰为条件，提出了"标准单元"的概念，将其作为上承总规与分区规划、下启详细蓝图和城市更新的规划传导单元、总规控规与专项规划"一张图"统筹的规划技术单元、与社会管理信息衔接的空间信息单元，并以标准单元为核心探索建立纵向可传导、横向可评估、内部可平衡、实施可见度的管控制度。

（4）广州探索"总专结合"的多类型单元式控制性详细规划模式。广州市以国土空间规划"一张图"为导向，建立总专结合的详细规划体系，形成总体规划定目标定重点、专项规划建路径建机制、详细规划控指标定功能的分工协作机制。城镇开发边界内实行"规划管理单元规划+地块详细规划"两级体系，其中规划管理单元分为适度扩张型街区单元、功能完善型街区单元、更新改造型街区单元、历史文化保护型街区单元、非集中建设型街区单元等类型，同时承接市区两级总体规划和相应专项规划的管控要求，落实差异化的单元详细规划和地块详细规划管控。

---

[1] 深圳市规划和自然资源局："'城市细胞'——深圳市国土空间规划标准单元制度探索"，2021年。http://pnr.sz.gov.cn/xxgk/gzdt/content/post_8592059.html。

（三）开展重要地区的控制性详细规划编制新途径

从具体的详细规划实践来看，在街区层面和单元层面的控制性详细规划的优化和改进实践亦在全国各地持续推进，涌现了许多优秀的实践案例，为进一步实践提供了实践范本在街区层面，作为北京城市空间中的"一核"，首都功能核心区控制性详细规划（街区层面）由中央政治局审查通过，把名城保护的原则、理念、要求、措施和改善民生紧密地结合在一起，体现了"在保护中发展，在发展中保护"的科学理念。具体做法有：①充分体现城市战略定位，建设政务环境优良、文化魅力彰显和人居环境一流的首都功能核心区。落实减量发展要求，坚持严控增量和疏解存量相结合，向外疏解腾退和内部功能重组同步发力，合理确定用地、建设、人口规模与结构。②优化中央党政机关布局，保障中央政务功能高效运行。落实总体国家安全观，提升安全保障水平。创造优良的中央政务环境，展现大国首都形象。加强城市服务保障，形成优质完善的政务配套设施。③保护老城整体格局，彰显独一无二的壮美空间秩序。丰富和拓展保护对象，最大限度留住历史印记。加强历史文化资源的展示利用，生动讲述老北京故事。加强城市风貌管控，强化古都风韵。④构建优质均衡的公共服务体系，切实改善居住条件，创造绿色、高效、友好的交通出行环境，提供安全可靠的市政基础设施保障，提高城市安全保障能力，建立智慧城市管理体系。⑤有序疏解非首都功能，促进核心区提质增效。创新规划实施模式，开展街区保护更新。完善规划、建设、管理体系，保障规划有序实施。加强政策集成与创新，保障规划有效实施。建立实施监督问责制度，维护规划的严肃性和权威性（图9—26）。

在地块层面，北京市密云区人民政府组织开展了《密云新城0205街区MY00-0205-6010～6023地块控制性详细规划（地块层面）》的编制工作，体现了改善棚户区居民的居住条件，优化城乡功能结构和空间布局，兼顾完善城市功能，实现区域协调与城乡统筹发展的总体目标（图9—26、图9—27）。

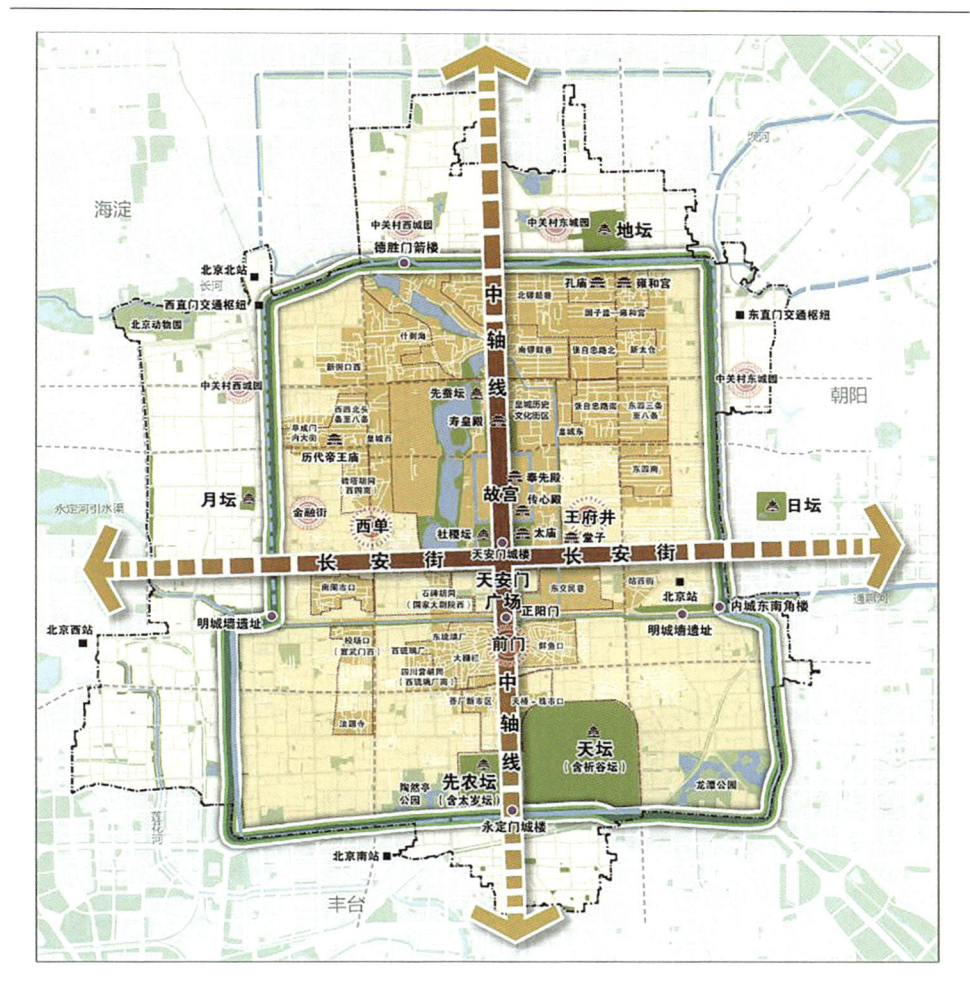

图 9–26　首都功能核心区控制性详细规划（街区层面）的空间结构示意

资料来源：《首都功能核心区控制性详细规划（街区层面）（2018 年—2035 年）》。

三、让城市设计贯穿各级各类规划全过程

（一）明确了国土空间规划中的城市设计要求

《若干意见》指出，要"充分发挥城市设计、大数据等手段改进国土空间规划方法，提高规划编制水平"。2021 年，土地管理行业标准《国土空间规划

图 9-27（a） 密云新城 0205 街区 MY00-0205-6010～6023 地块区位
资料来源：北京市规划和自然资源委员会提供。

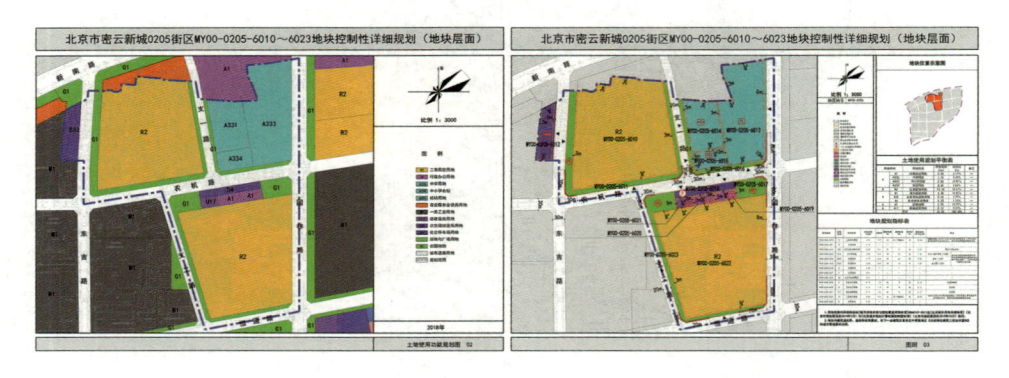

图 9-27（b） 密云新城 0205 街区 MY00-0205-6010～6023 地块土地使用功能规划及图则
资料来源：北京市规划和自然资源委员会提供。

城市设计指南》（TD/T 1065—2021）颁布，确立了城市设计方法在国土空间规划中运用的类型、原则、内容、成果等，而且以原则性、导向性的方式，规范了国土空间用途管制中城市设计方法的运用（专栏 9-16）。

专栏 9-16　国土空间规划城市设计指南要求

城市设计是营造美好人居环境和宜人空间场所的重要理念与方法，是国土空间高质量发展的重要支撑，贯穿于国土空间规划、开发建设和管理的全过程。人居环境是人类生产、生活、游憩和交往的空间场所，也是社会进步、科技发展和文化传承的重要载体。城市设计基于人居环境多层级空间特征的系统辨识，多尺度要素内容的统筹协调，运用设计思维，借助规划传导，通过政策推动，优化国土空间的整体布局，塑造优美城市形态，营造宜人场所和活力空间，提升国土空间品质，实现美好人居环境的积极塑造。

城市设计在国土空间规划中的应用主要包括：在总体规划、详细规划和专项规划三种类型的国土空间规划编制中，运用城市设计手段，改进规划编制方法。城市设计应该遵循设计思维、问题导向、整体统筹、以人为本、因地制宜的五大原则。

在总体规划层面包含跨区域、乡村、市/县域、中心城区等四个层面，分别提出应用城市设计方法的指引；详细规划分为城市一般片区与重点控制区，并将两者的设计深度、导控要求与重点加以区分；专项规划对应现有国土空间专项规划内容，强调增强城市设计思维；用途管制和规划许可中应用城市设计的内容与注意事项，明确用途管制、建设项目选址、特殊地块精细化设计条件等具体落地内容，以确保城市设计在开发建设项目上的可用性。

（二）探索了对接三类规划的城市设计方法

各地在具体实践中主要探索了总体规划、详细规划、专项规划中的城市设计要求，体现了城市设计贯穿规划全过程的作用。这些实践主要具有五个方面的特点：一是问题导向。普遍从城市或片区的功能、空间形态、风貌与品质等方面的具体问题出发，有针对性地进行城市设计引导；二是因地制宜。基本考虑了各地的自然条件、历史人文和建设现状，做到了尊重地域特点、延续历史脉络、结合时代特征；三是整体统筹。将原来聚焦于城市建成区的传统思路逐渐转变为山水林田湖草生命共同体的整体视角；四是设计思维。在方法层面将城市设计视为提升国土空间规划编制水平的重要手段，将提升国土空间环境品质的设计思维融入规划的各层级、各阶段；五是以人为本。不同程度地运用了社会调查、大数据等方法，了解和满足公众对于国土空间的认知、审美、体验和使用需求。

总体规划中的城市设计，广州市充分尊重自然地理格局，按照"山城田海"一体的生态城市理念，在国土空间规划中充分思考坚持生态文明时代的新发展理念，利用北山南海、河网密布的自然地理格局和生态系统，开展全域风貌规划设计[①]（图9-28）。苏州市则体现了"时代需求、人民需求、使用要求"的综合导向，彰显了苏州自然与人文特色，打造出独树一帜的城市形象品牌（专栏9-17）。详细规划中的城市设计，以西安市奥体中心区为典型，突出全过程的有效传导、制度干预、设计管控、管理典范，保障设计方案的有序推进实施（专栏9-18）。专项规划中的城市设计，以北京市通州运河商务区为典型，体现了

图9-28　广州山水城市格局总体意向
资料来源：广州市规划和自然资源局提供。

[①] 广州市规划和自然资源局："广州国土空间总体规划区域协同内容的编制思考"。https://mp.weixin.qq.com/s/t9W7_OjjQPTIfQWoqVg-yg。

对公共空间的不同片区、不同节点、不同要素的差异化建设，通过实施项目包分解推动落地矛盾的解决（专栏9-19）。

专栏 9-17　总体规划中的城市设计：苏州市总体城市设计

为了塑造更高品质的人居环境，再现"人间天堂"的美好图景，彰显东方水城的独特魅力，苏州市于2018年启动开展了总体城市设计的编制工作，与国土空间总体规划同步，丰富国土空间开发保护建设的"美术元素、艺术元素"（图9-29）。主要做法为：

（1）设计内容匹配存量发展阶段城市高质量发展的时代需求。针对存量时期城市空间发展特色需求，关注"更精、更暖、更实"的工作内容，精致塑造苏州人居环境和公共空间。从外部扩张到内涵更新的发展模式的转变，强调以"精细"手法，优化结构格局，雕琢品质空间。应对市民对美好生活的追求，改变过去总设脱离生活的"宏大叙事"，以"温暖"心态，关注民生需求和小微空间。应对政府精细化治理的需求，反思过去臃肿泛化的设计表达，更为追求好用和能落地，以"实在"的态度，推进设计管理和实施。

（2）设计方法体现以人民为中心、满足人民美好生活向往的价值导向。坚持以市民视角来推进设计，让设计更为体贴而回归设计的本源，体现"人民城市人民建，人民城市为人民"。建立多种联系市民意愿的渠道：以问卷调查、开展市民论坛、举办交流大会等方式倾听市民需求。推动编制技术团队的"市民化"：外地专家和技术人员以持续性在当地工作当市民，本地技术人员和规划管理者来自市民。同时，强调设计内容贴近市民生活，设计表达增加市民可读性，浅显易懂表达直观。

（3）设计成果满足国土空间规划改革和治理现代化、精细化的使用要求。本次总体城市设计与苏州市国土空间总体规划编制采取"三同"原则——编制时间同时启动、核心人员同项目组、编制过程同步推进，保障两者一致性，将格局骨架、要素体系等核心内容纳入法定规划体系，并指导空间结构、"三线"划定、用地布局等内容制定，同时辅助《苏州市城市设计导则》《苏州市城市设计管理办法》等城市设计管理制度的制定,满足日常精细化管理的需要。

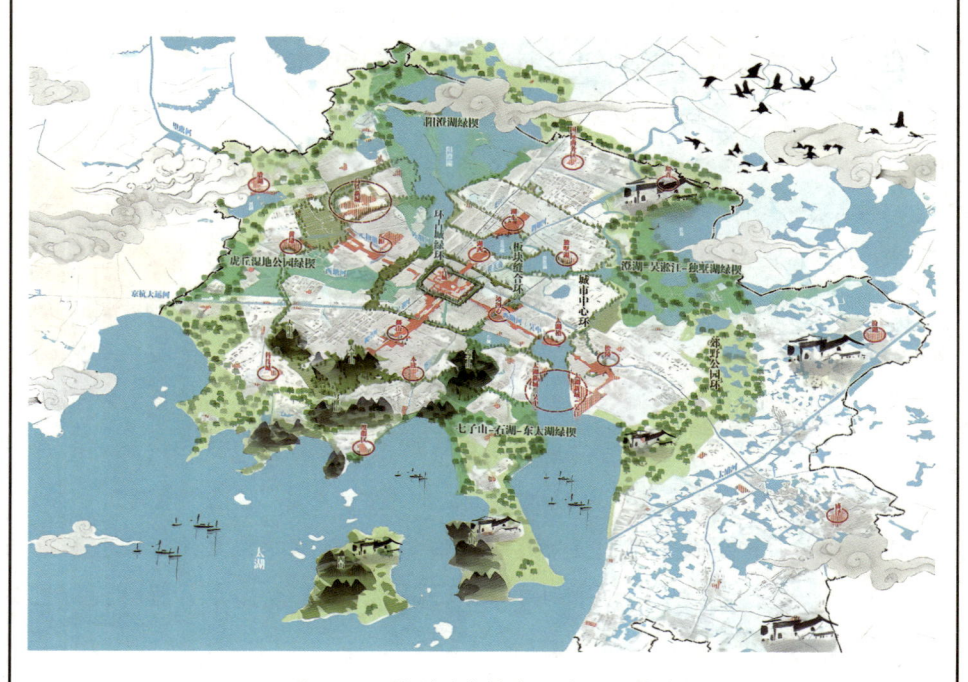

图 9-29　苏州总体城市设计空间系统
资料来源:江苏省自然资源厅苏州市自然资源和规划局提供。

专栏 9-18　详细规划中的城市设计:西安市奥体中心区域城市设计

西安以奥体中心建设为契机,遵循习近平总书记"顺应自然、尊重规律、构建合理城市空间布局"和"以人民为中心"的城市新发展理念,强化全过程的实施管理,高起点规划,高水平建设面向"一带一路"的城市功能载体,营造创新、协调、绿色、开放、共享的新长安(图 9-30)。主要做法为:

图 9-30　西安市奥体中心于夕阳下的实景

资料来源：陕西省自然资源厅提供。

（1）突出设计特色，确保全过程的有效传导。规划以可实施性、可操作性为原则，以城市空间意象为抓手，以生态为底，丝路文化为主题，结合生态自然、文脉历史、多心聚力等现代城市理念，以奥体中心、总部办公大楼等多个重点项目空间落位、重要区域的形象管控为引导，共同营建时代背景下的"新长安"，确保城市环境的良性有序建设，激发城市发展动力与空间活力。

（2）健全设计政策，规范全过程的制度干预。编制《国际港务区色彩详细规划》《国际港务区综合交通规划》《国际港务区核心片区地下空间规划》等专项规划。制定和推行《西安国际港务区城市风貌管理办法》《西安国际港务区建筑外立面样板材质核验管理规定》《西安国际港务区城乡规划信用管理办法》等系列制度文件，对城市风貌塑造、审批、监管实施全流程管控。

（3）多专业联合顾问团队，推动全过程的设计管控。探索城市总建筑师参与模式，特邀专家担任城市设计总指导，参与城市设计全过程管控，对新建、拟建、在建项目方案层层把关；引入规划、建筑设计、景观设计、交通工程、市政工程、产业策划等多专业，组建联合顾问团队，建立设计联席会、周例会、现场会、规划巡查等工作机制；通过方案比选、模型论证、实景打样、现场定样等，按照城市建设相关要求管控落地，完善从设计到实施的衔接过程，践行城市设计全生命周期管控要求。

（4）率先立法保护，树立全过程的管理典范。区域滨水生态空间建设实施效果显著，市委市政府以此为典范，制定《西安市河湖滨水空间管控条例（草案）》，为滨河城市空间的规划设计提供法律依据，为城市风貌管控及生态环境保护建立长效机制。

专栏 9-19　专项规划中的城市设计：北京市通州运河商务区起步区及周边区域

北京市通州运河商务区已进行多年建设，经历了副中心定位升级和多版规划优化。本次城市设计通过从景观与开敞空间体系构建与四大重点片区设计两个层面落实空间结构，并制定建设计划衔接实施，推动商务区的后续发展（图9-31）。主要做法为：

（1）公共空间引领整体结构，赋予片区人本属性。改变以建筑塑造核心区形象的做法，将公共空间网络作为空间发展重点。充分利用滨水优势资源，建立以运河为引领的生态与公共空间主脉，并通过街路、公园及水系向两侧渗透，形成景观与功能高度融合的慢行与开敞空间网络。在公共空间网络重要交汇处，结合用地功能布局商业文化功能节点、地标节点和景观节点。建立开敞空间"连接系统"，增加跨河、跨路联系，缝合运河两岸功能联系。

（2）针对片区各部分建设阶段差异，进行分区分片施策。对于已建保留区域，基于现状综合评估，结合地块业主升级意愿与周边空间与设施使用者反馈的意见，重点进行街路空间、公园绿地、景观节点的点状提升，并对涉及的产权用地、管理部门和实施主体进行充分沟通，保证实施落地的可行性。对于增量建设区域，采用高效利用成片的机遇用地进行整体更新，或结合在途项目进行空间的控制与引导。对于存量用地较多并需整体更新的用地，考虑建设时序，谋划近期替代方案。

（3）系统化进行实施项目包分解，解决用地与建设的矛盾点。综合考虑实施条件，制定实施计划。明确实施时序的总体原则，以基础设施与公共服务设施完善为先导，前期实施开发主体与改造意向明确的点状提升项目；中期逐渐实施功能地块建设与慢行系统打造；远期整体推进，解决实施难度较大的建筑拆除与整体优化地块。基于涉及实施的各项综合要素，进行实施项目包分解，协助后续的实施主体对接，开发资金申请的工作，稳步推进落地建设。

图 9-31　北京通州运河商务区总体鸟瞰

资料来源：北京市规划和自然资源委员会提供。

第六节　建设数字赋能的智慧国土

新时代的中国国土空间规划将是可感知、能学习、善治理、自适应的"智慧规划"，致力于绿色发展和美好生活，建设智慧国土和美丽中国。各地积极探索国土空间规划"一张图"、智慧型规划编制和实施监督，推动构建新时代规划全周期的数字化管理模式，为各级各类国土空间规划编制审批和实施监管提供支撑。

一、地方探索国土空间规划"一张图"

在地方实践中，济南市以国土空间规划"一张图"为核心，采取市级统筹"一张表"、实施跟踪"一个码"、构建"X工具箱"等策略，推动构建新时代规划全周期的数字化管理模式（专栏9–20）；广西以建设"可感知、能学习、善治理、自适应"的智慧型规划为目标，按照"统一底图、统一标准、统一规划、统一平台"要求，结合国土空间规划编制，同步建成国土空间规划"一张图"实施监督信息系统，并大力推进三维能力建设，开发智能模型算法，努力构建覆盖全域全要素的精准感知、动态监测、精准分析、智能模拟、实时预警、权威统一的国土空间规划数据资源体系，为广西各级各类国土空间规划编制审批和实施监管提供支撑（专栏9–21）。

专栏9–20 济南市国土空间规划"一张图"全周期管理实践

济南市以国土空间规划"一张图"为核心，推动构建新时代规划全周期的数字化管理模式，在支撑全市国土空间规划工作方面进行了应用实践（图9–32、图9–33、图9–34）。主要做法为：

图9–32 规划成果分级分类展示

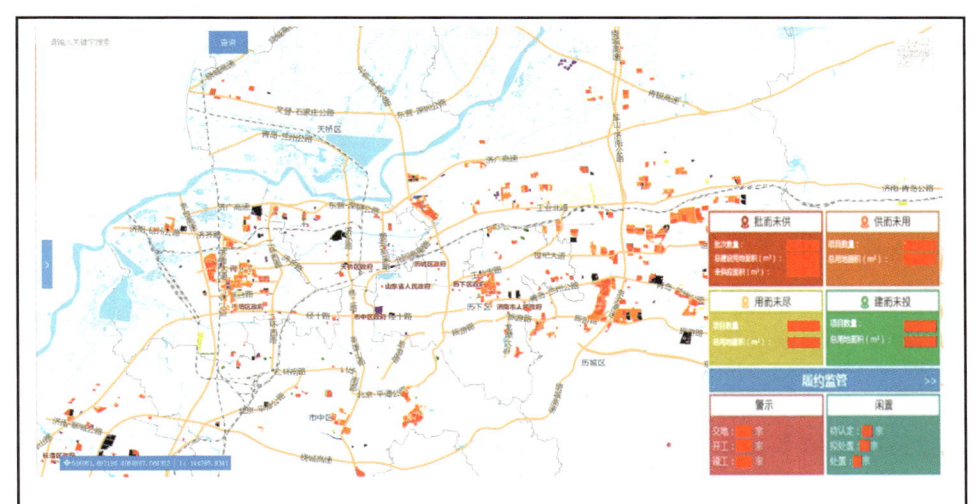

图 9-33 存量用地识别

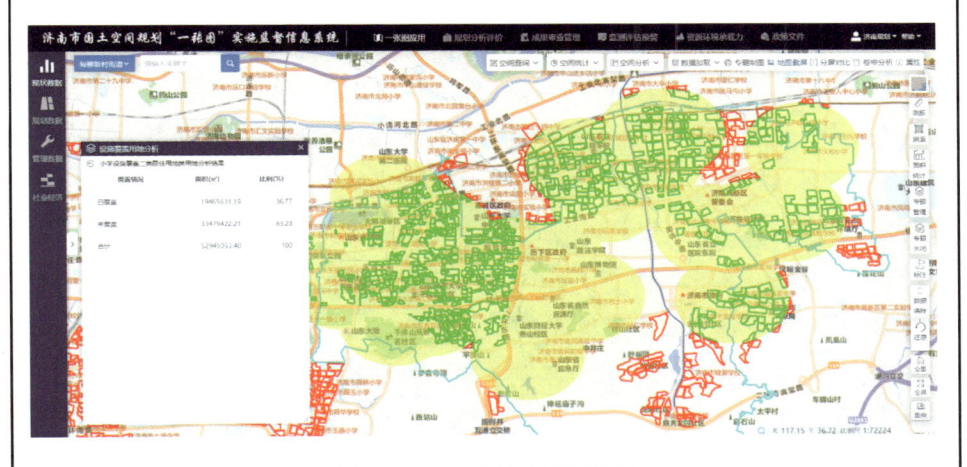

图 9-34 15分钟生活圈分析

资料来源：济南市自然资源和规划局提供。

（1）市级统筹"一张表"，国土空间规划编制全流程管理。一是编制计划统一管理，通过国土空间规划"一张图"实施监督信息系统开展规划编制项目的市级统筹调度管理，实现规划编制项目"一库总揽"、年度计划的"一表统管"、项目详情的"一键查览"。二是规划审查统一管理，建立规划的协同编制和传导审查机制，划分"市、区县、镇街"三级和"市-区县-

街镇-管区-村居"五层的规划编研单元,利用国土空间基础信息平台的编制底图和"三线"符合性分析工具,对各级规划成果进行"一键智审",将多轮审查结果和意见进行"信息留痕"管理,实现"三层五级"规划协同审查、成果上下衔接,从指标约束、底线管控、布局衔接、重大项目保障、数据规范五方面确保上位规划的指导约束作用落位。三是规划成果统一管理,建立数据汇交质检和更新入库的管理办法,明确工作流程,同步配套各级各类规划成果数据质检、数据更新管理工具,支持规划成果汇交、一键质检、动态更新。同时,建立规划成果审查过程库、现势库和历史库,对各级各类规划的历史成果、审查过程成果以及局部调整、修改成果实现全版本留痕管理,确保数据的现势性和可回溯性。

（2）实施跟踪"一个码",建设项目全生命周期码上管。首先,统一编码规则。基于空间信息对建设项目赋唯一空间编码,串联项目图件、审批意见、公文档案等全周期阶段信息,实现一"码"关联、"码"上共享。其次,项目全周期动态可视。建立全市建设项目管理的空间分布图,点击即可查阅项目各阶段信息详情,并结合红、黄、蓝预警机制建立建设项目进程的"健康码",实现"码"上监管。最后,强化数据挖掘分析。以盘活存量用地、精准要素保障为重点,提供闲置土地识别、低效土地识别和土地节约集约利用评价工具,实现"码"上决策。

（3）构建"X工具箱",数字赋能规划辅助决策。紧密围绕提高空间治理能力现代化要求,推出一系列辅助决策的系统应用小工具"X工具箱",包括服务规划编制的"双评价"分析、河流道路检索统计、规划成果质检入库与技术审查等工具;服务规划实施的智慧选址、项目合规性审查、规划一键分析等工具;服务国土空间规划城市体检评估的15分钟生活圈评价、"三区三线"管控、规划体征监测等工具,极大地提升了监测评估的效率,实现了智能读图、智慧决策。

专栏 9-21　广西探索三维国土空间规划"一张图"

广西构建三维国土空间规划"一张图",赋能国土空间全生命周期智慧管理(图 9-35)。主要做法为:

图 9-35　国土空间三维动态"一张底图"

(1)整合多源海量国土空间关联数据,形成三维动态"一张底图"

推动部门信息互联共享,整合海量数据资源。一是成立以自治区政府主席为组长的国土空间规划工作领导小组,明确各部门工作责任。二是广西自然资源厅深入各部门进行多轮沟通对接,宣讲党中央、国务院"多规合一"改革的决策部署精神和"共建共享共治"理念等,逐步凝聚共识。三是以服务促互联,充分发挥自然资源部门技术优势,主动提供技术服务,对没有形成关联空间数据的部门,免费协助建立专项数据库。四是建立多部门数据汇集的自然资源数据中台,以数据治理为核心,以业务应用为载体,以数据资产化为目标,通过广西壮族自治区政务数据共享交换平台,便捷汇聚、治理自治区 39 个厅局的空间关联数据和信息。采集覆盖全自治区的手机信令,收集工商主体数据、POI 数据、房价数据等大数据,深度融合自然资源综合监测、用地用矿审批等管理数据,形成涵盖现状、规划、管理和社会经济等四方面的 1 470 多个专题数据库。

构建国土空间三维动态"一张底图"。经过多年持续夯实卫星影像、航空影像、无人机影像、倾斜影像、实景三维卫星遥感数据基础和城市地区三维模型等，形成高精度的基础地理三维数据库，结合自然资源调查监测成果数据，构建了全域覆盖、坐标一致、边界吻合、上下共享、动态更新的国土空间三维动态"一张底图"。

（2）丰富智能模型，提高国土空间规划智慧化管理水平

一是智能识别预警洪涝风险，大幅提升防洪排涝线划定和防洪排涝基础设施安排的科学性。系统可以模拟不同防洪标准和洪水位下的洪涝灾害淹没场景，预判洪水淹没范围及淹没线；可以分析识别城市主要道路地势低洼点及内涝风险区域，模拟暴雨来临时城市道路淹没场景（图9-36）。二是智能识别设施服务范围，支撑"社区生活圈"规划安排优化。系统可以模拟小孩、成年人、老人等不同年龄段市民在步行、自行车、电单车、小汽车等不同情景下，5分钟、10分钟、15分钟的可达范围，提高评估学校、养老服务、医院等公共服务设施覆盖范围及服务盲区的能力，为及时优化国土空间规划安排、补短板提高城市宜居性提供针对性建议方案。三是实现全域三维可视，大幅提升城市设计科学性。通过强化系统的三维能力，高度还原城市全景及周边自然地理格局。在城市视廊控制方面，可以用人的视角，模拟"城中观山、山上望城、山体互望"的可视性与通透性分析，为科学预留和控制城市景观视廊、营造公众可感知的城市空间形态提供直观依据；可运用高度测量、地形剖面、视域分析等功能，确定城市主要景观眺望点，为控制视廊范围内建筑高度和空间形态提供决策参考，促进相关管控要求更好传导到专项规划和详细规划中。四是监测用地节约集约水平，助力提升国土空间开发利用效益。基于10多年的高分辨率遥感影像，运用遥感人工智能识别算法，对省级以上园区用地情况进行监测，识别工业开发建设程度、用地效率、产城融合、园区品质等方面的问题，辅助产业园区规划设计及产业用地精准配置；结合小区边界、建筑轮廓、互联网房屋交易数据等对建筑属性进行记录，与手机信令数据、POI数据等大数据对人口活动和设施使用情况进行分析，智能识别低效用地，为城市更新

和产业园区管理提供决策支撑。

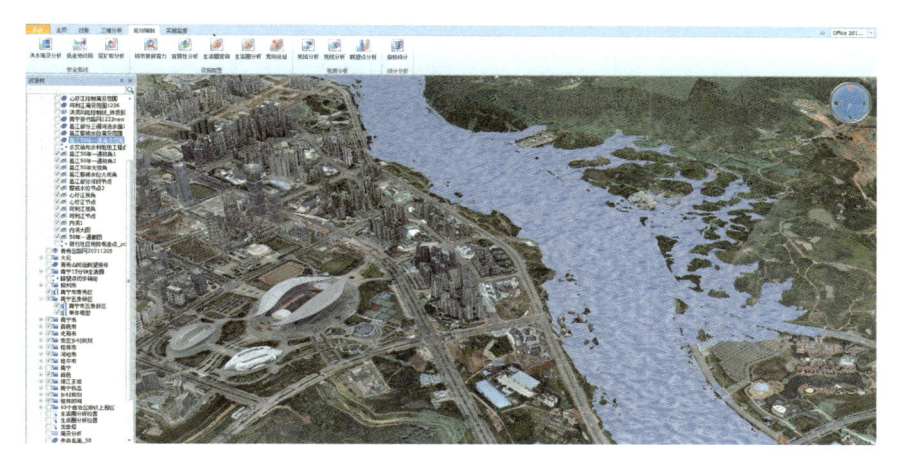

图 9-36 洪水淹没范围模拟分析

（3）主动服务支撑，推进共建共治共享

一是支撑自然资源"用地用矿"项目全生命周期监管（图9-37）。为项目用地预审、用地用矿审批、土地供应、规划许可、规划核实、不动产登

图 9-37 自然资源用地用矿"全生命周期"监管

资料来源：广西壮族自治区自然资源厅提供。

> 记等环节提供合规性审查分析，并集成汇聚各环节管理数据，推动实现"一码管地"。二是支撑相关领域管理。为农宅审批、高标准农田建设、重大交通基础设施建设工程管理、农村人居环境整治等管理系统提供空间数据支撑，并结合云计算、物联网、视频传输等技术，提供公路沿线基础控件和公路故障排查等远程协同管理服务。

二、着力探索规划数字化智慧化场景应用

党的十九大报告明确"智慧社会"建设目标，对当前国土空间规划工作的开展提出了新的要求。随着我国城镇化发展进入"下半场"，更多的存量问题与精细化配置需求逐渐呈现出来。传统规划方法的低维视角已不能解决复杂的高维度问题，因此，需要深度整合互联网、大数据、云计算、人工智能等新技术，推动国土空间规划编制全过程的智慧化。

（一）数字化智慧化在国土空间规划编制中的应用场景

新数据与新技术助力国土空间规划编制工作。利用卫星遥感、传感器、摄像头、无人机（车）、个人便携式设备、智能路灯等诸多工具或平台，对国土空间进行全面感知和多源数据的采集，包括地理国情监测的数据、城市运营和监测的大数据、互联网开放数据等，实现多源数据的融合、集成及跨空间层级的建库，为"双评价"等国土空间规划基础性工作提供支撑。

利用各类技术分析人类活动与国土空间之间的关系，把握规律、科学预测，进而综合界定相关边界、优化空间结构与功能用地布局，得到具有空间承接性、满足跨行政层级的规划编制方案。通过"新技术+人类活动+国土空间"的规划分析思路，适用于总体规划中的多场景分析。专项规划中，通过分析特定区域或领域内的特定人群与国土空间资源之间的关系，一方面解决特定问题或需求，另一方面将总体规划的空间资源配置要求和特定人群的空间资源使用需求传导至下一层次规划。详细规划是实施性规划，在统筹考虑国土空间总体规划与专项规划要求基础上，准确测算人类活动强度对空间开发利用程度的影响，科学

制定满足人类生产、生活及生态实际需求的地块控制标准与实施要求。

例如，威海市中心市区开展数字化城市设计，基于数字分析、数字设计到数字管控的总体思路，开展了"总体城市设计""城市设计全覆盖"及"三维智能管控平台"的数字化城市设计三部曲。运用生境网络、地貌径流分析等大数据技术，构建一个相互连通的网络系统来探索城市尺度的绿地网络体系，在减轻城市生境破碎化影响、保护生物多样性和生态系统健康等方面能够发挥重要作用；同时，建构多元地域文化承载体系，基于历史资源包络图、LBS 等大数据分析，制定符合城市自身特色的文化彰显策略，突出文化风貌区划分、特色游憩体系、历史承载空间塑造等方面的设计内容（专栏 9–22）。

专栏 9–22　威海市中心市区开展数字化城市设计

威海市中心市区数字化城市设计以多方开放协作为特征，多规整合并与城市设计协同编制，将宏观设计意图无损传导。通过数字化平台，将城市设计与国土空间规划、林业规划、控制性详细规划等其他规划相衔接，形成三维"一张图"模式，协调多规、多部门之间的矛盾冲突，快速有效推进城市设计及建设管理工作的落实与推进。主要做法为：

（1）综合多源大数据的数字化现状解析（图 9–38）。立足于威海大陆尖端、黄海三梢、精致宜居的地理区位及自身特色，运用手机信令大数据、业态 POI 大数据、街景智能识别技术等大数据与人工智能技术，运用多源大数据技术模块，综合测度威海的人群动态结构、城市空间三维形态、数字意象感知、业态职能空间等城市现状品质、特征及问题。通过数字分析、数字设计到数字管控的集成应用，保障总体城市设计的科学编制和精准落实，方案审查效率提升 216 倍、管控精度提升 12 倍。

（2）城市三维智能管控平台建设（图 9–39）。通过城市设计数字化谱系构建、数字化成果转译、数字化规则建模和智能化应用系统建设等工作，建构一套面向实施的城市设计数字化平台，集成方案报批的智能审查、多个方案的智能比选、规划要点的智能生成等场景应用，落实城市设计管控与评估体系。首先是城市设计数字体系、数据标准建设。将三维城市空间分解为标准化、类型化、层级化的基本要素，最终形成三大类、90多层数据，门类多样、内容丰富的城市设计综合数据资源谱系，包括数字高程、倾斜摄影等基础地理数据；三维建筑模型、总体、单元、街区城市设计等城市设计二三维数据；控规、多规合一等规划编制数据。其次，将城市设计方案导入城市的整体数字化环境之中，为城市设计的数字化研究、分析与管理、控制提供了平台与保障。

图9-38 综合多源大数据的城市现状研判

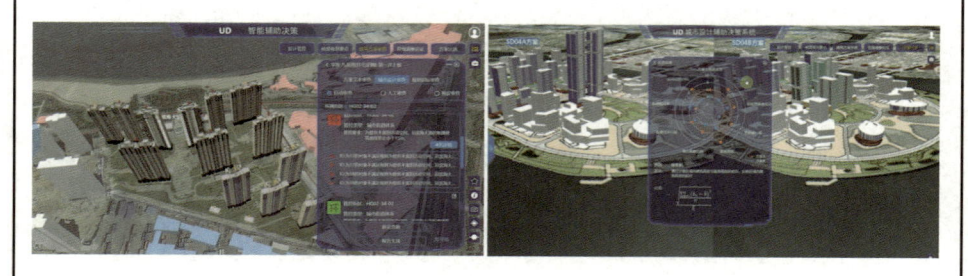

图9-39 三维智能管控平台

资料来源：山东省自然资源厅提供。

（二）数字化智慧化技术在规划实施监督中的应用场景

城市体检评估中，在构建国土空间信息基础平台的基础上，可以充分借助人口数据、POI 数据及手机信令数据，结合机器学习、深度学习算法，实现街区层面精细化公共服务设施水平测度、人口空间特征分析、通勤特征、职住平衡、从业状态分析等。例如，厦门市则围绕"高素质、高颜值、现代化、国际化城市"的发展目标，按照自然资源部统一部署，以国土空间规划城市体检评估指标体系为核心，在城市体检评估工作中充分应用多源大数据与机器学习、深度学习等新技术手段，聚焦自然资源和生态环境、公共服务和民生保障及空间品质特色等方面体检指标，以精细化数字治理助力城市体检。通过建立"部门自检-统筹评估-公众参与"三位一体的工作组织模式，精准高效识别国土空间保护开发利用的问题和短板，为国土空间规划编制实施奠定了坚实基础（专栏 9-23）。

专栏 9-23　厦门市探索精细化数字治理，助力精准城市体检

　　厦门市充分发挥自然资源主管部门掌握的空间数据优势和规划信息化技术优势，集成量化评估模型，基于大数据和可视化技术，在不断提高体检评估效率的同时，深度评估厦门市空间结构特征、公共设施服务水平、产业聚集程度、交通运行特点等方面的内容，总结国土空间规划实施成效和经验，形成数据客观、标准科学、综合实施、结论可靠的城市体检评估报告，为城市发展提供决策依据（图 9-40）。主要做法为：

　　（1）构建城市体检评估功能模块，提升体检评估智能化水平。基于国土空间基础信息平台，完善国土空间规划"一张图"实施监督信息系统，构建城市体检评估功能模块，建立"横向到边、纵向到底，全周期、全覆盖"的体检评估系统，实现了全市六区 24 个职能部门多源数据的统一高效采集、数据交换、系统分析、动态模拟；按照"市级-区级-街道-社区"逐级细化分解指标，确保体检指标数据的客观、准确、权威，科学全面评价国土空间开发保护的成效和短板，提高城市体检评估工作的效率和智能化水平。

（2）以"政府数据-大数据-社会调查数据"多源数据为基础开展精细化体检评估。充分发挥国土空间基础信息平台数据共享优势，以全市各部门"共建共享共管"的政府数据为基础，充分应用遥感数据、手机信令数据、交通卡口数据、POI 数据、企业大数据及"12345"市民服务热线等多源时空大数据，着力提升体检评估的科学性和精细化水平。做到：一是精准识别人群时空特征。充分应用全市"一标四实"人口数据、工商法人数据、民政地名地址数据、手机信令数据、百度定位数据，结合机器学习、深度学习等前沿技术，系统分析全市人口空间分布、通勤特征、职住平衡、从业状态。

图 9-40　厦门市国土空间规划城市体检评估模块示意

资料来源：自然资源部微信公众号。https://mp.weixin.qq.com/s/fPSEKMzcNysBPUvijiIUCQ。

二是精准评估公共服务设施服务水平（图 9-41）。应用历年全市人口数据、公共服务设施专项数据、项目建设时序数据，通过路径规划、网格分析、GIS 可视化、模型运算等方法，实时全面监测评估各类专项设施的服务能力，对供需矛盾突出区域及时预警。

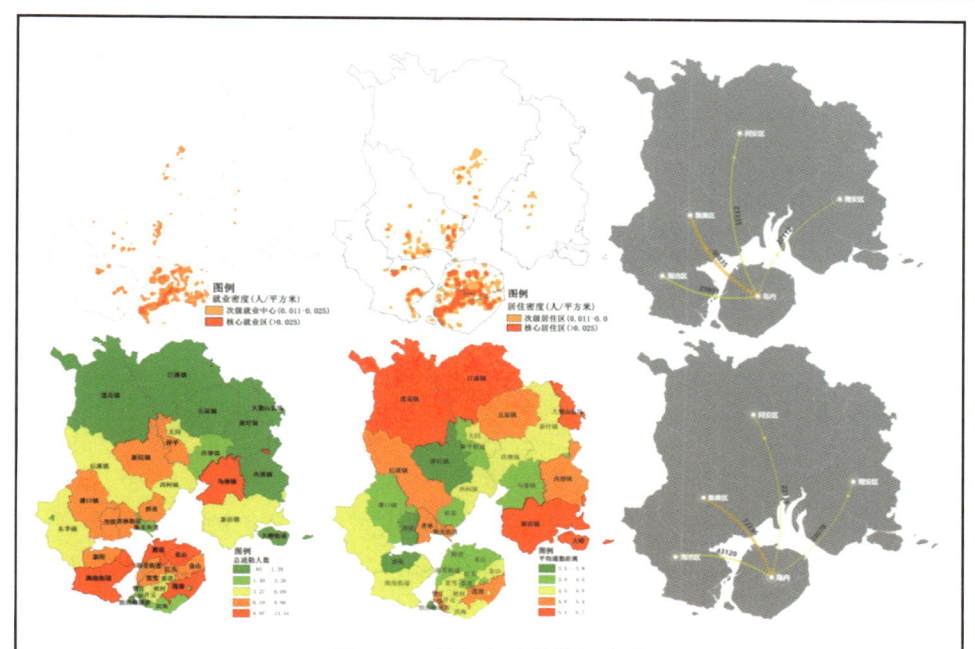

第九章 国土空间规划的实践创新探索

图 9–41 厦门市通勤特征分布

资料来源：自然资源部微信公众号。https://mp.weixin.qq.com/s/fPSEKMzcNysBPUvijiIUCQ。

　　三是动态监测交通运行态势（图 9–42）。针对路网密度和级配、交通运行态势和成因等难以动态监测评估问题，通过路网数据、定点观测数据、浮动观测数据等多源动态交通大数据与城市用地布局结构、人口岗位分布静态数据的融合，并结合城市居民出行习惯特征，动态监测全市路网结构、不同时段的交通出行态势以及不同等级道路（快速路、主干路、次干路、支路）的运行拥堵状态情况，对交通系统状态的变化征兆和成因进行识别。如路网密度及级配变化和用地空间关系的监测、对某些常发性拥堵路段进行交通拥堵的溯源分析等。

图 9-42　厦门市交通运行状况分布

资料来源：自然资源部微信公众号。https://mp.weixin.qq.com/s/fPSEKMzcNysBPUvijiIUCQ。

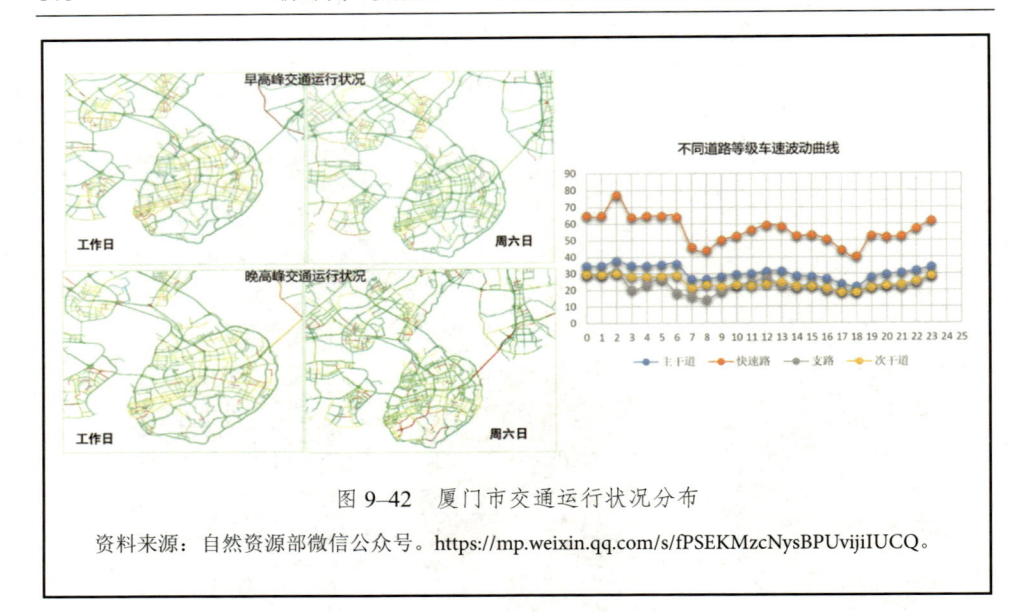

第十章 "多规合一"国土空间规划实践的理论思考

第一节 坚持总体国家安全观,守住安全底线

"总体国家安全观"是习近平总书记根据党的十八大以来国家安全形势以及保障实现"两个一百年"奋斗目标和中华民族伟大复兴的中国梦的需要,提出的重大战略思想,是习近平新时代中国特色社会主义思想的重要组成部分。国土安全是立国之基,是传统安全备受关注的首要方面。资源安全的核心是保证各种重要资源充足、稳定、可持续供应,在此基础上,追求以合理价格获取资源,以集约节约、环境友好的方式利用资源,保证资源供给的协调和可持续。当前,各地正积极推进保障国土、资源、能源安全等工作,包括"三区三线"的统筹划定、防洪防灾空间的打造、韧性城市的建设等已积累了一定的实践经验。在未来的理论探索与实践工作中,应始终秉持"底线思维"和"系统思维",牢牢守住国土空间的安全底线,深化落实安全韧性理念,强化应对不确定性的"留白"理念,巩固国土空间的安全防范能力,提升人民的安全感。

一、筑牢底线优先、系统配置的国土安全观

"总体国家安全观"是国家所有方面、所有领域、所有层级安全的总和。

国土安全作为国家安全体系的重要组成部分,不仅涵盖"国家领土完整、国家统一、海洋权益及边疆边境不受侵犯或免受威胁",使"国家稳定发展,人民安居乐业"的总体要义[①],更对粮食安全和生态安全、水环境安全、防灾减灾规划、韧性城市建设等实操层面各项工作提出了明确的战略要求。

"底线思维"和"系统思维"是国土安全观的内在基础,构建系统性的国土大安全格局需要在国土空间规划中秉承"底线思维"和"系统思维"。其中,"底线思维"是指在认识系统未来发展中可能出现的困难、危机、风险的基础上,未雨绸缪,从最不利情形出发采取有针对性的保护和防范措施,调整系统要素及其结构关系,从而保证系统功能的实现、作用的发挥;"系统思维"则建立在事物之间关联性的基础之上,把各类要素看作一个整体加以分析思考的思维方式,强调多个系统要素共同作用完成同一目标形成的大协作系统等。从国土空间规划的内容出发,可以将"底线"理解为建立在安全(包括国土安全、生态安全、粮食安全、能源安全、水安全以及人民的生命财产安全等)、秩序(社会的有序运行和相互和谐的关系)和可持续发展绩效等共同组成的基础上,如划定"三区三线"、坚决落实耕地保护红线和生态保护红线。系统思维则强调从不同要素相互联系、相互制约的角度出发,在底线所确立的安全、秩序和绩效的基础上,维持经济社会可持续运行,从全局出发谋划城市应对突发自然灾害或公共安全事件的体系建设,基于系统思维统筹流域生态安全格局的发展等。

面向未来,应进一步夯实基础调查和"双评价"工作,科学统筹生态、农业、城镇等功能空间划分,对国土空间的合理开发、利用、治理进行宏观调控,规范国土空间开发秩序,合理控制空间开发强度,为国土空间规划的实施提供决策基础。

二、树立应对风险的安全韧性理念

在城市与区域发展中,"安全韧性"强调一定地域空间面临自然和社会的慢

---

① 中共中央宣传部:《习近平新时代中国特色社会主义思想三十讲》,学习出版社,2018年。

性压力和急性冲击后,特别是在遭受突发事件时,能够凭借其动态平衡、冗余缓冲和自我修复等特性,保持抗压、存续、适应和可持续发展的能力[①]。在当前全球气候变化的背景下,暴雨、高温热浪、洪水、台风、干旱等极端天气事件以及火灾、重大传染性疾病等各种人为或工业化工风险的频繁发生,已经严重威胁到人类生存和世界可持续发展,传统刚性管控的工程思维方式已不能适应现代多样化复合型的灾害情境,城市必须走韧性适应的安全发展之路。安全治理涉及灾种、要素、主体、层级、过程五个维度,随着韧性城市理论的日益完善,韧性城市的建设路径逐渐清晰。一般从风险评估、空间格局韧性、基础设施韧性、社会组织韧性四个维度构建韧性城市。

国土空间规划中"安全韧性"理念体现在将城市安全建设由传统的综合防灾减灾,导向城市安全发展的综合治理能力,要求建设全过程管理的韧性城市。韧性城市规划已经成为国土空间总体规划的重要内容,主要强调城市各系统对可能的各类城市灾害或威胁的适应性,重点在于城市基础设施供应的保障和应急系统的建设,以指标刚性管控为主要手段。

面向未来,应进一步由关注城市转变为全域统筹。因地制宜开展国土空间综合灾害风险评估,分析识别重点自然灾害和人工灾害风险源,划定城市综合灾害风险分区,完善综合防灾减灾分区导控和治理措施,统筹防灾减灾重大设施布局,提升全域国土空间的安全韧性。针对边境地区、沿海地区,统筹布局戍边稳边兴边、海洋安全防护等空间支撑设施,有效保障国土安全。通过推进智慧城市建设,完善城市公共安全的智慧信息系统,提高风险预警趋势研判和应急决策的智能化水平。

三、强化应对不确定性的"留白"战略

"留白"是中华传统文化艺术的重要手法,战略"留白"是从长远发展角度、为了实现战略目标而为未来预先留出的发展余地,是整个战略部署的重要

---

① 孙建平:"打造'安全韧性城市',上海应该怎么做?" https://news.tongji.edu.cn/info/1007/77261.htm。

组成部分。从规划预测的角度看，面对未知的未来，不能作出精准的判断，因此应在已知和未知之间"留白"。从规律认知的角度看，城市运行面临的风险和不可控情形会始终存在，为加强城市的弹性，需要做出相应的"留白"；从空间发展的角度看，鉴于有限的宝贵资源，越发脆弱的环境承载能力，应警惕城市发展对自然的过分占据和摄取，为原有自然环境和生态空间的保护与延续做出"留白"；从治理层面看，随着城市公众群体的崛起和市民社会参与力的增强，规划的政府力量应逐渐留白给在地的社会力量，发挥基层社会细胞的规划自组织能力，且在规划政策和行动方案的制定中，给予多方主导力量协商的"留白"空间。

国土空间规划中的"留白"强调要在国土空间长远、动态连续发展的过程中、在促使从当前状态向目标状态发展的过程中，不断接纳、联合、融合这些在规划之初并未预见到的（意外）变化并使之在战略目标实现过程中发挥应有的作用，为城乡未来的长久发展保留弹性空间，以应对和满足对突发事件的应对、潜在风险的缓冲、新增长点或其他战略功能的保障、空间结构的优化等不确定性和未来需求。目前，应对不确定性的规划"留白"理念已在许多城市得到应用。

面向未来，应全面深化对空间战略留白的认识，逐步完善落实各类"留白"机制，不仅要为国家的重大项目、重大事件等战略发展需要预留用地，还需要为"城市有机体"的生长和再生长留空间。实践中应充分运用战略思维，从全局整体的角度来思考国土空间的各类要素构成及其相互关系和未来可能的变化程度，深入分析这些不同要素间的相互影响、交互作用和共同变化的特征及其规律，利用空间使用可变性来有机确定各类战略留白的空间，在动态过程中实施总体管控与局部灵活变动的管理，从而增加地区发展中的灵活性。

第二节　坚持绿色发展，提高资源节约集约利用水平

习近平总书记指出："生态文明建设功在当代、利在千秋。我们要牢固树立社会主义生态文明观，推动形成人与自然和谐发展现代化建设新格局，为保护

生态环境作出我们这代人的努力。"建设生态文明是中华民族永续发展的千年大计，而国土是生态文明建设的空间载体，国土空间规划体系建设因此成为新时代生态文明制度建设的核心内容之一。当前，各地正积极推进相关工作，包括山水林田湖草的整体性保护、系统性修复和综合性治理，生态产品价值的实现路径，各类自然资源节约集约利用的模式创新等等，已然积累了一定的实践经验，在理论方面也取得了一定的进展。"人与自然和谐共生"是生态文明建设的核心理念，在未来的理论探索与实践工作中，应坚持"山水林田湖草"生命共同体的整体观，进一步推动以"绿水青山就是金山银山"为指导的绿色发展，同时强化资源节约集约利用的高质量发展要求。

一、秉持"山水林田湖草"生命共同体的整体观

在 2013 年发布的《关于<中共中央关于全面深化改革若干重大问题的决定>的说明》中，习近平总书记提出："山水林田湖是一个生命共同体，人的命脉在田，田的命脉在水，水的命脉在山，山的命脉在土，土的命脉在树"的系统治理思维。2017 年 7 月 19 日中央全面深化改革领导小组第三十七次会议上，习近平总书记再次提出，要"坚持山水林田湖草是一个生命共同体"，将"草"纳入生命共同体中，扩展了生命共同体的边界。纵观习近平总书记对"山水林田湖草"的相关论述，不难发现"山水林田湖草是一个生命共同体"体现的是对自然本身的理解和认识，是从生态文明建设的整体视角出发，将山、水、林、田、湖、草等自然要素视作一个统一体。

"生命共同体"理念强调的是一种整体观，强调将空间作为一个共同体来看待。在这一理念的指导下，国土空间规划既是对自然资源系统的优化工程，也是对人地关系系统的优化工程。面向未来，应将"山水林田湖草"生命共同体的整体观贯彻到国土空间开发保护的全流程与全环节，尊重自然、顺应自然、保护自然，不仅将山水林田湖草等自然资源视作一个完整的系统，更以一个互为依存的、更大范围的生命共同体的视角来统筹人地关系的协调与开发保护格局的优化（庄少勤，2019）。

二、推动"绿水青山就是金山银山"的绿色发展

"绿水青山就是金山银山"绿色发展理念的是新时代生态文明建设的根本遵循,其强调的是"绿水青山"与"金山银山"的辩证关系。这一理论由习近平同志在担任浙江省委书记考察余村发展时首次提出,并在哈萨克斯坦纳扎尔巴耶夫大学发表演讲时被全面阐述。"绿水青山就是金山银山"意味着要"算大账、算长远账、算整体账、算综合账",这深刻揭示了经济发展与环境保护的对立统一关系:其一,绿水青山本身就有价值,必须保护绿水青山、守护绿水青山、留下绿水青山,因为没有绿水青山就不会有金山银山;其二,生态环境的价值不断变化,所谓"既要绿水青山,也要金山银山"即是强调要兼顾发展和保护,强调发展的后劲,启示我们,在我国生态文明建设实践中,要立足当前,着眼于长远,在发展中保护,在保护中发展;其三,"绿水青山"与"金山银山"是可以互相转化的,要采用集约、高效、循环、可持续的利用方式,开发利用自然资源、环境容量和生态要素(周宏春、江晓军,2019)。

"两山"理论的内在逻辑在于生态产品的价值实现和绿色增长的价值导向,而生态优先、绿色发展既是国土空间规划体系构建的核心价值观的体现,也是"两山"理论内在逻辑的具体体现。面向未来,新时代的国土空间规划应进一步坚持"探索内涵式、集约型、绿色化的高质量发展新路子,推动形成绿色发展方式和生活方式,增强城市韧性和可持续发展的竞争力"的总体要求与工作原则,以全面构建面向2035年的更加绿色安全、健康宜居、开放协调、富有活力并各具特色的国土空间开发保护格局为目标,在"强化资源环境底线约束,推进生态优先、绿色发展"的过程中,切实履践"两山"理论和绿色发展的核心要义,使理论在实践中焕发源源不断的活力。

三、强化资源节约集约利用的高质量发展要求

2013年5月24日习近平总书记在十八届中央政治局第六次集体学习时,明确提出"节约资源是保护生态环境的根本之策"。事实上,推动自然资源节约

集约利用、全面提高资源利用效率，既是破解保护与发展突出矛盾的迫切需要，是促进高质量发展的必然要求，是事关中华民族永续发展和伟大复兴的重大战略问题，也是新时代国土空间规划毋庸置疑的使命担当。自然资源具有稀缺性特征，其在利用过程中可以分为两个阶段，即自然资源的初级利用与次级利用。初级利用指自然资源开发过程，如房地产开发过程，次级利用指自然资源效益产出过程，如工业厂房投产、生产过程。国土空间规划应充分协调初级集约利用与次级集约利用之间的关系，两阶段中资源利用的节约集约水平密切关联且同等重要（林坚、刘诗毅，2012）。这启示我们，国土空间规划在安排自然资源开发利用保护方案时，不仅要努力降低社会经济发展和人口增长对稀缺性资源的消耗，还要对现有已利用的自然资源适当增加投入以达到最佳投入产出点，不断提高资源节约集约利用水平。当前聚焦在建设用地资源、矿产资源等的两阶段理论与实践探索相对较多。

面向未来，应加强部分尚未被深入研究的自然生态资源的开发保护研究，以及主体功能分区为引领的可持续的生态产品价值实现有关工作等。实践中应首先强化落实"双评价"工作的基础作用，对自然资源和生态环境本底进行系统全面的分析研判，基于评价结果回答利用当前有限的自然资源去生产什么、如何生产、为谁生产这一问题；并在城市建设、自然生态空间管控等具体工作中贯彻节约集约理念，合理高效地引导城市发展，完善资源总量管理和节约利用制度建设。

第三节 坚持以人为本，营造宜居国土

习近平总书记在党的十九大报告中指出："坚持以人民为中心……坚持人民主体地位，坚持立党为公、执政为民，践行全心全意为人民服务的根本宗旨，把党的群众路线贯彻到治国理政全部活动之中，把人民对美好生活的向往作为奋斗目标，依靠人民创造历史伟业。"以人民为中心是习近平新时代中国特色社会主义思想的重要内容，国土空间规划也应将满足人民不断增长的美好生活需求作为首要出发点。当前，各地在探索建立国土空间规划体系的过程中，广泛

开展了包括城乡社区生活圈配置、空间战略留白和韧性基础设施建设、特色风貌塑造与总体城市设计、历史文化保护、城市有机更新、乡村活力营造、区域协调等在内的一系列工作。在深刻把握"以人民为中心"这一核心发展理念的过程中，应充分尊重人地和谐的城乡发展规律，落实公共服务均等化的空间公平思想，秉持安全韧性的规划留白理念，彰显兼具空间特色和文脉传承的地域观，推动城市和乡村的可持续再生，实现区域分工协调的联动发展，进一步促进可持续发展的国土空间格局优化。

一、尊重人地和谐的城乡发展规律

尊重自然和城乡发展客观规律，关键在于把握自然地理格局、人地关系格局和城乡发展的客观规律。首先，宏观格局上的三大自然区（即东部季风气候区、西北干旱与半干旱区及青藏高寒区）和地势三大阶梯是我国自然地理格局的基本特征。其决定了各地区对社会经济活动差异化的承载能力，由此深刻影响了我国空间开发、区域经济发展和布局的整体框架。人地关系方面，胡焕庸线深刻揭示中国人口分布东密西疏的基本格局，也揭示出中国工业化城镇化空间、农业生产空间、自然生态空间彼此间矛盾冲突的地域分布规律。只有把握宏观尺度上的地域差异及其影响下的城乡发展规律，才能在国土空间规划中处理好保护与发展的关系，处理好人与自然的关系。城市和乡村的发展，是一个自然历史过程，有其自身规律。城市发展是乡村人口向城市集聚、农业用地按相应规模转化为城市建设用地的过程；乡村是一个以农业生产空间、自然生态空间为主的地域，人与自然和谐共生是乡村发展的根本遵循。城市和乡村两者的发展相辅相成、相互促进、相互融合。必须认识、尊重、顺应城乡发展规律，端正城市发展指导思想，促使城市人口、用地规模同资源环境承载能力相适应，切实推进城乡融合、协调、有序发展。

尊重人地和谐的城乡发展规律符合以人民为中心、对人民高度负责的要求。新时代的国土空间规划既需要以"目标"为导向为未来的国土空间开发保护进行预期谋划，也需要以"问题"为导向实现约束下的空间资源优化配置。面向未来，在国土空间规划编制审批和实施管理的全环节中，必须充分尊重自然、尊重历史、尊重空间发展的客观规律、尊重实践一线的经验总结，一切工作需以充分把握客观规律为前提基础，切实提高规划质量水平。

二、遵循公共服务均等化的公平观

基本公共服务是由政府主导、保障全体公民生存和发展基本需要、与经济社会发展水平相适应的公共服务。基本公共服务均等化是指全体公民都能公平可及地获得大致均等的基本公共服务，其核心是促进机会均等，重点是保障人民群众得到基本公共服务的机会，而不是简单的平均化。从"千人指标"到"社区生活圈"，我国规划实践中的基本公共服务配置理念实际上已发生了相当大的转变，体现出从数量到空间、从静态分布到动态可达、从简单平均到空间公平的全面升级。城乡社区生活圈以居民对公共服务设施的切实需求为基准，引入空间公平理念及相应的技术方法和手段，能够更真实地反映特定社区生活圈实际可获得的公共服务水平，从而切实提升各类基本公共服务设施的配置水平，也因此更能适应我国新型城镇化的发展趋势，更符合城乡规划转型的要求，有助于解决城乡社会可持续性问题，提高公共服务的效率和质量。

享有基本公共服务是公民的基本权利，保障人人享有基本公共服务是政府的重要职责。推进基本公共服务均等化，是全面建成小康社会的应有之义，对于促进社会公平正义、增进人民福祉、增强全体人民在共建共享发展中的获得感、实现中华民族伟大复兴的中国梦，都具有十分重要的意义。面向未来，应进一步将这种促进公共服务均等化的公平观贯穿规划始终，尤其是在市县及以下各级各类规划实践之中，要因地制宜塑造特色生活圈，从社区服务、就业引导、住房改善、日常出行、生态休闲、公共安全等方面提出差异化的导向和要求，使以社区生活圈建设为代表的空间公平策略成为激发城乡活力和满足对人民群众美好生活向往的重要抓手。

三、彰显"记得住乡愁"的地域观

习近平总书记曾在中央城镇化工作会议发出号召："要依托现有山水脉络等

独特风光、让城市融入大自然；让居民望得见山、看得见水、记得住乡愁。"总书记也曾多次强调"保护好、传承好历史文化遗产是对历史负责、对人民负责。"特色风貌塑造与历史文化传承不仅是一以贯之的新时代国土空间规划的重点任务，更与"记得住乡愁"的地域观一脉相承。一方面，特色风貌的塑造需以保育和传承寓于山水之中的文脉"基因"为核心，另一方面，历史文化资源的系统保护与活化利用也对空间特色的挖掘和营造提出要求。这就要求，必须将设计思维融入国土空间规划的各个层级和阶段，必须在各级各类国土空间规划编制实施的过程中高度重视历史文化资源保护，从而切实支撑地方发展和提升其竞争力，真正守住地方发展的"根"和"魂"。

尽管各地已开展了诸多相关实践，如何实现其中的密切联动与系统整合仍旧有赖于知行结合的深入探讨。面向未来，应进一步加强对城市的空间立体性、平面协调性、风貌整体性、文脉延续性等方面的规划和管控，留住城市特有的地域环境、文化特色、建筑风格等"基因"。

四、推动城市和乡村的可持续再生

实现城市和乡村的可持续再生是贯彻"以人民为中心"的重中之重。城市方面的可持续再生即是存量更新，具体指对城市建成区既有的环境进行整治、改造或重新建设，是一个不断改进完善和调整重构城市功能结构、设施配置和环境品质的持续过程。所谓"城市有机更新"，即是强调要把城市看作一个有机体，尊重城市的内在秩序和规律，将城市更新行动与修补、完善、提升城市功能和结构能力相结合，补充完善公共服务设施、市政基础设施和公共活动空间，重视民生工程、惠民设施以及防洪排涝、防灾安全的基础建设，并进一步达成整体品质提升，使居民有真正的获得感和幸福感。

乡村方面可持续再生的重点在于，通过编制"多规合一"的实用性村庄规划，通盘考虑农村土地利用、产业发展、居民点布局、人居环境整治、生态保护和历史文化传承等，尤其是推进农用地整理、建设用地整理等农村土地综合整治工作，既要落实耕地数量、质量、生态"三位一体"保护，又要优化农村建设用地布局结构，提升农村建设用地使用效益和集约化水平，助力乡村振兴战略。

促进城乡人居环境提升和国土空间总体格局的优化，是贯彻落实党中央、国务院建立国土空间规划体系并监督实施的重要手段，也是塑造以人为本的高品质空间的关键任务。面向未来，应进一步加大规划"蓝图"的引领作用，积极发挥各类主体的作用，审慎解决产权重构、土地资产关系调整等历史遗留问题，建立完善多元主体协商平台和互动机制，鼓励引导各地结合自身情况进行制度创新，推动城市和乡村的可持续发展。

五、增进圈层互动的区域分工协作

圈层结构是自组织区域分工协作网络中一种灵活高效的柔性治理结构，在经济全球化、社会发展多元化的趋势下，空间治理区划改革实践中越来越强调各类社会主体在其中的协同合作与共同探索，因而探索边界与层级设置具有可变性与跨域性、公共服务供给具有系统性与共享性、公共治理模式具有开放平台特征的柔性治理区划制度，对呈现出愈发明显的复杂系统特征的现代城乡空间治理具有重要意义。在以圈层结构为基本框架的区域柔性治理契约网络中，各行政单元建立明晰化的制度框架、高效性的地域生产协作网络、系统化的要素空间管控框架、分层次的公共服务供给体系、完善的府际利益协调机制，形成以"城市群—都市圈"分级协同、互促对流的开放式、网络化的有机空间结构。

面向未来，圈层互动的区域分工协作模式建构需要强化面向全球竞争的目标愿景和统筹引领，适应经济全球化趋势，应对地域分工过程中的各种复杂问题，强化中心城市的责任担当，明确各城市的功能分工。同时，还应与法定规划体系充分衔接，以主体功能区为指引，着力强化包括三条控制线、重要基础设施、区域性生态廊道等在内的要素管控和引导。更重要的是，要促进多层次的空间协同，例如城市群层次重在国家战略引领和区域战略落实，强化竞争力培育；都市圈层次重在搭建整体发展框架，加强重大系统要素协同，聚焦圈内重大战略性空间资源，凝聚发展共识，明确共建、共治、共保的协同行动等。

第四节　坚持系统治理，统筹实现多目标平衡

实现国土空间治理体系与治理能力现代化是建立国土空间规划体系并监督实施的目标任务，是整个国家治理体系的重要组成，也符合生态文明体制改革的内在要求。在当前的实践中，法规政策和技术标准体系正逐步健全，多方共建和协同共治已成为各地积极探索的关键领域，央地协同机制的建设也已取得一定成效，但仍有许多工作亟待推进，理论方面也有待进一步深化。应当明确，落实推进国土空间治理体系和治理能力现代化的改革要求，需牢固树立"一张蓝图绘到底"的法治意识，始终秉持依法保护合法财产权的理念，在工作中坚持共建、共担、共享的共同治理，不仅要落实"开门编规划"，更要切实推进形成横纵嵌套、事权明晰的现代化空间治理格局，强化智慧赋能的全生命周期管理。

一、牢固树立"一张蓝图干到底"的法治意识

建立国土空间规划体系并监督实施是一场系统性、整体性、重构性改革，强化国土空间规划的严肃性与权威性，确保"一张蓝图干到底"也是改革中的重要工作。一方面，规划的公共政策属性决定了其必须具有较强的严肃性和权威性；另一方面，不断变化的经济社会形势和深刻复杂的自然地理格局及各种耦合关系本身就给规划带来了诸多不确定性。如何在应对动态问题的灵活性与力求提升效能的严肃性之间求得平衡，仍是新时代国土空间规划必须探索解决的重要方向。《若干意见》已将建立健全国土空间相关的法律法规、政策体系和技术标准明确将其列为改革工作。2020年起开始实施的最新版《土地管理法》和2021年颁布的《土地管理实施条例》也对国土空间规划的定位、编制要求、用途管制规范等方面初步明确。但是现行法律法规和政策体系尚未对国土空间

规划的编制主体、审批程序以及监督实施等予以系统规定，存在立法空白或者效力层级过低而难以满足依法规划的实体与程序要求[①]。

面向未来，应始终坚持"多规合一"，确保不违反国土空间规划约束性指标和刚性管控要求审批其他各类规划，确保不以其他规划替代国土空间规划作为各类开发保护活动的规划审批依据，筑牢国土空间"一张图"长效维护机制[②]。在具体的支撑体系建设方面，应抓紧制定《国土空间规划法》，鼓励地方自行立法，制定一批部门规章制度；应尽快明确空间规划制定的实体内容，如：将"三条控制线"划定纳入国土空间规划强制内容，在"双评价"的基础上，增加可持续性、住房需求评估等；应在国家立法层面明确市县级国土空间规划的编制内容和审批程序，完善详细规划制定中的公众参与机制等；应在法律法规和政策体系中明确空间用途管制的制度要义，包括限制生态保护红线内开发建设活动、提升永久基本农田转用或征收条件、统筹城镇开发边界内外用途管制、建立国土空间用途管制行政补偿制度等。同时，应进一步加快技术标准体系建设，围绕国土空间规划技术标准行动方案的落实，加快构建涵盖国际标准、综合标准、基础标准、通用标准、专项标准的标准体系，结合地方实践适时调整完善，确保技术标准的可操作性和指导效能。

二、推进国土空间发展格局与制度的优化

"十四五"规划明确提出"形成主体功能明显、优势互补、高质量发展的国土空间开发保护新格局"。党的二十大报告进一步强调："构建优势互补、高质量发展的区域经济布局和国土空间体系"，"健全主体功能区制度，优化国土空间发展格局"。为此，应以空间均衡模型为依据，完善主体功能区制度。区域发展的空间均衡模型以人地关系地域系统理论、地域功能和区域分工理论等为

[①] 孙聪聪："《国土空间规划法》的立法体例与实体要义"，《中国土地科学》，2022年第二期。

[②] 彭高峰："强化国土空间规划权威，严格编管督一体化管理"。https://mp.weixin.qq.com/s/_AC1-oOQzlJI7mHZSpSqrw。

基础，强调区域在经济、社会、生态环境等方面综合发展状态的人均水平值应在长期趋于大体相等。主体功能分区即是对这一模型的重要应用（樊杰，2007），也是推进共同富裕、平衡区域发展的重要实践途径。

构建以国土空间规划为基础、以用途管制为主要手段的国土空间开发保护制度是生态文明体制改革的重大任务之一。面向未来，由于国土空间有"区域"和"要素"两重特性（林坚、刘松雪等，2018），构建国土空间开发保护制度，需要健全面向区域（重点是行政区）的主体功能政策体系与聚焦各类要素的全面管控要求，完善"区域"和"要素"两类空间政策的协调协同，实现"区域—要素"统筹。

三、始终秉持依法保护合法财产权的理念

依法保护合法的私有财产权不受侵犯是我国从根本大法层面就明确提出的基本理念。《宪法（2018修正版）》第十三条规定"公民的合法的私有财产不受侵犯。国家依照法律规定保护公民的私有财产权和继承权。"《民法典》第二百六十七条规定"私人的合法财产受法律保护，禁止任何组织或者个人侵占、哄抢、破坏。"《土地管理法（2019修正版）》第十二条进一步明确："依法登记的土地的所有权和使用权受法律保护，任何单位和个人不得侵犯。"上述法律集中体现了国家对保护合法的私有财产权的重视，同时也意味着国家对坚决遏制公权力滥用现象的决心。就国土空间规划而言，传统的、由政府和规划师发挥想象的空间会减少，而基于产权的、更具可操作性的规划任务需求将大幅度增多，需要关注的权利主体诉求以及多目标平衡成为不可或缺的国土空间规划要义。与此同时，国土空间规划管控的实质是土地发展权管理，我国业已形成独特的两级土地发展权管理体系（林坚、许超诣，2014）。

面向未来，国土空间规划应立足统一行使全民所有自然资源资产所有者职责，统筹考虑产权主体的利益诉求，切实保障多元化主体各自的合法财产权益的基点，积极探索产权制度和规划体系的协调推进，不断完善土地发展权的配置机制，持续推进土地要素市场化改革，使之能够形成共促生态文明建设的合力。

四、坚持共建、共担、共享的共同治理

党的十九大明确提出打造共建共治共享的社会治理格局，共建指多方共同参与建设，共治即协同参与治理，共享指共同享有智力成果。事实上，在国家治理体系与治理能力现代化的进程中，从"泛化治理"向"分化治理"转变是必然趋势（宣晓伟，2018）。聚焦到国土空间规划体系的建设过程，吸纳多方参与和明确主体权责是空间治理领域实现治理协同的关键要素。这首先要求进行思路创新，要鼓励和引导企事业单位、社会组织、人民群众积极参与到国土空间规划编制、实施的全过程；进一步要求充分发挥各级党委在社会治理中总揽全局、协调各方的领导核心和公共平台作用；更应做好各级政府各部门的责任分担（庄少勤，2019）。制度化的分权模式是我国国土空间治理领域的发展趋势，推动形成共建、共担、共享的共同治理，既要让规划过程成为政府、企业、社会机构和个人等"用户们"共同参与的社会治理过程，又要厘清各类主体在国土空间治理中的权责关系，形成权责对等、分工明确的现代化国土空间治理体系。

面向未来，应在国土空间规划编制、实施、监督过程中，建立更加全面完善的公众参与制度。不仅要尊重人民的意愿和选择，更应该发挥人民的聪明才智；不仅是在编制规划时要开展对居民的调查、听取他们的诉求或者是规划编制完成后进行规划公示，而是要让他们尤其是受到规划影响的公众参与到规划的编制和讨论中，听取他们的意见，并共同出谋划策解决问题，要把居民的意见和建议有效地反映到规划的成果中；不仅要让公众和利益相关者知晓项目的情况、参与项目实施监督，而且要让公众和利益相关者共同参与讨论和决定，既要保证相关利益之间的协调，更要处理好项目实施过程后和项目完成后使用中的内外部关系。同时，应结合我国已形成的两级土地发展权配置体系，在实践中理顺各级各类规划和空间治理的定位，其中，上位规划应强化自上而下的责任约束，重在实现宏观区域功能统筹和管制类要素不仅是在编制规划时要开展对居民的调查、听取他们的诉求或者是规划编制完成后进行规划公示，而是要让他们尤其是受到规划影响的公众参与到规划的编制和讨论中，下位规划应体现自下而上的权益维护，重在落实用途类要素和聚焦具体的审批许可管理；

应进一步明确中央、省、市、县和乡镇在国土空间规划编制、组织实施、监督管理等方面的权力与责任划分，鼓励和引导地方根据自身情况进行合理制度创新，落实治理责任在政府、社会和市场之间的共担机制，不仅要强化对政府组织规划编制和实施过程的监督，还要强化其中的双向和多向监督管理，使得"参与"和"协同"成为新时代国土空间规划治理的实践逻辑。

五、强化智慧赋能的全生命周期管理

实施全生命周期管理要求改变从项目或单个行动出发的管理方式，而是把管理的对象转移到对国土空间本身开发保护的全过程上去，要像对待生命体一样，以国土空间的健康发展为核心目标，把各类国土空间开发保护建设的项目当作改进、修复、改善、提升国土空间状况的手段和方式，对国土空间发展实施全要素、全过程的管理。实践中，已经有越来越多的城市开始探索在编制实施和监督管理等全环节进行管理覆盖，并引入大量新技术、新方法，提升管理的效率和精准度。

面向未来，应进一步完善上下贯通、部门联通的国土空间规划信息平台建设，结合地方实际，全方位整合"三调"、国土空间规划及各类专项规划数据，同时探索"动态+定期"规划实施监测评估模式，依托国土空间基础信息平台对刚性要素进行智能监测和实时监测，动态跟踪日常审批和建设项目，对违反规划的行为进行及时预警。

参 考 文 献

Allama, Z., Dhunnyb, Z. A., 2019. On Big Data, Artificial Intelligence and Smart Cities. *Cities*, vol. 89, 80-91.

Batty, M., 2013. Big Data, Smart Cities and City Planning. *Dialogues in Human Geography*, vol. 3, 274-279.

Billger, M., Thuvander, L., Wastberg, B. S. 2017. In Search of Visualization Challenges: The Development and Implementation of Visualization Tools for Supporting Dialogue in Urban Planning Processes. *Environment and Planning B: Urban Analytics and City Science*, vol. 44, 1012-1035.

Plugge, E., Hawkins, T., Membrey, P., 2010. *The Definitive Guide to MongoDB*. Apress, Berkeley.

Fedeli, V. 2012. Planning in Italy, Seventy Years After the First National Planning Law. *Disp - the Planning Review*, vol. 48, 106-113.

Liu, X., Kang, C., Gong, L., et al., 2016. Incorporating Spatial Interaction Patterns in Classifying and Understanding Urban Land Use. *International Journal of Geographical Information Science*, vol. 30, 334-350.

Shafizadeh-Moghadam, H., Asghari, A., Tayyebi, A., et al., 2017. Coupling Machine Learning, Tree-based and Statistical Models with Cellular Automata to Simulate Urban Growth. *Computers, Environment and Urban Systems*, vol. 64, 297-308.

Wu, N. W., Silva, E., 2010. Artificial Intelligence Solutions for Urban Land Dynamics: A Review. *Journal of Planning Literature*, vol. 24, 246-265.

Zolkafli, A., Brown, G., LIU, Y., 2017. An Evaluation of the Capacity-building Effects of Participatory GIS (PGIS) for Public Participation in Land Use Planning. *Planning Practice & Research*, vol. 4, 385-401.

蔡玉梅:"美国国土规划及启示",《国土资源》,2003年第10期。

蔡玉梅、高延利、张丽佳:"荷兰空间规划体系的演变及启示",《资源导刊》,2017年第9期。

蔡玉梅、廖蓉、刘杨等:"美国空间规划体系的构建及启示",《国土资源情报》,2017年第4期。

曹小曙:"基于人地耦合系统的国土空间重塑",《自然资源学报》,2019 年第 10 期。

陈红枫:"构建可持续发展目标导向的省级空间规划体系——法国城市规划法规启示",《经济研究导刊》,2017 年第 3 期。

陈曦、翟国方:"物联网发展对城市空间结构影响初探——以长春市为例",《地理科学》,2010 年第 4 期。

陈晓东、殷铭:"为高品质国土空间提供规划设计支撑",载于"加强学科建设壮大专业力量",《中国自然资源报》,2021 年 9 月 2 日。

陈雪明:"美国城市规划的历史沿革和未来发展趋势",《国际城市规划》,2003 年第 4 期。

陈艳:"海域使用管理的理论与实践研究"(博士论文),中国海洋大学,2006 年。

程辉、黄晓春、喻文承等:"面向城市体检评估的规划动态监测信息系统建设与应用",《北京规划建设》,2020 年第 6 期。

程茂吉:"全域国土空间用途管制体系研究",《城市发展研究》,2020 年第 8 期。

程遥:"超越'工具理性'——试析大众传媒条件下城市规划公众参与",《城市规划》,2007 年第 11 期。

邓红蒂:"基于自然生态空间用途管制实践的国土空间用途管制思考术",《城市规划学刊》,2020 年第 1 期。

邓红蒂:"国土空间规划与国土空间用途管制",本刊编辑部:"国土空间规划体系改革背景下规划编制的思考学术笔谈",《城市规划学刊》,2019 年第 5 期。

董子卉、翟国方:"日本国土空间用途管制经验与启示",《中国土地科学》,2020 年第 5 期。

董祚继:"从土地利用规划到国土空间规划——科学理性规划的视角",《中国土地科学》,2020 年第 5 期。

樊杰:"我国主体功能区划的科学基础",《地理学报》,2007 年第 4 期。

冯健、李烨:"我国规划协调理论研究进展与展望",《地域研究与开发》,2016 年 6 期。

高捷、童明、徐杰:"新规划体制下对我国'规委会'制度的研究回顾与探讨",《城市发展研究》,2020 年第 5 期。

葛瑞卿:"海洋功能区划的理论和实践",《海洋通报》,2001 年第 4 期。

郝庆:"对机构改革背景下空间规划体系构建的思考",《地理研究》,2018 年第 10 期。

何冬华:"空间规划体系中的宏观治理与地方发展的对话——来自国家四部委'多规合一'试点的案例启示",《规划师》,2017 年第 2 期。

何子张:"'多规合一'之'一'探析——基于厦门实践的思考",《城市发展研究》,2015 年第 6 期。

贺灿飞、林坚:"建立理工文交叉的人才培养体系",载于"加强学科建设壮大专业力量",《中国自然资源报》,2021 年 9 月 2 日。

黄玫、张敏:"'城区范围'概念解析及其确定方法探讨——以 115 个城市为实践对象",《城市规划》,2022 年第 3 期。

黄思瞳、王颖楠、马云飞:"精细化治理背景下的责任规划师人员组织模式——以北京海淀区 1+1+N 人员架构为例",《北京规划建设》,2021 年第 5 期。

黄贤金、张晓玲、于涛方等："面向国土空间规划的高校人才培养体系改革笔谈"，《中国土地科学》，2020年第8期。

黄征学、蒋仁开、吴九兴："国土空间用途管制的演进历程、发展趋势与政策创新"，《中国土地科学》，2019年第6期。

贾开、张会平、汤志伟："智慧社会的概念演进、内涵构建与制度框架创新"，《电子政务》，2019年第4期。

江必新："关于多元共治的若干思考"，《社会治理》，2019年第3期。

姜钰、姜佳玮："林业技术进步对林产业结构升级影响的空间效应"，《东北林业大学学报》，2021年第5期。

解永庆、张婷、曾鹏："省级国土空间规划中主体功能区细化方法初探"，《城市规划》，2021年第4期。

金岚："法国可持续城市化理念和实践经验借鉴"，《上海城市规划》，2020年第3期。

景娟、钱云、黄哲姣："欧洲一体化的空间规划：发展历程及其对我国的借鉴"，《城市发展研究》，2011年第6期。

雷国雄、吴传清："韩国的国土规划模式探析"，《产经评论》，2004年第9期。

李枫、张勤："'三区''四线'的划定研究——以完善城乡规划体系和明晰管理事权为视角"，《规划师》，2012年第11期。

李林林："我国空间规划立法需解决的基本法律问题"，《土地科学动态》，2019年第1期。

李彦平、刘大海："国土空间用途管制制度构建的思考"，《中国土地》，2019年第3期。

林春艳、宫晓蕙、孔凡超："环境规制与绿色技术进步：促进还是抑制——基于空间效应视角"，《宏观经济研究》，2019年第11期。

林坚："高质量发展视角下的国土空间规划思考"，《中国建设信息化》，2020年第21期。

林坚、陈诗弘、许超诣等："空间规划的博弈分析"，《城市规划学刊》，2015年第1期。

林坚、陈霄、魏筱："我国空间规划协调问题探讨——空间规划的国际经验借鉴与启示"，《现代城市研究》，2011年第12期。

林坚、陈雪梅："郊野单元规划：高度城市化地区国土整治和用途管制的重要抓手"，《上海城市规划》，2020年第2期。

林坚等：《新时代国土空间规划与用途管制："区域—要素"统筹》，中国大地出版社，2021年。

林坚、刘松雪、刘诗毅："区域—要素统筹：构建国土空间开发保护制度的关键"，《中国土地科学》，2018年第6期。

林坚、刘诗毅："论建设用地集约利用——基于两阶段利用论的解释"，《城市发展研究》，2012年第1期。

林坚、柳巧云、李婧怡："探索建立面向新型城镇化的国土空间分类体系"，《城市发展研究》，2016年第4期。

林坚、许超诣："土地发展权、空间管制与规划协同"，《城市规划》，2014年第1期。

林坚、文爱平："重构中国特色空间规划体系"，《北京规划建设》，2018年第4期。

林坚、赵晔："国土空间治理与央地协同：基于'区域—要素'统筹的视角"，《中国人民大学学报》，2022 年第 5 期。

刘慧、樊杰、王传胜："欧盟空间规划研究进展及启示"，《地理研究》，2008 年第 6 期。

刘健："法国城市规划管理体制概况"，《国际城市规划》，2004 年第 5 期。

刘琼："我国国土空间用途分区体系重构原则及设想"，《土地科学动态》，2019 年第 3 期。

刘淑芬、徐伟、侯智洋等："海洋功能区划管控体系研究"，《海洋环境科学》，2014 年第 3 期。

李伟、郝晋珉："中国土地利用系统与管理理念特征分析"，《中国土地科学》，2008 年第 9 期。

刘卫东、陆大道："新时期我国区域空间规划的方法论探讨——以"西部开发重点区域规划前期研究"为例"，《地理学报》，2005 年第 6 期。

刘彦随、王介勇："转型发展期'多规合一'理论认知与技术方法"，《地理科学进展》，2016 年第 5 期。

刘振宇："人口空间集聚与产业结构调整的分离——城市总体规划中人口、产业专题编制的误区小议"，《规划师》，2014 年第 2 期。

龙瀛、何永、刘欣等："北京市限建区规划：制订城市扩展的边界"，《城市规划》，2006 年第 12 期。

陆大道："地理国情与国家战略"，《地球科学进展》，2020 年第 3 期。

罗小龙："面向国土空间规划改革优化人才培养体系"，载于"加强学科建设壮大专业力量"，《中国自然资源报》，2021 年 9 月 2 日。

马军杰、张丹、卢锐等："中国城乡规划法研究进展及展望"，《规划师》，2018 年第 12 期。

孟鹏、王庆日、郎海鸥等："空间治理现代化下中国国土空间规划面临的挑战与改革导向——基于国土空间治理重点问题系列研讨的思考"，《中国土地科学》，2019 年第 11 期。

孟鹏、左为："新中国成立以来空间规划及其主要理论方法演进分析——基于国家空间治理导向与规划体系演进的分析框架"，《规划师》，2021 年第 9 期。

苗婷婷、单菁菁："21 世纪以来欧洲国家国土空间规划比较及启示——以英德法荷为例"，《北京工业大学学报（社会科学版）》，2019 年第 6 期。

尼格尔·泰勒、李白玉、陈贞："1945 年后西方城市规划理论的流变"，《广西城镇建设》，2013 年第 12 期。

牛赓、翟国方、朱碧瑶："荷兰的空间规划管理体系及其启示"，《现代城市研究》，2018 年第 5 期。

彭震伟："多学科融合服务国土空间规划体系"，载于"加强学科建设壮大专业力量"：《中国自然资源报》，2021 年 9 月 2 日。

乔治加亚·皮奇纳托、周静、彭晖："二战后意大利的城市规划简史"，《国际城市规划》，2010 年第 6 期。

秦萧、甄峰："大数据时代智慧城市空间规划方法探讨"，《现代城市研究》，2014 年第 10 期。

荣冬梅、王佳佳："荷兰国土空间用途管制制度探析"，《国土资源情报》，2021 年第 7 期。

尚会建："区域空间规划的理论与方法研究"（博士论文），南京师范大学，2006。

沈振江：“土地所有と都市計画システム”，《都市計画》，2013 年第 3 期。

盛鸣：“从规划编制到政策设计：深圳市基本生态控制线的实证研究与思考”，《城市规划学刊》，2010 年第 7 期。

施雯、王勇：“欧洲空间规划实施机制及其启示”，《规划师》，2013 年第 3 期。

石春晖、赵星烁、宋峰：“基于规划委员会制度建设的城市设计实施路径探索”，《规划师》，2017 年第 8 期。

石楠："城乡规划学学科研究与规划知识体系"，《城市规划》，2021 年第 2 期。

孙斌栋、殷为华、汪涛："德国国家空间规划的最新进展解析与启示"，《上海城市规划》，2007 年第 3 期。

孙春强、张秋明："美国国土规划及对我国的启示"，《国土资源情报》，2011 年第 8 期。

孙施文："从城乡规划到国土空间规划"，《城市规划学刊》，2020 年第 4 期。

孙施文："国土空间规划的知识基础及其结构"，《城市规划学刊》，2020 年第 6 期。

孙施文："美国的城市规划体系"，《城市规划》，1999 年第 7 期。

孙施文、朱郁郁：《国土空间规划理论与方法》，同济大学出版社，2021 年。

唐小平、栾晓峰："构建以国家公园为主体的自然保护地体系"，《林业资源管理》，2017 年第 6 期。

唐小平、蒋亚芳、刘增力等："中国自然保护地体系顶层设计"，《林业资源管理》，2019 年第 3 期。

唐小平："中国自然保护领域历史性变革"，《中国土地》，2019 年第 8 期。

唐燕、张璐："从精英规划走向多元共治：北京责任规划师的制度建设与实践进展"，《国际城市规划》，2021 年第 4 期。

田亦尧、王爱毅："国土空间规划立法的法体模式及其选择标准"，《国际城市规划》，2021 年第 3 期。

田颖、党安荣："市级国土空间规划评估评价的实践检视与框架完善"，《北京规划建设》，2021 年第 3 期。

汪劲柏、赵民："论建构统一的国土及城乡空间管理框架——基于对主体功能区划、生态功能区划、空间管制区划的辨析"，《城市规划》，2008 年第 12 期。

王敬波："面向整体政府的改革与行政主体理论的重塑"，《高等学校文科学术文摘》，2020 年第 5 期。

王林辉、王辉、董直庆："经济增长和环境质量相容性政策条件——环境技术进步方向视角下的政策偏向效应检验"，《管理世界》，2020 年第 3 期。

王明睿、仇渊勋："瑞士跨域协同性空间规划的实践及启示"，《中国城市林业》，2021 年第 4 期。

王启轩、任婕："我国流域国土空间规划制度构建的若干探讨——基于国际经验的启示"，《城市规划》，2021 年第 2 期。

尉闻、卓健："交易成本控制视角下我国大城市疏解的理论路径——以上海市为例"，《城市发展研究》，2020 年第 3 期。

吴次芳、叶艳妹、吴宇哲等：《国土空间规划》，地质出版社，2019 年。
吴建忠、詹圣泽："大城市病及北京非首都功能疏解的路径与对策"，《经济体制改革》，2018 年第 1 期。
吴燕："新时代国土空间规划与治理的思考"，《城乡规划》，2019 年第 1 期。
吴志强："论新时代城市规划及其生态理性内核"，《城市规划学刊》，2018 年第 3 期。
吴志强："回归规划要义面向技术赋能——《国土空间规划技术标准体系建设三年行动计划》解析"，《未来城市设计与运营》，2022 年。
吴志强、段进、林坚等："构建统一的国土空间规划技术标准体系：原则、思路和建议"学术笔谈（二），《城市规划学刊》，2020 年第 5 期。
吴志强、何睿、徐浩文等："论新型基础设施建设的迭代规律"，《城市规划》，2021 年第 3 期。
萧昌东："'两规'关系探讨"，《城市规划汇刊》，1998 年第 1 期。
肖达、关颖彬、蒋秋奕："面向复合国土空间分层管理的国土空间总体规划编制思路——以矿产能源空间为例"，《城市规划学刊》，2021 年第 1 期。
谢盈盈："改革背景下对注册城乡规划师职业资格制度的思考"，《城乡规划》，2019 年第 3 期。
邢忠、黄光宇、靳桥："促进形成良好环境的土地利用控制规划——荣县新城河西片区控制性详细规划解析"，《城市规划》，2004 年第 12 期。
徐建刚、祁毅、张翔等：《智慧城市规划方法——适应性视角下的空间分析模型》，东南大学出版社，2015 年。
徐伟、孟雪："海洋功能区划保留区管控要求解析及政策建议"，《海洋环境科学》，2017 年第 1 期。
宣晓伟："治理现代化视角下的中国中央和地方关系——从泛化治理到分化治理"，《管理世界》，2018 年第 11 期。
亚历山德罗·巴尔多赛、威尔瑞亚·费得利、罗震东："战略规划在意大利：基于实践领域的初步反思"，《国际城市规划》，2010 年第 6 期。
严金明、陈昊、夏方舟："'多规合一'与空间规划：认知、导向与路径"，《中国土地科学》，2017 年第 1 期。
杨东峰、殷成志、龙瀛："从可持续发展理念到可持续城市建设——矛盾困境与范式转型"，《国际城市规划》，2012 年第 6 期。
杨荫凯、刘洋："加快构建国家空间规划体系的若干思考"，《宏观经济管理》，2011 年第 6 期。
俞可平："推进国家治理体系和治理能力现代化"，《前线》，2014 年第 1 期。
喻锋、张丽君："法国空间规划决策管理体系概述"，《国土资源情报》，2010 年第 9 期。
袁奇峰、唐昕、李如如："城市规划委员会，为何、何为、何去?"，《上海城市规划》，2019 年第 1 期。
岳文泽、王田雨："资源环境承载力评价与国土空间规划的逻辑问题"，《中国土地科学》，2019 年第 3 期。

翟国方："日本国土规划的实践及对我国的启示",《生态文明视角下的城乡规划——2008 中国城市规划年会论文集》,2008 年。

翟国方："日本国土规划的演变及启示",《国际城市规划》,2009 年第 4 期。

翟国方、顾福妹:《国土空间规划国际比较:体系·指标》,中国建筑工业出版社,2018 年。

翟国方、何仲禹、顾福妹编译:《日本国土空间规划》,中国大地出版社,2019 年。

翟国方、何仲禹、顾福妹:"日本国土空间规划及其启示,《土地科学动态》,2019 年第 3 期。

张兵、胡耀文:"探索科学的空间规划——基于海南省总体规划和'多规合一'实践的思考",《规划师》,2017 年第 2 期。

自然资源部国土空间规划局:《新时代国土空间规划——写给领导干部》,中国地图出版社,2021a 年。

自然资源部国土空间规划局:《国土空间规划理论探索》,中国地图出版社,2021b 年。

张偲、王淼:"我国海域有偿使用制度的实施与完善",《经济纵横》,2015 年。

张佶、李亚洲、刘冠男等:"寻求强控与发展的平衡——空间规划央地协同治理的国际经验与启示",《国际城市规划》,2021 年第 4 期。

张京祥、陈浩:"空间治理:中国城乡规划转型的政治经济学",《城市规划》,2014 年第 11 期。

张京祥、黄贤金:《国土空间规划原理》,东南大学出版社,2021 年。

张尚武:"空间规划改革的议题与展望——对规划编制及学科发展的思考",《城市规划学刊》,2019 年第 4 期。

张庭伟:"从'向权力讲授真理'到'参与决策权力'——当前美国规划理论界的一个动向:'联络性规划'",《城市规划》,1999 年第 6 期。

张庭伟:"知识·技能·价值观——美国规划师的职业教育标准",《城市规划汇刊》,2004 年第 2 期。

张衍毓、陈美景:"国土空间系统认知与规划改革构想",《中国土地科学》,2016 年第 2 期。

张先贵:"法教义学视角下我国土地用途管制权概念:重释与厘定——基于《土地管理法》修改背景下的审思",《河北法学》,2019 年第 2 期。

赵珂、李忠蔚、夏清清:"真实+价值:欧洲空间规划的可视化语境支持",《国际城市规划》,2020 年第 1 期。

赵民:"国土空间规划体系建构的逻辑及运作策略探讨",《城市规划学刊》,2019 年第 4 期。

赵谦、谭必林:"从'多规合一'到'国土空间规划':规范语义流变考",《土地科学动态》,2020 年第 3 期。

甄峰、张姗琪、秦萧、席广亮:"从信息化赋能到综合赋能:智慧国土空间规划思路探索",《自然资源学报》,2019 年第 10 期。

甄峰、谢智敏:"技术驱动下未来城市情景与规划响应研究",《规划师》,2021 年第 19 期。

钟明洋、陈平、石义:"国土空间用途管制制度体系的完善",《中国土地》,2020 年第 5 期。

周宏春、江晓军:"习近平生态文明思想的主要来源、组成部分与实践指引",《中国人口·资源与环境》,2019 年第 1 期。

周杰:"新加坡城市规划实施制度保障对我国城市规划管理的启示",载于《多元与包容——

2012 中国城市规划年会论文集》，2012 年。
周姝天、翟国方、施益军："英国空间规划的指标监测框架与启示"，《国际城市规划》，2018 年第 5 期。
周佑勇："推进国家治理现代化的法治逻辑"，《法商研究》，2020 年第 4 期。
朱才斌："城市总体规划与土地利用总体规划的协调机制"，《城市规划汇刊》，1999 年第 4 期。
朱红、李涛："发达国家国土空间用途管制的经验及启示"，《中国土地》，2020 年第 8 期。
庄少勤："'新常态'下的上海土地节约集约利用"，《上海国土资源》，2015 年第 3 期。
庄少勤："新时代的空间规划逻辑"，《中国土地》，2019 年第 1 期。
庄少勤、赵星烁、李晨源："国土空间规划的维度和温度"，《城市规划》，2020 年第 1 期。